三国武将排名

增订本

赵春阳 著

中国财富出版社有限公司

图书在版编目（CIP）数据

三国武将排名 / 赵春阳著 .—2 版（增订本），—北京：中国财富出版社有限公司，2021.2（2023.9 重印）

ISBN 978-7-5047-7330-2

Ⅰ.①三…　Ⅱ.①赵…　Ⅲ.①军事人物—人物研究—中国—三国时代　Ⅳ.① K825.2

中国版本图书馆 CIP 数据核字（2021）第 031546 号

策划编辑	张彩霞	**责任编辑**	张红燕　李小红		
责任印制	梁　凡	**责任校对**	张营营	**责任发行**	杨恩磊

出版发行	中国财富出版社有限公司		
社　　址	北京市丰台区南四环西路 188 号 5 区 20 楼	**邮政编码**	100070
电　　话	010-52227588 转 2098（发行部）		010-52227588 转 321（总编室）
	010-52227566（24 小时读者服务）		010-52227588 转 305（质检部）
网　　址	http：//www.cfpress.com.cn	**排　　版**	宝蕾元
经　　销	新华书店	**印　　刷**	北京九州迅驰传媒文化有限公司
书　　号	ISBN 978-7-5047-7330-2/K·0236		
开　　本	710mm×1000mm　1/16	**版　　次**	2022 年 1 月第 2 版
印　　张	26	**印　　次**	2023 年 9 月第 3 次印刷
字　　数	495 千字	**定　　价**	58.00 元

推荐语

本书立足演义，兼顾正史，内容翔实，颇有新意，是一本值得细细品读的三国文化专著。

——三国文化专家　谭良啸

作者是当代研究三国的青年学者，他以崭新的视角，为读者提供了一本集知识性、趣味性、学术性于一体的文史读物。

——中国《三国演义》学会常务副会长　郑铁生

《三国武将排名（增订本）》，聚焦名著，服务大众，绝佳谈资，兼有学术，趣味盎然，值得一读。

——山东师范大学教授　杜贵晨

三国时期出现了许多武将，这些武将如何排名是个有趣的话题，本书对此做了多角度的详细分析，值得一读。

——首都师范大学教授　周文业

赵春阳老师的《三国武将排名（增订本）》，注重文本细读和趣味阅读，兼具功力和灵性。

——武汉大学教授　鲁小俊

《三国武将排名（增订本）》是一本有趣而且有意义的书，我很乐意向读者推荐。

——武汉大学教授　陈文新

本书作者首先为三国武将排名制定了应该遵循的定律和法则，然后运用这些定律和法则进行逻辑推导，对三国武将进行了多种类多层次的排名，排名过程精彩纷呈、引人入胜，排名结果客观理性、令人信服。

——《三国志通俗演义（文史对照本）》作者　邓宏顺

三国武将排座次，本是田夫野老的饭后谈资。春阳老师能用科学的方法对其进行系统研究，将它做成一门学问，使其登堂入室，堪称开辟了三国历史与演义研究的新领域。

——《寻找三国》作者　马儒君

《三国武将排名（增订本）》一书，新奇的研究视角，新巧的评论方法，新颖的思想观点，令人深受启发。

——《毛泽东读〈三国演义〉》作者　董志新

正如春阳自己说的，相比武将排名结果，制定一个自洽且合理的规则更加重要。

——《诸葛亮全传》作者　杨益

《三国武将排名（增订本）》是罗贯中宇宙的《几何原本》。

——忠实读者　张博然

序

一直根本就不赞成什么三国武将排名，也根本没想到，拿到这部专讲三国武将排名的书稿，一口气看到后半夜，次日上午又直看到耽误了做午饭。

三国武将排名，民间早有各种说法，约四十年前，上小学时，就听小伙伴们说一个顺口溜，“一吕二赵三典韦，四关五马六张飞，七黄八夏九姜维”，这里典韦的“韦”和姜维的“维”，若都念成第一声“威”，读起来更顺口。

大约二十年前，内地互联网兴起，这给三国发烧友创造了新的话题。当时常看到一些网友，专门研究如何给《三国演义》里的武将按武艺高低排序，用力深的，还被称为“武评家”，研究成果，多数以帖子的形式发出。

这类帖子，当时颇看过一些，亦颇不以为然，后来就写了一篇《关老爷的武艺高低问题》，在报上发表，对此不无揶揄。大意是，这些网上所谓的武评家，无非就是根据《三国演义》里的打斗描写进行换算，比如，《三国演义》里徐晃和许褚斗了五十余合不分胜败，和颜良斗二十合就败归本阵，一换算，颜良怎么着也得比许褚高一档次吧？可许褚又和马超战了个平手，马超又和张飞战了个平手，于是论武艺徐晃 = 许褚 = 马超 = 张飞，而颜良打败徐晃只用了二十回合，吕布战张飞有一百回合不分胜负的时候，这样换算的结果就是，颜良武艺之高甚至远胜吕布，应该排名第一。可排名第一的人物，出场没两回就被人给砍了，天底下有这么写小说的吗？

最后，那篇小文将问题归结为，古人小说创作观念和今天一些人的解读不同，即明清人写小说，尤其是写历史演义、英雄传奇及神魔小说之类，还相当程度地保留着宋元说话的遗风，讲究片段热闹好看，整体意识不强，有时就会出现一些现代读者读来不太好解释的地方。

此后，多年没再关注这类话题文字，以为说来说去，也无非是螺蛳壳里做道场——拿小说里一点有限的相关文字，硬要支撑起一个根本不可能支撑的局面。

没想到，二十年后的今天，读到春阳写的此书，偏偏就是讲三国武将排名的，且皇皇几十万字。刚开始读时，心中疑惑，就这，还能写一本书？

不料，很快被深深吸引。

因为，它言之有据，且异常有趣。

比如，《三国演义》里有大量的带有具体回合数的战阵搏杀描写，春阳首先举数例说明，两将斗几十回合不分胜负，并不能说明两将实力相当，因为也许在下一个回合就分出了胜负。随后，春阳指出，两将斗到百合以上的，全书有七场，最终均未分出胜负，因此主张，以百合为标准来判断参加单挑的两员武将是否武艺接近，属于同一档次。这看上去确实合理得多。

再如，对著名的三英战吕布的分析。春阳谈到一个很有趣的问题，即如果最后刘备没加入，以关羽和张飞二人之力，最终能否打败吕布？春阳通过版本比对，诗文对照，以及全书仅一见的用于这场战阵搏杀的特殊用语分析，得出了自己的结论。分析周密细致，笔者读后完全被说服。

更令人惊讶的是，春阳举了多处例子指出，从嘉靖本到现在通行的毛宗岗评改本，存在着武艺叙述逐渐合理化这一演化路径。比如，嘉靖本中，虎牢关张飞最先独战吕布时，被打得“渐渐枪法散乱”，而在徐州两人又一百余合战平；又如曹将张郃不三合就败给了马超，但能与张飞大战百十余合不败。到了毛本中，虎牢关张飞战吕布，变成了“连斗五十余合，不分胜负”，没有败象；曹将张郃败给马超的单挑回合数，也由嘉靖本的不三合变成二十合，至于张郃与张飞大战百十余合一战，则干脆予以删除。这种例子，春阳举出多处，并指出，这些改动使书中的武艺体系基本自洽，也说明毛本中的单挑回合数是经过慎重思考的。

毛本与嘉靖本之异同，以及改动之功过，是《三国演义》研究界的一个老题目。但从这一角度做系统研究的，笔者还是初见。可以说，它实实在在地填补了一小块儿学术空白。不要小看这一小块儿，要知道，如果从鲁迅先生 1923 年出版的《中国小说史略》中的相关总结开始算起，这个题目的研究，到现在已近百年，不知被多少人深耕过，就是这样一个话题研究领域，春阳还能有所拓展，真真难得。

春阳本科学的是计算机，硕士读的是物流，均与文史无关。但恰恰是计算机的专业知识，让春阳可以做出《三国演义》词云，全面统计全书中的各种数据，比如人物籍贯数据、人物年龄数据，以及武将单挑回合数，等等。这也就使春阳对整部《三国演义》中相关文字的整理分析，相当全面细致，且春阳对文史学界相关研究亦相当熟悉，再加上前述版本比对等方面的研究支撑，使这本书的解读，自具一种严谨细致的趣味。

除了严谨细致之趣，春阳的解读，有时还会别开生面，令人解颐。比如，春阳注意到，《三国演义》里的曹方武将徐晃作战时换过兵刃。

徐晃第一次出场时，兵器是大斧：

奉大怒，回顾阵中曰："公明何在？"一将手执大斧，飞骤骅骝，直取崔勇。两马相交，只一合，斩崔勇于马下。（第13回）

但是，黎阳之战时，徐晃的兵器换成了刀：

谭遣大将汪昭出战，操遣徐晃迎敌。二将战不数合，徐晃一刀斩汪昭于马下。（第32回）

此后徐晃的兵器又换成了大斧。

《三国演义》笔者读过不知多少遍，却从未注意到此节。春阳指出这一点，首先得说，下了不一般的细读功夫。更有意思的是他对此所做的解说——

徐晃为什么会用一次刀呢？如果解释成罗贯中写错了，那就失去了趣味。其实，我们可以从书中找到答案。沔水之战时，面对老年关羽，徐晃曾说："自别君侯，倏忽数载，不想君侯须发已苍白矣！忆昔壮年相从，多蒙教诲，感谢不忘。今君侯英风震于华夏，使故人闻之，不胜叹羡！兹幸得一见，深慰渴怀。"关羽教诲了徐晃什么呢？也许就是刀法吧。

异想天开之论，令人莞尔。但谁又能说，绝对不可以这样来解读呢？其实民间艺术铺衍三国故事，很多时候就是按照这种路数来填充细节并为原著"打补丁"的。比如《三国演义》里张飞、马超葭萌关之战时，张飞曾向马超射去一箭，这个情节就有点奇怪，因为整部《三国演义》，张飞就射过这一箭，此前此后，再也没有张飞射箭的情节，也没说过张飞长于射箭，那么，张飞这时为什么会忽然射出一箭？罗贯中对此并无解释，但已故著名评书艺人袁阔成，说三国说到这段时，就给出了一个解释，说是黄忠加入了刘备队伍后，教了张飞箭术。如果这可以说是袁阔成先生用他的方式给《三国演义》打了一个补丁，那么春阳上面的解说，也可以说是用自己的方式，给原作打了一个有趣的补丁。

而特别令人欣赏的一点是，春阳打补丁前先有这样一句声明："徐晃为什么会用一次刀呢？如果解释成罗贯中写错了，那就失去了趣味。”注意，这里并没有说，“如果解释成罗贯中写错了，那就大谬特谬”，而是说“那就失去了趣味”。这其实也就是说，春阳是承认，这里不排除罗贯中就是一时疏忽写错了的可能，但是，春阳愿意提供一种更有趣的说法。

这就是一个聪明人立论时应有的分寸感。不同于当年网上见识过的一些“一根筋”的武评家，那些人往往坚称，他们的排名就是罗贯中的本意，罗贯中的想法就是这样的，就是这样的，就是这样的……而春阳则明确说了，“一千个读者眼里有一千个哈姆雷特，一万个读者心中有一万种三国武将排名”。

这也就触及一个更根本的命题，即当我们阅读一部作品时，如何考虑一个读者的自由阅读解说权限，和来自作者意图的制约。

拿眼前的例子来说，将三国里大量的武将搏杀叙述，拿几个标准全部贯穿下来，去换算分析，然后将体系化的分析结果说成是罗贯中的本意，其实相当危险。

因为若从作者创作这个维度来立论，更接近真相的看法倒可能是，小说写长了，总难免出现这样那样的漏洞。

试拿《水浒传》为例，请问，白衣秀士王伦的武艺有多高？读过《水浒传》的人，大概没人会觉得这是个问题，因为答案很简单，就是本领低微，王伦被林冲火并杀掉时，连像样的反抗挣扎都没有。但是且慢，《水浒传》中不是还有王伦劝斗这一情节吗？说的是林冲乍上梁山，被王伦刁难，不得不下山取投名状，前两日未得如愿，第三日又和小喽啰下山过渡，黄昏时等来杨志，两人正斗到分际，“只见山高处叫道：‘两个好汉不要斗了。’林冲听得，蓦地跳出圈子外来。”喊话的是王伦，这一声喊，按书中说法，是于山高处喊的，那么林冲此时是在哪儿与杨志恶斗？书中也说得很清楚，是和喽啰下了山坐了船渡过水泊后才到的林子里，而围绕梁山的八百里水泊是何景象，书中也交代过，林冲一来时只见“山排巨浪，水接遥天”。就是隔着这样一重八百里水泊，王伦于山顶一声喊，居然能远远飘过水泊进入林冲耳内，放在金庸的武侠小说里，也是神话一般的骇人内力了。但问题是，若此说成立，有如此惊人深厚内力的王伦，怎么就那么轻易地被林冲给宰了呢？

其实这类情节漏洞，《水浒传》中不止一处。被视为中国古典小说的巅峰之作的《红楼梦》，也有各种情节矛盾之处。当代武侠小说大宗师金庸的武侠之作里，情节漏洞同样很多。

可见，长篇小说创作，百密一疏，是常有之事。更何况现在见到的古代小说，还有复杂的成书过程留下的种种化石痕迹，一部作品中的文字，很可能是不同时代不同写家的文字混合而成，不考虑这些前提，将现代人对作品做封闭阅读后得出的一些精密化体系化的结论，断然说成是作者本意，十分危险。

但古人也早就说过，作者未必然，读者未必不然。也就是说，根据作者是怎么想的去读作品，是一种读法，但这并不是唯一的读法。对文学作品的解读，本就不必全倚赖对作者意图的推定，只要不坚称自家解读就是作者本意，那么自由阐释，只要能自圆其说，就完全可以接受。若形成趣味，则更无形中为作品“增值”，用这样的眼光去看春阳此书，就可以见出几种优点：

首先，春阳很明确，自己读出来的，和罗贯中是怎么想的，可能完全是两回事，春阳明确表达了这样一种看法；

其次，即使从作者创作的维度去看，罗贯中写《三国演义》，下笔时也不能说完全没有武将武艺高低的预设。有没有精密的体系化的预设是一回事，大致的武艺等级预设肯定还是有的。而春阳又通过版本比对，雄辩地证明了，毛宗岗，这位《三国演义》现今最流行版本最后的写定者，确实做了使全书的武艺叙事更加自洽的修改，确实更有利于今人做体系化分析，因此在作者意图这个维度，春阳的分析也获得了一定支撑；

再次，就要看材料整理的细读功夫和趣味解说能力了，而这两方面，春阳可以说是出类拔萃的，因此，读来十分引人入胜。

最后，春阳还将比较的视野，扩大到了史书《三国志》、元代《三国志平话》和今人评话以及当代电子游戏，贯穿了《三国演义》的前世今生，更令人大开眼界。

对三国武将进行排名的意义，春阳总结为，可以锻炼文本细读能力、信息挖掘能力、规则制定能力、大数据思维、严谨思维和逻辑思维，可以带来思考的快乐。读过此书，觉得此说大有道理。

本人的饶舌还是就此打住吧，敬请读者诸君，自行赏读春阳君精彩的解说。

孙勇进
2020 年 6 月 18 日

目录

CONTENTS

第五章

第六章

第十章

第十一章

第十二章

第十三章

第一章 三国武将排名的历史

一千个读者眼里有一千个哈姆雷特，一万个读者心中有一万种三国武将排名。排名是人类的天性，早在三国时代，就有『人中有吕布，马中有赤兔』的谚语；近代，又出现了『一吕二赵三典韦，四关五马六张飞』的顺口溜；在互联网时代，武将排名更是讨论最热烈的三国话题。本书的开篇，我们先来回顾一下不同版本的三国武将排名。

三国武将排名的意义

排名是人类的天性

你还记得第一次看《三国演义》时的年龄吗？

那时的你，最喜欢的武将是谁呢？

你是否幻想过长大后像他一样驰骋疆场？

当喜欢的武将去世时，你是否曾为他默默流泪？

多么难忘的记忆啊！多么美好的时光啊！

那时的你，最关心的并不是曹操、刘备、孙权谁会一统天下，而是武将们的武艺高低。你问长辈哪个武将最厉害，长辈们有的说“一吕二赵三典韦”，有的说“前表吕布，后表马超”。

长大了一些，你开始在互联网上寻找答案。你惊讶地发现，三国武将排名竟然是社交媒体上讨论最热烈的三国话题，似乎每个网友都有一套自己的排名。网友们常常会为武将的强弱隔空辩论，据理力争，甚至争得面红耳赤，剑拔弩张，你是否也曾参与其中？

一千个读者眼里有一千个哈姆雷特，一万个读者心中有一万种三国武将排名。

三国武将排名，也叫武评，目的是为《三国演义》中武将的武艺排个名次。

为什么非要排个名次呢？因为这是人类的天性。

小时候，每个班级都会排一排哪个男生打架最厉害，也会排一排哪个女生长得最漂亮。而老师和家长最关心的排名是你期末考试考了第几名。

成人的世界也充满排名。这个月，我们公司的销售冠军是谁啊？这学期的教学竞赛，哪位老师获得了一等奖啊？

有人甚至对历史名人进行了排名。1978 年，美国科学家麦克·哈特出版了《影响人类历史进程的 100 名人排行榜》一书，排出了历史上影响力最大的 100 位名人。此书全球销量超过 50 万册，被翻译成 15 种语言。

都说武无第二，文无第一。但是，2011 年，时在武汉大学任教的王兆鹏教授出版了《唐诗排行榜》一书，排出了 100 首写得最好的唐诗。因为深受读者欢迎，一年后，姊妹篇《宋词排行榜》也出版了。

哪怕是虚拟世界，我们也禁不住要排一下。

《射雕英雄传》中，东邪、西毒、南帝、北丐谁的武功更高？

《圣斗士星矢》中，十二个黄金圣斗士谁的小宇宙最强？

排名并不是现代的产物，我国古典小说中，甚至有一个“榜文化”。

《水浒传》中，有一百单八将的好汉榜；

《红楼梦》中，有三十六位金钗的警幻情榜；

《西游记》中，有六十三位仙佛的诸佛榜；

《儒林外史》中，有五十五位读书人的幽榜；

《镜花缘》中，有一百位才女的百花榜；

《封神演义》中，有三百六十五位神仙的封神榜；

但是，《三国演义》中，并没有武将排行榜。

这是个遗憾，也是个幸运。

正因为罗贯中没给出武将排名，才让这个问题变得开放，才会有人不断探索。

试想，如果《红楼梦》的全本找到了，还会有红学吗？如果维纳斯的断臂找到了，还会如此优美吗？

排名的本质，是一种打破砂锅问到底的探索精神。

三国武将排名有什么意义？

三国武将排名问题，并不是严肃的学术研究，很少在学术论文或学术专著中出现。但是，这个问题却是很多学者研究三国的缘起。

三国泰斗沈伯俊先生在《沈伯俊说三国》一书中曾说，他小时候对三国的兴趣无非是人物的姓名字号、形貌兵器和武艺排序。学者董志新先生在《毛泽东读〈三国演义〉》一书中回忆自己小时候常常“与哥哥争论哪个大将武艺高”。

武将排名非常适合初学者作为学术研究的入门训练。在资料上，不需要掌握太多的学术论文和专业书籍，只需要一本《三国演义》就足够了。在方法上，不需要运用多方史料进行历史考证，也不需要发挥想象力进行文学鉴赏，只需要对《三国演义》中的武艺描写加以分析。

与其说武将排名是文科范畴的问题，倒不如说是理科范畴的问题。武将排名的基本思路是：在有限的规则下，基于书中的武艺描写，给出合理的武将排名。这有点像欧几里得，用五条基本公理建立起了平面几何。或者像牛顿，用三条基本定律建立起了牛顿力学。三国武将排名之所以广受读者欢迎，就是因为在有限的规则上可以创造出无限的可能。我从未见过两个一模一样的三国武将排名。如同象棋，虽然只有 32 枚棋子，但千古无重局。

武将排名的真正意义并不在于排出的结果，而在于排名的过程。一次理性的武将排名包含三个步骤：

1. 挖掘书中有价值的单挑数据；

2. 制定简洁且自洽的排名规则；

3. 运用规则依据数据推导排名。

为了挖掘书中有价值的单挑数据，排名者要把《三国演义》从头到尾看上几遍。在这个过程中，排名者既获得了丰富的三国知识，又提高了文本细读的能力。为了深度挖掘数据，甚至还要运用一些大数据软件，这有助于提高排名者的信息挖掘能力，训练大数据思维。

在获得数据后，排名者要根据这些数据制定合理的排名规则。排名规则应该符合奥卡姆剃刀定律，越少越好，越简洁越好，且不能自相矛盾，这有助于训练严谨思维，提高规则制定能力。

接下来，为得出合理的排名，排名者要按照制定好的规则对挖掘出的数据进行严谨的推理，这有助于逻辑思维的提升。

文本细读能力、信息挖掘能力、规则制定能力、大数据思维、严谨思维、逻辑思维，这些能力和思维在工作和生活中都非常重要。

当然，我们可以不管这些。如果在武将排名中感受到了思考的快乐，就足够了。也许有一天，当你成为三国专家时，你会说："我的三国研究之路源于对武将排名的兴趣。"

三国武将排名简史

《三国演义》成书前的武将排名

排名是人类的天性，三国武将排名的出现甚至比《三国志》还早。早在三国时代，对武将的一些评价就带有排名色彩。比如当时关于吕布的俗语：

人中有吕布，马中有赤兔。

这句话通过《三国演义》广为人知。其实，当时还有另一种说法：

人中有张飞，马中有玉追。

这句话保存在《寰宇记》中，但由于没被《三国演义》采用，就知者寥寥了。

但是，在曹魏大臣的眼中，关羽才是蜀汉的第一武将。黄初元年（220 年），魏文帝曹丕与大臣们讨论刘备是否会出兵伐吴时，大臣们都说：

蜀，小国耳，名将唯羽。羽死军破，国内忧惧，无缘复出。

曹魏群臣之所以这么说，很可能是因为亲眼见证过关羽策马刺颜良的壮举。诸葛亮也有类似的看法，在给关羽的信中，诸葛亮认为马超与张飞并驾齐驱，但都不如关羽：

孟起兼资文武，雄烈过人，一世之杰，黥、彭之徒，当与益德并驱争先，犹未及髯之绝伦逸群也。

將軍假節儀比三司進封溫侯共秉朝政布自
殺卓後畏惡涼州人涼州人皆怨由是李傕等
遂相結還攻長安城英雄記曰郭汜在城北布開城門將兵就汜言且却兵但身決勝負
汜布乃獨共對戰布以矛刺中汜汜後騎遂前救汜汜布遂各兩罷布不能拒李傕等遂
入長安卓死後六旬布亦敗臣松之案英雄記曰諸書布以四月二十三日
殺卓六月一日敗走時又無閏不及六旬將數百騎出武關欲詣袁術布
自以殺卓爲術報讎欲以德之術惡其反覆拒
而不受北詣袁紹紹與布擊張燕於常山燕精
兵萬餘騎數千布有良馬曰赤兔曹瞞傳曰時人語曰人中有呂
布馬中有赤兔常與其親近成廉魏越等陷鋒突陣遂破

人中有吕布，马中有赤兔

《三国志》的作者陈寿也认为张飞不如关羽：

飞雄壮威猛，亚于关羽。

与此类似，陈寿还认为陈到不如赵云：

叔至名到，汝南人也。自豫州随先主，名位常亚赵云，俱以忠勇称。

陈寿对武将的排名还体现在武将传记的编排上。陈寿习惯把同一势力的顶级武将合为一传来写，比如曹魏“五子良将”的《张乐于张徐传》、蜀汉“五

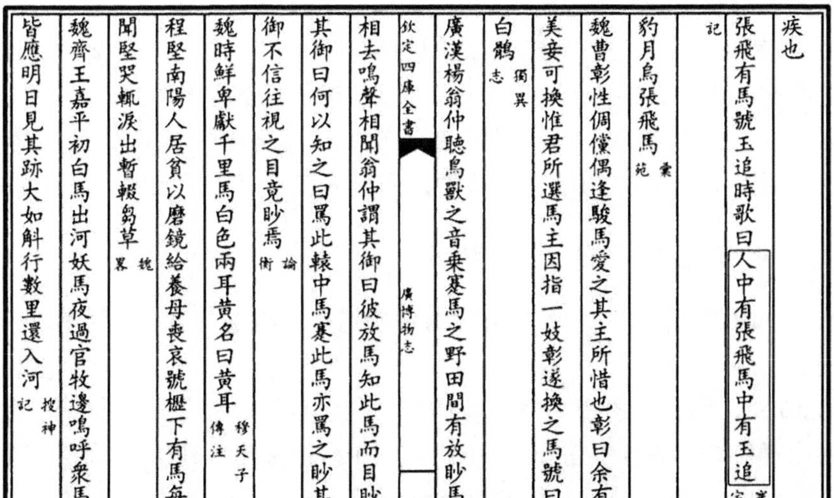
疾也
張飛有馬號玉追時歌曰人中有張飛馬中有玉追寰宇
記
豹月烏張飛馬稟苑
魏曹彰性倜儻偶逢駿馬愛之其主所惜也彰曰余有
美妾可換惟君所選馬主因指一妓彰遂換之馬號曰
白鶻獨異志
廣漢楊翁仲聽鳥獸之音乘蹇馬之野田間有放眇馬
欽定四庫全書　廣博物志
相去鳴聲相聞翁仲謂其御曰彼放馬知此馬而目眇
其御曰何以知之曰罵此轅中馬蹇此馬亦罵之眇其
御不信往視之目竟眇焉論衡
魏時鮮卑獻千里馬白色兩耳黃名曰黃耳穆天子傳注
程堅南陽人居貧以磨鏡給養母喪哀號櫪下有馬每
聞堅哭輒淚出暫輟芻草魏略
魏齊王嘉平初白馬出河妖馬夜過官牧邊鳴呼衆馬
皆應明日見其跡大如斛行數里還入河搜神記

人中有张飞，马中有玉追

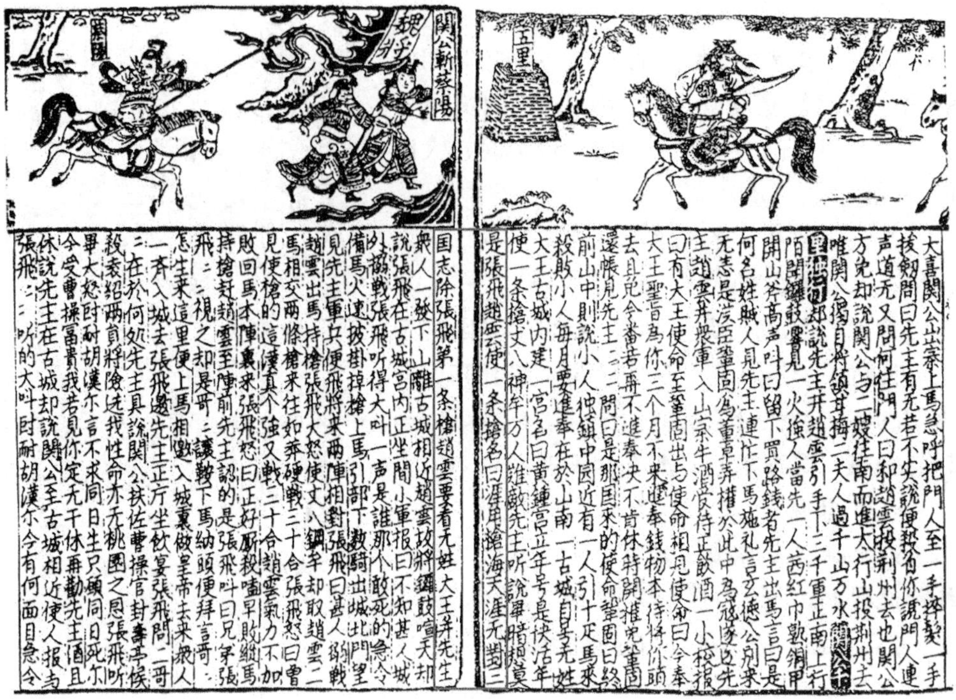

《三国志平话》

虎上将”的《关张马黄赵传》、东吴“十二虎臣”的《程黄韩蒋周陈董甘凌徐潘丁传》。传记中武将的顺序是否代表武将能力或地位值得商榷，但落选的武将不如入选的武将是一定的，比如朱灵，陈寿明确说他不如徐晃等人：

灵后遂为好将，名亚晃等。

在《三国志》与《三国演义》之间的过渡作品《三国志平话》中，武将单挑随处可见，已经是书中重要情节了，而且出现了真正的排名：

赵云使一条枪名曰涯角枪，海角天涯无对，《三国志》除张飞，第一条枪。

这句话说明，在《三国志平话》中，用枪的武将第一是张飞，第二是赵云。

《三国演义》中的武将排名

在《三国演义》中，罗贯中并没有明确给出武将的排名，但还是有一些蛛丝马迹。

第 56 回，铜雀台射箭大赛，曹休、文聘、曹洪、张郃、夏侯渊、徐晃六员武将比赛射箭。罗贯中是按照一山还有一山高的结构来写的，箭法一个比一个好，最后出场的徐晃凭借百步穿柳获得冠军。

第 67 回，曹操平定汉中，庞德连战曹操四将，按照先后顺序分别是张郃、夏侯渊、徐晃、许褚，大体也是按照一个更比一个强的顺序来写的。

有时候，书中人物也会表达一些武评观点，比如关羽对张飞评价张辽“此人武艺不在你我之下。”曹操对众将说：“马超不减吕布之勇。”诸葛亮评价马超：“须是张、赵二将，方可与敌。”这都可以看作是一种小范围的武将排名。

明清时期的评论家，在点评《三国演义》时，也常常就武将的武艺高低表达自己的观点。

孙策大战太史慈，一百多回合不分胜负，两人扭打在一起，孙策抢了太史慈项上手戟，太史慈抢了孙策头盔。这场单挑谁赢了呢？明代一位自称“后史官”的评论者认为：“失盔者当输也。”这条评论以注释的形式被保留在了嘉靖本中，后史官不排除是罗贯中的一个笔名。

许褚裸衣战马超，二百多回合不分胜负，毛本《三国演义》的修订者毛宗岗认为：“弃甲亦算输矣。”

《三国演义》成书后的武将排名

随着毛宗岗对《三国演义》的修订，三国故事进一步流行。特别是评书、京剧等艺术形式的发展，使三国武将的形象更加生动具体。武将排名也由零星的武评逐渐向系统的排名转化，读者们开始尝试为三国武将排出个一二三。

刊印于清道光年间的《水浒传》续书《荡寇志》第 88 回：

丽卿笑道：“兵器又不在斤两上分高低。古人说得好，四两能拨千斤重，当年吕布何等了得，——有句老话，‘三国英雄算马超，马超还是吕布高。’——他那枝方天戟，只得二十四斤，关王八十二斤的大刀，他也敌得过；何在轻重？”

續水滸　第八十八回　八

耀得那教場一汪水也似的清涼，將臺上那面帥字旗，隨着微風蕩漾，——沉沉夜色，萬籟無聲。麗卿見那旗竿頂上，錫打的平安吉慶，忽然想起，問永清道：『兄弟那枝方天戟，有多少斤重？』永清道：『四十斤。姐姐的梨花鎗多少？』麗卿道：『比你的輕四斤，——三十六斤。』永清道：『姐姐這般神力，何不再用得重些？』麗卿笑道：『兵器又不在斤兩上分高低。古人說得好，四兩能撥千斤重，當年呂布何等了得，——有句老話，「三國英雄算馬超，馬超還是呂布高。」——他那枝方天戟，只得二十四斤，關王八十二斤的大刀，他也敵得過；何在輕重？』永清點頭。從人備好了馬，牽到月臺下，永清見那匹棗騮，稱賞不已。麗卿道：『我這馬有名叫做穿雲電，你那匹銀合，也了得。』永清道：『這是匹大宛馬，戰場上。熬過幾次。』二人都上了馬，從人遞過馬鞭，八個馬蹄踏着月色，緩緩而行，從人都追陪着。永清道：『我們都在冰壺中也！』一時興發，抗聲吟道：『姮娥搗藥觀寶闕，碧海亭亭澄皓魄，猶似弟兄離別多，上弦纔滿下弦缺。』麗卿聽罷，笑道：『兄弟！你對着月亮，伊伊唔唔的，念誦什麼？好像似讀唐詩，又待說這月亮，什麼上弦下絃；今夜的月亮鏡子般滾圓，那裏還像一張弓？』永清笑道：『對此月色，偶吟心曲，胡亂

《荡寇志》

按照“三国英雄算马超，马超还是吕布高”的说法，三国武将中第一是吕布，第二是马超。后来，经过修改，这句话变成了知名度更高的“前表吕布，后表马超”。

清末，北洋军各师都有一首军歌，其中与三国有关的第四师军歌传唱度最广，歌词开头为：

三国战将勇，首推赵子龙，长坂坡前逞英雄。

根据这段歌词，三国第一武将当属赵云。但是，这毕竟是军歌，宣扬的是忠勇双

全，吕布即使比赵云更强，也不值得写进歌词让官兵们学习。

京剧《借赵云》中，刘备向公孙瓒借赵云对付曹操，张飞不服，屡屡出言轻慢赵云。两军交战，典韦击败张飞，赵云不忍坐视，出战击退典韦，张飞这才服气。按照这段情节，典韦强于张飞，而赵云又强于典韦。

苏州评话大师张国良先生的评话《三国》中，提到过一句俗话：

后人有这么一句俗话，“三国之中出吕布，吕布哪有马超好，马超不及子龙巧。”说明前后五十年的后汉，无数战将中这几位称得上是尽善尽美，良中魁首，但各有特色，非他人可及。

按照这句俗话，马超强于吕布，赵云又强于马超。张先生还曾说过：“子龙确实是三国中数一数二的名将。”那么，赵云究竟是数一还是数二呢？恐怕只能数二。在评话《三国》中，黄须儿曹彰曾独战包括张飞、赵云、马超、黄忠在内的十员虎将，张先生明确说过“曹操的第二个儿子曹彰，是整个三国时代武艺最好的一员将材”。

在民间众多版本的排名中，流传最广的还是“一吕二赵三典韦，四关五马六张飞”。

“一吕二赵三典韦，四关五马六张飞”

“一吕二赵三典韦”小考

先来说说我是怎么知道“一吕二赵三典韦，四关五马六张飞”这个排名的。那时候我还在上小学，八九岁，刚刚学过官渡之战的课文，对三国产生了浓厚的兴趣，向同学借了一本《三国演义》。见到原著后，我才发现阅读《三国演义》并没有那么简单，特别是赤壁之战之前的故事，势力众多，关系复杂，看得我一头雾水。好在同学借我的是一本带人物绣像的《三国演义》，这帮助我认识了许多三国人物。我印象最深刻的是典韦，绣像中的典韦高大威猛，一脸凶相，两只手各抓着一个人当兵器挥舞。虽然人物身体比例有些失调，但视觉冲击力十足。

我大大爷（大伯）是20世纪60年代的大学生，很有学问，熟读《三国演义》《水浒传》。他听说我在看《三国演义》，就问我三国武将中谁最厉害。我姓赵，对单骑救主的赵云印象比较深，就说赵云厉害。大大爷告诉我：“一吕二赵三典韦，四关五马六张飞。”知道这个顺口溜后，我就开始在书中寻找这些武将的相关事迹，通过这种方式我把《三国演义》读完了。

现在我给大学生讲《三国演义》的选修课，一问到三国武将排名，学生马上就能说出“一吕二赵三典韦，四关五马六张飞”。我问学生是怎么知道这个顺口溜的，他们都说是听家中长辈说的。我相信，等这些学生结婚生子后，也会把这个顺口溜说给他们的孩子。

就像这样，“一吕二赵三典韦，四关五马六张飞”的顺口溜以口口相传的形式在民间传播，甚至被人们奉为圭臬。流行度是认可度的一种表现，只有自己先认可了这个排名才会主动传播。我之前介绍了几种排名，无论是“三国英雄算马超，马超还是吕布高”，还是“三国之中出吕布，吕布哪有马超好，马超不及子龙巧”，都没能广泛传播，就是因为老百姓对这些排名的认可度不高。

就普通读者的阅读感受来说，把吕布、赵云、典韦、关羽、马超、张飞排在前六名也基本合理。吕布独战三英，赵云单骑救主，典韦提人死战，关羽斩颜良诛文丑，马超大战许褚，张飞喝退百万曹兵，都给读者留下了深刻的印象。相比之下，许褚有点痴，总充当配角，黄忠有点老，还要靠射箭，比这六人要差一点。

具体到这六员将，吕布排名第一当之无愧；赵云一生不败，印象分更高；典韦早亡，想象空间更大。而关羽、张飞联手没能击败吕布，限制了二人的上限。在传统京剧《借赵云》中，也采用了赵云强于典韦、典韦强于张飞的设定。而马超与张飞挑灯夜战不分胜负，两人排名应该紧挨着。这样，六员将的顺序就大体确定了。接下来，还要考虑押韵的问题，六个人的名字中，只有典韦和张飞押韵，所以这两人必须一个第三一个第六。综合阅读感受和押韵考虑，“一吕二赵三典韦，四关五马六张飞”的排名就应运而生了。

那么，“一吕二赵三典韦，四关五马六张飞”的顺口溜究竟产生于什么时代呢？这是一个很难回答的问题。

在我能找到的文献资料中，最早记录这个顺口溜的是 1986 年出版的中国民间文学三套集成辽宁卷《新民资料本》：

一吕二赵三典韦，
四关五马六张飞，
七黄八魏九姜维，
曹操排在第十位。

这条资料由文化馆的干部刘静搜集整理，口述者是新民镇东街小学一位叫王可心的 14 岁女孩。

一吕二赵三典韦

一吕二赵三典韦，　　七黄八魏九姜维，
四关五马六张飞，　　曹操排在第十位。

口　述　者：王可心、女、十四岁、新民镇东街小学学生。
流 传 地 区：新民城乡。
搜集整理者：刘静、女、县文化馆干部。

中国民间文学三套集成辽宁卷《新民资料本》

另外，同样是在 20 世纪 80 年代，山东青岛曾流行过一种三国纸牌游戏，纸牌上武将的顺序也是“一吕二赵三典韦，四关五马六张飞”。

民间文学从口头到文字的过程相当漫长，这个顺口溜产生的时间肯定要早于 1986 年。

学者孙勇进先生在《〈三国演义〉趣谈与索解》中，提到了这个顺口溜：

记得笔者少年时，听到家乡流行着一个三国英雄人物的大排行，叫作一吕二赵三典韦，四关五马六张飞，七黄八夏九姜维。

我向孙勇进先生询问听到这个排名的时间，他告诉我是在 20 世纪 80 年代初期，比 1986 年要早。

学者董志新先生在《毛泽东读〈三国演义〉》一书中，也提到了这个顺口溜：

上学了，大约是小学二三年级，早两年上学的哥哥总能从同学那里借到《三国演义》“小人书”……“小人书”看得多了，就与哥哥争论哪个大将武艺高，我说：“‘五虎上将’最厉害！”哥哥到底比我早上几年学，不知从哪里听来几句顺口溜：“人中吕布，马中赤兔”“一吕二赵三典韦，四关五马六张飞，七黄八夏九姜维……”我没有“顺口溜”，说不赢他，只好甘拜下风，承认吕布是武艺最高的大英雄。

董志新先生与我生活在一个城市，我第一本书的序言还是董先生撰写的。我询问董先生听到这个排名的时间和地点，他说大约是在 1960 年，地点在吉林省吉林市。我也问过我大大爷，他第一次听到这个顺口溜是在 20 世纪 60 年代的沈阳。这说明，至少在60年代初，这个顺口溜就已经在多地流传了。考虑到口头文学传播速度较慢，这个顺口溜产生的时间还要早很多，但已经很难追溯具体的时间了。

关于这个顺口溜的来源，互联网上流传着两种说法，一种认为这个顺口溜是所谓三国二十四名将歌的缩写，另一种认为这个顺口溜原版是“一吕二马三典韦”，真的是这样吗？

三国二十四名将歌

所谓三国二十四名将歌，是一首关于三国武将排名的顺口溜，共八句：

一吕二赵三典韦，四关五马六张飞，
黄许孙太两夏侯，二张徐庞甘周魏，
枪神张绣和文颜，虽勇无奈命太悲，
三国二十四名将，打末邓艾和姜维。

歌中列举了二十四位三国名将，按照顺序分别是吕布、赵云、典韦、关羽、马超、张飞、黄忠、许褚、孙策、太史慈、夏侯惇、夏侯渊、张辽、张郃、徐晃、庞德、甘宁、周泰、魏延、张绣、文丑、颜良、邓艾、姜维。

这个三国二十四名将歌最早出现在网络三国相关论坛上，时间在2000年之后，而可以追溯的最早文字资料是2004年第11期的《大众科学·网络游戏世界》。这都远远晚于“一吕二赵三典韦，四关五马六张飞”顺口溜的相关时间。有知情者告诉我，这个名将歌是2000年左右新浪三国论坛的一个网友原创的。真相是不是这样我们不好下结论，但可以肯定地说，所谓三国二十四名将歌是网络时代的产物。

甚至，这个排名排的究竟是不是《三国演义》的人物都难说。歌中出现了一个张绣，还冠以枪神的名号。而在《三国演义》中，张绣从来就没有与人单挑过，也没有用过枪。倒是在南派评书中，张绣号称北地枪王，一招百鸟朝凤枪威震天下，长坂坡一战，赵云使出绝学七探蛇盘枪才勉强将其击败。按照南派评书的说法，张绣的确可以称得上枪神，也有资格排进三国武将前列。但是，如果完全按照南派评书排名，吕布又很难排在第一名。南派评书中，有一个曹彰战十虎的情节，这十虎中，包括张飞、赵云、马超、黄忠等人，如此看来，曹彰才是南派三国评书的第一武将。因此，三国二十四名将歌应该是《三国演义》和南派三国评书杂糅的产物。很可能这首歌谣的作者也没分清哪些情节来自演义哪些情节来自评书，只是凭借自己模糊的记忆排了一下。

总之，所谓三国二十四名将歌并不是“一吕二赵三典韦，四关五马六张飞”的完整版，只是在“一吕二赵三典韦，四关五马六张飞”基础上的狗尾续貂。

“一吕二赵”还是“一吕二马”？

互联网上还有一种说法，认为原版的排名是“一吕二马三典韦，四关五赵六张飞”，毛泽东在一次谈话中将其改为“一吕二赵三典韦，四关五马六张飞”。甚至，一些学者的三国专著中，也引用了这个说法。比如，纪连海先生在《纪连海点评〈三国志〉》“典韦”一节：

一九五八年，毛泽东在天津会见河北省正定县委书记杨才魁，说：“正定是个好地方，那里出了个赵子龙！都说一吕二马三典韦，我看应该是一吕二赵三典韦才对，马超这个人不简单，文武全才，但是在《三国演义》里他是比不上赵子龙的。”

毛泽东在天津会见正定县委书记杨才魁实有其事，时间是 1958 年 2 月 15 日，还有毛泽东与杨才魁的合照存世。根据杨才魁的回忆，毛泽东也的确说过“正定是个好地方，那里出了个赵子龙”，时至今日，在正定火车站和正定赵云庙都可以看到这句话。但是，后面的“都说一吕二马三典韦，我看应该是一吕二赵三典韦才对，马超这个人不简单，文武全才，但是在《三国演义》里他是比不上赵子龙的”却有点来路不明。纪先生在引用这段文字时，没有给出出处，令人有些遗憾。

正定赵云庙

造谣一张嘴，辟谣跑断腿。为了验证这段话的真伪，我做了一些工作。

我咨询了前面我提到的那位董志新先生，董先生是研究毛泽东读书的专家，著有《毛泽东读〈三国演义〉》。董先生答复我，毛泽东的确说过“正定是个好地方，那里出了个赵子龙”，但后面的话他没听过。

有一次我到正定出差，特意去了趟赵云庙，就这个问题询问了正定赵云庙的工作人员，他们也说只见过“正定是个好地方，那里出了个赵子龙”，没见过后边的话。

一次偶然的机会，我在 2009 年第 1 期《档案天地》杂志中，看到了一篇题为《悼念故友杨才魁》的文章，文章回忆了毛泽东接见杨才魁时的谈话：

其中在 1958 年他任正定县委书记时，参加毛主席在天津召开的一个座谈会。毛主席握着他的手说：“正定是个好地方，那里出了个赵子龙。”这已成为一段佳话，在正定人民中被广为乐道。

这里也没有提到后面关于马超的那些话。这篇文章的作者不是一个人，而是由杨才魁生前八位好友共同撰写，漏掉毛泽东讲话内容的可能性微乎其微。

与三国二十四名将歌一样，毛泽东改“一吕二马”为“一吕二赵”的说法最初也是出现在互联网上，时间也是 2000 年以后。可以肯定地说，这是一次彻头彻尾的造假行为。这段谣言满足了一些人的猎奇心理，这些人在看到“一吕二赵三典韦”时，常常会把这段谣言搬出来，用来显摆自己丰富的知识。久而久之，三人成虎。

我更好奇的是，造谣者的动机是什么？有知情者告诉我，造谣者是马超的一个铁杆粉丝，他认为马超的武艺仅次于吕布，对“一吕二赵三典韦”的说法不满，于是杜撰了那段谈话提高马超的排名。如果是这样，那一切就都讲得通了。

需要特别强调的是，我并不反对“一吕二马”这个排名，马超和赵云谁排在第二都在合理的范围内，我反对的是无中生有的造谣行为。

“七、八、九”都是谁？

“一吕二赵三典韦，四关五马六张飞”并不是这个顺口溜的全部内容，我小时候听到的版本还包括“七黄八夏九姜维”。在提到这个顺口溜的文献中，前六名的顺序基本相同，但七、八、九名差异很大，有的还会带上第十名。

三国武将在不同文献中的排名

排名	出处	作者	时间（年）
七黄八魏九姜维 曹操排在第十位	中国民间文学三套集成辽宁卷《新民资料本》	刘静	1986
七黄八夏九姜维	《〈三国演义〉趣谈与索解》	孙勇进	1997
七黄八夏九姜维	《毛泽东读〈三国演义〉》	董志新	2001
七黄八夏九姜维	《〈三国演义〉导读》	胡胜	2001
七黄八夏九姜维	《〈三国演义〉作者对我说》	陈雪良	2003
七黄八夏九姜维	期刊《少年人生》	赤军	2004
七黄八夏九姜维	《社交方法与技巧 ——通向理想彼岸的金桥》	许文郁	2007
七黄八许九魏十姜维	《关羽传》	田福生	2007
七许八黄九姜维	《三国那些人儿》	蔡大东	2008
七黄八魏九姜维	《北京孩子：六七十年代的集体自传》	刘仰东	2009
七许八黄九姜维	《细说百家姓》	崔海红	2009

2010 年之后的相关文献更多，但由于当时互联网已经广泛流行，价值不大，而且多有重复，我就不一一列举了。

与文献中的排名相比，口头版本更多，有的还非常离谱。比如“七黄八夏九刘备，曹操排在第十位”，甚至还有“七孔明，八刘备，曹操排在第九位”。

在诸多“七、八、九”的版本中，哪个是最原始的呢？

虽然中国民间文学三套集成辽宁卷《新民资料本》是最早提到排名顺口溜的文献，但是它记录的是当时也就是 1986 年的一种说法。而在《〈三国演义〉趣谈与索解》《毛泽东读〈三国演义〉》这几本书中的排名都是作者童年时听到的说法，从时间上，都早于 1986 年，有些甚至可以上溯到 20 世纪 60 年代。因此，关于“七、八、九”的排名，最原始的大概率是“七黄八夏九姜维”。

黄忠作为五虎上将之一排到第七并不意外。但夏侯惇为什么排到第八，姜维为什么排到第九呢？还有，许褚为什么没有进入前十呢？

夏侯惇能进入前十，要得益于他的独眼。夏侯惇拔矢啖睛的故事太过震撼，只要读过《三国演义》的读者都能记住他那句“父精母血，不可弃也！”而且，夏侯惇的辨识度很高，无论是京剧还是小人书，在曹魏集团的一群莽汉中，只有独眼的夏侯惇最好识别。因此，夏侯惇在民间的知名度很高。元代话本《三国志平话》中，夏侯惇即作为曹魏第一武将的身份活跃在书中。

姜维上榜首先是因为他曾与晚年赵云交手不落下风，本身就具备很强的武艺。在京剧《收姜维》中，甚至改为姜维击败了赵云。但更重要的是，姜维的名字与典韦、张飞押韵。对顺口溜来说，押韵的要求远高于合理性。除姜维外很难再找出一个武艺差不多的武将与典韦、张飞押韵了。

我们再来说说许褚没能排进前十的原因。如果细看《三国演义》中的单挑描写，许褚与典韦不相上下，是曹魏集团前二的武将，武艺要胜过夏侯惇。但是，在阅读感受上，未必如此。在普通读者的印象中，许褚只在裸衣战马超这个故事中戏份比较多。但是，在这个故事里，许褚也只是两个主角之一。不像夏侯惇有自己的专属情节：拔矢啖睛。另外，三国评书多讲“三把火”，即火烧博望坡、火烧新野、火烧赤壁。在这三段故事中，许褚是个彻头彻尾的配角，常常中计，被抹黑不少。

随着读者阅读水平的提升，人们渐渐意识到“七黄八夏九姜维”的排名不合理。于是，“七黄八夏九姜维”产生了变异，许褚取代夏侯惇进入前十名，有了“七黄八许九姜维”“七许八黄九姜维”等说法。从不合理到合理，正是口头文学传播的特征。

无论是“七黄八夏九姜维”还是“七许八黄九姜维”，都无法获得普遍认可，读起来也不如“一吕二赵三典韦，四关五马六张飞”朗朗上口。因此，七、八、九名的说法很难统一，出现了多种版本。

本书的第一份排名

对于“一吕二赵三典韦，四关五马六张飞”这个影响力巨大的排名而言，如果没有一个好的“七、八、九、十”实在是太遗憾了。因此，本书的第一份排名是对“一吕二赵三典韦，四关五马六张飞”的狗尾续貂。

在保留前六名的基础上，综合普通读者的阅读感受和武将的单挑战绩，我给出的“七、八、九、十”分别是许褚、黄忠、庞德、颜良。与前六名连起来就是：

一吕二赵三典韦，
四关五马六张飞，
七许八黄九庞德，
颜良排在第十位。

许褚与黄忠前文已简单分析过了，这里简单说说庞德与颜良。

庞德抬榇决死战，与关羽大战一百余合不分胜负，无论是基于阅读感受还是基于单挑数据，庞德都有资格进入前十名。庞德的知名度之所以不高，是因为传统评书、京剧重点表现的是前三国，而庞德抬榇决死战的故事属于后三国。

在关羽斩颜良的故事中，颜良虽然被杀，但看过原著的读者肯定记得颜良曾打遍曹营无敌手。细心一点的读者还会记得，颜良曾二十回合击败徐晃。要知道，许褚用五十余合都没有战胜徐晃。但是，颜良印象分太低，拉低了总分，只能把他排在第十名了。

从感性排名到理性排名

在前两节，我们介绍了许多版本的三国武将排名，比如“三国英雄算马超，马超还是吕布高”，“三国之中出吕布，吕布哪有马超好，马超不及子龙巧”，还有“一吕二赵三典韦，四关五马六张飞”。这些排名，都是基于阅读《三国演义》的感受，我们可以称之为感性排名。

2000年以后，互联网在中国逐渐普及，网上出现了很多三国主题论坛。比如新浪三国、琅琊三国、轩辕三国、友盟三国、三国演义贴吧，等等，三国武将排名自然成了这些三国论坛的热点话题。

由于对《三国演义》的熟悉程度不同，思考方式不同，个人喜欢的武将也不同，网友们的排名千差万别，彼此的矛盾很难调和。讨论常常变成争执，甚至升级为吵架，双方你一言我一语极尽揶揄之能事，比书中的武将单挑还热闹。

但也有一些网友对三国武将排名进行了比较深入的研究，写出了一些比较优秀的帖子，比如甲乙丙的《三国终结武评》、煮酒正熟的《三国武力点评》、布姜的《嘉靖版三国五百位武将武力分析》、孤狼在途的《孤狼三国论武》、马岱的《马岱武评》、京华过客的《从三国演义单挑谱看武将的真正排名》、唯笑惟笑的《我的一些三国演义武评思路》等。

这些排名都认同吕布是三国第一武将。但是，第二名的争议就大了，有人说赵云，有人说关羽，还有人说张飞、马超、黄忠。虽然这些高手们的排名各不相同，但是排名方法基本类似：先对《三国演义》进行文本细读，挖掘有价值的单挑数据，然后制定排名规则，再利用规则进行逻辑推导，最后得出自己的排名。我们可以把这种方法得出的排名称作理性排名。

感性排名基于个人的阅读感受，理性排名基于书中的原文，相比之下，后者更加客观。在本书中，我们采取的排名方法也是理性排名，先挖掘数据，再制定规则，最后通过逻辑推导得出结论。

之所以采用理性排名，是因为理性排名更有趣也更有意义，不仅可以鼓励我们细读原著，还可以锻炼我们的思维能力。但是，理性排名未必就比感性排名更符合罗贯中的原意。罗贯中是小说家，不是数学家和逻辑学家。他写《三国演义》时思考的是如何讲好故事，塑造好人物，而不是把书中单挑的回合数写得十分精确。罗贯中肯定想不到，在几百年后，有一群无聊的人（包括我）会把他写的每一场单挑都找出来详细分析。很可能，在罗贯中心中，并没有一个明确的三国武将排名。

第二章 武将排名的基本理论

三国武将排名之所以有这么大的差异，主要是因为，大家对三国武将排名的理解不同。三国指的是《三国志》还是《三国演义》？《三国演义》用嘉靖本还是毛本？周瑜和陆逊等这些统帅算不算武将？排名时是否要考虑武将的箭法？这些问题不解决，排名的争议就会一直存在。因此，我们有必要先明确一下与三国武将排名相关的基本概念。

排的是哪个三国?

《三国志》还是《三国演义》?

三国是个大概念，包括正史《三国志》、话本《三国志平话》、小说《三国演义》、评话《三国》，甚至三国京剧、三国电视剧、三国游戏等。由于产生时代不同，体裁不同，这些三国作品在内容上本身就存在差异，武将排名自然也不相同。

《三国志平话》中，黄忠曾独战关羽、张飞、魏延；评话《三国》中，曹彰曾独战张飞、赵云、马超、黄忠、向宠、阳群、张苞、王平、马岱、严颜。在这两个三国作品中吕布都没有资格进入前三。但是，这两个作品影响力有限，艺术成就也不高，我们很少见到基于它们的三国武将排名。

而《三国志》就不一样了。《三国志》是记录三国时代的正史，也是二十四史中最受推崇的前四史之一。但为什么我们很少见到基于《三国志》的武将排名呢？原因有两个，一是读者少，二是排名难。

与《三国演义》相比，阅读《三国志》的门槛比较高。在语言上，《三国演义》文白混杂，通俗易懂，而《三国志》是文言文，比较晦涩难懂。在内容上，《三国演义》讲述的是一段段有趣的故事，情节跌宕，而《三国志》记录的是一个个人物传记，阅读起来比较枯燥。《三国志》的读者基数远不如《三国演义》，为武将排名的读者自然就更少了。

更重要的是，《三国志》中，武将之间的单挑战例太少。武将单挑虽然在历史上也偶有发生，但并非常规作战方式，更多出现在古典小说中。《三国演义》中的单挑多达 400 多场，而《三国志》中不到 10 场。在单挑数据如此匮乏的情况下，要给《三国志》中的武将排名几乎是一项不可能完成的任务（本书第 10 章会挑战这个难题）。基于《三国演义》的武将排名虽然争议很多，但起码绝大多数人都认可吕布是《三国演义》的第一武将。而基于《三国志》的武将排名，连这样的基本共识都没有。因此，当我们讨论三国武将排名时，默认指的是《三国演义》中的武将排名。

但是，在讨论《三国演义》时，总会有人跳出来科普《三国志》，大声地告诉全世界：“历史上华雄是被孙坚杀死的！”“历史上根本没有三英战吕布！”在他们眼中，别人都没有受过九年义务教育，都不知道《三国演义》只是一本小说。我很好奇，这种人在别人讨论《西游记》时，他们是不是也要跳出来科普《大唐西域记》，大声地告诉别人：“历史上玄奘的徒弟是人类，不是猴子！”

把《三国演义》当成历史是一种幼稚；讨论《三国演义》时科普《三国志》同样也是一种幼稚。前一种幼稚越来越少，后一种幼稚越来越多。

《三国演义》的不同版本

《三国演义》的版本系统比较复杂，大体上可分为嘉靖本、志传本、毛本三个系统。

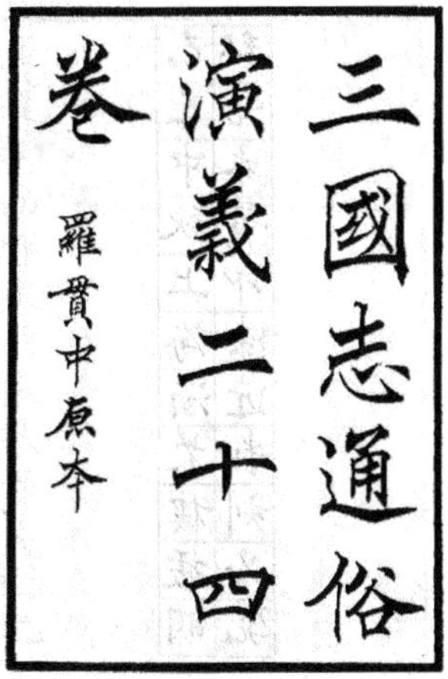

嘉靖本

嘉靖本系统的代表版本是明嘉靖壬午年刊刻的《三国志通俗演义》，简称嘉靖本，共二十四卷，每卷十则，共二百四十则。嘉靖本是现存最早的《三国演义》刻本，部分学者认为是最接近罗贯中原作的版本，有学者甚至认为嘉靖本就是罗贯中的原作。

志传本系统包括叶逢春本、黄正甫本、余象斗本、笈邮斋本、朱鼎臣本等数十种版本。这些版本一般以《三国志传》作书名，所以统称志传本。志传本共二十卷，每卷十二则，共二百四十则。内容上多插增关索的故事。部分学者认为《三国志传》的祖本早于嘉靖本，更接近罗贯中的原作。

志传本

毛本系统的代表版本是《毛宗岗评三国志演义》，共六十卷，每卷两回，共一百二十回。《毛宗岗评三国志演义》由明末清初的著名文学评论家毛纶、毛宗岗父子在原作的基础上修订、点评而成，简称毛本。毛本删去了大部分完全与历史相悖的情节，使《三国演义》小说相对来说更加接近《三国志》的史料。在艺术水平上，毛本文字精练，情节流畅，远胜旧本，一经问世，即成为三百余年来最为流行的《三国演义》版本。新中国成立后出版的《三国演义》绝大多数都以毛本为底本。

在不同版本的《三国演义》中，武将的表现也有所不同。我们以马超战于禁、张郃为例，看看几

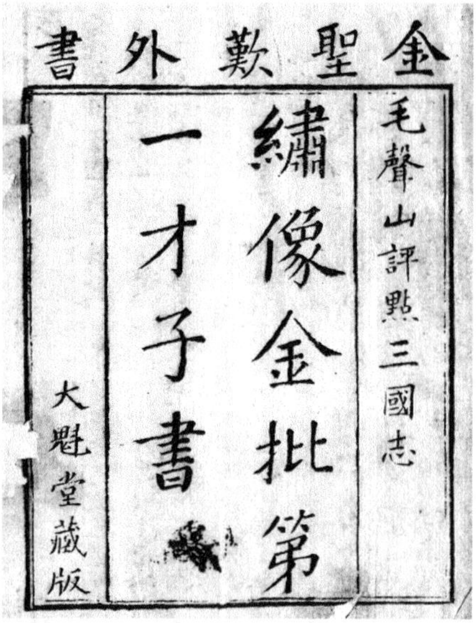

毛本

个版本文字的差异：

1. 嘉靖本

超挺枪纵马，冲杀过来，操背后于禁出迎。两马交战，斗到八九合，于禁败走。张郃出迎，不三合，败走。

2. 叶逢春本

超杀过来，操背后于禁出迎。两骑战到八九合，于禁败走。张郃出迎，又败。

3. 黄正甫本

（超）挺枪杀过阵来，操背后于禁张郃出敌，二将败回。

4. 毛本

（超）挺枪直杀过来，曹操背后于禁出迎。两马交战，斗得八九合，于禁败走。张郃出迎，战二十合亦败走。

在嘉靖本中，马超击败于禁用了八九合，击败张郃用了不三合。在叶逢春本中，没给出击败张郃的回合数。在黄正甫本中，是于禁与张郃双战马超。在毛本中，马超击败于禁用了八九合，击败张郃用了二十合。

不同版本的武将战绩不同，基于战绩的武将排名自然也不同。

嘉靖本还是毛本？

面对这么多的版本，我们该如何选择呢？我们先排除志传本。志传本文字粗糙简陋，艺术水平无法与嘉靖本和毛本相比，不适合普通读者阅读，在市面上也很少出现，只有学者从事版本研究时才有些价值。嘉靖本与毛本中的武将表现，也有很大差异，我们略举几例。

嘉靖本张飞战吕布

飞抖搜神威，酣战吕布。八路诸侯见张飞渐渐枪法散乱，吕布越添精神。（《虎牢关三战吕布》）

毛本张飞战吕布

飞抖擞精神，酣战吕布。连斗五十余合，不分胜负。（第5回）

嘉靖本说“张飞渐渐枪法散乱”，出现了败象。而毛本说二人“连斗五十余合，不分胜负”，张飞不落下风。

嘉靖本赵云战文丑

草坡左侧转出一将，马上须无铠甲，拈枪直取文丑。两马相交，如花似

锦。公孙瓒扒上坡去，看那个少年大战文丑五六十合，胜负未分。(《赵子龙磐河大战》)

毛本赵云战文丑

忽见草坡左侧转出一个少年将军，飞马挺枪，直取文丑。公孙瓒扒上坡去，看那少年生得身长八尺，浓眉大眼，阔面重颐，威风凛凛，与文丑大战五六十合，胜负未分。(第7回)

嘉靖本强调赵云“马上须无铠甲”，而毛本删除了这个设定。

嘉靖本张飞战张郃

郃与死战百十余合，山上火起，已被张飞后军夺了寨栅。张郃败走。(《瓦口张飞战张郃》)

毛本张飞战张郃

张郃不见救兵至，正没奈何，又见山上火起，已被张飞后军夺了寨栅。张郃三寨俱失，只得奔瓦口关去了。(第70回)

嘉靖本中张郃与张飞战了“百十余合”，而毛本删除了这场战斗。

面对差异巨大的嘉靖本与毛本，我们该如何选择呢？在三国圈，存在一条鄙视链：看《三国志》的瞧不起看《三国演义》的，看嘉靖本《三国演义》的瞧不起看毛本《三国演义》的，看《三国演义》原著的瞧不起看三国电视剧的，看老版三国电视剧的瞧不起看新版三国电视剧的，看三国电视剧的瞧不起玩三国游戏的，玩三国电脑游戏的瞧不起玩三国手游的，玩三国手游的实在没谁瞧不起了，只能瞧不起那些不充值的玩家。

有些人选择嘉靖本进行武将排名，是因为他们认为嘉靖本比毛本更接近罗贯中的原作。这的确曾是学术界的主流观点，但随着志传本被发现，这个观点受到了冲击。随着1987年《三国演义》版本专题会议召开和叶逢春本被发现，学者们在版本研究上取得了较大进展，包括沈伯俊、陈翔华在内的很多学者都认为志传本比嘉靖本更接近罗贯中的原作。

更多人用嘉靖本进行武将排名，并不是出于学术上的考虑，而仅仅因为嘉靖本相对毛本更加稀少。掌握了嘉靖本就如同获得了武林秘籍，从此以后就有资本瞧不起那些只看过毛本的芸芸众生了。那么，他们为什么不用更加罕见的志传本呢？原因很简单，因为他们自己也没看过。

具体到两个版本的优劣上，嘉靖本的支持者能指出一堆毛本的缺点，毛本的支持者也能说出一筐嘉靖本的不足。但仅就武将排名来说，我认为毛本是更好的选择。嘉靖本中，武将前后表现起伏太大，比如在虎牢关吕布打得张飞枪法散乱，而在徐州两人又一百余合战平；再如张郃不三合就败给了马超，但能与张飞大战百十余合不败。毛宗岗意识到了这个问题，对书中武将单挑的结果进行了全面优化，甚至精确到了回合数。比如将马超战胜张郃的回合数由不三合改成二十合，将魏延与司马懿的单挑回合数由不十合改为不上三合。这些改动使全书武艺体系基本自洽，也说明毛本的单挑回合数是经过慎重思考的，对武将排名来说参考价值更高。

流行度也是我考虑的重要因素。我希望有更多的年轻人能参与三国武将排名，门槛太高不利于推广，在书架上随便拿出一本《三国演义》就可以进行排名才最好。由于毛本的艺术价值更高，市面上的《三国演义》绝大多数是毛本，中小学课本选取的《三国演义》片段也来自毛本。如果有一天市面上的《三国演义》多为嘉靖本，中小学课本中的《三国演义》片段也选自嘉靖本，我会很高兴地选择嘉靖本来排名。

因此，我们选择毛本作为排名的主要依据，兼顾嘉靖本。具体来说，毛本我采用的是人民文学出版社 1973 年 12 月版的《三国演义》。这个版本由人民文学出版社诸位三国专家整理，以毛本为底本，以嘉靖本为校本，去掉了毛氏父子的点评，对疑难字词加以注释，非常适合普通读者。嘉靖本我采用的是上海古籍出版社 1980 年 4 月版的《三国志通俗演义》。

单挑是怎么进行的？

武艺的概念

三国武将排名，排的是武将的武艺，即武将的战斗能力，也有人叫武力，还有人叫武功。这三个词究竟哪一个更合适呢？

武力通常出现在三国游戏中，是武将的一个属性值，武功则是武侠小说中的概念，这两个词都没有在《三国演义》中出现过。《三国演义》中代表武将战斗能力的词汇是武艺。比如，第 25 回，张辽对关羽说："兄武艺超群，兼通经史……"第 65 回，关平对刘备说："父亲知马超武艺过人，要入川来与之比试高低……"因此，在本书中，我们采用武艺这个词，而不用武力或武功。

根据战斗方式的不同，武艺又可以细分为单挑能力和射箭能力。第 62 回，黄忠对魏延说："汝说吾老，敢与我比试武艺么？"魏延不服气，黄忠马上要拿刀与魏延单挑。第 81 回，张苞对关兴说："我自幼习学武艺，箭无虚发。”然后刘备说：“朕正要观贤侄武艺，以定优劣。”于是张苞关兴比试箭法。

两者相比，武将的单挑能力更能代表武将的真实武艺。在《三国演义》中，没有低级别武将可以通过正常单挑战胜高级别武将。但是，经常出现低级别武将通过射箭杀死高级别武将，比如马忠射死黄忠，孟达射死徐晃。

因此，在本书中，我们说的武艺指的是武将的单挑能力，武将的射箭能力我们称之为箭法。

武将单挑的结果或胜、或平、或负。根据获胜的方式不同，又可以分为生擒、击杀、击伤、击中、击败五种，难度由高到低。一回合生擒对手是单挑的最优结果。拳击运动中，决定比赛结果的关键有两个，一个是拳手的技术，另一个是拳手的力量。单挑的结果也取决于技术和力量，只是叫法不同。

技术在《三国演义》中可以叫作招法，根据兵器的不同可以分为刀法、枪法等。与庞德单挑后，关羽评价：“庞德刀法惯熟，真吾敌手。”与姜维单挑后，赵云夸奖姜维枪法“与他人大不同”。

力量在《三国演义》中称为气力。曹操刺杀董卓，但“惧卓力大，未敢轻动”。周仓水中擒庞德，除了水性好，“更兼力大”。

在单挑中，有些时候打不过对方是技不如人：

飞抖搜神威，酣战吕布。八路诸侯见张飞渐渐枪法散乱，吕布越添精神。（嘉靖本《虎牢关三战吕布》）

也有的时候，打不过对方是力量不足：

只见一将挺矛跃马，大喝一声，直取道荣，乃张翼德也。道荣轮大斧来迎，战不数合，气力不加，拨马便走。（第 52 回）

当然也有全方位落后的：

洪与马超战到四五十合，渐渐刀法散乱，气力不加。（第 58 回）

于是，我们可以得到一个公式：

武艺 = 招法 + 气力

真实历史中的单挑

单挑，即单骑挑战，春秋时期，称作致师，是周人尚武尚礼的体现。《周礼·夏官司马》载：“环人掌致师。”郑玄注曰：“致师者，致其必战之志。古者将战，先使勇力之士犯敌焉。”这条注释说明，致师是两军交战前的一种仪式，目的是向敌人表达我军必胜的信心，方式是派遣勇士冲击敌阵。

春秋时期，主要作战方式是车战，一次致师至少需要三人利用战车协同完成，三人分别为负责驾车的御者、执戈盾近战的车右、持弓箭远射的车左。公元前597年，晋国和楚国交战，楚国派出御者许伯、车左乐伯、车右摄叔三人单车致师。出发前，三人就如何完成致师发表了不同的看法。《左传·宣公十二年》载：

许伯曰："吾闻致师者，御靡旌摩垒而还。"

乐伯曰："吾闻致师者，左射以菆，代御执辔，御下两马，掉鞅而还。"

摄叔曰："吾闻致师者，右入垒折馘，执俘而还。"

大体来说，致师时，御者驾车，车左射箭，车右在进入敌阵时下车擒杀对方将士，然后再跳上车返回。

春秋之后，骑兵逐渐替代了战车，单车致师也演变成了单骑挑战。个人认为，这里的"挑"，不应按现代汉语中读三声，而应按古时的"单骑挑人决战"之意读一声，是挑选的意思。挑战即挑人决战，单挑是单骑挑战的简称，单挑的"挑"也应该读作一声。

《史记·项羽本纪》记载，楚汉争霸时，为尽快结束战争，项羽曾提出与刘邦挑战，项羽说："天下匈匈数岁者，徒以吾两人耳，愿与汉王挑战决雌雄，毋徒苦天下之民父子为也。"《史记集解》注释："挑战，擿娆敌求战，古谓之致师。"刘邦也知道自己打不过项羽，笑着说："吾宁斗智，不能斗力。"结果没打起来。

三国时代，也有类似的事件。《魏略》记载，汉中之战时，刘备在定军山驻兵，"使刘封下挑战"。曹操大骂："卖履舍儿，长使假子拒汝公乎！待呼我黄须来，令击之。"于是急召黄须儿曹彰前往汉中，准备用自己的真儿子挑战刘备的假儿子。但是，曹彰刚到长安，曹操这边就退兵了。

三国历史中，也有真打起来的，比如吕布与郭汜的单挑。郭汜包围长安时，吕布打开城门，对郭汜说："且却兵，但身决胜负。"郭汜接受，两人单挑，吕布用矛刺中郭汜。《三国志》中，满打满算，真打起来的单挑共有七次，分别是吕布单挑郭汜、阎行单挑马超、曹性单挑郝萌、孙策单挑太史慈、关羽单挑颜良、凌统单挑甘宁、曹丕单挑邓展。关于这七次单挑，我们将在第10章详细讨论。

单挑也常常出现在中原王朝与北方少数民族之间的战争中。《隋书·史万岁传》记载，隋军与突厥作战时，秦州总管窦荣提出："士卒何罪过，令杀之，但当各遣一壮士决胜负耳。"突厥人同意，派一骑兵挑战。窦荣派史万岁应战，史万岁"驰斩其首而还"。突厥人大惊，不敢再战，退兵而去。《宋史·张玉传》记载，狄青麾下大将张玉在与西夏作战时，西夏派铁骑挑战，张玉"持铁简出斗，取其首及马"。从此，军中称张玉为张铁简。

甚至，《三国演义》中诈败诱敌的战术在真实的单挑中也出现过。《新五代史·周德威传》记载，五代时，后晋攻打桀燕幽州。后晋大将周德威曾与幽州守将单廷珪单挑。单挑中，周德威诈败，单廷珪追击，周德威待单廷珪快追上自己时，“侧身少却，廷珪马方驰，不可止，纵其少过，奋檛击之，廷珪坠马，遂见擒。”这个单廷珪就是《水浒传》中圣水将单廷珪的原型。

这种单挑，我们的邻国日本也有。在日本，单挑叫作“一骑讨”，喜欢玩日本三国游戏的朋友对这个词一定不会陌生。一骑讨作为一种主要的战争形式流行于平安时代，双方武者先相互骑射对箭，再拔刀近战，获胜一方则率军掩杀。这种战术一直沿用到镰仓时代，直到元日战争后才有所减少。明代抗倭援朝之战中，日本武士小野成幸冲到阵前，要与明军主帅李如松一骑讨，结果被李如松的弟弟李如梅射杀。

不光是东亚，欧洲也有类似的单挑，称之为“Jousting”，指骑士之间的马上长矛比武，盛行于12世纪到13世纪。这种比武最开始只是骑士的训练项目，后来逐步演化为一种体育竞技。比赛时，双方骑士骑马互冲，将对方击落马下即可获胜。出于安全考虑，比赛时双方之间设有一道障碍，避免两马相撞。长矛也由金属材质改为木质，尖头改为钝头。如果说现在全世界最流行的体育运动是足球或篮球的话，那在中世纪的欧洲最流行的运动则是Jousting。希斯·莱杰主演的电影《骑士传说》中对Jousting的过程、规则有详细的展示。

《三国演义》中的单挑

在《三国演义》中，单挑也叫斗将，顾名思义，指的是武将一对一的格斗。如果是多对多，就变成混战了。但是，《三国演义》中还有以一敌多的情况，比如三英战吕布。我们可以把以一敌多也叫作单挑，区别是，一对一的单挑是单挑单，一对多的单挑是单挑多。

根据环境不同，《三国演义》中的单挑可以分为五类，包括：

马战：

许褚拍马舞刀而出，马超挺枪接战。斗了一百余合，胜负不分。（第59回）

步战：

阵圆处，一将步行出战，头裹黄巾，身披绿袄，手提铁棒，大叫：“我乃截天夜叉何曼也！谁敢与我厮斗？”曹洪见了，大喝一声，飞身下马，提刀步出。两下向阵前厮杀，四五十合，胜负不分。（第12回）

城战：

次日五更饭毕，三军大进，城上矢石齐下。甘宁手执铁链，冒矢石而上。朱光令弓弩手齐射，甘宁拨开箭林，一链打倒朱光。（第67回）

船战：

张南挺枪立于船头，两边弓矢乱射。周泰一臂挽牌，一手提刀，两船相离七八尺，泰即飞身一跃，直跃过张南船上，手起刀落，砍张南于水中，乱杀驾

舟军士，众船飞棹急回。（第48回）

水战：

只见上流头，一将撑大筏而至，将小船撞翻，庞德落于水中。船上那将跳下水去，生擒庞德上船。众视之，擒庞德者，乃周仓也。（第74回）

除马战外，其他四种战法都比较少，我们可以把步战与城战统称为步战，船战与水战统称为水战。这样，单挑就可以分为三大类：马战、步战、水战。

在真实的历史中，魏蜀吴三足鼎立的深层原因是三家都利用各自的地形建立了相应的优势兵种。占据北方平原的魏国有金戈铁马，骑兵强大；占据西南山地的蜀国有强弓硬弩，步兵强大；占据江南水乡的吴国有高帆大船，水兵强大。魏国的骑兵到了西南山地无处立足，到了江南水乡也只能望洋兴叹，而吴蜀两国缺乏强大的骑兵，无法与魏国逐鹿中原。

回到《三国演义》中，相比于步战和水战，马战的数量最多，价值也最高，关黄对刀、许褚裸衣战马超、庞德抬榇战关羽等经典战斗都是马战。由此，我们又可以把单挑分为广义的单挑和狭义的单挑。广义的单挑包括马战单挑、步战单挑、水战单挑，而狭义的单挑单指马战单挑。

《三国演义》中武将单挑是以什么方式进行的呢？是不是像欧洲那种骑士互冲呢？我们先看几个战例：

奉大怒，回顾阵中曰："公明何在？"一将手执大斧，飞骤骅骝，直取崔勇。两马相交，只一合，斩崔勇于马下。（第13回）

关公怒曰："吾岂惧汝耶！"拍马持刀，直取夏侯惇，惇挺枪来迎。两马相交，战不十合，忽又一骑飞至，大叫："二将军少歇！"（第28回）

布曰："汉家城池，诸人有分，偏尔合得？"便叫臧霸出马搦战。曹军内乐进出迎。两马相交，双枪齐举。战到三十余合，胜负不分。（第11回）

慈曰："你便众人都来，我亦不怕！"纵马横枪，直取孙策，策挺枪来迎。两马相交，战五十合，不分胜败。（第15回）

这些单挑，少则一合，多则五十合，但都发生在"两马相交"之后，似乎是原地厮杀，但不明显。我们再看更具说服力的例子：

二军会于磐河之上，绍军于磐河桥东，瓒军于桥西。瓒立马桥上，……言未毕，文丑策马挺枪，直杀上桥，公孙瓒就桥边与文丑交锋。战不到十余合，瓒抵挡不住，败阵而走，文丑乘势追赶。（第7回）

公孙瓒与文丑的单挑是在桥边进行的，没有骑马互冲。他们也不可能互冲，一旦互冲就冲到对方的桥头了。看来，一对一的单挑是原地厮杀，那么一对多呢？我们再看三英战吕布中的一处细节：

飞抖擞精神，酣战吕布。连斗五十余合，不分胜负。云长见了，把马一拍，舞八十二斤青龙偃月刀，来夹攻吕布。三匹马丁字儿厮杀。战到三十合，战不倒吕布。刘玄德掣双股剑，骤黄鬃马，刺斜里也来助战。这三个围住吕布，转灯儿般厮杀。（第 5 回）

吕布单挑关羽、张飞时，“三匹马丁字儿厮杀”。所谓丁字儿，就是三个人站成了一个等腰三角形，吕布是顶角，关羽、张飞是底角，三人原地厮杀。刘备加入后，四人的战斗变成了“转灯儿般厮杀”，转灯儿就是走马灯，刘、关、张三人以吕布为中心，围绕吕布旋转厮杀。书中描写三英战吕布的长诗也说：“三人围绕战多时，遮拦架隔无休歇。”

文丑战公孙瓒和三英战吕布两个例子说明，《三国演义》中的单挑不是骑马互冲，而是原地厮杀。原地厮杀的战斗方式也决定了在《三国演义》中回合究竟是什么概念。

究竟什么是一回合?

正史中的合

回合，简称合，不仅大量出现在古典小说中，正史中描述战争也常常用到这个词。《晋书 · 桓彝传》载：

振兵虽少，左右皆力战，每一合，振辄瞋目奋击，众莫敢当。

《后汉书 · 公孙述传》载：

乃自将数万人攻汉，使延岑拒宫。大战，岑三合三胜。

《后汉书 · 盖延传》载：

延等往来要击宪别将于彭城、郯、邳之间，战或日数合，颇有克获。

《三国志 · 典韦传》载：

时布身自搏战，自旦至日昳数十合，相持急。

《旧五代史 · 皇甫遇传》载：

遇将渡漳河，契丹前锋大至，遇引退，转斗二十里至邺南榆林店。遇谓审琦等曰：“彼众我寡，走无生路，不如血战。”遂自辰及未，战百余合，所伤甚众。

这些记载中的合，是合战的意思，《三国志 · 武帝纪》载：

八月，绍连营稍前，依沙塠为屯，东西数十里。公亦分营与相当，合战不利。

《三国志·孙破虏讨逆传》载：

坚复相收兵，合战于阳人，大破卓军，枭其都督华雄等。

合战，也就是战斗双方短兵相接，每短兵相接一次算作一合。正史中的合是用来描述两军大规模交战的，与古典小说中用来描述武将单挑的回合并不是一个概念。古典小说中的回合究竟指的是什么呢？

古典小说中的回合

在《现代汉语词典》中，对回合的解释是这样的："旧小说中描写武将交锋时一方用兵器攻击一次而另一方用兵器招架一次叫一个回合。"我们可以把这个说法叫兵器磕碰说。的确，有些古典小说就是这么描写回合的，比如清代小说《说唐全传》，第9回：

伍魁此时眼空四海，目底无人，那里把这秦琼放在心上。仗平生本事，双手舞刀，分顶梁劈将下来。叔宝架得一架，"嚓"又是一刀。拦得一拦，"嚓"又是一刀。叔宝念他是姑爹标下一员大将，所以让他三合。

但是，兵器磕碰说并不是定论。同样是清代的小说《说唐三传》中给出了不同的说法，第18回：

那小姐不慌不忙把双刀一起架在一边，马打交锋过去，走转来，那仙童忙举双刀砍将下来，丁山急架忙还。刀来戟架，戟去刀迎，杀在一堆，战在一处。一连二十个冲锋，战得小姐满面通红，两手酸麻，那里是丁山敌手？

第19回：

再言窦小姐令喽啰将丁山推出斩首，正要开刀，只听得叫一声："刀下留人！"你道是那一个？就是程咬金。他在大营听得军士报进说："帅爷与女将交战，不上三十回合，被他红绳线索把帅爷活捉上山去了。"

军士口中的"不上三十回合"指前文的"一连二十个冲锋"，一回合就是两员武将骑马互冲一次。两马相交叫合，掉转马头叫回，合起来就是一回合。这与欧洲骑士长矛比武（Jousting）的单挑方式有些类似，我们可以把这种说法叫作战马互冲说。

《三国演义》中的回合

现在，关于回合的概念，我们有了兵器磕碰和战马互冲两种说法。那么，《三国演义》中的一回合到底是哪一种呢？

前文我们分析过，《三国演义》中的单挑是武将原地厮杀，因此回合的概念不可能是骑马互冲。甚至，步战也可以用回合来计算：

阵圆处，一将步行出战，头裹黄巾，身披绿袄，手提铁棒，大叫："我乃截天夜叉何曼也！谁敢与我厮斗？”曹洪见了，大喝一声，飞身下马，提刀步出。两下向阵前厮杀，四五十合，胜负不分。（第 12 回）

骑马互冲还可以理解，两人步战，肯定是近距离格斗，不可能一趟趟跑步互冲。

兵器磕碰说也有一个严重的问题，那就是两员武将单挑时，即使兵器没有发生磕碰，也会分出胜负。我们假设这么一种情况，武将 A 和武将 B 单挑时，武将 A 共向武将 B 刺了五枪，武将 B 躲过了前四枪，但被第五枪刺死。在这个过程中，一次兵器磕碰都没有出现。如果按照兵器磕碰说，那这场单挑的回合数就是零。这明显不符合我们的认知。

甚至，在《三国演义》中，有些单挑是没用兵器的，比如许褚徐晃争锦袍：

褚更不回答，竟飞马来夺袍。两马相近，徐晃便把弓打许褚。褚一手按住弓，把徐晃拖离鞍鞒。晃急弃了弓，翻身下马，褚亦下马，两个揪住厮打。（第 56 回）

再如赵云马战空手擒韩瑶：

韩瑶纵马举宝刀便砍赵云，云弃枪于地，闪过宝刀，生擒韩瑶归阵，复纵马取枪杀过阵来。（第 92 回）

战马互冲说和兵器磕碰说的问题在于它们要么依赖战马，要么依赖兵器，而这两者都并非单挑的必需品。

我认为，在《三国演义》中，一回合是一攻一防的概念。武将 A 攻击一次，武将 B 防守一次，则为一回合。进攻可以用兵器，也可以用拳脚。防守包括闪躲，也包括格挡，还包括防守不成被击中。出现几次攻防即为几回合。武将 A 连续进攻武将 B 三次，是三回合。武将 A 进攻武将 B 两次，武将 B 进攻武将 A 一次，也是三回合。

《三国演义》中，还有一种比较特殊的说法，叫“不一合”：

岱使宝刀一口，与繇交战。不一合，繇大败奔走。（第 58 回）

云正杀之间，忽遇朱然，便与交锋，不一合，一枪刺朱然于马下……（第 84 回）

我们可以把“不一合”理解为“一合”，就像“不一会儿”和“一会儿”其实都是一个意思。但我们也可以用一攻一防的说法来解释。“一合”指的是一攻一防，那么“不一合”指的就是武将 A 进攻后，武将 B 还没来得及防守战斗就结束了，没构成完整的一合，所以叫“不一合”。

一百合、五十合、三十合

我们先来看一个战例：

杨任自挺枪出马，与渊战三十余合，不分胜负。渊佯败而走，任从后追来，被渊用拖刀计，斩于马下，军士大败而回。（第 67 回）

这场单挑分为两个阶段，第一阶段是杨任与夏侯渊三十余合不分胜负，第二阶段是夏侯渊用拖刀计斩杀杨任。这样的例子还有很多，我们前文提到的曹洪战何曼也经历了这样的过程。

这个战例说明，两员武将几十回合战平，并不能认为他们的武艺相当。因为也许在下一个回合就分出了胜负。这有点像一场 12 回合的拳击比赛，双方打了 11 个回合势均力敌，但也许在第 12 回合就出现了 KO。

那么，多少回合战平我们才能认为两员武将武艺相当呢？要回答这个问题，我们先要找到用最多回合数分出胜负的单挑，这场单挑是徐晃与关羽的大战：

（晃）挥大斧直取关公。公大怒，亦挥刀迎之。战八十余合，公虽武艺绝伦，终是右臂少力。关平恐公有失，火急鸣金，公拨马回寨。（第 76 回）

这场单挑打了八十余合后，关羽右臂少力的问题开始显现，如果再打下去，徐晃很可能会获胜。关平担心关羽有失，鸣金收兵。这说明，在《三国演义》中，即使两个武将打了八十余合，也能分出强弱。

书中超过八十回合的单挑还有 7 场，分别是典韦战许褚、吕布战张飞、孙策战太史慈、关羽战黄忠、许褚战马超、马超战张飞、庞德战关羽。这七场单挑都超过了一百回合，而且均未分胜负。因此，我们可以认为，如果两员武将单挑超过一百回合还无法分出胜负，那么他们的武艺十分接近，属于同一档次。

在出现斩杀的单挑战例中，回合数最多的一场是之前提到的曹洪斩杀何曼，两人共打了四五十合。超过五十回合的单挑，没有出现过斩将。而且，分出胜负的也只有徐晃与关羽那次，其余都是平局。因此，我们可以认为，如果两员武将单挑超过五十回合不分胜负，那么他们的武艺比较接近。

在单挑中，武将多少回合会产生疲劳？我们来看下面这个战例：

纪灵大怒，拍马舞刀，直取玄德。关公大喝曰："匹夫休得逞强！"出马与纪灵大战。一连三十合，不分胜负。纪灵大叫少歇，关公便拨马回阵，立于阵前候之。（第 14 回）

纪灵在与关羽单挑三十合后，提出少歇，三十回合可以看作武将疲劳的回合下限。在嘉靖本中，这里的回合数是二十合，毛宗岗将其改为三十，这也说明毛宗岗认为武将单挑二十回合不至于疲劳。

回合的价值

我们之所以花这么多的笔墨来解释回合的概念，是因为回合可以量化武将的武艺，是武将排名的重要依据。

我们拿足球举个例子，假设，某一年的世界杯，巴西、德国、中国被分到同一小组。巴西 5 ： 0 胜中国，德国 2 ： 0 胜中国，而巴西与德国踢了个平手。那么，同样积 4 分的巴西和德国，谁是小组第一呢？我们都知道应该是巴西，因为巴西的净胜球更多。

同理，我们假设，武将 A 二十回合击败了武将 X，武将 B 五十回合击败了武将 X，而武将 A 与武将 B 没有在书中交过手或者交过手但是打平了。那么，如果要给武将 A 和武将 B 排个名次的话，谁更有资格排在前面呢？当然是武将 A，因为他面对武将 X 有更好的表现。

正因为引入了回合的概念，三国武将排名才从感性上升到了理性。普通人也知道劲儿大劲儿小，但牛顿定义了力，并量化了力，这才有了改变世界的牛顿力学。

影响单挑的若干因素

身体问题

伤病是运动员的天敌，很多运动员的职业生涯因此断送，武将也是如此。还有些武将，因为醉酒或疲劳，单挑的发挥也受到了影响。

受伤

（晃）挥大斧直取关公。公大怒，亦挥刀迎之。战八十余合，公虽武艺绝伦，终是右臂少力。关平恐公有失，火急鸣金，公拨马回寨。（第 76 回）

与徐晃单挑时，关羽刚刚经历了刮骨疗毒，相当于动了个大手术，还在恢复期，因此右臂少力。

患病

却说甘宁正在船中养病，听知蜀兵大至，火急上马，正遇一彪蛮兵，人皆披发跣足，皆使弓弩长枪搪牌刀斧，为首乃是番王沙摩柯，生得面如噀血，碧眼突出，使一个铁蒺藜骨朵，腰带两张弓，威风抖擞。甘宁见其势大，不敢交锋，拨马而走，被沙摩柯一箭射中头颅。宁带箭而走，到于富池口，坐于大树之下而死。（第 83 回）

沙摩柯后来二十余合被周泰斩杀，武艺有限。甘宁“见其势大，不敢交锋”，是由于得了痢疾。

醉酒

为首大将，乃张飞也，挺矛纵马，直取许褚。褚舞刀来迎，却因酒醉，敌不住张飞，战不数合，被飞一矛刺中肩膀，翻身落马，军士急忙救起，退后便走。（第72回）

许褚和张飞都曾与马超大战二百多回合不分胜负，两人要是正常单挑，必然会大战一场。但是，这一战，许褚却酒醉，被张飞不数合刺中。单挑不喝酒，喝酒不单挑。此战过后，许褚再也没有单挑过，可能是因为酒后驾驶被吊销了驾照。

疲劳

曹操在渭桥时，深知庞德之勇，乃嘱诸将曰："庞德乃西凉勇将，原属马超，今虽依张鲁，未称其心，吾欲得此人。汝等须皆与缓斗，使其力乏，然后擒之。"（第67回）

曹操的话说明，武将疲劳后，战斗力会大大降低。前文我们分析过，武将疲劳的回合下限是三十合。

战马因素

战马是武将的双腿，战马的优劣常常可以决定单挑的胜负。

马快

（关云长）与文丑交马，战不三合，文丑心怯，拨马绕河而走。关公马快，赶上文丑，脑后一刀，将文丑斩下马来。（第26回）

关羽凭借赤兔马快，把击败文丑升级为击杀文丑。需要强调的是，因为在《三国演义》中，单挑是原地厮杀，所以赤兔马在单挑的过程中并没有作用，罗贯中也没有这方面的描述。赤兔马的作用体现在突袭和追杀上，能升级单挑的结果，但无法改变武将的强弱。也就是说，赤兔马并不能雪中送炭，但可以锦上添花。

马失前蹄

鼓声正急时，云长拨马便走，黄忠赶来。云长方欲用刀砍去，忽听得脑后一声响，急回头看时，见黄忠被战马前失，掀在地下。云长急回马，双手举刀猛喝曰："我且饶你性命！快换马来厮杀！"黄忠急提起马蹄，飞身上马，奔入城中。玄惊问之，忠曰："此马久不上阵，故有此失。"（第53回）

黄忠具备与关羽单挑一百回合不分胜负的能力，但因为马失前蹄，险些丧命。

马乏

二人抖擞精神，战到三四十合，不分胜负……维暗暗称奇，欲战邓艾，又恐马乏，乃虚指艾曰："吾今日识汝父子也。各且收兵，来日决战。"（第112回）

姜维曾与邓艾单挑数十合不分胜负，这里仍然想与之单挑，但考虑到马乏，只能作罢。那么，在《三国演义》中，什么情况会马乏呢？见到邓艾前，姜维与邓忠单挑了三四十合，又进行了长距离的追赶，所以马乏。此外，两员武将单挑一百回合后，常会换马，说明单挑一百回合后也会马乏。

准备不足

除了身体和战马的客观原因，如果武将对单挑准备不充分，也可能会酿成悲剧。

偷袭

偷袭指武将 A 在武将 B 没有丝毫准备的情况下发起的攻击。我们看下面这两个战例：

与岱战不十合，岱败走。延赶去，被岱回身一箭，中了魏延左臂。延急回马走。（第 65 回）

（延）遂提刀按辔，于马上大叫曰："谁敢杀我？"一声未毕，脑后一人厉声而应曰："吾敢杀汝！"手起刀落，斩魏延于马下。众皆骇然。斩魏延者，乃马岱也。（第 105 回）

在前一个战例中，我们先不管马岱是不是诈败，但至少可以说明他不具备短时间内战胜魏延的实力。在后一个战例中，魏延认为马岱是友军，不会攻击自己，没有丝毫准备。结果马岱在魏延脑后出刀，斩魏延于马下。

突袭

突袭指武将 A 在武将 B 没有充分准备的情况下发起的攻击。我们看下面这两个战例：

渊大怒，骤马径取黄忠，忠正要激渊厮杀，两将交马，战到二十余合，曹营内忽然鸣金收兵。（第 71 回）

午时以后，法正见曹兵倦怠，锐气已堕，多下马坐息，乃将红旗招展。鼓角齐鸣，喊声大震，黄忠一马当先，驰下山来，犹如天崩地塌之势。夏侯渊措手不及，被黄忠赶到麾盖之下，大喝一声，犹如雷吼。渊未及相迎，黄忠宝刀已落，连头带肩，砍为两段。（第 71 回）

在前一个战例中，夏侯渊可以与黄忠二十余合不分胜负。后一个战例中，夏侯渊虽然知道黄忠可能对他发起攻击，但由于法正用计，夏侯渊出现了倦怠情绪，准备不够充分，被一刀斩杀。

在《三国演义》中，常常出现低级别武将通过偷袭或擒或杀高级别武将的战例，比如魏续、宋宪生擒吕布，范疆、张达杀死张飞。但是，没有低级别武将能通过突袭战胜高级别武将。因此，我们认为，突袭只会缩短取胜的时间，而不会改变单挑的结果。也就是说，如果武将 A 通过突袭杀死了武将

B，我们仍然可以认为武将 A 强于武将 B，但不代表武将 A 具备一合杀死武将 B 的能力。

目的不同

有些情况，武将战斗的目的不是战胜对手，而是有其他考虑，比如救主和诈败。

救主

救主时，武将的目的是带着主公尽早脱离险境，而不是击败对手。我们看下面这两个战例：

云纵马挺枪，杀散后队，又来前军独战张郃。郃与云战三十余合，拨马败走。（第 31 回）

当先一员大将，旗号分明，大书“河间张郃”。云更不答话，挺枪便战。约十余合，云不敢恋战，夺路而走。（第 41 回）

在前一个战例中，赵云三十余合击败了张郃。但在后一个战例中，赵云与张郃打十余合就不敢恋战了。赵云战斗的目的并不是击败张郃，而是尽快救出阿斗。

诈败

有时候，为了诱敌或骄兵，武将会故意战败。我们看两个战例：

韩浩在阵前大骂黄忠：“无义老贼！”拍马挺枪，来取黄忠。夏侯尚便出夹攻。黄忠力战二将，各斗十余合，黄忠败走。（第 70 回）

韩浩引兵来战，黄忠挥刀直取浩，只一合，斩浩于马下。（第 70 回）

黄忠具备一回合斩杀韩浩的能力，但是，在前一个战例中，黄忠并没有这么做。黄忠希望通过诈败引诱曹兵前来屯粮，从而抢夺曹兵粮草马匹，所以才会诈败。

战局不利

除了武将自身的因素，战局不利也会影响武将的发挥。

兵败

我们来看魏延与冷苞的两次单挑：

魏延纵马提刀，与冷苞接战。二将交马，战到三十合，川兵分两路来袭汉军。汉军走了半夜，人马力乏，抵当不住，退后便走。魏延听得背后阵脚乱，撇了冷苞，拨马回走。（第 62 回）

前面魏延引军赶来，川兵自相践踏。冷苞正奔走间，撞着魏延，交马不数合，被魏延活捉去了。（第 63 回）

第一次单挑，由于汉军兵败，魏延选择了撤退。而第二次单挑，川兵兵败，再遇到魏延时，冷苞不数合就被生擒。

将败

我们来看张苞与谢旌的两次单挑：

张苞大怒，挺枪直取孙桓。桓背后谢旌，骤马来迎。两将战有三十余合，旌败走，苞乘胜赶来。（第 82 回）

桓大怒，拍马轮刀，与关兴战三十余合，气力不加，大败回阵。二小将追杀入营，吴班引着张南、冯习驱兵掩杀。张苞奋勇当先，杀入吴军，正遇谢旌，被苞一矛刺死，吴军四散奔走。（第 82 回）

第一次单挑，谢旌在张苞面前坚持了三十余合。第二次单挑，由于主将孙桓在单挑中输给了关兴，再遇到张苞时，谢旌一回合就被刺死了。

人多势众

在体育比赛中，有一种优势叫主场优势。虽然主场的观众不能直接参与比赛，但是可以通过加油呐喊壮声势。在《三国演义》中，这种情况叫人多势众。与体育比赛不同，战场上人多不仅可以壮声势，还可能随时参与战斗，对人少一方非常不利。与孙策单挑时，太史慈这边只带了一个人，而孙策那边带了十二个人，太史慈有一段内心独白，很好地说明了人多势众对武将心理的影响：

慈心中自忖："这厮有十二从人，我只一个，便活捉了他，也吃众人夺去。再引一程，教这厮没寻处，方好下手。"（第 15 回）

人多势众甚至可以影响单挑的结果，我们看一个战例：

文丑回马复来，徐晃急轮大斧，截住厮杀。只见文丑后面军马齐到，晃料敌不过，拨马而回。（第 26 回）

造成徐晃放弃战斗的原因，原文说得很清楚，是文丑后面的军马。

有效战例和无效战例

在这节中，我们介绍了许多战例。根据是否受到了其他因素的干扰，我们可以把这些战例分为两类：有效战例和无效战例。

所谓有效战例，指的是在没有干扰因素的情况下进行的单挑，单挑的结果完全由武将的武艺决定。

所谓无效战例，指的是在有干扰因素的情况下进行的单挑，这些因素对单挑的结果产生了影响。

有效战例是判断武将排名的依据。但是，也不能说无效战例毫无价值。我们先看下面的战例：

孟坦出马，轮双刀来取关公。关公约退车仗，拍马来迎。孟坦战不三合，

拨回马便走，关公赶来。孟坦只指望引诱关公，不想关公马快，早已赶上，只一刀，砍为两段。（第 27 回）

在这个战例中，关羽占了马快的便宜，斩杀了孟坦。但是，并不能说没有赤兔马，关羽就不能击败孟坦了。赤兔马只是升级或加速了关羽的胜利，但不影响对二人强弱的判断。通过这个战例，我们仍然可以得出关羽强于孟坦的结论。这种介于有效和无效之间的战例，我们可以称为打折战例。

再看另一个战例：

曹纯先使人报知曹洪，令洪出城诱敌。甘宁引兵至彝陵，洪出与甘宁交锋。战有二十余合，洪败走。宁夺了彝陵。（第 51 回）

在这个战例中，曹洪二十余合诈败。但是，我们仍然可以从中得出一个很有价值的结论，面对甘宁，曹洪至少可以二十合不败。

对于有效战例，我们可以无条件运用。对于无效战例，我们要慎用，并善于发现其中的价值。

武将年龄问题

年龄段的划分

在格斗运动中，运动员的竞技水平在 25 岁左右达到巅峰，并能持续到 35 岁左右，然后开始走下坡路。武将单挑也应该遵守这个规律，但因为单挑时武将有战马辅助，所以武将的巅峰期更久，戎马生涯也更长。在奥运会的马术比赛中，就常常出现年过六旬的选手，甚至还有年龄超过七十岁的老将。

年龄较小的武将在《三国演义》中被称为“小将”或“少年将”或“少年将军”，我们统称为“小将”。在交代年龄的小将中，年龄最小的是十七岁的马超：

言未绝，只见一位少年将军，面如冠玉，眼若流星，虎体猿臂，彪腹狼腰，手执长枪，坐骑骏马，从阵中飞出。原来那将即马腾之子马超，字孟起，年方十七岁，英勇无敌。（第 10 回）

年龄最大的小将是二十五岁的孙桓：

言未毕，忽班部中一少年将奋然而出，伏地奏曰：“臣虽年幼，颇习兵书。愿乞数万之兵，以破蜀兵。”权视之，乃孙桓也……时年二十五岁。（第 82 回）

老将在《三国演义》中被称为“老将”或“老将军”，我们统称为“老将”。武将多少岁就要归入老将行列了呢？黄忠一出场就是老将，他当时多大呢？书中对此有一个说明：

孔明曰：“……只是他有一员大将，乃南阳人，姓黄，名忠，字汉升……虽今年近六旬，却有万夫不当之勇，不可轻敌。云长去，必须多带军马。”（第53回）

“年近六旬”是个模糊的概念，我们还可以得到一个精确值。按照《三国演义》的说法，关羽去世时是五十八岁。关羽去世那年曾与庞德大战百余合，旁边观战的关平“恐父年老，亦急鸣金”。这说明，五十八岁的关羽就可以归入老将了。

由此，我们得到了《三国演义》小将的年龄上限是二十五岁，以及老将的年龄下限是五十八岁。二十五岁之前武将的武艺逐渐上升，二十五岁到五十八岁武将处于巅峰期，五十八岁之后武艺开始下滑。

武将越小武艺越低，这个比较好理解。小到婴儿状态武艺就是零了。但是，武将的武艺会因为变老而下降吗？

这似乎是个傻瓜问题，当然会啊。是的，即使书中没有明确说年龄增长武艺会下降，我们也可以默认这个规律是存在的。但是，在很多武侠小说中，武功高手都是越老越厉害。我们最好还是在《三国演义》中找到武将年龄增长武艺下降的证据。汉中之战时，黄忠说自己可以开三石之弓：

忠听了，白发倒竖而言曰：“某虽老，两臂尚开三石之弓，浑身还有千斤之力，岂不足敌张郃匹夫耶！”（第70回）

而在夷陵之战中，黄忠只能开二石之弓了：

忠曰：“吾自长沙跟天子到今，多负勤劳。今虽七旬有余，尚食肉十斤，臂开二石之弓，能乘千里之马，未足为老……”（第83回）

随着年龄的增长，黄忠的力量下降了，而力量是武艺的一部分。因此，我们有理由相信，武将的武艺会随着年龄的增长而下降，武侠小说那种越老越厉害的现象在《三国演义》中并不存在。

年龄的错乱

《三国演义》中，很多人物的年龄都存在Bug（漏洞），最典型的就是赵云。初平二年（191年），赵云以“少年将军”的身份初次登场：

忽见草坡左侧转出一个少年将军，飞马挺枪，直取文丑……文丑拨回马去了，那少年也不追赶。瓒忙下土坡，问那少年姓名。那少年欠身答曰：“某乃常山真定人也，姓赵名云，字子龙……”（第7回）

建安二十四年（219 年），刘备封五虎上将时，五十八岁的关羽称赵云为弟：

云长怒曰："翼德吾弟也；孟起世代名家；子龙久随吾兄，即吾弟也：位与吾相并，可也。黄忠何等人，敢与吾同列？大丈夫终不与老卒为伍！"（第 73 回）

建兴三年（225 年），七擒孟获时，诸葛亮称赵云"中年"：

赵云、魏延见孔明不用，各有愠色。孔明曰："吾非不用汝二人，但恐以中年涉险，为蛮人所算，失其锐气耳。"（第 87 回）

但是，仅仅过了三年，到建兴六年（228 年），诸葛亮一出祁山时，赵云"寿已七旬"：

后人有诗赞曰："忆昔常山赵子龙，年登七十建奇功。独诛四将来冲阵，犹似当阳救主雄。"……云与邓芝收军回寨，芝贺曰："将军寿已七旬，英勇如昨。今日阵前力斩四将，世所罕有！"（第 92 回）

我们认定 228 年时赵云七十岁，反推一下，会发现诸多不合理。

225 年，赵云六十七岁，诸葛亮称其中年；

219 年，赵云六十一岁，五十八岁的关羽称赵云为弟；

208 年，赵云五十岁，长坂坡单骑救主；

191 年，赵云三十三岁，被称为少年将军。

罗贯中并没有详细计算由赵云出场到力斩五将的时间跨度，而是根据情节需要来变换赵云的年龄。三国大家沈伯俊先生在《沈伯俊评点〈三国演义〉》一书中，将赵云的年龄减了十岁。把原文中的"寿已七旬"改为"寿已六旬"，"年登七十"改为"年登六十"，这样就合理多了。

191 年，赵云二十三岁，初次登场，青春年少；

208 年，赵云四十岁，单骑救主，正值巅峰；

219 年，赵云五十一岁，五虎封将，功成名就；

225 年，赵云五十七岁，七擒孟获，游刃有余；

228 年，赵云六十岁，力斩五将，老当益壮。

类似的问题还出现在很多武将身上。比如廖化，廖化出场时的身份是黄巾余党，但蜀汉灭亡时还活跃在战场上。黄巾起义发生在 184 年，蜀汉灭亡发生在 263 年，即使黄巾起义时廖化只有十五岁，到了蜀汉灭亡时，他也九十多岁了。再如丁奉，丁奉在建安六年（201 年）投奔孙权，在孙皓宝鼎元年（266 年）仍然担任东吴沿江总督，在战场上活跃了 65 年。这种 Bug 对于一部写了 1200 多个人物的巨著来说实属正常，瑕不掩瑜，瑜也不掩瑕。

因此，如果书中没有明确交代武将的年龄或老少，我们一概按壮年处理，不必根据《三国志》推算武将的年龄。我们排的是《三国演义》中的武将，而不是《三国志》。严格地说，《三国演义》中的关羽与《三国志》中的关羽，已经不是同一个人物了。

武将排名三大定律

三国武将排名是对《三国演义》中武将的武艺进行排名，分为感性排名和理性排名，感性排名基于排名者的阅读感受，理性排名基于书中的单挑数据。采用理性排名推导结论时，应该遵循以下三条法则，也就是武将排名三大定律：

第一定律（基本定律）：如果武将 A 单挑战胜了武将 B，那么武将 A 强于武将 B。

基本定律是最简单也是最有力的一条定律，不需要证明，可以看成一条公理。这里，我们解释一下“战胜”的概念。战胜的形式有生擒、击杀、击伤、击中、击败五种，难度由高到低。战胜也包括吓死或吓退，比如张飞吓死夏侯杰，吓退金旋。战胜还包括突袭，比如黄忠突袭击杀夏侯渊，但不包括偷袭或射箭，比如范疆、张达刺杀张飞，孟达射死徐晃。

第二定律（参照物定律）：如果武将 A 和武将 B 未曾单挑或单挑战平，而武将 A 和武将 B 都曾与武将 X 单挑，且武将 A 的战绩好于武将 B，那么武将 A 强于武将 B。

我们举三个例子来说明这条定律：

已知武将 A 与武将 B 单挑一百回合不分胜负，武将 A 十回合击杀了武将 X，武将 B 十回合击败了武将 X。那么我们认为武将 A 强于武将 B。

已知武将 A 与武将 B 没有单挑过，武将 A 十回合击败了武将 X，武将 B 三十回合击败了武将 X。那么我们认为武将 A 强于武将 B。

已知武将 A 与武将 B 没有单挑过，武将 X 三十回合击败了武将 A，十回合击败了武将 B。那么我们认为武将 A 强于武将 B。

第三定律（传递定律）：如果武将 A 强于武将 B，武将 B 强于武将 C，那

么武将 A 强于武将 C。

在数学中，如果 A>B 且 B>C，那么 A>C 是没有疑问的。但在体育比赛中，的确存在 A 胜 B，B 胜 C，而 C 胜 A 的情况。不过，体育比赛是一个现实的、开放的、海量的数据库，而《三国演义》中的单挑是虚构的、封闭的、有限的数据库。在这个只有 400 多个单挑数据的简单数据库中，这条定律没有反例。因此，我们可以认为，在罗贯中虚构的这个世界中，这条定律是适用的。

下面我们举个例子，来看看武将排名三大定律的具体应用。

求证：赵云 > 于禁

证明：

∵第 31 回：赵云击败张郃（三十余合）

∴赵云 > 张郃（基本定律）

∵第 58 回：马超击败于禁（八九合）

　第 58 回：马超击败张郃（二十合）

∴张郃 > 于禁（参照物定律）

∴赵云 > 于禁（传递定律）

基于三大定律的排名方法在现实世界中应用很广，比如世界杯足球赛。

世界杯分小组赛和淘汰赛，在小组赛中，假设 A、B、C 三队分在同一小组，A 队和 B 队踢平，A 队 3:0 战胜 C 队，B 队 2:0 战胜 C 队，那么 A 队的小组排名高于 B 队，这就是参照物定律。

在淘汰赛中，如果 A 队战胜 D 队进入决赛，B 队战胜 E 队进入决赛，那么我们就认为 A 队强于 D 队，B 队强于 E 队，这就是基本定律。

在决赛中，A 队战胜 B 队夺冠，那么我们就认为 A 队强于所有球队，包括没和 A 队踢过的 E 队，因为 A 队战胜了 B 队，而 B 队又战胜了 E 队，这就是传递定律。

武将排名补充法则

有时候，仅仅靠武将排名三大定律无法判断两个武将的强弱，因此，我们还需要一些补充法则。

年龄法则：对于同一武将，壮年时的武艺高于少年时或老年时。

与体育运动的规律类似，武将的武艺在少年时逐渐上升，壮年时保持在巅峰期，老年后武艺逐渐下降。判断一员武将是少年、壮年还是老年，应依据《三国演义》，而不是《三国志》。

百合法则：如果两员武将单挑一百回合以上不分胜负，那么则认为他们的武艺比较接近，属于同一档次。

前文我们分析过，在分出胜负的单挑中，回合数最多的是徐晃八十余合胜关羽，而一百回合以上的单挑没有分出胜负的。对于少于一百回合的单挑，战平可能只是暂时的。举个例子，如果武将 A 三十回合战平了武将 B，并不能认定他们的武艺比较接近，因为，可能在四十回合的时候，就分出了胜负。因此，武将只有百合以上战平，我们才能认为他们武艺非常接近，无法通过单挑的方式分出胜负。

合战法则：已知武将 A 与武将 B 选择联手合战武将 X，那么则认为武将 A 或武将 B 都弱于武将 X。

拿三英战吕布举例，已知刘备、关羽、张飞合战吕布，那么可以认为吕布强于这三人中的任何一个。需要说明的是，两员及以上武将主动联手合战才适用于合战法则，遭遇战并不适用。

突袭法则：已知武将 A 用突袭的方式击杀了武将 B，那么则认为武将 A 强于武将 B，但是回合数无效。

与偷袭可以以弱胜强不同，在《三国演义》中，并没有低级别武将用突袭的方式战胜过高级别武将。也就是说，突袭只能缩短取胜的时间，但改变不了单挑的结果。举例来说，黄忠靠突袭的方式击杀了夏侯渊，我们可以认为黄忠强于夏侯渊，但不能认为黄忠具备一回合斩杀夏侯渊的实力。

评论法则：是否采信某人对武将的评价取决于这个人的智力水平。

《三国演义》中对武将的评价，有的有价值，有的没价值。韩馥曾说："吾有上将潘凤，可斩华雄"，刘贤曾说："他虽有张飞、赵云之勇，我本州上将邢道荣，力敌万人，可以抵对。"事实证明，这些话只能当笑话听。因为评论人的智力水平有限，所以他们容易做出错误的判断。但是，诸葛亮、曹操等人的评价，就非常有价值了。

最佳战绩法则：如果上述法则依旧无法判断出两员武将的强弱，则比较武将的最佳战绩。

在《三国演义》中，有些武将的战绩非常少。且不说那些杂七杂八的龙套，就是在著名武将中，也不乏其人，比如大名鼎鼎的太史慈。太史慈在全书中，一共只有可怜的四次单挑（对手分别是孙策、程普、王朗、张辽）。因此，很多武将彼此没有单挑过也没有共同的参照物，那么怎么比较呢？只能看他们的最佳战绩，看谁达到过的高度更高。我们举一个具体的例子：南蛮乌戈国国主兀突骨身高丈二，身有鳞甲，刀枪不入，他和吕布谁强？他们既没有交过手，也没有共同的参照物，为什么我们不把兀突骨排在吕布前面呢？因为吕布曾独战三英，而兀突骨只战胜过诈败的魏延，吕布达到的高度远远超过兀突骨。

好，准备工作到此结束，接下来，我们将运用武将排名三大定律和补充法则为三国武将进行排名！

第三章　十大武将排名

对于三国武将排名，读者最关心的是，前十名都是谁？他们的先后次序怎么排？『一吕二赵三典韦，四关五马六张飞，七黄八夏九姜维』，这个顺口溜只排了九个人，就是这个道理。在本章，我们将先选出《三国演义》的十大武将，然后再给他们排个名次。

十大虎将

虎将的概念

首先，我们需要定义一个概念，用来代表《三国演义》中的顶级武将。对于顶级武将，有人叫“超一流武将”，有人叫“S级武将”。这两个词都可以，但我觉得还不够好。这有点像把《红楼梦》里的“金陵十二钗”叫作“南京12美女”一样，失去了原著的韵味。我们应该尽量避免自己创造词汇，最好能在《三国演义》中找到一个词代表顶级武将。

远在天边，近在眼前，罗贯中早就选好了一个词：他把蜀汉五位顶级武将叫作“五虎将”。“虎将”这个词看似普通，但如果仔细阅读《三国演义》就会发现，罗贯中对虎将的使用非常吝啬。在毛本中，除了“五虎将”这个概念外，被书中其他人物称为虎将的只有三人。

第一，赵云被曹操称为虎将：

曹洪飞马下山大叫曰：“军中战将可留姓名！”云应声曰：“吾乃常山赵子龙也！”曹洪回报曹操。操曰：“真虎将也！吾当生致之。”（第41回）

第二，关羽被周瑜、阚泽、满宠称为虎将：

瑜曰：“关云长，世之虎将也，与玄德行坐相随，吾若下手，他必来害我。”（第45回）

阚泽进曰：“不可。关云长乃世之虎将，非等闲可及。恐事不谐，反遭其害。”（第66回）

宠曰：“云长虎将，足智多谋，不可轻敌，只宜坚守。”（第73回）

第三，马超被刘备、诸葛亮称为虎将：

张飞挺枪出马，大呼：“认得燕人张翼德么！”马超曰：“吾家屡世公侯，岂识村野匹夫！”张飞大怒。两马齐出，二枪并举，约战百余合，不分胜负。玄德观之，叹曰：“真虎将也！”（第65回）

孔明曰：“亮闻孟起世之虎将，若与翼德死战，必有一伤，故令子龙、汉升守住绵竹，我星夜来此。可用条小计，令马超归降主公。”（第65回）

在嘉靖本中，还有三人被书中其他人物称为虎将。

第一，张飞被巩志称为虎将：

从事巩志谏曰："刘玄德乃大汉皇叔，仁义布于天下；加之张益德乃当世虎将，不可迎敌，不如纳降为上。"（《黄忠魏延献长沙》）

第二，典韦被韩遂称为虎将：

遂曰："吾闻曹操帐前有一部将，名曰'虎卫军'，选极精壮之人两人领虎卫兵。已亡了一人，止有一人在。亡了者陈留己吾人也，姓典，名韦，使双铁戟，重八十斤，真操之虎将也。"（《马孟起渭桥六战》）

第三，许褚被曹操称为虎将：

许褚曰："将军虽亲，乃外藩镇守之官；许褚虽疏，见充内侍。主公醉卧堂上，不敢放入。"曹操闻之，急出曰："吾之虎将所见甚明，弟勿怪之。"曹仁叹曰："忠烈之士也！"（《曹操杖杀伏皇后》）

赵云、关羽、马超、张飞、典韦、许褚，算上黄忠，一共七人，除此之外，再无他人被书中人物称为虎将。这七员虎将也符合我们对顶级武将的认知。因此，本书中用"虎将"这个词代表《三国演义》中的顶级武将。

虎将准入条件

现在的问题是，我们该如何准确且简洁地定义虎将这个概念呢？

所谓"准确"，是要求经过定义后，虎将这个概念既可以涵盖关张赵马黄、典韦和许褚七人以及其他顶级武将，又不包括那些武艺较差的武将。

所谓"简洁"，是要求定义虎将的规则不宜过多，最好不超过三条。伟大的牛顿力学定律和开普勒行星运动定律，无非也只有三条。

从武将排名三大定律和补充法则中，我们提炼出了虎将的三个准入条件：

虎将准入条件 1：如果武将 A 战胜了已知虎将，那么我们认为武将 A 也是虎将。

虎将准入条件 2：如果武将 A 与已知虎将单挑一百回合不分胜负，那么我们认为武将 A 也是虎将。

虎将准入条件 3：如果武将 A 与已知虎将都与武将 X 单挑过，而武将 A 的表现好于已知虎将，那么我们认为武将 A 也是虎将。

应用这三个准入条件做判断时，我们至少需要一个已知的虎将。为此，我们还需要提出一个公理：

吕布公理：吕布是虎将。

我相信，对于吕布是虎将这个判断，是不会有争议的。下面，我们将以吕布是虎将作为逻辑起点，严格按照以上三个准入条件推导出《三国演义》的其他虎将。

推论 1：张飞是虎将。

证明：根据吕布公理，已知吕布是虎将，第 16 回，张飞与吕布单挑一百多回合不分胜负，满足虎将准入条件 2，所以张飞是虎将。

推论 2：马超是虎将。

证明：根据推论 1，已知张飞是虎将，第 65 回，马超与张飞单挑两百多回合不分胜负，满足虎将准入条件 2，所以马超是虎将。

推论 3：许褚是虎将。

证明：根据推论 2，已知马超是虎将，第 59 回，许褚与马超单挑两百多回合不分胜负，满足虎将准入条件 2，所以许褚是虎将。

推论 4：典韦是虎将。

证明：根据推论 3，已知许褚是虎将，第 12 回，典韦与许褚单挑整整一个白天不分胜负，回合数远超一百，满足虎将准入条件 2，所以典韦是虎将。

推论 5：赵云是虎将。

证明：根据推论 1，已知张飞是虎将，第 70 回，张飞三五十回合无法战胜张郃，而第 31 回，赵云三十余合战胜张郃，战绩好于张飞，满足虎将准入条件 3，所以赵云是虎将。

推论 6：颜良是虎将。

证明：根据推论 3，已知许褚是虎将，第 14 回，许褚五十多回合战平徐晃，而第 25 回，颜良二十回合战胜徐晃，战绩好于许褚，满足虎将准入条件 3，所以颜良是虎将。

推论 7：关羽是虎将。

证明：根据推论 6，已知颜良是虎将，第 25 回，关羽斩杀颜良，满足虎将准入条件 1，所以关羽是虎将。

推论 8：黄忠是虎将。

证明：根据推论 7，已知关羽是虎将，第 53 回，黄忠与关羽单挑一百多回合不分胜负，满足虎将准入条件 2，所以黄忠是虎将。

推论 9：庞德是虎将。

证明：根据推论 7，已知关羽是虎将，第 74 回，庞德与关羽单挑一百多回合不分胜负，满足虎将准入条件 2，所以庞德是虎将。

至此，我们确定的虎将有：吕布、张飞、马超、许褚、典韦、赵云、颜良、关羽、黄忠、庞德，正好十人，也只有这十人。这十人与我们在第一章基于阅读感受排出的十人完全吻合。

这里要重点说一下吕布和庞德。

吕布是《三国演义》中唯一一个能独战两员虎将的存在，在虎牢关曾经独战刘备、关羽、张飞三英，在濮阳曾力敌典韦、许褚、夏侯惇、夏侯渊、李典、乐进六将。严格地说，吕布的武艺强于虎将一个级别。《三国志》中，吕布“号为飞将”，借用这个外号，我们可以称吕布为“飞虎将”。

庞德入选虎将靠的是一百多回合战平关羽，但是，当时的关羽已经是老年关羽了。老年关羽还称得上虎将吗？这是个很难回答的问题。严格地说，庞德的武艺略逊于虎将，我们可以把庞德称作“准虎将”。

接下来，我们将详细介绍这十员虎将，顺序按照第一章给出的顺口溜来，即：

一吕二赵三典韦，
四关五马六张飞，
七许八黄九庞德，
颜良排在第十位。

为避免重复，对于虎将之间的单挑，我将根据回目的标题放入其中一个武将中。比如马超和张飞之战，回目是“马超大战葭萌关”，我将放在马超一节中。关羽和庞德之战，回目是“庞令明抬榇决死战”，我将放入庞德一节。

吕布

人物简介

生卒：？—199 年

籍贯：并州五原郡九原县（今内蒙古包头市九原区）

身高：嘉靖本为“一丈”（合 242cm）

相貌：腰大十围，眉目清秀

兵器：方天画戟

战马：赤兔

吕布绣像

单挑全记录

回	武将甲	武将乙	回合	结果	备注
5	吕布	方悦	无五合	方悦被杀	
5	吕布	穆顺	一合	穆顺被杀	
5	吕布	武安国	十余合	武安国负伤	
5	吕布	公孙瓒	不数合	公孙瓒败走	张飞救公孙瓒
5	吕布	张飞	五十余合	未分胜负	
5	吕布	关羽、张飞	三十合	战不倒吕布	
5	吕布	刘、关、张	多时	吕布败走	
6	吕布	夏侯惇	不详	夏侯惇败走	
11	吕布	于禁、乐进	不详	于禁、乐进败走	
12	吕布	许褚	二十合	未分胜负	
12	吕布	许褚、典韦	不详	不详	
12	吕布	曹军六将	不详	吕布败走	
16	吕布	张飞	一百余合	未分胜负	
17	吕布	李丰	不三合	李丰负伤	
19	吕布	张飞	不详	不详	
19	吕布	关羽	不详	不详	

重要战例

不数合击败公孙瓒

公孙瓒挥槊亲战吕布。战不数合，瓒败走，吕布纵赤兔马赶来。那马日行千里，飞走如风。看看赶上，布举画戟望瓒后心便刺。傍边一将，圆睁环眼，倒竖虎须，挺丈八蛇矛，飞马大叫："三姓家奴休走！燕人张飞在此！"吕布见了，弃了公孙瓒，便战张飞。（第 5 回）

如果不是张飞出来搭救，吕布很可能会刺死公孙瓒。但吕布之所以能追上公孙瓒，靠的是赤兔马快。因此，这一战仍然应该记作吕布不数合击败公孙瓒。第 7 回，文丑与公孙瓒单挑，不到十余合击败了公孙瓒，与吕布有一些差距。

独战刘关张

飞抖擞精神，酣战吕布。连斗五十余合，不分胜负。云长见了，把马一拍，舞八十二斤青龙偃月刀，来夹攻吕布。三匹马丁字儿厮杀。战到三十合，战不倒吕布。刘玄德掣双股剑，骤黄鬃马，刺斜里也来助战。这三个围住吕布，转灯儿般厮杀。八路人马，都看得呆了。吕布架隔遮拦不定，看着玄德面上，虚刺一戟，玄德急闪。吕布荡开阵角，倒拖画戟，飞马便回。（第5回）

三英战吕布是《三国演义》中知名度最高的一次单挑，因涉及人物较多，形象各异，兵器不同，很多画家在描绘三国故事时，都喜欢表现这段情节。三英战吕布也是《三国演义》中着墨最多的一次单挑描写，除正文外，罗贯中还用了一首40句的长诗艺术性地复述了一遍战斗的全过程。

这场单挑可以细分为三个阶段，第一阶段是张飞单挑吕布，第二阶段关羽张飞合战吕布，第三阶段刘、关、张三英战吕布。

第一阶段，张飞战吕布，嘉靖本是这么写的："飞抖搜神威，酣战吕布。八路诸侯见张飞渐渐枪法散乱，吕布越添精神"。毛本将其改为："飞抖擞精神，酣战吕布。连斗五十余合，不分胜负。"毛本中张飞没有了败象。毛宗岗之所以这么修改，肯定有尊刘的考虑，但更重要的是为了与描写三英战吕布的长诗吻合。长诗曰："踊出燕人张翼德，手持蛇矛丈八枪。虎须倒竖翻金线，环眼圆睁起电光。酣战未能分胜败，阵前恼起关云长。"嘉靖本正文说张飞"枪法散乱"，长诗说"酣战未能分胜败"，彼此矛盾。

第二阶段，关羽、张飞合战吕布，"战到三十合，战不倒吕布"。《三国演义》中，"战不倒"或"战倒"之语只出现过这么一次，值得玩味。罗贯中为什么不用"战不败"或"不能取胜"呢？我的理解是，罗贯中想表达的是关羽和张飞已经取得了一定的优势，但是优势不足以战倒吕布。也就是说，如果继续打下去，即使刘备不加入，关羽、张飞也能战胜吕布，但是耗时会很久。

第三阶段，刘、关、张哥仨合战吕布，吕布败走。正文中，并没有给出这一战的回合数。但长诗曰："三人围绕战多时，遮拦架隔无休歇。喊声震动天地翻，杀气迷漫牛斗寒。吕布力穷寻走路，遥望家山拍马还。"这说明，吕布面对刘、关、张三人的围攻，坚持了相当长的一段时间，最后因为"力穷"才败走。这一战，奠定了吕布三国第一武将的地位。

击败夏侯惇

夏侯惇挺枪跃马，直取吕布。战不数合，李傕引一军，从左边杀来，操急令夏侯渊迎敌。右边喊声又起，郭汜引军杀到，操急令曹仁迎敌。三路军马，势不可当。夏侯惇抵敌吕布不住，飞马回阵。（第6回）

全书中夏侯惇单挑只有一次败绩，就是这次被吕布击败。从描述上看，吕布击败夏侯惇的时间不会太久。而且，此时的夏侯惇还没伤到左目。以夏侯惇为参照物，吕布好于十余合战平夏侯惇的关羽。

击败于禁、乐进

操弃寨而走。背后高顺、魏续、侯成赶来，当头吕布亲自引军来到。于禁、

乐进双战吕布不住，操望北而行。（第 11 回）

在《三国演义》中，要击败吕布至少要二人合力，但也不是随便两个人都可以。如果说关羽、张飞是吕布的武艺上限，那于禁、乐进就是吕布的武艺下限。于禁曾独战马超、张飞，但不敢独战吕布。

独战曹六将

（吕布）引兵出阵，横戟大骂。许褚便出，斗二十合，不分胜负。操曰："吕布非一人可胜。"便差典韦助战，两将夹攻，左边夏侯惇、夏侯渊，右边李典、乐进齐到，六员将共攻吕布。布遮拦不住，拨马回城。（第 12 回）

这一场战斗分为三个阶段，第一阶段是许褚单挑吕布，第二阶段是许褚、典韦合战吕布，第三阶段是曹六将共战吕布。

第一阶段，许褚单挑吕布，二十回合不分胜负，曹操说："吕布非一人可胜。"这个评价非常重要。许褚在书中与赵云、马超都单挑过，而且均超过了二十合，但曹操没说类似的话。我们可以认为，吕布在二十合时就已经给了许褚曹操可见的压力，而赵云、马超都没做到这点。因此，吕布强于赵云、马超。

第二阶段，许褚、典韦合战吕布，回合数和结果都没有交代。

第三阶段，曹六将合战吕布，吕布败走，也没有交代回合数。

关羽、张飞与许褚、典韦哪个组合更强不好说，但是夏侯惇、夏侯渊、李典、乐进肯定强于刘备。在整体实力上，曹六将的组合要远强于刘、关、张。但是，仅就武将排名的价值来说，这一战不如三英战吕布。从三英战吕布可以得出两个重要结论：一是关羽、张飞合力三十回合战不倒吕布，二是刘、关、张短时间无法击败吕布。而这一战，由于回合数和时间都没有交代，无法得出量化的结论。

手提纪灵

纪灵下马入寨，却见玄德在帐上坐，大惊，抽身便回，左右留之不住。吕布向前一把扯回，如提童稚。（第 16 回）

纪灵手使一口三尖刀，重五十斤，本身就是一位力量型的猛将，曾与关羽大战三十回合不分胜负。但是，在吕布面前，纪灵就像个小孩。在嘉靖本中，吕布"腰大十围"，也是个大力士。可能毛宗岗觉得吕布是个大胖子有点煞风景，删除了这个设定。

宋宪、魏续擒吕布

布少憩门楼，不觉睡着在椅上。宋宪赶退左右，先盗其画戟，便与魏续一齐动手，将吕布绳缠索缚，紧紧缚住。（第 19 回）

谁能想到，《三国演义》第一武将吕布竟被两个小人物生擒。这有点像斗兽棋，最大的大象被最小的老鼠吃了。

人物结局

方操送宫下楼时，布告玄德曰："公为坐上客，布为阶下囚，何不发一言而相宽乎？"玄德点头。及操上楼来，布叫曰："明公所患，不过于布，布今已服矣。公为大将，布副之，天下不难定也。"操回顾玄德曰："何如？"玄德答曰："公不见丁建阳、董卓之事乎？"布目视玄德曰："是儿最无信者！"操令牵下楼缢之。布回顾玄德曰："大耳儿！不记辕门射戟时耶？"忽一人大叫曰："吕布匹夫！死则死耳，何惧之有！"众视之，乃刀斧手拥张辽至。操令将吕布缢死，然后枭首。（第 19 回）

临死之前，吕布先请刘备求情，又向曹操求饶，毫无骨气。论武艺，吕布天下无双；论人品，也是蝎子拉屎——独（毒）一份。

赵云

人物简介

生卒：？—229 年

籍贯：冀州常山郡真定县（今河北省石家庄市正定县）

身高：八尺（约合 194cm）

相貌：浓眉大眼，阔面重颐

兵器：枪

战马：不详

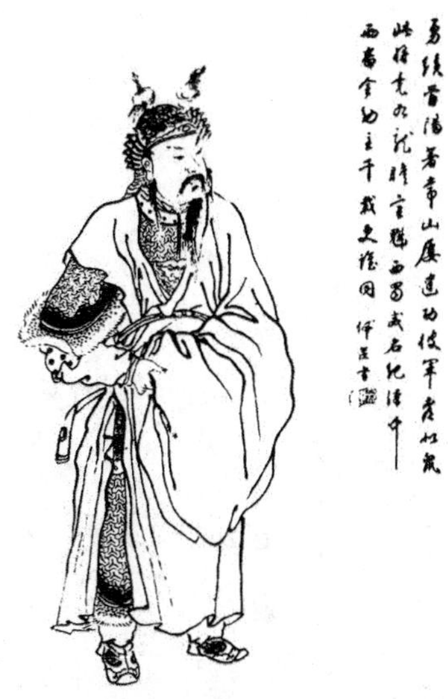

赵云绣像

单挑全记录

回	武将甲	武将乙	回合	结果	备注
7	赵云	文丑	五六十合	未分胜负	赵云当时少年
7	赵云	麹义	不数合	麹义被杀	
28	赵云	裴元绍	一合	裴元绍被杀	
28	赵云	周仓	不详	周仓负伤	
31	赵云	许褚	三十合	未分胜负	
31	赵云	许褚	不详	不详	
31	赵云	高览	一合	高览被杀	赵云疑似突袭
31	赵云	张郃	三十余合	张郃败走	
34	赵云	张武	不三合	张武被杀	
35	赵云	吕旷	不数合	吕旷被杀	
36	赵云	李典	十数合	李典败走	
39	赵云	夏侯惇	不数合	赵云诈败	
39	赵云	夏侯惇	不数合	赵云再次诈败	
41	赵云	淳于导	一合	淳于导被杀	
41	赵云	夏侯恩	一合	夏侯恩被杀	
41	赵云	晏明	不三合	晏明被杀	
41	赵云	张郃	十余合	赵云夺路而走	赵云抱着阿斗
41	赵云	曹军四将	不详	曹军四将败走	
42	赵云	钟缙	不三合	钟缙被杀	
42	赵云	钟绅	一合	钟绅被杀	赵云用青釭剑
50	赵云	徐晃、张郃	不详	徐晃、张郃败走	曹军兵败
52	赵云	邢道荣	一合	邢道荣被杀	
52	赵云	陈应	四五合	陈应被擒	陈应飞叉
52	赵云	赵范	一合	赵范被击倒	赵云步战用拳
64	赵云	吴懿	一合	吴懿被擒	
65	赵云	刘晙、马汉	尚未安席	刘晙、马汉被杀	

续表

回	武将甲	武将乙	回合	结果	备注
71	赵云	慕容烈	一合	慕容烈被杀	
71	赵云	焦炳	一合	焦炳被杀	
71	赵云	徐晃、张郃	未交手	徐、张不敢迎敌	徐、张心惊胆战
84	赵云	朱然	不一合	朱然被杀	
87	赵云	金环三结	一合	金环三结被杀	
90	赵云	祝融夫人	不数合	赵云诈败	
90	赵云	祝融夫人	不数合	赵云诈败	
92	赵云	韩瑛	不三合	韩瑛被杀	
92	赵云	韩瑶	不详	韩瑶抵敌不住	
92	赵云	韩瑶、韩琼	不详	不详	
92	赵云	韩瑶、韩琼、韩琪	少时	韩琪被杀	
92	赵云	韩瑶	一合	韩瑶被擒	
92	赵云	韩德	不三合	韩德被杀	
92	赵云	潘遂	不三合	潘遂诈败	
93	赵云	姜维	不数合	未分胜负	
94	赵云	朱赞	一合	朱赞被杀	朱赞措手不及
95	赵云	苏颙	一合	苏颙被杀	苏颙措手不及

重要战例

五六十合战平文丑

忽见草坡左侧转出一个少年将军，飞马挺枪，直取文丑。公孙瓒扒上坡去，看那少年生得身长八尺，浓眉大眼，阔面重颐，威风凛凛，与文丑大战五六十合，胜负未分。瓒部下救军到，文丑拨回马去了，那少年也不追赶。（第 7 回）

我们前文分析过，赵云的年龄在书中前后矛盾。对于赵云的年龄，我们没有必要刻意推算，只要尊重罗贯中的设定即可。在这里，罗贯中说赵云是位少年将军，那我们就认为他是少年将军。在嘉靖本中，赵云出现时，“马上须无铠甲”，是位名副其实的布衣少年。

延津之战，面对文丑，张辽、徐晃选择了合战。尚未进入巅峰期的赵云就可以独战文丑，已经强过张辽和徐晃。

刺伤周仓

正行间，忽见周仓引数十人带伤而来。关公引他见了玄德，问其何故受伤，仓曰："某未至卧牛山之前，先有一将单骑而来，与裴元绍交锋，只一合，刺死裴元绍，尽数招降人伴，占住山寨。仓到彼招诱人伴时，止有这几个过来，余者俱惧怕，不敢擅离。仓不忿，与那将交战，被他连胜数次，身中三枪。因此来报主公。"玄德曰："此人怎生模样？姓甚名谁？"仓曰："极其雄壮，不知姓名。"（第 28 回）

孙权曾询问周泰身上伤疤的来由，如果刘备也这么问周仓，周仓会说："这一枪是赵云所刺，这一枪也是赵云所刺，这一枪还是赵云所刺。"

三十合战平许褚

操大怒，教许褚出战，玄德背后赵云挺枪出马。二将相交三十合，不分胜负。（第 31 回）

许褚与吕布单挑时，战到二十回合，曹操曾说："吕布非一人可胜。"于是派典韦助战。但是，许褚与赵云战到三十回合，曹操并没有类似的举动。

再战许褚

赵云挺枪跃马，杀开条路，玄德掣双股剑后随。正战间，许褚追至，与赵云力战。背后于禁、李典又到。玄德见势危，落荒而走。听得背后喊声渐远，玄德望深山僻路，单马逃生。（第 31 回）

这场战斗，分为两个阶段，第一阶段是赵云单挑许褚，第二阶段于禁、李典加入，有三人合战赵云的意味。但是，这段情节作者叙述故事的视觉焦点是单马逃生的刘备，赵云与许褚、于禁、李典三人的战斗过程和战斗结果都没有交代。

在嘉靖本中，这一战是赵云战张辽：

赵云挺枪跃马，杀开走路。玄德掣双股剑后随。鏖战之间，张辽忽至，与赵云相战。背后于禁赶到，玄德助战。肋落中，李典又到。玄德见势危，落荒便走。听得背后喊声渐远，玄德望山深僻路，单马逃生。（《刘玄德败走荆州》）

可能是毛宗岗认为张辽不足以对抗赵云，就换成了许褚。

刺死高览，击败张郃

玄德正慌，方欲自战，高览后军忽然自乱，一将冲阵而来，枪起处，高览翻身落马。视之，乃赵云也，玄德大喜。云纵马挺枪，杀散后队，又来前军独战张郃。郃与云战三十余合，拨马败走。（第 31 回）

高览是袁绍旧将，武艺虽不及颜良、文丑，但与张郃差不了多少，是袁绍帐下的第四号武将。在前一回，高览曾与许褚单挑，短时间内不分胜负。赵云冲阵而来，一枪就刺死了高览，有突袭之嫌。但是，这次突袭又与关羽突袭颜良、黄忠突袭夏侯渊有很大不同。

关羽突袭颜良与黄忠突袭夏侯渊，有两点相同的细节。一是关羽、黄忠发动突袭时，颜良与夏侯渊都在“麾盖之下”，处于休息状态。二是关羽、黄忠来到面前时，颜良与夏侯渊都有“措手不及”的表现。但是，赵云杀来前，高览正要与刘备交手，处于战斗状态。面对赵云，高览也没有“措手不及”。赵云接近高览前，高览后军已经大乱，高览应该有所警觉。赵云刺杀高览，是介于正常单挑和突袭之间的一种战斗，这个战例也介于有效战例和无效战例之间。不能说赵云具备一合击杀高览的实力，但赵云可以在短时间内击败甚至击杀高览。

接下来，赵云又三十余合击败了张郃。这个战绩本身就要好过三五十合战平张郃的张飞。而且，此时的赵云已经厮杀了许久。天未亮时，赵云保护刘备突围，遇到追兵后，先与许褚单挑，又疑似独战许褚、于禁、李典三人。找到刘备后，赵云突破高览后军，枪挑高览，纵马杀散后队，然后才与张郃单挑。在体力严重消耗的情况下，仍然可以三十余合击败张郃，这个战绩，与马超在体力充沛的情况下二十回合击败张郃不相上下。

十数合击败李典

两阵对圆，赵云出马唤彼将答话。曹仁命李典出阵，与赵云交锋。约战十数合，李典料敌不过，拨马回阵。（第 36 回）

李典是一员优秀的武将，在曹六将合战吕布之战中就有李典。博望坡之战，李典曾突破关羽拦截：“且说李典见势头不好，急奔回博望城时，火光中一军拦住。当先大将，乃关云长也。李典纵马混战，夺路而走。”赵云十数合战胜李典，这是非常优秀的战绩。

夺取青釭剑

正走之间，见一将手提铁枪，背着一口剑，引十数骑跃马而来。赵云更不打话，直取那将。交马只一合，把那将一枪刺倒，从骑皆走。原来那将乃曹操随身背剑之将夏侯恩也。曹操有宝剑二口：一名“倚天”，一名“青釭”。倚天剑自佩之，青釭剑令夏侯恩佩之。那青釭剑砍铁如泥，锋利无比。当时夏侯恩自恃勇力，背着曹操，只顾引人抢夺掳掠。不想撞着赵云，被他一枪刺死，夺了那口剑，看靶上有金嵌“青釭”二字，方知是宝剑也。（第 41 回）

京剧《长坂坡》中，夏侯恩的外号叫“送死将”，我觉得叫“送剑将”更加贴切。在叶逢春本中，曹操的背剑官不是夏侯恩，而是夏侯渊。

战张郃十余合夺路而走

正走间，前面又一枝军马拦路。当先一员大将，旗号分明，大书“河间张郃”。云更不答话，挺枪便战。约十余合，云不敢恋战，夺路而走。背后张郃赶来，云加鞭而行，不想趷跶一声，连马和人，颠入土坑之内。张郃挺枪来刺，忽然一道红光从土坑中滚起，那匹马平空一跃，跳出坑外。后人有诗曰：“红光罩体困龙飞，征马冲开长坂围。四十二年真命主，将军因得显神威。”张郃见了，大惊而退。（第 41 回）

此前赵云曾三十余合胜张郃，但这里打了十多合夺路而走，原因有二：一是怀揣阿斗影响了发挥；二是赵云的作战目的并不是战胜张郃，而是救阿斗。赵云马落陷坑，随着一道红光跳出坑外。随后的赞诗暗示红光乃阿斗所化。阿斗在婴儿时期达到了自己的巅峰，但这道红光也消耗了阿斗一生的能量。

赵云独战曹军四将

赵云纵马正走，背后忽有二将大叫：“赵云休走！”前面又有二将，使两般军器，截住去路：后面赶的是马延、张顗，前面阻的是焦触、张南，都是袁绍手下降将。赵云力战四将，曹军一齐拥至。云乃拔青釭剑乱砍，手起处，衣甲平过，血如涌泉。杀退众军将，直透重围。（第 41 回）

焦触曾与韩当单挑，张南曾与周泰单挑，马延、张顗曾与甘宁单挑。赵云以一敌四，杀得四将“血如涌泉”。

单骑救主

却说曹操在景山顶上，望见一将，所到之处，威不可当，急问左右是谁。曹洪飞马下山大叫曰：“军中战将可留姓名！”云应声曰：“吾乃常山赵子龙也！”曹洪回报曹操。操曰：“真虎将也！吾当生致之。”遂令飞马传报各处：“如赵云到，不许放冷箭，只要捉活的。”因此赵云得脱此难，此亦阿斗之福所致也。这一场杀：赵云怀抱后主，直透重围，砍倒大旗两面，夺槊三条，前后枪刺剑砍，杀死曹营名将五十余员。（第 41 回）

这是“吾乃常山赵子龙”这句话第一次在书中出现。这句话本来是一个普普通通的自我介绍，但随着赵云的声名远播变得霸气无比，敌人听到这句话后常常落荒而逃。除武艺高强外，常山和赵子龙这两个好听的名字也增加了这句话的力度。常山就是现在河北省石家庄市，但如果把“常山赵子龙”换成“石家庄赵子龙”就差劲了。如果赵云不叫赵子龙叫赵富贵，说“我是石家庄赵富贵！”估计谁都吓不跑。

曹操知道是赵云后，有爱将之意，欲招降赵云。嘉靖本中，曹操说：“世之虎将也！吾若得这员大将，何愁天下不得乎？可速传令，使数骑飞报各处，如子龙到处，不要放冷箭，要捉活的。”这段话太啰唆，不符合曹操大诗人的身份。毛宗岗将其改为：“真虎将也！吾当生致之。”言简意赅。

在正史中，赵云救出了阿斗和甘夫人，但没有糜夫人投井之事。《三国志·赵云传》载：“及先主为曹公所追于当阳长阪，弃妻子南走，云身抱弱子，即后主也，保护甘夫人，即后主母也，皆得免难。”

刺死钟缙，砍死钟绅

却说钟缙、钟绅二人拦住赵云厮杀。赵云挺枪便刺，钟缙当先挥大斧来迎。两马相交，战不三合，被云一枪刺落马下，夺路便走。背后钟绅持戟赶来，马尾相衔，那枝戟只在赵云后心内弄影。云急拨转马头，恰好两胸相拍。云左手持枪隔过画戟，右手拔出青釭宝剑砍去，带盔连脑，砍去一半，绅落马而死，余众奔散。（第 42 回）

远者枪刺，近者剑砍，从“带盔连脑，砍去一半”来看，青釭剑的确锋利无比。

独战徐晃、张郃

操教徐晃、张郃双敌赵云，自己冒烟突火而去。子龙不来追赶，只顾抢夺旗帜。曹操得脱。（第 50 回）

此时曹操兵败，不能算作有效战例。

一合刺杀邢道荣

刘贤叫道荣：“不可入寨，却去劫孔明寨便了。”于是复回军。走不十里，赵云引一军刺斜里杀出，一枪刺道荣于马下。（第 52 回）

赵云“刺斜”里杀出，有没有突袭之嫌呢？我们看看“刺斜”这个词在其他地方的用法：

延弃弓绰刀，骤马上山坡来杀曹操。刺斜里闪出一将，大叫：“休伤吾主！”视之，乃庞德也。德奋力向前，战退魏延，保操前行。（第 72 回）

庞德“刺斜”里杀出，但并未因此获得优势，能战退魏延靠的是“奋力”。

武将单挑时选择撤退也可以用“刺斜”：

言未毕，一将挺枪早出。操视之，乃徐晃部将史涣也。两骑相交，不三合，尚拨马刺斜而走。（第 31 回）

杀到五更，离南郡不远，一声鼓响，凌统又引一军拦住去路，截杀一阵。曹仁引军刺斜而走，又遇甘宁大杀一阵。（第 51 回）

这几个例子说明，“刺斜”只是一种武将前来或离开的方向，不能因为“刺斜”就认为是武将突袭。

张飞也曾与邢道荣单挑，不数合击败了邢道荣，表现不如赵云。

一合生擒吴懿

张飞上马出迎，更不打话，与张任交锋。战不十余合，张任诈败，绕城而走，张飞尽力追之。吴懿一军截住，张任引军复回，把张飞围在垓心，进退不得。正没奈何，只见一队军从江边杀出，当先一员大将，挺枪跃马，与吴懿交锋，只一合，生擒吴懿，战退敌军，救出张飞。视之，乃赵云也。（第 64 回）

吴懿能截住张飞，但挡不住赵云。

未安席斩两将

人报蜀将刘晙、马汉引军到。赵云曰："某愿往擒此二人！"言讫，上马引军出。玄德在城上管待马超吃酒，未曾安席，子龙已斩二人之头，献于筵前。马超亦惊，倍加敬重。（第 65 回）

此战与关羽温酒斩华雄有异曲同工之妙。

张郃、徐晃不敢迎敌

云挺枪骤马直杀往前去。迎头一将拦路，乃文聘部将慕容烈也，拍马舞刀来迎赵云，被云手起一枪刺死，曹兵败走。云直杀入重围，又一枝兵截住，为首乃魏将焦炳。云喝问曰："蜀兵何在？"炳曰："已杀尽矣！"云大怒，骤马一枪，又刺死焦炳，杀散余兵。直至北山之下，见张郃、徐晃两人围住黄忠，军士被困多时。云大喝一声，挺枪骤马，杀入重围，左冲右突，如入无人之境。那枪浑身上下，若舞梨花；遍体纷纷，如飘瑞雪。张郃、徐晃心惊胆战，不敢迎敌。云救出黄忠，且战且走，所到之处，无人敢阻。操于高处望见，惊问众将曰："此将何人也？"有识者告曰："此乃常山赵子龙也。"操曰："昔日当阳长坂英雄尚在！"急传令曰："所到之处，不许轻敌。"赵云救了黄忠，杀透重围，有军士指曰："东南上围的，必是副将张著。"云不回本寨，遂望东南杀来。所到之处，但见"常山赵云"四字旗号，曾在当阳长坂知其勇者，互相传说，尽皆逃窜。云又救了张著。（第 71 回）

这一战的知名度不如长坂坡，但对武将排名的价值更大。

《三国演义》语言精练，惜墨如金，全书用文学性的语言描述武将武艺只有两次：一次是形容吕布箭法"弓开如秋月行天，箭去似流星落地"，另一次就是这里形容赵云枪法"浑身上下，若舞梨花；遍体纷纷，如飘瑞雪"。

这一战可以说明赵云强于黄忠，这是显而易见的，但这一战的价值远不止于此。潼关之战，张郃在见识过马超的武艺后仍然敢与马超单挑；白马之战，徐晃见识过颜良的武艺后也敢与颜良单挑。但在这里，张郃、徐晃见过赵云舞枪后，不敢迎战赵云。而且，张郃、徐晃围住黄忠靠的是二人合力，面对赵云他们也可以选择合力，但是，他们"心惊胆战，不敢迎敌"。

武将什么时候才会"心惊胆战，不敢迎敌"呢？第 73 回，曹仁也有一次类似的情况，当时他遇到的是关羽：“离城数里，前面绣旗招飐，云长勒马横刀，拦住去路。曹仁胆战心惊，不敢交锋，望襄阳斜路而走，云长不赶。”看来，只有在实力存在较大差距的情况下，武将才会“心惊胆战”或“胆战心惊”。这说明赵云的实力强于张郃、徐晃很多，甚至强于二人合力。

最后，诗人曹操一句“昔日当阳长坂英雄尚在！”让人梦回十一年前。岁月虽改，英雄尚在。

空营退敌

却说张郃、徐晃领兵追至蜀寨，天色已暮，见寨中偃旗息鼓，又见赵云匹马单枪，立于营外，寨门大开，二将不敢前进。正疑之间，曹操亲到，急催督众军向前。众军听令，大喊一声，杀奔营前，见赵云全然不动，曹兵翻身就回。赵云把枪一招，壕中弓弩齐发。时天色昏黑，正不知蜀兵多少，操先拨回马走。只听得后面喊声大震，鼓角齐鸣，蜀兵赶来。曹兵自相践踏，拥到汉水河边，落水死者，不知其数。（第 71 回）

赵云救黄忠时，张郃、徐晃不敢迎敌，会不会是因为对面是赵云与黄忠两人呢？的确，如果仅看上个战例，不能否认这个可能。但是，在这里，张郃、徐晃面对的是单枪匹马的赵云，他们再次不敢前进。这说明上一次让张郃、徐晃惧怕的也是赵云一人，不包括黄忠。

力斩五将

两阵对圆，韩德出马，四子列于两边。德厉声大骂曰：“反国之贼，安敢犯吾境界！”赵云大怒，挺枪纵马，单搦韩德交战。长子韩瑛，跃马来迎，战不三合，被赵云一枪刺死于马下。次子韩瑶见之，纵马挥刀来战。赵云施逞旧日虎威，抖擞精神迎战。瑶抵敌不住，三子韩琼，急挺方天戟骤马前来夹攻。云全然不惧，枪法不乱。四子韩琪见二兄战云不下，也纵马抡两口日月刀而来，围住赵云。云在中央独战三将。少时，韩琪中枪落马，韩阵中偏将急出救去。云拖枪便走，韩琼按戟，急取弓箭射之，连放三箭，皆被云用枪拨落。琼大怒，仍绰方天戟纵马赶来，却被云一箭射中面门，落马而死。韩瑶纵马举宝刀便砍赵云，云弃枪于地，闪过宝刀，生擒韩瑶归阵，复纵马取枪杀过阵来……

韩德曰：“杀吾四子之仇，如何不报！”纵马轮开山大斧，直取赵云。云奋怒挺枪来迎，战不三合，枪起处，刺死韩德于马下……（第 92 回）

不见英雄迟暮，只见岁月低头。赵云力斩五将，一手酿就了凤鸣关灭门惨案。

不数合战平姜维

云恰待攻城，忽然喊声大震，四面火光冲天。当先一员少年将军，挺枪跃马而言曰："汝见天水姜伯约乎！"云挺枪直取姜维。战不数合，维精神倍长。云大惊，暗忖曰："谁想此处有这般人物！"正战时，两路军夹攻来，乃是马遵、梁虔引军杀回。赵云首尾不能相顾，冲开条路，引败兵奔走，姜维赶来。亏得张翼、高翔两路军杀出，接应回去。（第 93 回）

在京剧《收姜维》中，这一战姜维击败了赵云，"七黄八夏九姜维"之说可能就来源于此。其实原文说得很清楚，赵云引兵败走是因为马遵、梁虔率军杀回，单挑已经变成了混战。况且，此时的赵云已经七十多岁了，武艺早已不在巅峰状态，即使输给年轻才俊也正常。

吓退魏兵

郭淮兵到，万政言赵云英勇如旧，因此不敢近前。淮传令教军急赶，政令数百骑壮士赶来。行至一大林，忽听得背后大喝一声曰："赵子龙在此！"惊得魏兵落马者百余人，余者皆越岭而去。（第 95 回）

一句"赵子龙在此"，吓得百余人落马。

人物结局

正饮酒间，忽报镇南将军赵云长子赵统、次子赵广，来见丞相。孔明大惊，掷杯于地曰："子龙休矣！"二子入见，拜哭曰："某父昨夜三更病重而死。"孔明跌足而哭曰："子龙身故，国家损一栋梁，吾去一臂也！"众将无不挥涕。孔明令二子入成都面君报丧。后主闻云死，放声大哭曰："朕昔年幼，非子龙则死于乱军之中矣！"即下诏追赠大将军，谥封顺平侯，敕葬于成都锦屏山之东，建立庙堂，四时享祭……

却说后主思念赵云昔日之功，祭葬甚厚，封赵统为虎贲中郎，赵广为牙门将，就令守坟。二人辞谢而去。（第 97 回）

百战常胜，一生顺平，能击败赵云的只有时间。相比死于非命、身首异处的关羽、张飞，赵云去世时有两个孩子在身边，是一种幸运，也是一种智慧。明代学者徐奋鹏在《古今治统》中说："云长、益德以忠义佐主，不能料敌而受敌之制，不能料下而受下之欺。子龙独出万死于干戈锋镝之下，而卒以牖下全归焉。故子龙不特浑身是胆，殆浑身是智，为三分之完人欤？"

典韦

人物简介

典韦绣像

生卒：？—197 年

籍贯：兖州陈留郡己吾县（今河南省商丘市宁陵县）

身高：不详

相貌：容貌魁梧，身材雄伟

兵器：双铁戟（重八十斤）、短戟

战马：不详

单挑全记录

回	武将甲	武将乙	回合	结果	备注
11	典韦	郝、曹、成、宋四将	不详	郝、曹、成、宋败走	
12	典韦	侯成	不详	侯成败走	疑似诈败
12	典韦	高顺	不详	高顺败走	疑似诈败
12	典韦	高顺、侯成	不详	高顺、侯成败走	
12	典韦	何仪的副元帅	不三合	副元帅被杀	
12	典韦	许褚	一白天	未分胜负	
12	典韦	许褚	三十合	典韦诈败	
12	典韦	许褚	数合	典韦诈败	
12	曹军六将	吕布	不详	吕布败走	

重要战例

古之恶来

一日，夏侯惇引一大汉来见，操问何人，惇曰："此乃陈留人，姓典，名韦，勇力过人。旧跟张邈，与帐下人不和，手杀数十人，逃窜山中。惇出射猎，见韦逐虎过涧，因收于军中。今特荐之于公。"操曰："吾观此人容貌魁梧，必有勇力。"惇曰："他曾为友报仇杀人，提头直出闹市，数百人不敢近。只今所使两枝铁戟，重八十斤，挟之上马，运使如飞。"操即令韦试之。韦挟戟骤马，往来驰骋。忽见帐下大旗为风所吹，岌岌欲倒，众军士挟持不定，韦下马，喝退众军，一手执定旗杆，立于风中，巍然不动。操曰："此古之恶来也！"遂命为帐前都尉，解上身锦袄，及骏马雕鞍赐之。（第 10 回）

恶来是商纣王手下的大将，以勇力闻名，墨子曰："纣有勇力之人，生捕兕虎，指画杀人。"这个"勇力之人"就是恶来。手杀数十人、逐虎过涧、数百人不敢近是典韦之勇，使八十斤双铁戟、一手执定旗杆是典韦之力。

力胜四将

操望西而走。忽又喊声大震，一彪军至，郝萌、曹性、成廉、宋宪四将拦住去路……韦复飞身上马，挺一双大铁戟，冲杀入去。郝、曹、成、宋四将不能抵挡，各自逃去。典韦杀散敌军，救出曹操。（第 11 回）

典韦先施展五步飞戟的绝技击退吕布骑兵，又以一敌四，一次冲杀就击败了郝萌、曹性、成廉、宋宪四将，再杀散敌军。一连串的操作令人窒息。郝萌曾与张飞单挑，曹性曾射伤夏侯惇，成廉曾是吕布手下健将，宋宪在颜良面前支撑了不三合，这四个人合战，却被典韦短时间击败。

击败高顺、侯成

操急走南门，高顺、侯成拦住。典韦怒目咬牙，冲杀出去。高顺、侯成倒走出城。（第 12 回）

侯成在全书中只有这一次单挑，无法评估他的武艺。但高顺曾先后与夏侯惇、张飞单挑，实力不俗。第 18 回，夏侯惇用了四五十合才击败高顺；第 19 回，高顺与张飞短时间不分胜负。而典韦独战高顺、侯成，竟把二人打得"倒走出城"。而且，从上下文的描述来看，"冲杀出去"与"高顺、侯成倒走出城"非常连贯。也就是说，典韦是在短时间就击败了高顺、侯成的组合。以高顺为参照物，典韦要强于张飞。

鏖战许褚

却说典韦追袭何仪到葛陂，壮士引军迎住。典韦曰："汝亦黄巾贼耶？"壮士曰："黄巾数百骑，尽被我擒在坞内！"韦曰："何不献出？"壮士曰："你若赢得手中宝刀，我便献出！"韦大怒，挺双戟向前来战。两个从辰至午，不分胜负，各自少歇。不一时，那壮士又出搦战，典韦亦出，直战到黄昏，各因马乏暂止。典韦手下军士，飞报曹操。操大惊，忙引众将来看。次日，壮士又出搦战。操见其人威风凛凛，心中暗喜，分付典韦，今日且诈败。韦领命出战，战到三十合，败走回阵。壮士赶到阵门中，弓弩射回。操急引军退五里，密使人掘下陷坑，暗伏钩手。次日，再令典韦引百余骑出。壮士笑曰："败将何敢复来！"便纵马接战。典韦略战数合，便回马走。壮士只顾望前赶来，不提防连人带马，都落于陷坑之内，被钩手缚来见曹操。（第 12 回）

典韦与许褚三天单挑了三场，后两场典韦都是诈败，参考价值不大，我们重点看第一场。第一场单挑分为两个阶段，第一阶段"两个从辰至午，不分胜负"，两人稍微休息后，进入第二阶段，"直战到黄昏"。唐代之前，辰时指的是 8：00 到 10：00，午时指的是 12：00 到 14：00，黄昏指的是日落后到天黑前的时间。两个阶段合起来整整一个白天。在嘉靖本中，第二阶段两人"从申直战到黄昏"，申时指的是 16：00 到 18：00，已经是黄昏时段了，毛本做了技术性修正。

我们还可以估算一下这一战打了多少回合。马超与张飞大战葭萌关，从午后打到天黑，半天一共打了二百多回合。典韦与许褚打了一天，回合数应在四百以上。典韦与许褚都是大力士，罗贯中把耗时最长、回合最多的一次单挑放在他们二人身上，非常合理。

人物结局

韦方醉卧，睡梦中听得金鼓喊杀之声，便跳起身来，却寻不见了双戟。时敌兵已到辕门，韦急掣步卒腰刀在手。只见门首无数军马，各挺长枪，抢入寨来。韦奋力向前，砍死二十余人。马军方退，步军又到，两边枪如苇列。韦身无片甲，上下被数十枪，兀自死战。刀砍缺不堪用，韦即弃刀，双手提着两个军人迎敌，击死者八九人。群贼不敢近，只远远以箭射之，箭如骤雨，韦犹死拒寨门。争奈寨后贼军已入，韦背上又中一枪，乃大叫数声，血流满地而死。死了半晌，还无一人敢从前门而入者。（第 16 回）

《三国演义》中，救主的场面不少，但典韦宛城救主难度最大。典韦先用腰刀砍死二十余人，又提着两个军人击杀八九人，然后才在敌军的乱箭和夹攻下战死。同时，这一战也是《三国演义》全书武将步战的巅峰表现。

这里面有一个细节值得注意：典韦在腰刀砍缺后，双手“提着”两个军人迎敌。在清代绣像中，表现这个场景时，画成了典韦双手一手攥着一个军人的双脚，十分夸张。“提着”这个动作是怎么来的呢？在《三国志》中，典韦“双挟两贼击杀之”，挟指用胳膊夹，双挟即一边胳膊夹一个。嘉靖本沿用了挟这个动作：“双手挟两个军迎之，击死者八九人”。毛宗岗把“挟”改成“提”，可能为了照应典韦的双戟，一手提着一个人，与戟的用法一致。这虽然有些不合理，但增加了传奇性，也是个不错的改动。

宛城之战，不仅典韦战死，曹操长子曹昂、侄子曹安民也死于乱军之中。但曹操回营后只祭奠了典韦，并哭着说：“吾折长子、爱侄，俱无深痛，独号泣典韦也！”毛宗岗评论认为曹操此举是在收买众将之心。对此我不敢苟同，我觉得曹操是真情流露，毛宗岗这里有点太过抑曹了。

回到许都，曹操再次祭奠典韦，并封典韦之子典满为中郎，收养在府。

一年后，曹操再次来到淯水，突然放声大哭。诸将问曹操何故，曹操说：“吾思去年于此地折了吾大将典韦，不由不哭耳！”于是下令停止行军，大设祭筵，第三次祭奠典韦。曹操拈香哭拜，三军无不感叹。祭奠典韦结束后，曹操才开始祭奠曹昂与曹安民。

为了渲染宛城救主的悲壮，央视电视剧《三国演义》在表现这段情节时，还配上了一首插曲《淯水吟》。邹氏在歌中唱道：“我本飘零人，薄命历苦辛，离乱得遇君，感君萍水恩……生死在一瞬，荣耀等浮云，当君凯旋归，能忆樽前人。”这首歌如泣如诉，是对曹操的念，也是对曹操的怨。电视剧第12集，表现曹操第三次祭奠典韦的场面时，这首歌再次响起，证明此歌明写邹氏，暗写典韦。

关羽

人物简介

生卒：？—219年

籍贯：司隶河东郡解县（今山西省运城市临猗县）

身高：九尺（约合218cm），嘉靖本九尺三寸（约合225cm）

相貌：髯长二尺，面如重枣，唇若涂脂，丹凤眼，卧蚕眉

兵器：青龙偃月刀（重八十二斤）

战马：赤兔

关羽绣像

单挑全记录

回	武将甲	武将乙	回合	结果	备注
1	关羽	程远志	一合	程远志被杀	
5	关羽	华雄	热酒尚温	华雄被杀	
5	关羽、张飞	吕布	三十合	战不倒吕布	
5	刘、关、张	吕布	多时	吕布败走	
11	关羽	管亥	数十合	管亥被杀	
14	关羽	纪灵	三十合	未分胜负	纪灵提出少歇
14	关羽	荀正	一合	荀正被杀	
16	关羽	张辽	不详	不详	
19	关羽	吕布	不详	不详	
21	关羽	车胄	未数合	车胄被杀	

续表

回	武将甲	武将乙	回合	结果	备注
22	关羽	王忠	一合	王忠被擒	关羽诈败
25	关羽	夏侯惇	十余合	夏侯惇诈败	
25	关羽	徐晃、许褚	不详	徐晃、许褚败走	徐、许疑似诈败
25	关羽	夏侯惇	不详	不详	
25	关羽	颜良	一合	颜良被杀	关羽突袭
26	关羽	文丑	不三合	文丑败走被杀	文丑心怯
27	关羽	孔秀	一合	孔秀被杀	
27	关羽	孟坦	不三合	孟坦被杀	
27	关羽	韩福	一合	韩福被杀	关羽带伤
27	关羽	卞喜	一合	卞喜被杀	步战
27	关羽	王植	一合	王植被杀	
27	关羽	秦琪	一合	秦琪被杀	
28	关羽	夏侯惇	不十合	未分胜负	
28	关羽	张飞	一合	未分胜负	
28	关羽	蔡阳	一通鼓未尽	蔡阳被杀	
31	关羽	乐进	不详	乐进败走	
53	关羽	杨龄	不三合	杨龄被杀	
53	关羽	黄忠	一百余合	未分胜负	
53	关羽	黄忠	五六十合	黄忠败走	黄忠马失前蹄
53	关羽	黄忠	不到三十余合	黄忠诈败	
73	关羽	夏侯存	一合	夏侯存被杀	
74	关羽	庞德	百余合	未分胜负	
74	关羽	庞德	五十余合	庞德诈败	
76	关羽	徐晃	八十余合	关羽拨马回寨	关羽右臂少力
76	关羽	蒋钦	不三合	蒋钦败走	
77	关羽	潘璋	三合	潘璋败走	

重要战例

温酒斩华雄

绍曰："可惜吾上将颜良、文丑未至！得一人在此，何惧华雄！"言未毕，阶下一人大呼出曰："小将愿往斩华雄头，献于帐下！"众视之，见其人身长九尺，髯长二尺，丹凤眼，卧蚕眉，面如重枣，声如巨钟，立于帐前。绍问何人，公孙瓒曰："此刘玄德之弟关羽也。"绍问现居何职，瓒曰："跟随刘玄德充马弓手。"帐上袁术大喝曰："汝欺吾众诸侯无大将耶？量一弓手，安敢乱言！与我打出！"曹操忽止之曰："公路息怒。此人既出大言，必有勇略，试教出马，如其不胜，责之未迟。"袁绍曰："使一弓手出战，必被华雄所笑。"操曰："此人仪表不俗，华雄安知他是弓手？"关公曰："如不胜，请斩某头。"操教酾热酒一杯，与关公饮了上马。关公曰："酒且斟下，某去便来。"出帐提刀，飞身上马。众诸侯听得关外鼓声大振，喊声大举，如天摧地塌，岳撼山崩，众皆失惊。正欲探听，鸾铃响处，马到中军，云长提华雄之头，掷于地上。其酒尚温。（第5回）

相传，有一年宋徽宗招考宫廷画师，以"踏花归去马蹄香"为题，令考生作画。考生们有的在"花"上下功夫，画出似锦的繁花；有的在"马"上做文章，画出如龙的骏马。但有一位考生独具匠心，画了马蹄和围绕马蹄飞舞的蝴蝶，虽然画中没花，但真正画出了"踏花归去"和"马蹄香"。最终，这位考生被宋徽宗选中。不画之画，是中国古代画家追求的境界。

如何表现关羽的刀快呢？如果写成"只一合就斩了华雄"，有点太普通了，配不上关羽武圣的身份。罗贯中另辟蹊径，舍弃了关羽与华雄交锋的场面，而通过一杯酒的温度侧面写出了关羽斩华雄之快，达到了不写之写的境界。

关羽的刀究竟有多快呢？有人通过当时的气温和酒的比热来计算，这的确科学，但罗贯中只是个小说家，他不会在写故事前先去做个试验。不必这么麻烦，我们看看嘉靖本就知道了。嘉靖本是这么写的："云长出马，只一合斩了华雄，提头入献，众皆大喜。"一合，就是关羽斩华雄的速度。

毛宗岗为什么删除了这个"一合"呢？我觉得是为了维持全书武艺体系的稳定。在《三国演义》中，孟坦、杨龄这些龙套都可以在关羽面前走上不三合，如果华雄一合就被关羽斩杀，武艺并不怎么样，而那些被华雄速胜的鲍忠、祖茂、俞涉、潘凤更没法看了。

三十合击败纪灵

纪灵大怒，拍马舞刀，直取玄德。关公大喝曰："匹夫休得逞强！"出马与纪灵大战。一连三十合，不分胜负。纪灵大叫少歇，关公便拨马回阵，立于阵前候之。纪灵却遣副将荀正出马。关公曰："只教纪灵来，与他决个雌雄！"荀正曰："汝乃无名下将，非纪将军对手！"关公大怒，直取荀正；交马一合，砍荀正于马下。玄德驱兵杀将过去，纪灵大败，退守淮阴河口，不敢交战……（第 14 回）

关羽与纪灵单挑了三十合，虽然书上说"不分胜负"，但纪灵提出少歇，说明关羽已经取得了比较大的优势。关羽讲信义，你说歇会儿我就让你歇会儿。但纪灵比较狡猾，派出副将荀正前去送死，关羽这才发现被骗了。如果关羽不答应纪灵少歇，继续打下去，很可能会很快击败甚至斩杀纪灵。所以，这场单挑可以记作关羽三十回合击败纪灵。但是，这个战绩仍然不够好。第 21 回，张飞与纪灵交手，不十合就斩杀了纪灵。

在嘉靖本中，关羽与纪灵打了二十合："骤马与纪灵大战二十合。纪灵少歇，关公回阵立马久等。"毛宗岗可能觉得二十合太短，不足以使纪灵疲劳，于是改为了三十合。

徐州战吕布

吕布走得人困马乏，忽又闪出一彪军拦住去路，为首一将，立马横刀，大喝："吕布休走！关云长在此！"吕布慌忙接战，背后张飞赶来。布无心恋战，与陈宫等杀开条路，径奔下邳，侯成引兵接应去了。（第 19 回）

这是关羽与吕布在《三国演义》中唯一一次一对一挑战。但此时吕布兵败，人困马乏，无心恋战，参考意义不大。

杀退徐晃、许褚

只听得一声炮响，左有徐晃，右有许褚，两队军截住去路。关公夺路而走，两边伏兵排下硬弩百张，箭如飞蝗。关公不得过，勒兵再回，徐晃、许褚接住交战。关公奋力杀退二人，引军欲回下邳，夏侯惇又截住厮杀。（第 25 回）

关羽以一敌二杀退徐晃、许褚，如果这是一场有效单挑，那么关羽可以排在吕布之后，成为三国第二武将。但是很遗憾，徐晃、许褚二人诈败的可能性非常大。曹操为收服关羽，采用程昱之计，"引关公出战，诈败佯输，诱入他处，以精兵截其归路"。徐晃、许褚此战的目的或是诈败佯输，或是截其归路，但肯定不是要取关羽性命，甚至连击败关羽都要顾忌关羽的自尊心。也就是说，在这场战斗中，关羽可以杀死徐晃、许褚，但徐晃、许褚不能杀死杀伤关羽，双方的作战目的不同。因此，这一战不是严格的有效战例，我们不能认为关羽强于徐晃加许褚的组合。但是，根据合战法则，徐晃与许褚联手合战关羽，我们可以认为关羽强于许褚和徐晃中的任一个。

一合斩杀颜良

关公领诺而出，提青龙刀，上赤兔马，引从者数人，直至白马来见曹操。

操叙说："颜良连诛二将，勇不可当，特请云长商议。"关公曰："容某观之。"操置酒相待。忽报颜良搦战。操引关公上土山观看。操与关公坐，诸将环立。曹操指山下颜良排的阵势，旗帜鲜明，枪刀森布，严整有威，乃谓关公曰："河北人马，如此雄壮！"关公曰："以吾观之，如土鸡瓦犬耳！"操又指曰："麾盖之下，绣袍金甲，持刀立马者，乃颜良也。"关公举目一望，谓操曰："吾观颜良，如插标卖首耳！"操曰："未可轻视。"关公起身曰："某虽不才，愿去万军中取其首级，来献丞相。"张辽曰："军中无戏言，云长不可忽也。"关公奋然上马，倒提青龙刀，跑下山来，凤目圆睁，蚕眉直竖，直冲彼阵。河北军如波开浪裂，关公径奔颜良。颜良正在麾盖下，见关公冲来，方欲问时，关公赤兔马快，早已跑到面前。颜良措手不及，被云长手起一刀，刺于马下。忽地下马，割了颜良首级，拴于马项之下，飞身上马，提刀出阵，如入无人之境。(第 25 回)

颜良是十大虎将之一，曾二十合击败徐晃，徐晃又曾八十余合击败关羽。关羽一合斩杀颜良，肯定不是二人真实实力的体现。关羽斩颜良时，原文也用"措手不及"四字形容颜良的慌张，颜良为什么措手不及呢？有六个原因。

第一，颜良当时正在休息。原文说颜良被杀时"正在麾盖下"。之前，颜良挑战曹军，曹军无人应战，于是，颜良回到了中军，在麾盖之下休息。

第二，前军未阻拦关羽。关羽冲击河北军阵时，由于人高马大，河北前军未做阻拦，嘉靖本说"如波开浪裂，分作两边，放开一条大路"，关羽一路绿灯来到颜良面前。这就像足球比赛中，前锋一路带球，后卫无人阻拦，直接就面对门将了。前军的行为误导了颜良，颜良没意识到来者是敌将。如果是敌将前来，应该与前军有一场交战。

第三，关羽"倒提青龙刀"。所谓"倒提"，应该是刀攥向前，刀头在后，在电光石火的瞬间，颜良可能误以为关羽没拿兵器。

第四，关羽没戴头盔。嘉靖本说关羽出发前"将盔取下放于鞍前"，颜良可能误以为来者不是武将。

第五，刘备的暗嘱。在嘉靖本中，对关羽斩颜良有一行小字注释：

原来颜良辞袁绍时，刘玄德曾暗嘱曰："吾有一弟，乃关云长也，身长九尺五寸，须长一尺八寸，面如重枣，丹凤眼，卧蚕眉，喜穿绿锦战袍，骑黄骠马，使青龙大刀，必在曹操处。如见他，可教急来。"因此颜良见关公来，只道是他来投奔，故不准备迎敌，被关公斩于马下。(《云长策马刺颜良》)

接下来的赞诗也说"只因玄德临行语，致使英雄束手亡"。

所以，见到关羽时，颜良有一个奇怪的举动：方欲问。颜良要问什么？可能想问的是："来者可是刘备的二弟关云长？"为了维护关羽的形象，毛宗岗删除了这段小字注释。

第六，赤兔马的速度。刘备向颜良介绍关羽时，说关羽骑的马是黄骠马。但是，关羽已将黄骠马升级成了顶级的赤兔马。颜良没想到关羽的战马会这么快。

嘉靖本后文中再次强调了颜良准备不充分。关羽死后，怨吕蒙偷袭，心有不甘，阴魂不散，普净禅师一句"颜良安在？"关羽顿悟。关羽继续追问，普净禅师开导关羽说：

昔非今是，一切休论，只以公所行言之：向日白马隘口，颜良并不待与公相斗，忽然刺之，此人于九泉之下，安得而不恨乎？今日吕蒙以诡计害公，安足较也？公何必疑惑于是？（《玉泉山关公显圣》）

普净禅师的意思是：吕蒙偷袭你，你不甘心，那你偷袭颜良，颜良就甘心了吗？为了维护关羽的形象，毛本对这段文字进行了修改。关羽的恨由被吕蒙偷袭换成了身首异处。普净禅师开导关羽的话也变成了："今将军为吕蒙所害，大呼'还我头来'，然则颜良、文丑、五关六将等众人之头，又将向谁索耶？"突袭颜良的问题不复存在了。

如果不依赖嘉靖本，能解释颜良要问什么问题吗？也是能的。我们来看两个战例：

二更时分，朱桓引一军正抄到魏寨后，迎着张普伏兵。普不知是吴兵，径来问时，被朱桓一刀斩于马下。（第 96 回）

瓘大喜，遂遣田续引五百兵赶至绵竹，正遇邓艾父子放出槛车，欲还成都。艾只道是本部兵到，不作准备，欲待问时，被田续一刀斩之。邓忠亦死于乱军之中。（第 119 回）

在这两个战例中，张普和邓艾在被斩杀前都想问来将问题，之所以问，张普是因为"不知是吴兵"，邓艾是因为"只道是本部兵到"。因此，颜良之所以问，同样也是因为没把关羽当作敌人，这与依据嘉靖本得出的结论一致。

但是，如果不依赖嘉靖本，就没有关羽要前来投奔的考虑，怎么解释颜良没把关羽当作敌人呢？毛本仍然有两个细节可以说明这点。一是关羽冲阵时"河北军如波开浪裂，关公径奔颜良"，二是关羽前来时"倒提青龙刀"。颜良见来者没受到阻拦，也没带兵器，因此没把关羽当作敌人。

关羽斩颜良与黄忠斩夏侯渊还略有不同，夏侯渊明确知道黄忠是敌将，而颜良并不确定这点。因此，从取得的效果来看，关羽的突袭还带有偷袭的成分，虽然这并不是关羽的本意。

我们不能说关羽具备一合斩杀颜良的能力，但根据突袭法则，仍然可以认为关羽强于颜良。战前，程昱和曹操也认为关羽可以击败颜良。根据评论法则，这两人的智力水平都很高，他们的观点我们可以采信。

三合斩杀文丑

忽见十余骑马，旗号翩翻，一将当头提刀飞马而来，乃关云长也，大喝："贼将休走！"与文丑交马，战不三合，文丑心怯，拨马绕河而走。关公马快，赶上文丑，脑后一刀，将文丑斩下马来。（第 26 回）

这一战，分为两个阶段。第一阶段，关羽与文丑战不三合，文丑心怯败走。嘉靖本中，关羽少用了一合，"战二合，文丑心怯"。可能是考虑到了嘉靖本，在 2019 年人民文学出版社新修订的《三国演义》中，将"战不三合"改为了"战不二合"。

第二阶段，关羽凭借赤兔马快，追上文丑，一刀斩杀。关羽能斩杀文丑，占了赤兔马快的便宜。所以，这一战不能记作关羽三合斩杀文丑。那么，能记作三合击败文丑吗？在回答这个问题前，我们需要弄清楚文丑究竟为什么心怯。

在当阳长坂桥，张飞吓退曹兵后，拆断桥梁，曹操说："彼断桥而去，乃心怯也。"张飞心怯，怯的即是曹操兵多。关羽来时，带了"十余骑马"，文丑心怯会不会因为关羽人多势众呢？我们再来看一个更有说服力的战例：

兴望山谷中寻路而走，看看天晚，但见一簇皂旗，蜂拥而来，一员羌将，手提铁锤大叫曰："小将休走！吾乃越吉元帅也！"关兴急走到前面，尽力纵马加鞭，正遇断涧，只得回马来战越吉。兴终是胆寒，抵敌不住，望涧中而逃，被越吉赶到，一铁锤打来，兴急闪过，正中马胯。那马望涧中便倒，兴落于水中。（第 94 回）

胆寒与心怯是一个意思。关兴为什么胆寒呢？是因为自己打不过越吉吗？当然不是，在后文，关兴只用一合就斩杀了越吉：

越吉元帅望后面山谷中而逃，正逢关兴，交马只一合，被兴举刀大喝一声，砍死于马下。（第 94 回）

是什么导致了两次单挑的结果迥然不同呢？细心的读者肯定注意到了，第一战越吉不是一个人来的，而是"蜂拥而来"。关兴并不确定与越吉同来的人会不会加入战斗。在第二章，我们把这种情况称为人多势众。太史慈在与孙策单挑时，孙策人多势众，太史慈心想"这厮有十二从人，我只一个，便活捉了他，也吃众人夺去。再引一程，教这厮没寻处，方好下手。"于是"且战且走"，摆脱孙策十二从人后才开始继续与孙策单挑。

在遇到关羽前，文丑刚刚击退徐晃，徐晃败走，就是因为文丑人多势众：

文丑回马复来，徐晃急轮大斧，截住厮杀。只见文丑后面军马齐到，晃料敌不过，拨马而回。（第 26 回）

而且，文丑是一个因为对手人多势众会放弃战斗的人，与赵云单挑时，就出现过这种情况：

（赵云）与文丑大战五六十合，胜负未分。瓒部下救军到，文丑拨回马去

了……（第7回）

关羽并不是一个人前来，文丑看到的是“十余骑马，旗号翩翻”，这十余骑难免会对文丑产生影响。单挑三合后，这十余骑也接近文丑了。文丑见关羽人多势众，心生怯意。

文丑心怯可能还有疲劳的因素，在与关羽单挑前，文丑先是以一敌二，互相拉锯，后又与徐晃“厮杀”。嘉靖本明确说“二将战三十余合”，我们在前文分析过，武将单挑超过三十合就可能会疲劳，比如纪灵。毛本虽然没有交代回合数，但两人肯定是打了一段时间的。

综合考虑，我们认为，关羽虽然强于文丑，但不具备三合就击败文丑的实力。

一战夏侯惇

关公大怒，引三千人马出城，与夏侯惇交战。约战十余合，惇拨回马走，关公赶来，惇且战且走。（第25回）

夏侯惇受计诱敌，在关羽面前十余合不败。关羽的这个表现，不如战胜双眼夏侯惇的吕布。

二战夏侯惇

关公怒曰：“吾岂惧汝耶！”拍马持刀，直取夏侯惇，惇挺枪来迎。两马相交，战不十合，忽又一骑飞至，大叫：“二将军少歇！”（第28回）

从夏侯惇的表现看，夏侯惇并不惧怕关羽，这种自信，可能来自第一战。在嘉靖本中，夏侯惇表现更好，与关羽打了约两个二十合不败：

关公大怒曰：“吾惧汝，非大丈夫也！”拍马轮刀，直取夏侯惇。惇挺枪相迎。两马约战二十合，又一骑飞到，大叫曰：“二将军罢战！”遂各自分开。夏侯惇问曰：“汝来何故？”使者曰：“丞相恐于路阻当关将军，特来告报。”惇曰：“丞相知他杀把关将士否？”使臣曰：“未知也。”惇曰：“若如此，不可放他去。”二将又战到二十余合，忽又一骑飞至，大叫：“二将军少歇！”（《云长擂鼓斩蔡阳》）

可能是出于维护关羽形象的考虑，毛宗岗只保留了一战，回合数也变少了。

躲张飞之矛

关公望见张飞到来，喜不自胜，付刀与周仓接了，拍马来迎。只见张飞圆睁环眼，倒竖虎须，吼声如雷，挥矛向关公便搠。关公大惊，连忙闪过，便叫：“贤弟何故如此？岂忘了桃园结义耶？”（第28回）

在毫无准备的情况下，关羽空手躲过了张飞的一矛。

带伤战徐晃

魏营门旗开处，徐晃出马，欠身而言曰：“自别君侯，倏忽数载，不想君侯须发已苍白矣！忆昔壮年相从，多蒙教诲，感谢不忘。今君侯英风震于华夏，使故人闻之，不胜叹羡！兹幸得一见，深慰渴怀。”公曰：“吾与公明交契深厚，非比他人，今何故数穷吾儿耶？”晃回顾众将，厉声大叫曰：“若取得云长首级者，重赏千金！”公惊曰：“公明何出此言？”晃曰：“今日乃国家之事，某不敢以私废公。”言讫，挥大斧直取关公。公大怒，亦挥刀迎之。战八十余合，公虽武艺绝伦，终是右臂少力。关平恐公有失，火急鸣金，公拨马回寨。（第 76 回）

此时的关羽刮骨疗毒不久，尚在恢复期，与徐晃大战八十余合后，关羽右臂少力。如果关平不鸣金收兵，再打下去，关羽很可能会被击败。退兵不久后，荆州、公安、南郡尽失，关羽得知后“疮口迸裂，昏绝于地”，与徐晃八十余合的单挑可能也是诱因之一。因此，这一战应该算作徐晃八十余合击败关羽，但是，击败的是老年受伤的关羽。

关羽战潘璋

走不得四五里，前面喊声又震，火光大起，潘璋骤马舞刀杀来。公大怒，轮刀相迎，只三合，潘璋败走。（第 77 回）

年老、兵败、右臂受伤的关羽，只用了三合就击败了潘璋。这个战绩，要好于黄忠在第 83 回数合与潘璋打平。虽然与潘璋作战时黄忠的年龄要大于关羽，但考虑到关羽兵败、右臂受伤等因素，我们仍然可以认为以潘璋为参照物，关羽强于黄忠。

兵败遭擒

行至决石，两下是山，山边皆芦苇败草，树木丛杂，时已五更将尽，正走之间，一声喊起，两下伏兵尽出，长钩套索，一齐并举，先把关公坐下马绊倒。关公翻身落马，被潘璋部将马忠所获。（第 77 回）

如果评选三国第一偷袭高手，非马忠莫属，伏击关羽，暗射黄忠，成就了小人物的传奇。

人物结局

至天明，孙权闻关公父子已被擒获，大喜，聚众将于帐中。

少时，马忠簇拥关公至前。权曰：“孤久慕将军盛德，欲结秦、晋之好，何相弃耶？公平昔自以为天下无敌，今日何由被吾所擒？将军今日还服孙权否？”关公厉声骂曰：“碧眼小儿，紫髯鼠辈！吾与刘皇叔桃园结义，誓扶汉室，岂与汝叛汉之贼为伍耶！我今误中奸计，有死而已，何必多言！”权回顾众官曰：“云长世之豪杰，孤深爱之。今欲以礼相待，劝使归降，何如？”主簿左咸曰：“不可。昔曹操得此人时，封侯赐爵，三日一小宴，五日一大宴，上马一提金，下马一提银，如此恩礼，毕竟留之不住，听其斩关杀将而去，致使今日反为所逼，几欲迁都以避其锋。今主公既已擒之，若不即除，恐贻后患。”孙权沉吟半晌，曰：“斯言是也。”遂命推出。于是关公父子皆遇害。时建安二十四年冬十二月也。关公亡年五十八岁。（第 77 回）

第 73 回，孙权曾派诸葛瑾向关羽求亲，希望与关羽结成儿女亲家，但关羽勃然大怒，骂道：“吾虎女安肯嫁犬子乎！”所以，见到关羽，孙权连问三个问题，出了这口恶气。关羽兵败身亡，不是因为大意，而是性格有缺陷。

马超

人物简介

生卒：176—222 年

籍贯：司隶扶风郡茂陵县（今陕西省兴平市）

身高：不详

相貌：面如傅粉，唇若抹朱，腰细膀宽，声雄力猛

兵器：长枪

战马：不详

马超绣像

单挑全记录

回	武将甲	武将乙	回合	结果	备注
10	马超	王方	不数合	王方被杀	马超十七岁
10	马超	李蒙	一合	李蒙被擒	马超十七岁
58	马超	于禁	八九合	于禁败走	

续表

回	武将甲	武将乙	回合	结果	备注
58	马超	张郃	二十合	张郃败走	
58	马超	李通	数合	李通被杀	
58	马超	曹洪	四五十合	曹洪刀乱力尽	
59	马超	许褚	一百余合	未分胜负	
59	马超	许褚	又一百余合	未分胜负	
59	马超	许褚	三十余合	未分胜负	许褚裸衣
59	马超	夏侯渊	不详	不详	
59	马超	韩遂	一合	韩遂负伤	韩遂无兵器
59	马超	侯、李、梁、马、杨	不详	两死三逃	步战
59	马超	李堪	未交手	李堪败走	李堪不敢交锋
59	马超	于禁	未交手	于禁败走	于禁不敢交锋
64	马超	姜叙、杨阜	不详	姜叙、杨阜败走	
64	马超	杨阜等八人	不详	杨阜伤，七人死	
65	马超	张飞	百余合	未分胜负	
65	马超	张飞	又百余合	未分胜负	张飞未戴头盔
65	马超	张飞	二十余合	未分胜负	夜战

重要战例

连胜两将

马腾、韩遂联辔而出，指李蒙、王方骂曰："反国之贼！谁去擒之？"言未绝，只见一位少年将军，面如冠玉，眼若流星，虎体猿臂，彪腹狼腰，手执长枪，坐骑骏马，从阵中飞出。原来那将即马腾之子马超，字孟起，年方十七岁，英勇无敌。王方欺他年幼，跃马迎战，战不到数合，早被马超一枪刺于马下，马超勒马便回。李蒙见王方刺死，一骑马从马超背后赶来，超只做不知。马腾在阵门下大叫："背后有人追赶！"声犹未绝，只见马超已将李蒙擒在马上。原来马超明知李蒙追赶，却故意俄延，等他马近举枪刺来，超将身一闪，李蒙搠个空，两马相并，被马超轻舒猿臂，生擒过去，军士无主，望风奔逃。（第10回）

十七岁的马超一出场就刺死一将，生擒一将，亮相非常惊艳。这段情节说明，顶级武将少年时武艺就已经非常优秀了。

连胜三将

（超）挺枪直杀过来，曹操背后于禁出迎。两马交战，斗得八九合，于禁败走。张郃出迎，战二十合亦败走。李通出迎，超奋威交战，数合之中，一枪刺李通于马下。超把枪望后一招，西凉兵一齐冲杀过来，操兵大败。西凉兵来得势猛，左右将佐，皆抵当不住。马超、庞德、马岱引百余骑，直入中军来捉曹操。操在乱军中，只听得西凉军大叫："穿红袍的是曹操！"操就马上急脱下红袍。又听得大叫："长髯者是曹操！"操惊慌，掣所佩刀断其髯。军中有人将曹操割髯之事，告知马超，超遂令人叫拿："短髯者是曹操！"操闻知，即扯旗角包颈而逃。（第 58 回）

与曹将初次交手，马超就来了个漂亮的三连击。先是八九合战胜于禁，又二十合击败张郃，最后一枪刺死李通。于禁、张郃都曾与张飞交手，于禁单挑张飞数合不败，张郃单挑张飞三五十合战平。以这两人为参照物，马超都要强于张飞。

在嘉靖本中，马超只用不三合就击败了张郃。但这容易引起全书武将武艺体系的崩塌，于禁尚能在马超面前走八九合，张郃还不如于禁？于是毛宗岗将不三合改成了二十合。

四五十合胜曹洪

超纵马赶来，山坡边转过一将，大叫："勿伤吾主！曹洪在此！"轮刀纵马，拦住马超，操得命走脱。洪与马超战到四五十合，渐渐刀法散乱，气力不加。（第 58 回）

武艺 = 招法 + 气力，与马超单挑四五十合后，曹洪刀法散乱，气力不加，马超在招法和气力两方面完胜曹洪。

步战五将

超一剑望韩遂面门剁去，遂慌以手迎之，左手早被砍落。五将挥刀齐出。超纵步出帐外，五将围绕混杀。超独挥宝剑，力敌五将。剑光明处，鲜血溅飞，砍翻马玩，剁倒梁兴，三将各自逃生。（第 59 回）

侯选、李堪、梁兴、马玩、杨秋合战马超，结果两死三逃。马超面对的不是普通士卒，而是有名有姓的武将。在步战中，这是单挑敌将数量最多的一次。

马战八人

超切齿而恨，拍马挺枪刺之。阜宗弟七人，一齐来助战。马岱、庞德敌住后军。宗弟七人，皆被马超杀死。阜身中五枪，犹然死战。后面夏侯渊大军赶来，马超遂走。（第 64 回）

马战以一敌八，结果七死一伤，但杨阜宗弟七人的名字没有交代，稍有遗憾。

"张、赵二将，方可与敌"

忽流星马急报，言："孟达、霍峻守葭萌关，今被东川张鲁遣马超与杨柏、马岱领兵攻打甚急，救迟则关隘休矣。"玄德大惊。孔明曰："须是张、赵二将，方可与敌。"（第 65 回）

按照武将排名的评价法则，诸葛亮作为书中智力最高的人物，他对武将的评价应该给予高度重视。面对马超前来，诸葛亮说："须是张、赵二将，方可与敌。"这句话价值颇高。首先，这说明，马超、张飞、赵云的武艺比较接近。其次，当时黄忠也在益州，但诸葛亮没有说："须是张、赵、黄三将，方可与敌。"而是说："须是张、赵二将，方可与敌。"这说明，在诸葛亮心中，黄忠的武艺略逊于马超、张飞、赵云三人。

挑灯战张飞

次日天明，关下鼓声大震，马超兵到。玄德在关上看时，门旗影里，马超纵骑持枪而出，狮盔兽带，银甲白袍，一来结束非凡，二者人才出众。玄德叹曰："人言'锦马超'，名不虚传！"张飞便要下关。玄德急止之曰："且休出战，先当避其锐气。"关下马超单搦张飞出马，关上张飞恨不得平吞马超，三五番皆被玄德当住。看看午后，玄德望见马超阵上人马皆倦，遂选五百骑，跟着张飞，冲下关来。马超见张飞军到，把枪望后一招，约退军有一箭之地。张飞军马一齐扎住，关上军马，陆续下来。张飞挺枪出马，大呼："认得燕人张翼德么！"马超曰："吾家屡世公侯，岂识村野匹夫！"张飞大怒。两马齐出，二枪并举，约战百余合，不分胜负。玄德观之，叹曰："真虎将也！"恐张飞有失，急鸣金收军。两将各回。张飞回到阵中，略歇马片时，不用头盔，只裹包巾上马，又出阵前搦马超厮杀。超又出，两个再战。玄德恐张飞有失，自披挂下关，直至阵前，看张飞与马超又斗百余合，两个精神倍加。玄德教鸣金收军，二将分开，各回本阵。是日天色已晚，玄德谓张飞曰："马超英勇，不可轻敌，且退上关。来日再战。"张飞杀得性起，那里肯休？大叫曰："誓死不回！"玄德曰："今日天晚，不可战矣。"飞曰："多点火把，安排夜战！"马超亦换了马，再出阵前，大叫曰："张飞！敢夜战么？"张飞性起，问玄德换了坐下马，抢出阵来，叫曰："我捉你不得，誓不上关！"超曰："我胜你不得，誓不回寨！"两军呐喊，点起千百火把，照耀如同白日。两将又向阵前鏖战。到二十余合，马超拨回马便走。张飞大叫曰："走那里去！"原来马超见赢不得张飞，心生一计，诈败佯输，赚张飞赶来，暗掣铜锤在手，扭回身觑着张飞便打将来。张飞见马超走，心中也提防，比及铜锤打来时，张飞一闪，从耳朵边过去。张飞便勒回马走时，马超却又赶来。张飞带住马，拈弓搭箭，回射马超，超却闪过。二将各自回阵。玄德自于阵前叫曰："吾以仁义待人，不施谲诈。马孟起，你

收兵歇息，我不乘势赶你。”马超闻言，亲自断后，诸军渐退。玄德亦收军上关。（第 65 回）

张飞与马超都是《三国演义》着力刻画的武将，他们二人的单挑，罗贯中用了大量笔墨来写，具体可以分为三个阶段。

第一阶段，双方大战百余合不分胜负，刘备评价：“真虎将也！”表达出对马超的喜爱。刘备鸣金，是保护张飞，也是保护马超，马超出现闪失也不是刘备愿意看到的。

第二阶段，张飞脱掉头盔，只包裹头巾作战，又与马超斗了百余合不分胜负。与武将穿不穿铠甲一样，戴不戴头盔也是武将的自主选择，不能认为这是张飞示弱的表现。孙坚作战时就不喜欢戴头盔，只裹赤帻。在嘉靖本中，关羽与颜良单挑前，也摘下了头盔：“公奋然上马，倒提青龙刀，跑下土山，将盔取下放于鞍前，凤目圆睁，蚕眉直竖，来到阵前。”我们不能说关羽不如被他称为“插标卖首”的颜良。

武将上阵是否戴头盔与篮球运动员比赛是否戴发带一样，只是个人习惯。2013 年 NBA 总决赛第六场，迈阿密热火对阵圣安东尼奥马刺，第四节开场三分钟，热火当家球星勒布朗・詹姆斯的发带在一次扣篮中意外脱落，詹姆斯干脆不用发带继续比赛。神奇的是，詹姆斯就此爆发，在随后的时间里独得 16 分，率领热火队将两队大比分扳成 3 ∶ 3，并最终夺冠。

第三阶段，二人挑灯夜战，又战二十余合。马超心生一计，诈败飞锤，张飞躲过后，回射马超，马超也闪过。

与马超战许褚一样，这也是一场标准的平局，无法通过这场单挑判断二人强弱。

人物结局

孔明曰：“吾自平南回都，马孟起病故，吾甚惜之，以为折一臂也。”（第 91 回）

罗贯中并没有正面写马超之死，只是借诸葛亮之口简单交代了这么一句。次回中，诸葛亮北伐还曾经过马超墓：

却说孔明率兵前至沔阳，经过马超坟墓，乃令其弟马岱挂孝，孔明亲自祭之。（第 92 回）

按照《三国演义》，马超病故于诸葛亮平定南中返回成都之后，不早于建兴三年（225 年）。这与正史有出入，《三国志》记载，马超卒于章武二年（222 年），享年四十七岁。马超临死前还曾给刘备写过一封信，将马岱托付给刘备：“臣门宗二百余口，为孟德所诛略尽，惟有从弟岱，当为微宗血食之继，深托陛下，余无复言。”

张飞

人物简介

生卒：？—221年

籍贯：幽州涿郡（今河北省涿州市）

身高：八尺（约合194cm）

相貌：豹头环眼，燕颔虎须，声若巨雷，势如奔马

兵器：丈八蛇矛

战马：深乌马

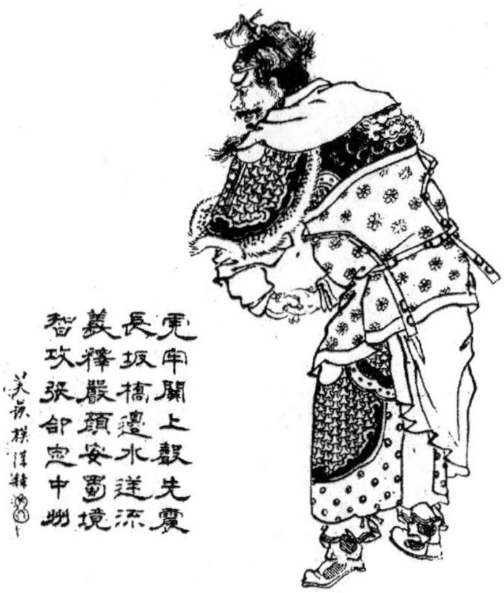

张飞绣像

单挑全记录

回	武将甲	武将乙	回合	结果	备注
1	张飞	邓茂	一合	邓茂被杀	
2	张飞	高升	不数合	高升被杀	
5	张飞	吕布	五十余合	未分胜负	
5	关羽、张飞	吕布	三十合	战不倒吕布	
5	刘、关、张	吕布	多时	吕布败走	
11	张飞	于禁	数合	未分胜负	
14	张飞	曹豹	三合	曹豹被杀	张飞醉酒
16	张飞	吕布	一百余合	未分胜负	

续表

回	武将甲	武将乙	回合	结果	备注
16	张飞	宋宪、魏续	不详	宋、魏败	
19	张飞	高顺	不详	不详	
19	张飞	吕布	不详	不详	
19	张飞	郝萌	一合	郝萌被擒	
21	张飞	纪灵	无十合	纪灵被杀	
22	张飞	刘岱	一合	刘岱被擒	
24	张飞	徐晃	不详	未分胜负	
28	张飞	关羽	一合	未分胜负	
31	张飞	夏侯渊	不详	夏侯渊败走	
34	张飞	陈孙	一合	陈孙被杀	
35	张飞	吕翔	一合	吕翔被杀	吕翔措手不及
39	张飞	夏侯兰、 韩浩	不数合	夏侯兰被杀 韩浩夺路走脱	
41	张飞	许褚	不详	许褚败走	曹军兵败
50	张飞	许褚	不详	不详	许褚战马无鞍
50	张飞	许、张、徐	不详	许、张、徐败走	曹军兵败
52	张飞	邢道荣	不数合	邢道荣败走	
52	张飞	刘贤	不详	刘贤被擒	
53	张飞	金旋	未交手	金旋被吓败	张飞大喝
61	张飞	周善	一合	周善被杀	船战
63	张飞	严颜	不十合	严颜被擒	严颜中计
64	张飞	张任	十余合	未分胜负	
64	张飞	张任	不十余合	张任诈败	
65	张飞	马岱	不十合	马岱败走	疑似诈败
65	张飞	马超	百余合	未分胜负	
65	张飞	马超	又百余合	未分胜负	张飞未戴头盔

续表

回	武将甲	武将乙	回合	结果	备注
65	张飞	马超	二十余合	未分胜负	夜战
70	张飞	张郃	二十余合	未分胜负	
70	张飞	张郃	三五十合	未分胜负	
70	张飞	张郃	十合	张郃大败	张郃诈败
72	张飞	许褚	不数合	许褚负伤	许褚醉酒

重要战例

数合平于禁

当头一员大将，乃是于禁，勒马大叫："何处狂徒！往那里去！"张飞见了，更不打话，直取于禁。两马相交，战到数合，玄德掣双股剑麾兵大进，于禁败走。（第11回）

"数合"是多少合呢？"数合"肯定不超过十合，十合以下（含十合）《三国演义》出现过"一合""两合""三合""三四合""三五合""四五合""五合""五六合""八九合""十合"。唯独没有七合，我们可以把数合看作七合。马超在第58回八九合击败了于禁，张飞七合战平于禁，也可能在八九合击败于禁，但这个可能性相对较小。

吕布不敢相逼

张飞大怒，慌忙披挂，绰了丈八蛇矛。才出府门上得马时，吕布军马已到，正与相迎。张飞此时酒犹未醒，不能力战。吕布素知飞勇，亦不敢相逼。十八骑燕将，保着张飞，杀出东门，玄德家眷在府中，都不及顾了。（第14回）

虎牢关五十余合战平吕布后，吕布知道了张飞的厉害，因此不敢相逼。但这里有个小问题，吕布不敢相逼的是正常状态下的张飞还是醉酒的张飞呢？单从这段文字看，我们得不出结论。但前文曹豹给吕布的信中明确写到了"今夜可乘飞醉，引兵来袭徐州"。这说明吕布是知道张飞喝醉了的。

一百余合战平吕布

张飞挺枪出马曰："是我夺了你好马！你今待怎么？"布骂曰："环眼贼！你累次渺视我！"飞曰："我夺你马你便恼，你夺我哥哥的徐州便不说了！"布挺戟出马来战张飞，飞亦挺枪来迎。两个酣战一百余合，未见胜负。玄德恐有疏失，急鸣金收军入城。（第16回）

对于这场单挑，有人认为此时的吕布已经不如在虎牢关时的吕布了。我不同意这个看法。我承认在《三国演义》中武将的武艺存在波动，但是，如果作者没有明确写出波动的原因，我们不能随意认为武将的武艺产生了波动。有人认为，第 19 回吕布说过："吾被酒色伤矣！"是酒色造成了吕布武艺的波动。但是，吕布说这句话是紧接着"日与妻妾痛饮美酒。因酒色过伤，形容销减"这段陈述，吕布武艺波动发生在第 19 回，而吕布一百余合战平张飞发生在第 16 回。

虎牢关之战，张飞曾五十余合战平吕布，在这里能一百余合与吕布不分胜负没有任何意外。在《三国演义》中，只有实力差距较大才能击败对手。张飞在瓦口关也曾三五十合无法击败张郃。《三国演义》中，吕布有过两场超过五十回合的单挑，对手都是张飞，结果都是平局。

连战高顺、吕布

登在城上指布骂曰："吾乃汉臣，安肯事汝反贼耶！"布大怒，正待攻城，忽听背后喊声大起，一队人马来到，当先一将乃是张飞。高顺出马迎敌，不能取胜。布亲自接战。正斗间，阵外喊声复起，曹操亲统大军冲杀前来。吕布料难抵敌，引军东走，曹兵随后追赶。（第 19 回）

这一战分为两个阶段，第一阶段张飞单挑高顺。"高顺出马迎敌，不能取胜。"这句话的主语是高顺，不是张飞。但罗贯中并没有说高顺不敌张飞，我们至少可以认为短时间内张飞没有击败高顺。这个战绩，不如濮阳之战典韦速胜高顺、侯成的组合。第二阶段吕布亲自接战，与张飞第三次交手。但曹操亲统大军前来，人多势众，吕布选择了退兵。

无十合刺死纪灵

玄德知袁术将至，乃引关、张、朱灵、路昭五万军出，正迎着先锋纪灵至。张飞更不打话，直取纪灵。斗无十合，张飞大喝一声，刺纪灵于马下，败军奔走。（第 21 回）

第 14 回关羽用了三十合只打得纪灵提出少歇，而张飞斗无十合就刺杀了纪灵。以纪灵为参照物，张飞强于关羽。可能有人会说，与纪灵单挑时，张飞用了大喝，而关羽没有大喝。的确，张飞的大喝有很大的威力，曾经吓死夏侯杰，吓退金旋，但这恰恰是张飞的一种能力。单挑是生死相搏，允许武将做出各种动作，没有规定单挑时不允许大声呐喊。

击败夏侯渊

原来张飞去救龚都，龚都已被夏侯渊所杀；飞奋力杀退夏侯渊……（第 31 回）

张飞奋力杀退夏侯渊，没有交代回合数。但从"奋力"二字来看，不会是一场一边倒的较量。黄忠曾与夏侯渊单挑二十余合不分胜负，在阅读感受上，张飞战胜夏侯渊的回合数要少一些。

一战许褚

却说张飞因关公放了上流水，遂引军从下流杀将来，截住曹仁混杀。忽遇许褚，便与交锋，许褚不敢恋战，夺路走脱。（第 41 回）

此时曹军新野大败，许褚的作战目的不是与张飞单挑，而是尽快撤退，这一战不是有效战例。

张飞喝退曹兵

却说文聘引军追赵云至长坂桥，只见张飞倒竖虎须，圆睁环眼，手绰蛇矛，立马桥上；又见桥东树林之后，尘头大起，疑有伏兵，便勒住马，不敢近前。俄而，曹仁、李典、夏侯惇、夏侯渊、乐进、张辽、张郃、许褚等都至。见飞怒目横矛，立马于桥上，又恐是诸葛孔明之计，都不敢近前。扎住阵脚，一字儿摆在桥西，使人飞报曹操。操闻知，急上马从阵后来。张飞睁圆环眼，隐隐见后军青罗伞盖、旄钺旌旗来到，料得是曹操心疑，亲自来看。飞乃厉声大喝曰："我乃燕人张翼德也！谁敢与我决一死战？"声如巨雷。曹军闻之，尽皆股栗。曹操急令去其伞盖，回顾左右曰："吾向曾闻云长言：翼德于百万军中，取上将之首，如探囊取物。今日相逢，不可轻敌。"言未已，张飞睁目又喝曰："燕人张翼德在此！谁敢来决死战？"曹操见张飞如此气概，颇有退心。飞望见曹操后军阵脚移动，乃挺矛又喝曰："战又不战，退又不退，却是何故！"喊声未绝，曹操身边夏侯杰惊得肝胆碎裂，倒撞于马下。操便回马而走。于是诸军众将一齐望西奔走。正是：黄口孺子，怎闻霹雳之声；病体樵夫，难听虎豹之吼。一时弃枪落盔者，不计其数，人如潮涌，马似山崩，自相践踏。（第 42 回）

张飞大喝退曹兵是基于正史，《三国志·张飞传》载："飞据水断桥，瞋目横矛曰：'身是张益德也，可来共决死！'敌皆无敢近者，故遂得免。"演义对此进行了艺术加工，由一喝变成了三喝。

第一喝"我乃燕人张翼德也！谁敢与我决一死战？"曹操告诉左右不可轻敌，表明已经心生怯意。

第二喝"燕人张翼德在此！谁敢来决死战？"曹操被张飞的气势震慑，已经决定退兵。

第三喝"战又不战，退又不退，却是何故！"吓死夏侯杰，曹操精神防线彻底崩溃。

在嘉靖本中，张飞吓死的曹将是夏侯霸。因夏侯霸在后文再次出现，毛宗岗对此做了技术性修正，改成了夏侯杰。

在相声《八扇屏》中，张飞的三喝更加夸张：

青罗伞盖撤下，只见张飞：豹头环眼、面如润铁、黑中透亮、亮中透黑、海下扎里扎煞一副黑钢髯，犹如钢针、恰似铁线。头戴镇铁盔、二龙斗宝，朱缨飘洒，上嵌八宝——云、罗、伞、盖、花、罐、鱼、长。身披锁子大叶连环甲，内衬皂罗袍，足蹬虎头战靴，胯下马——万里烟云兽，手使丈八蛇矛，站在桥头之上，咬牙切齿，捶胸愤恨，大骂："曹操听真！呔！今有你家张三爷在此，尔或攻或战、或进或退、或争或斗；不攻不战、不进不退、不争不斗，尔乃匹夫之辈！"大喊一声，曹兵吓退；大喊二声，顺水横流；大喊三声，把当阳桥喝断。

这一战是张飞的得意之作，日后常被他拿出来夸耀。葭萌关与马超大战前，张飞曾对诸葛亮说："吾曾独拒曹操百万之兵，岂愁马超一匹夫乎！"但诸葛亮故意激怒张飞，说："翼德拒水断桥，此因曹操不知虚实耳。若知虚实，将军岂得无事？"

二战许褚

许褚骑无鞍马来战张飞，张辽、徐晃二将，纵马也来夹攻。两边军马混战做一团。操先拨马走脱，诸将各自脱身。（第 50 回）

张飞先与骑无鞍马的许褚交手，后张辽、徐晃也加入战斗夹攻张飞，这三人的组合不比刘、关、张差。但此时曹操赤壁兵败，也是无效战例。

数合击败邢道荣

只见一将挺矛跃马，大喝一声，直取道荣，乃张翼德也。道荣轮大斧来迎，战不数合，气力不加，拨马便走。（第 52 回）

张飞不数合击败邢道荣，不及后文赵云一枪刺杀邢道荣。

喝退金旋

旋自骤马舞刀迎之，张飞大喝一声，浑如巨雷，金旋失色，不敢交锋，拨马便走。飞引众军随后掩杀。（第 53 回）

张飞再一次展现"狮吼功"，金旋的承受力要比夏侯杰好，没直接被吓死，但也被吓跑了。

一战张郃

两军摆开，张飞出马，单搦张郃，郃挺枪纵马而出。战到二十余合，郃后军忽然喊起。（第 70 回）

张飞一战张郃，二十余合后被雷铜的奇兵打断。

二战张郃

一将当先，拦住去路，睁圆环眼，声如巨雷，乃张飞也，挺矛跃马，直取张郃。两将在火光中，战到三五十合。（第 70 回）

张飞二战张郃，张郃在中计的情况下，仍然与张飞打了三五十合不败。我们取个中间数，可以认为张飞四十合没能击败张郃。这个战绩，不如马超二十回合击败张郃，也不如疲劳状态下的赵云三十余合击败张郃。

三战张郃

次日，张飞引兵前进，张郃兵又至，与张飞交锋。战到十合，郃又诈败。张飞引马步军赶来，郃且战且走。（第70回）

张飞三战张郃，战到十合张郃诈败，价值不大。

三战许褚

许褚当先，横刀纵马，引军前进。二更已后，往褒州路上而来。行至半路，忽山凹里鼓角震天，一枝军当住。为首大将，乃张飞也，挺矛纵马，直取许褚。褚舞刀来迎，却因酒醉，敌不住张飞，战不数合，被飞一矛刺中肩膀，翻身落马，军士急忙救起，退后便走。张飞尽夺粮草车辆而回。（第72回）

许褚大战马超二百余合不分胜负，张飞大战马超也是二百余合不分胜负，许褚与张飞单挑非常值得期待。但十分遗憾，许褚与张飞虽然有过三次对决，但没有一次是有效战例。前两次是因为曹军兵败，这次是因为许褚醉酒。这一战同时也是二人武将生涯的最后一战，为读者留下了巨大的遗憾。

在嘉靖本中，张飞刺中的并不是许褚的肩膀，而是眉心，更加致命。而且，罗贯中还用了一首诗称赞这场单挑："雄哉益德，锐气如虎！据水断桥，横矛一举。入川释严，出褒刺褚。威震曹公，分茅列土！"

人物结局

却说张飞在帐中，神思昏乱，动止恍惚，乃问部将曰："吾今心惊肉颤，坐卧不安，此何意也？"部将答曰："此是君侯思念关公，以致如此。"飞令人将酒来，与部将同饮，不觉大醉，卧于帐中。范、张二贼，探知消息，初更时分，各藏短刀，密入帐中，诈言欲禀机密重事，直至床前。原来张飞每睡不合眼，当夜寝于帐中，二贼见他须竖目张，本不敢动手。因闻鼻息如雷，方敢近前，以短刀刺入飞腹。飞大叫一声而亡，时年五十五岁。（第81回）

张飞一生多次大喝吓破敌胆，但他生命中的最后一声大喝，竟然是临死前的哀鸣。有心杀贼，无力回天，令人心痛！与关羽、黄忠不同，演义中提到，张飞死时只有五十五岁，还称不上老将。读者十分期待他在对吴作战中大杀四方为关羽报仇，但还未出师就被手下暗杀，令人唏嘘。而且，与吕布、关羽被擒，黄忠中箭相比，张飞被直接杀死而且身首异处，太过惨厉。张飞之死，与他不善待士卒有关。陈寿评价关羽、张飞时说："羽刚而自矜，飞暴而无恩，以短取败，理数之常也。"

许褚

人物简介

生卒：不详

籍贯：豫州谯国谯县（今安徽省亳州市谯城区）

身高：八尺（约合194cm）

相貌：腰大十围，目射神光，容貌若神，威风抖擞

兵器：大刀

战马：不详

许褚绣像

单挑全记录

回	武将甲	武将乙	回合	结果	备注
12	许褚	何仪	一合	何仪被擒	
12	许褚	典韦	一白天	未分胜负	
12	许褚	典韦	三十合	典韦诈败	
12	许褚	典韦	数合	典韦诈败	
12	许褚	李封	两合	李封被杀	
12	许褚	吕布	二十合	未分胜负	
12	许褚、典韦	吕布	不详	不详	
12	曹军六将	吕布	不详	吕布败走	

续表

回	武将甲	武将乙	回合	结果	备注
14	许褚	李暹	一合	李暹被杀	
14	许褚	李别	一合	李别被杀	
14	许褚	徐晃	五十余合	未分胜负	
17	许褚	张先	三合	张先被杀	
19	许褚	泰山四寇	不详	泰山四寇败走	
25	许褚、徐晃	关羽	不详	许褚、徐晃败走	许、徐疑似诈败
30	许褚	高览	不详	不详	
31	许褚	赵云	三十合	未分胜负	
31	许褚	赵云	不详	不详	
32	许褚	尹楷	一合	尹楷被杀	尹楷措手不及
41	许褚	张飞	不详	许褚败走	曹军兵败
50	许褚	张飞	不详	不详	许褚战马无鞍
50	许、张、徐	张飞	不详	许、张、徐败走	曹军兵败
56	许褚	徐晃	不详	未分胜负	许褚无兵器
59	许褚	马超	一百余合	未分胜负	
59	许褚	马超	又一百余合	未分胜负	
59	许褚	马超	三十余合	未分胜负	许褚裸衣
61	许褚	韩当、周泰	三十合	许褚方回	
67	许褚	杨昂、杨任	不详	杨昂、杨任败走	
67	许褚	庞德	五十余合	许褚诈败	
67	许褚	庞德	不详	许褚诈败	
67	许褚	张卫	不详	张卫被杀	
72	许褚	张飞	不数合	许褚负伤	许褚醉酒

重要战例

击退贼寇

壮士曰："我乃谯国谯县人也，姓许名褚，字仲康。向遭寇乱，聚宗族数百人，筑坚壁于坞中以御之。一日寇至，吾令众人多取石子准备，吾亲自飞石击之，无不中者，寇乃退去。又一日寇至，坞中无粮，遂与贼和，约以耕牛换米。米已送到，贼驱牛至坞外，牛皆奔走回还，被我双手掣二牛尾，倒行百余步。贼大惊，不敢取牛而走。因此保守此处无事。”（第 12 回）

飞石退寇与手掣牛尾均来自正史，但略有改动。《三国志 · 许褚传》载：“兵矢尽，乃令壁中男女，聚治石如杅斗者置四隅。褚飞石掷之，所值皆摧碎。贼不敢进。”杅斗是量米的容器，这说明正史中许褚飞的是大石块。但是，《三国演义》中说许褚用的是石子，石子指的是小石块。《水浒传》中没羽箭张清也擅长飞石，飞的也是小石块，可以拿在手中。《三国志 · 许褚传》又载：“粮乏，伪与贼和，以牛与贼易食，贼来取牛，牛辄奔还。褚乃出陈前，一手逆曳牛尾，行百余步。贼众惊，遂不敢取牛而走。”一手曳一牛尾到了《三国演义》中变换成了双手掣二牛尾。

连斩李暹、李别

阵圆处，李傕侄李暹、李别出马阵前，未及开话，许褚飞马过去，一刀先斩李暹；李别吃了一惊，倒撞下马，褚亦斩之，双提人头回阵。曹操抚许褚之背曰：“子真吾之樊哙也！”（第 14 回）

曹操称许褚是樊哙，也是说自己是刘邦。

五十余合战平徐晃

徐晃当先，大叫：“曹操欲劫驾何往？”操出马视之，见徐晃威风凛凛，暗暗称奇，便令许褚出马与徐晃交锋。刀斧相交，战五十余合，不分胜败。（第 14 回）

许褚五十余合战平徐晃，这个战绩不如颜良二十回合击败徐晃。

击败泰山四寇

前至山东，路近萧关，正遇泰山寇孙观、吴敦、尹礼、昌豨领兵三万余拦住去路。操令许褚迎战，四将一齐出马。许褚奋力死战，四将抵敌不住，各自败走。（第 19 回）

如果《水浒传》中的梁山好汉穿越进入了三国世界，武艺会在什么档次呢？许褚会告诉你，他一个可以打四个。

单挑高览

许褚挥刀纵马，直出助战，高览挺枪接住。四员将捉对儿厮杀。（第 30 回）

许褚与高览的单挑，罗贯中并没有交代回合数和结果。但是，从“四员将捉对儿厮杀”的描述来看，肯定是打了一段时间的。

空手争夺锦袍

晃才勒马要回，猛然台边跃出一个绿袍将军，大呼曰：“你将锦袍那里去？早早留下与我！”众视之，乃许褚也。晃曰：“袍已在此，汝何敢强夺！”褚更不回答，竟飞马来夺袍。两马相近，徐晃便把弓打许褚。褚一手按住弓，把徐晃拖离鞍鞒。晃急弃了弓，翻身下马，褚亦下马，两个揪住厮打。操急使人解开……（第 56 回）

曹操举办铜雀台射箭大赛，武将们纷纷施展箭法。许褚扔石头在行，但不擅长射箭。眼看锦袍就被徐晃夺走了，怎么办？一个字，抢！赤手空拳的许褚生生把徐晃拖下马。

吓住马超

次日，集大军鸣鼓而进。操自乘马出营，止有许褚一人随后。操扬鞭大呼曰：“孟德单骑至此，请马超出来答话。”超乘马挺枪而出。操曰：“汝欺我营寨不成，今一夜天已筑就，汝何不早降！”马超大怒，意欲突前擒之，见操背后一人，睁圆怪眼，手提钢刀，勒马而立。超疑是许褚，乃扬鞭问曰：“闻汝军中有虎侯，安在哉？”许褚提刀大叫曰：“吾即谯郡许褚也！”目射神光，威风抖擞。超不敢动，乃勒马回，操亦引许褚回寨。两军观之，无不骇然。（第 59 回）

《三国演义》尊刘抑曹的倾向比较明显，马超日后成为蜀汉五虎将之一，应该得到一些回护。但为什么在这里要写一段马超被许褚吓住的情节呢？可能因为这是《三国志》中的真事，有点绕不开。《三国志·许褚传》载：

其后太祖与遂、超等单马会语，左右皆不得从，唯将褚。超负其力，阴欲前突太祖，素闻褚勇，疑从骑是褚。乃问太祖曰：“公有虎侯者安在？”太祖顾指褚，褚瞋目眄之。超不敢动，乃各罢。

正史中，这次会面一共是四人，曹操这边是曹操和许褚，马超这边是马超和韩遂。在人数对等的情况下，马超没有行动，的确有些惧怕许褚。为了尊刘，罗贯中做了一处细节改动。在《三国演义》中，这次会面没有了韩遂，变成了马超一对二。这样一来，马超没有采取行动就说得过去了。

“超不敢动”在嘉靖本中为“超惧之而不敢动”，为了进一步维护马超的形象，毛宗岗又删除了“惧之而”三字。

许褚裸衣战马超

超挺枪纵马，立于阵前，高叫：“虎痴快出！”曹操在门旗下回顾众将曰：“马超不减吕布之勇！”言未绝，许褚拍马舞刀而出，马超挺枪接战。斗了一百余合，胜负不分。马匹困乏，各回军中，换了马匹，又出阵前。又斗一百余合，不分胜负。许褚性起，飞回阵中，卸了盔甲，浑身筋突，赤体提刀，翻身上马，来与马超决战，两军大骇。两个又斗到三十余合，褚奋威举刀便砍马超。超闪过，一枪望褚心窝刺来。褚弃刀将枪挟住。两个在马上夺枪。许褚力大，一声响，拗断枪杆，各拿半节在马上乱打。操恐褚有失，遂令夏侯渊、曹洪两将齐出夹攻。庞德、马岱见操将齐出，麾两翼铁骑，横冲直撞，混杀将来，操兵大乱。许褚臂中两箭，诸将慌退入寨。马超直杀到壕边，操兵折伤大半。操令坚闭休出。马超回至渭口，谓韩遂曰："吾见恶战者莫如许褚，真'虎痴'也！"（第 59 回）

马超出场时，曹操评价："马超不减吕布之勇！"这个评价非常高。"一部三国，前表吕布，后表马超"的说法可能就源于这句评价。

许褚与马超的大战分为三个阶段，前两个阶段各斗一百余合不分胜负，第三阶段许褚裸衣而战，又斗三十余合。然后，许褚弃刀挟枪，拗断枪杆，两人各拿半节乱打。

对于许褚卸甲的做法，毛宗岗评价认为："弃甲亦算输矣。"对此，我不太同意。武将单挑并没有规定武将一定要穿盔甲，脱了盔甲会更加灵活，但也更容易受伤，是否穿盔甲完全取决于武将对战局的判断。武将如果觉得脱盔甲对自己有所帮助，那没有什么理由不脱。

丁奉雪中奋短兵，"令众军脱去衣甲，卸了头盔，不用长枪大戟，止带短刀。"周泰宣城救主，"赤体步行，提刀杀贼，砍杀十余人。"在嘉靖本中，关羽斩颜良前，"将盔取下放于鞍前"。在《三国演义》中，脱盔卸甲是武将勇猛的体现。

这与足球比赛中守门员是否佩戴手套类似。按照足球规则，守门员可以自主选择是否佩戴手套，但为了扩大防守面积、减少足球冲击，大多数守门员都会选择佩戴，但也有例外。2004 年欧洲杯 1/4 决赛葡萄牙与英格兰鏖战 120 分钟不分胜负，进入点球大战。双方战平，葡萄牙门将里卡多脱下手套，赤手扑出英格兰球员瓦塞尔主罚的点球，并亲自主罚命中一球，淘汰英格兰队进入四强，被传为佳话。

这是一场标准的平局，无法通过这场单挑判断谁强谁弱。毛宗岗之所以认为许褚脱甲算输，是因为他尊刘抑曹的倾向非常严重。单挑结束后，在混战中许褚手臂中了两箭，毛宗岗非常解恨地评价道："谁叫汝赤膊？"

与许褚大战过后，马超评价："吾见恶战者莫如许褚，真'虎痴'也！"这说明，马超对许褚的武艺十分佩服。许褚、马超之战，以曹操评价马超开始，以马超评价许褚结束，结构十分巧妙。

力敌韩当、周泰

权自引一队马军来击曹操。操大惊，急回马时，东吴大将韩当、周泰，两骑马直冲将上来。操背后许褚纵马舞刀，敌住二将，曹操得脱归寨。许褚与二将战三十合方回。操回寨，重赏许褚……（第 61 回）

韩当曾与曹洪单挑三十余合不分胜负，周泰曾二十余合斩杀番王沙摩柯，两人合战许褚，三十回合没有取胜。"三十合方回"的"方"字，是对许褚的称赞，称赞许褚能在这两位名将前较长时间不败。但也有一种勉强的意味，再打下去，结果就不好说了。

许褚独战杨昂、杨任

杨昂、杨任分两路杀来。操大惊，许褚大呼曰："吾当敌贼！徐公明善保主公！"说罢，提刀纵马向前，力敌二将。杨昂、杨任不能当许褚之勇，回马退去，其余不敢向前。（第 67 回）

杨任是张鲁手下除庞德外最强的武将，曾与夏侯渊大战三十余合不分胜负，夏侯渊使用拖刀计才将杨任斩杀。

人物结局

魏黄初五年秋八月，会聚大小将士，令曹真为前部，张辽、张郃、文聘、徐晃等为大将先行，许褚、吕虔为中军护卫，曹休为合后，刘晔、蒋济为参谋官。前后水陆军马三十余万，克日起兵。（第 86 回）

曹魏黄初五年（224 年），魏文帝曹丕起兵伐吴，许褚担任中军护卫。这是《三国演义》中许褚最后一次出现。对于许褚之死，罗贯中没留下只言片语。张辽、徐晃、张郃甚至于禁之死书中都有交代，而许褚作为曹魏这边着墨最多的武将，为什么没有写一笔呢？这很可能是因为在《三国志》中也没有记载许褚去世的时间。

正史中，许褚去世在曹叡一朝。根据《三国志·许褚传》，曹魏太和元年（227 年），魏明帝曹叡即位之后，封许褚为牟乡侯，此时许褚仍然在世。第二年的春天，就是蜀汉建兴六年（228 年）的春天，诸葛亮第一次北伐。因此，诸葛亮北伐时，许褚可能仍然在世。罗贯中完全可以虚构一个赵云与许褚的暮年之战，为两位武将的人生画一个圆满的句号。

黄忠

人物简介

生卒：？—220 年

籍贯：荆州南阳郡（今河南省南阳市）

身高：不详

相貌：须发苍白

兵器：大刀

战马：青马

黄忠绣像

单挑全记录

回	武将甲	武将乙	回合	结果	备注
53	黄忠	关羽	一百余合	未分胜负	
53	黄忠	关羽	五六十合	黄忠败走	黄忠马失前蹄
53	黄忠	关羽	不到三十余合	黄忠诈败	
62	黄忠	泠苞	不详	泠苞败走	
62	黄忠	泠苞	不到十余合	未分胜负	
65	黄忠	李严	四五十合	未分胜负	
65	黄忠	李严	不十合	黄忠诈败	
70	黄忠	张郃	二十余合	未分胜负	
70	黄忠	夏侯尚、韩浩	各斗十余合	黄忠诈败	
70	黄忠	夏侯尚、韩浩	数合	黄忠诈败	
70	黄忠	夏侯尚、韩浩	不详	黄忠诈败	
70	黄忠	韩浩	一合	韩浩被杀	
71	黄忠	夏侯尚	一合	夏侯尚被擒	
71	黄忠	夏侯渊	二十余合	未分胜负	
71	黄忠	夏侯渊	一合	夏侯渊被杀	黄忠突袭

续表

回	武将甲	武将乙	回合	结果	备注
83	黄忠	史迹	不三合	史迹被杀	
83	黄忠	潘璋	数合	潘璋败走	
83	黄忠	潘璋	不数合	潘璋败走	疑似诈败

重要战例

一战关羽

忠提刀纵马，引五百骑兵飞过吊桥。云长见一老将出马，知是黄忠，把五百校刀手一字摆开，横刀立马而问曰："来将莫非黄忠否？"忠曰："既知我名，焉敢犯我境！"云长曰："特来取汝首级！"言罢，两马交锋。斗一百余合，不分胜负。韩玄恐黄忠有失，鸣金收军，黄忠收军入城。云长也退军，离城十里下寨，心中暗忖："老将黄忠，名不虚传：斗一百合，全无破绽。来日必用拖刀计，背砍赢之。"（第53回）

此前，赵云攻打桂阳，张飞攻打武陵，都带了三千兵马。关羽攻打长沙前，诸葛亮曾提醒关羽，黄忠有万夫不当之勇，应该多带兵马。但关羽说："军师何故长别人锐气，灭自己威风？量一老卒，何足道哉！关某不须用三千军，只消本部下五百名校刀手，决定斩黄忠、韩玄之首，献来麾下。"黄忠的口气也不小，听说关羽前来，对长沙太守韩玄说："不须主公忧虑。凭某这口刀，这张弓，一千个来，一千个死！"真正打起来后，两人一百余合战平，各自收兵。不过，关羽还有拖刀计这张王牌没有打出。

二战关羽

次日早饭毕，又来城下搦战。韩玄坐在城上，教黄忠出马。忠引数百骑杀过吊桥，再与云长交马。又斗五六十合，胜负不分，两军齐声喝采。鼓声正急时，云长拨马便走，黄忠赶来。云长方欲用刀砍去，忽听得脑后一声响，急回头看时，见黄忠被战马前失，掀在地下。云长急回马，双手举刀猛喝曰："我且饶你性命！快换马来厮杀！"黄忠急提起马蹄，飞身上马，奔入城中。玄惊问之，忠曰："此马久不上阵，故有此失。"（第53回）

双方的第二战，打了五六十合后，仍不分胜负。关羽使出必杀技拖刀计，黄忠中计，前来追赶。关羽正要出刀，黄忠马失前蹄，跌落马下，关羽不忍杀之，令黄忠换马来战。

这一战有两个问题需要思考：第一，如果黄忠的战马没有前失，黄忠能不能躲过关羽的拖刀背砍呢？我为黄忠捏一把汗。第二，武将出战前应该好好检查一下自己的战马，这就像司机开车前应该检查自己的车一样。如果没有检查或检查了没发现问题，造成了车祸，肯定是司机的驾驶能力存在缺陷。那么，如果武将出战前没检查战马或没能发现战马的问题，是否也可以看作武将的单挑能力存在缺陷呢？基于这两点考虑，我们可以认为这一战关羽占优势。

黄忠回城后，长沙太守韩玄令黄忠来射施展神箭绝技，射杀关羽。

三战关羽

次日天晓，人报云长搦战，忠领兵出城。云长两日战黄忠不下，十分焦躁，抖擞威风，与忠交马。战不到三十余合，忠诈败，云长赶来。忠想昨日不杀之恩，不忍便射，带住刀，把弓虚拽弦响，云长急闪，却不见箭；云长又赶，忠又虚拽，云长急闪，又无箭；只道黄忠不会射，放心赶来。将近吊桥，黄忠在桥上搭箭开弓，弦响箭到，正射在云长盔缨根上。前面军齐声喊起，云长吃了一惊，带箭回寨，方知黄忠有百步穿杨之能，今日只射盔缨，正是报昨日不杀之恩也。云长领兵而退。（第 53 回）

黄忠射出了《三国演义》中数一数二的神箭，报答关羽昨日不杀之恩。论箭法，黄忠强过关羽不止一个档次，但武将排名排的是武将的单挑能力。

第一次不服老

孔明曰："汉升虽勇，争奈年老，恐非张郃对手。"忠听了，白发倒竖而言曰："某虽老，两臂尚开三石之弓，浑身还有千斤之力，岂不足敌张郃匹夫耶！"孔明曰："将军年近七十，如何不老？"忠趋步下堂，取架上大刀，轮动如飞，壁上硬弓，连拽折两张。（第 70 回）

开三石之功，浑身有千斤之力，都有些夸张。

二十余合战平张郃

黄忠引军下关，与张郃对阵。张郃出马，见了黄忠，笑曰："你许大年纪，犹不识羞，尚欲出战耶！"忠怒曰："竖子欺吾年老！吾手中宝刀却不老！"遂拍马向前与郃决战。二马相交，约战二十余合，忽然背后喊声起，原来是严颜从小路抄在张郃军后。两军夹攻，张郃大败。（第 70 回）

在严颜夹攻之前，黄忠战张郃二十余合不分胜负。这个战绩，不如二十合击败张郃的马超。

二十余合战平夏侯渊

渊大怒，骤马径取黄忠，忠正要激渊厮杀，两将交马，战到二十余合，曹营内忽然鸣金收兵。（第 71 回）

这是黄忠与夏侯渊的正常单挑，二十余合不分胜负，夏侯渊的压阵官恐有伏兵，鸣金收兵。第 31 回，张飞与夏侯渊曾单挑，"飞奋力杀退夏侯渊"，回合数不详，但感觉时间不会太长。黄忠二十余合战平夏侯渊的表现不如张飞。

一合斩杀夏侯渊

渊分军围住对山，大骂挑战。法正在山上举起白旗，任从夏侯渊百般辱骂，黄忠只不出战。午时以后，法正见曹兵倦怠，锐气已堕，多下马坐息，乃将红旗招展。鼓角齐鸣，喊声大震，黄忠一马当先，驰下山来，犹如天崩地塌之势。夏侯渊措手不及，被黄忠赶到麾盖之下，大喝一声，犹如雷吼。渊未及相迎，黄忠宝刀已落，连头带肩，砍为两段。（第 71 回）

由上次单挑可知，面对黄忠，夏侯渊至少可以二十余合不败。但是，此次法正用以逸待劳之计，使曹兵倦怠，锐气下降；如关羽斩颜良一样，黄忠发动突袭时，夏侯渊“措手不及”，准备不充分。不过，黄忠突袭夏侯渊与关羽突袭颜良还略有区别，颜良并不确定关羽是敌将，而夏侯渊不存在这个问题。

在曹兵倦怠的表现上，嘉靖本和毛本有个细微的差别。嘉靖本曹兵“尽皆下马坐息”，而毛本曹兵“多下马坐息”。毛宗岗做出这个改动的目的，与修改关羽斩颜良一样，是出于尊刘的考虑。修改后，曹军并非完全没有战斗的准备，黄忠斩杀夏侯渊的有效性提高了。

夏侯渊是曹魏集团甚至是三国之中，临阵战死的级别最高的将领。《三国志》中，夏侯渊在此战被杀，但究竟是不是死于黄忠之手呢?

《三国志·黄忠传》载：

建安二十四年，于汉中定军山击夏侯渊。渊众甚精，忠推锋必进，劝率士卒，金鼓振天，欢声动谷，一战斩渊，渊军大败。

《三国志·夏侯渊传》载：

二十四年正月，备夜烧围鹿角。渊使张郃护东围，自将轻兵护南围。备挑郃战，郃军不利。渊分所将兵半助郃，为备所袭，渊遂战死。

两条记载都比较模糊，仍然无法确定夏侯渊被谁所杀。但是，据《魏略》记载，夏侯渊之子夏侯霸投奔蜀汉时，刘禅曾对夏侯霸说：“卿父自遇害于行间耳，非我先人之手刃也。”这似乎可以说明夏侯渊是死于乱军之中，而非黄忠之手。

夏侯渊死后，张飞的妻子向刘备提出厚葬夏侯渊。张飞的妻子夏侯氏是夏侯渊的养女，夏侯渊的弟弟去世后，夏侯渊收养了他的女儿。当时正值饥荒，为了养活这个女儿，夏侯渊放弃了自己的亲儿子。十三四岁时，夏侯氏出去拾柴，被张飞抢走，日后生下两个女儿，先后嫁与刘禅为后。按照辈分，刘禅应该管夏侯渊叫姥爷。

第二次不服老

忠曰：“吾自长沙跟天子到今，多负勤劳。今虽七旬有余，尚食肉十斤，臂开二石之弓，能乘千里之马，未足为老。昨日主上言吾等老迈无用，故来此

与东吴交锋，看吾斩将，老也不老！”（第 83 回）

前一次不服老，黄忠说自己可以开三石之弓，这一次不服老，黄忠只说自己可以开两石之弓，看来，还是老了。

击败潘璋

潘璋大怒，挥关公使的青龙刀，来战黄忠。交马数合，不分胜负。忠奋力恶战，璋料敌不过，拨马便走。忠乘势追杀，全胜而回。（第 83 回）

这一战分为两个阶段，第一阶段黄忠数合战平潘璋，第二阶段黄忠奋力恶战后，击败了潘璋。前文我们分析过，在《三国演义》中，数合可以看作七合，加上“奋力恶战”，黄忠击败潘璋肯定超过了十合。在第 77 回，年老、兵败、右臂受伤的关羽只用了三合就击败了潘璋。虽然与潘璋作战时关羽的年龄要小于黄忠，但考虑到兵败、右臂受伤等因素，我们仍然可以认为以潘璋为参照物，关羽强于黄忠。

人物结局

次日，潘璋又来搦战。黄忠奋然上马。兴、苞二人要助战，忠不从，吴班要助战，忠亦不从，只自引五千军出迎。战不数合，璋拖刀便走。忠纵马追之，厉声大叫曰：“贼将休走！吾今为关公报仇！”追至三十余里，四面喊声大震，伏兵齐出，右边周泰，左边韩当，前有潘璋，后有凌统，把黄忠困在垓心。忽然狂风大起，忠急退时，山坡上马忠引一军出，一箭射中黄忠肩窝，险些儿落马。吴兵见忠中箭，一齐来攻。忽后面喊声大起，两路军杀来，吴兵溃散，救出黄忠，乃关兴、张苞也。二小将保送黄忠径到御前营中。忠年老血衰，箭疮痛裂，病甚沉重。先主御驾自来看视，抚其背曰：“令老将军中伤，朕之过也！”忠曰：“臣乃一武夫耳，幸遇陛下。臣今年七十有五，寿亦足矣。望陛下善保龙体，以图中原！”言讫，不省人事。是夜殒于御营。（第 83 回）

黄忠一生善射，晚年却死在暗箭之下，令人唏嘘。但是，大丈夫战死沙场，马革裹尸，死得其所。正史中，黄忠卒于建安二十五年（220 年）。而刘备东征伐吴，发生在章武元年（221 年），罗贯中将黄忠的寿命延长了一岁，并为他安排了一个壮烈的结局。

庞德

人物简介

生卒：？—219 年

籍贯：凉州南安郡狟道县（今甘肃省定西市武山县）

身高：嘉靖本八尺余（194cm 以上）

相貌：面圆睛突；面黑发黄，青袍银铠

兵器：截头大刀

战马：白马

庞德绣像

单挑全记录

回	武将甲	武将乙	回合	结果	备注
58	庞德	钟进	一合	钟进被杀	钟进措手不及
58	庞德	曹永	一合	曹永被杀	庞德步战
67	庞德	张郃	数合	张郃诈败	
67	庞德	夏侯渊	数合	夏侯渊诈败	
67	庞德	徐晃	三五合	徐晃诈败	
67	庞德	许褚	五十余合	许褚诈败	
67	庞德	许褚	不详	许褚诈败	

续表

回	武将甲	武将乙	回合	结果	备注
68	庞德	陈武	不详	陈武被杀	陈武袍袖挂树
72	庞德	魏延	不详	未分胜负	
72	庞德	魏延	不详	魏延败走	
74	庞德	关平	三十合	未分胜负	
74	庞德	关羽	百余合	未分胜负	
74	庞德	关羽	五十余合	庞德诈败	
75	庞德	周仓	不详	庞德被擒	水战

重要战例

斩将夺马

庞德先引铁骑千余，冲突而来。喊声起处，人马俱落于陷马坑内。庞德踊身一跳，跃出土坑，立于平地，立杀数人，步行砍出重围。韩遂已被困在垓心，庞德步行救之。正遇着曹仁部将曹永，被庞德一刀砍于马下，夺其马，杀开一条血路，救出韩遂，投东南而走。（第 58 回）

用步战的方式，斩杀有名有姓的骑将，《三国演义》中只有庞德这一次。

连战四将

离城十余里，与曹兵相对，庞德出马搦战。曹操在渭桥时，深知庞德之勇，乃嘱诸将曰："庞德乃西凉勇将，原属马超，今虽依张鲁，未称其心，吾欲得此人。汝等须皆与缓斗，使其力乏，然后擒之。"张郃先出，战了数合便退。夏侯渊也战数合退了。徐晃又战三五合也退了。临后许褚战五十余合亦退。庞德力战四将，并无惧怯。各将皆于操前夸庞德好武艺……（第 67 回）

庞德连战张郃、夏侯渊、徐晃、许褚四将，其中对许褚一战最有价值。能在许褚面前走上五十余合，证明庞德非常有实力。但是，面对收着力的许褚而无法获胜，也就意味着庞德的上限不会高过许褚。

斩杀陈武

却说陈武与庞德大战，后面又无应兵，被庞德赶到峪口，树林丛密，陈武再欲回身交战，被树株抓往袍袖，不能迎敌，为庞德所杀。（第 68 回）

攻打秣陵郡时，陈武曾一合斩杀薛礼帐下骁将张英，具备一定实力。庞德斩杀陈武虽然有陈武袍袖被树枝挂住的因素，但这属于受迫性失误，是在庞德的压力之下出现的。因此，可以认为庞德具备击败甚至击杀陈武的能力。

战退魏延

次日，兵出斜谷界口，前面一军相迎，为首大将乃魏延也。操招魏延归降，延大骂，操令庞德出战。二将正斗间，曹寨内火起，人报马超劫了中后二寨。操拔剑在手曰："诸将退后者斩！"众将努力向前，魏延诈败而走。操方麾军回战马超，自立马于高阜处，看两军争战。忽一彪军撞至面前，大叫："魏延在此！"拈弓搭箭，射中曹操，操翻身落马。延弃弓绰刀，骤马上山坡来杀曹操。刺斜里闪出一将，大叫："休伤吾主！"视之，乃庞德也。德奋力向前，战退魏延，保操前行。（第 72 回）

这一战分为两个阶段，第一阶段回合不详，未分胜负，因魏延诈败而终止。第二阶段，魏延射中曹操人中，曹操翻身落马。魏延骤马上山坡欲杀曹操，庞德刺斜里杀出，奋力斩退魏延。第二战价值很大，说明魏延弱于庞德，而且两人有档次上的差距。

一战关羽

德拜谢回家，令匠人造一木榇。次日，请诸友赴席，列榇于堂。众亲友见之，皆惊问曰："将军出师，何用此不祥之物？"德举杯谓亲友曰："吾受魏王厚恩，誓以死报。今去樊城与关某决战，我若不能杀彼，必为彼所杀，即不为彼所杀，我亦当自杀。故先备此榇，以示无空回之理。"众皆嗟叹。

…………

关公随即横刀出马，大叫曰："关云长在此，庞德何不早来受死！"鼓声响处，庞德出马曰："吾奉魏王旨，特来取汝首！恐汝不信，备榇在此。汝若怕死，早下马受降！"关公大骂曰："量汝一匹夫，亦何能为！可惜我青龙刀斩汝鼠贼！"纵马舞刀，来取庞德，德轮刀来迎。二将战有百余合，精神倍长。两军各看得痴呆了。魏军恐庞德有失，急令鸣金收军。关平恐父年老，亦急鸣金。二将各退。庞德归寨，对众曰："人言关公英雄，今日方信也。"

却说关公回寨，谓关平曰："庞德刀法惯熟，真吾敌手。"（第 74 回）

关羽一战庞德，百余合不分胜负。根据虎将准入条件 2，庞德因此进入虎将行列。但是，从关平"恐父年老"来看，这时的关羽已经是老将了，庞德比真正的虎将要差一点。双方回营后，惺惺相惜，都夸赞了对方。

二战关羽

次日，上马引兵前进。庞德亦引兵来迎。两阵对圆，二将齐出，更不打话，出马交锋。斗至五十余合，庞德拨回马，拖刀而走。关公随后追赶。关平恐有疏失，亦随后赶去。关公口中大骂："庞贼！欲使拖刀计，吾岂惧汝？"原来庞德虚作拖刀势，却把刀就鞍鞒挂住，偷拽雕弓，搭上箭，射将来。关平眼快，见庞德拽弓，大叫："贼将休放冷箭！"关公急睁眼看时，弓弦响处，箭早到来，躲闪不及，正中左臂。关平马到，救父回营。庞德勒回马轮刀赶来，忽听得本营锣声大震。德恐后军有失，急勒马回。（第 74 回）

关羽二战庞德，战斗过程分为两个阶段。第一阶段，双方斗至五十余合不分胜负。第二阶段，庞德拖刀而走，关羽以为庞德欲用拖刀计，毫不畏惧，前去追赶。庞德暗中射箭，射中关羽左臂。关平救回关羽，庞德听到本营锣声放弃追赶。如果不是关平相救于禁掣肘，庞德很可能会斩杀关羽。但是，庞德的优势是靠射箭得来的，对武将排名没有帮助。在《三国志》中，庞德射中的不是关羽左臂，而是额头，更加致命。

被周仓生擒

只见上流头，一将撑大筏而至，将小船撞翻，庞德落于水中。船上那将跳下水去，生擒庞德上船。众视之，擒庞德者，乃周仓也。仓素知水性，又在荆州住了数年，愈加惯熟，更兼力大，因此擒了庞德。（第 74 回）

庞德是西北人，水性可能不如周仓。加之主帅投降、全军大败、作战疲劳等因素，才被周仓所擒，不能因此就认为周仓强于庞德。况且，武将排名主要考察的是武将马战的能力。

人物结局

关公又令押过庞德。德睁眉怒目，立而不跪，关公曰："汝兄现在汉中，汝故主马超，亦在蜀中为大将，汝如何不早降？"德大怒曰："吾宁死于刀下，岂降汝耶！"骂不绝口。公大怒，喝令刀斧手推出斩之。德引颈受刑，关公怜而葬之。（第 74 回）

关羽劝降庞德，庞德大怒，骂不绝口。庞德骂的是什么话呢？小说中没写，但正史上有记载：

羽谓曰："卿兄在汉中，我欲以卿为将，不早降何为？"德骂羽曰："竖子，何谓降也！魏王带甲百万，威振天下。汝刘备庸才耳，岂能敌邪！我宁为国家鬼，不为贼将也。"(《三国志·庞德传》)

庞德大骂刘备，这是关羽不能容忍的。

听说庞德引颈受刑、于禁乞哀请命，曹操感叹："于禁从孤三十年，何期临危反不如庞德也！"

颜良

人物简介

生卒：？—200年
籍贯：不详
身高：不详
相貌：貌若灵官
兵器：刀
战马：不详

颜良绣像

单挑全记录

回	武将甲	武将乙	回合	结果	备注
7	颜良	耿武	不详	耿武被杀	
25	颜良	宋宪	不三合	宋宪被杀	
25	颜良	魏续	一合	魏续被杀	
25	颜良	徐晃	二十合	徐晃败走	
25	颜良	关羽	一合	颜良被杀	关羽突袭

重要战例

连斩宋宪、魏续

操骇然，回顾吕布旧将宋宪曰："吾闻汝乃吕布部下猛将，今可与颜良一战。"宋宪领诺，绰枪上马，直出阵前。颜良横刀立马于门旗下，见宋宪马至，良大喝一声，纵马来迎。战不三合，手起刀落，斩宋宪于阵前。曹操大惊曰："真勇将也！"魏续曰："杀我同伴，愿去报仇！"操许之。续上马持矛，径出阵前，大骂颜良。良更不打话，交马一合，照头一刀，劈魏续于马下。（第 25 回）

宋宪、魏续就是在白门楼生擒吕布的两人，武艺怎么样不清楚，但至少具备一定的胆量。颜良不三合斩杀宋宪，一合劈死魏续，为与徐晃的单挑做了个热身运动。

二十合胜徐晃

徐晃应声而出，与颜良战二十合，败归本阵。诸将慄然。曹操收军，良亦引军退去。

操见连折二将，心中忧闷。（第 25 回）

在《三国演义》中，颜良无非是个龙套人物，但他的武艺让人无法忽视。第 14 回，许褚与徐晃单挑，五十余合未分胜负。而这里颜良只用了二十回合就干净利落地击败了徐晃。以徐晃为参照物，颜良明显强于许褚。此战过后，曹将栗然，曹操忧闷。这也从侧面说明，当时曹营中没有人能战胜颜良，包括许褚在内。

人物结局

忽报颜良搦战，操引关公上土山观之。操与公坐，诸将环立。曹操指山下颜良排的阵势，四方八面，旗帜刀枪，森布有威，乃与关公曰："河北人马，如此雄哉！"公答曰："吾观之，若土鸡瓦犬耳！"（小字注：不能鸣吠，皆无用之物也。）操又指曰："将帅布列，旌旗节钺，人如猛虎，马似毒龙，其势壮哉！"公答曰："犹金弓玉矢耳！"（小字注：不能弛张射发，亦无用之物也。）操又指曰："麾盖之下，持刀立马者，乃颜良也。"关公举目看之，见其人绣袍金甲，相貌威严。公谓操曰："吾观颜良，如插标卖首耳！"（小字注：如插草标卖其头也。）操曰："非可轻视。"关公起身曰："某虽不才，愿去万军中取首级来献丞相。"张辽曰："军中无戏言，云长不可忽也。快牵马来！"

公奋然上马，倒提青龙刀，跑下土山，将盔取下放于鞍前，凤目圆睁，蚕眉直竖，来到阵前。河北军见了，如波开浪裂，分作两边，放开一条大路，公飞奔前来。颜良正在麾盖下，见关公到来，恰欲问之，马已至近。云长手起，一刀斩颜良于马下。中军众将，心胆皆碎，抛旗弃鼓而走。云长忽地下马，割了颜良头，拴于马项之下，飞身上马，提刀出阵，似入无人之境。河北兵将未尝见此神威，谁敢近前。良兵自乱。曹军一击，死者不可胜数，马匹器械抢到极多。关公纵马上山，众将尽皆称赞。公献首级于曹操面前。（小字注：原来颜良辞袁绍时，刘玄德曾暗嘱曰："吾有一弟，乃关云长也，身长九尺五寸，须长一尺八寸，面如重枣，丹凤眼，卧蚕眉，喜穿绿锦战袍，骑黄骠马，使青龙大刀，必在曹操处。如见他，可教急来。"因此颜良见关公来，只道是他来投奔，故不准备迎敌，被关公斩于马下。）（《云长策马刺颜良》）

这一战我们在关羽一节中详细讨论过，最终定性为关羽突袭。现在，我们再按照嘉靖本，以颜良的视角复原一下此战的全过程。

颜良搦战，曹操这边无人敢应。于是，颜良回到中军，在麾盖之下休息。突然，前军如波开浪裂，分作两边，放出一人。此人身长九尺有余，须长近两尺，面如重枣，丹凤眼，卧蚕眉。与临行前刘备提到的他二弟关云长十分相似，只是马的颜色不同。颜良再细看，来人没戴头盔（"将盔取下放于鞍前"），没拿兵器（"倒提青龙刀"），前军也没有阻拦这人。颜良认为这人是来投奔的，于是想问他确认一下。但是，颜良没想到，这人的马太快了，一下子就跑到了自己的面前。而且，这人一起手，身后竟然有一把大刀。

颜良死得的确有点冤。但是，在这一战中，颜良也不是没有任何问题。一员武将，在战场上应该时刻警觉。一员身长九尺有余的大将高速冲向自己，是带有巨大威胁的。此时，颜良不应该问问题，而应该马上做好战斗的准备，以防万一。想问问题，可以等来将停下后解除了威胁再问。但是，颜良做出了一生最错误的选择，也是人生最后一个选择。

武将的强弱，不仅取决于武艺高低，头脑和心理也非常重要。颜良的硬实力没得说，但软实力很差，死得并不冤。

十大虎将排名

介绍完十大虎将，我们现在可以开始为他们排名了。首先，让我们梳理一下目前的收获：

吕布独战关羽、张飞和典韦、许褚，根据合战法则，强于这四人。与许褚单挑时，曹操评价"吕布非一人可胜"，表现好于赵云与马超。吕布比虎将略高一个档次，可称作飞虎将，排名第一。

以张郃为参照物，疲劳的赵云三十余合击败张郃，强于张飞三五十合战平张郃。汉中之战，赵云救出黄忠，说明赵云强于黄忠。

以高顺为参照物，典韦速胜高顺、侯成，强于张飞短时间没能击败高顺。

根据对关羽、黄忠第二战的分析，关羽强于黄忠。关羽突袭斩杀颜良，程昱、曹操都认为关羽可以击败颜良，根据突袭法则和评价法则，关羽强于颜良。

以张郃为参照物，马超二十合击败张郃，强于张飞三五十合战平张郃，也强于黄忠二十余合战平张郃。

以纪灵为参照物，张飞无十合刺杀纪灵，强于关羽三十合战平纪灵。

以夏侯渊为参照物，张飞杀退夏侯渊，强于黄忠二十余合战平夏侯渊。

以徐晃为参照物，颜良二十合击败徐晃，强于许褚五十余合战平徐晃。

根据虎将准入条件，庞德百余合战平的是老年关羽，比虎将略低一档次，可称作准虎将，排名第十。

好，现在我们把这些结论根据传递定律串起来，得到两个排名的雏形，我们用不等式表达，大于号代表强于：

吕布 > 赵云、马超、典韦 > 张飞 > 关羽 > 颜良 > 许褚 > 庞德

吕布 > 赵云、马超、典韦 > 张飞 > 关羽 > 黄忠 > 庞德

现在，还有两个问题要解决，一是赵云、马超、典韦谁强，二是黄忠的位置。

我们先解决黄忠的位置。黄忠弱于关羽，强于庞德，但与颜良、许褚谁强谁弱呢？第 65 回，马超攻打葭萌关，诸葛亮说：“须是张、赵二将，方可与敌。”当时黄忠也在益州，但诸葛亮没提黄忠。这说明，在诸葛亮看来，黄忠未必能抵抗马超。根据评论法则，诸葛亮作为三国智力第一人，他的话，我们应该采信。而我们又知道，许褚曾与马超大战二百余合不分胜负，是可以对抗马超的。因此，可以认为黄忠弱于许褚。这样，我们就确定了黄忠的位置，两个不等式可整合为：

吕布 > 赵云、马超、典韦 > 张飞 > 关羽 > 颜良 > 许褚 > 黄忠 > 庞德

我们再来解决赵云、马超、典韦的排名先后的问题。在单挑中，赵云和马超都曾击败过张郃，而典韦只能确定强于高顺。高顺曾四五十合被夏侯惇击败，远不及三五十合战平张飞的张郃。因此，就击败对手的质量来看，典韦不如马超与赵云，应该排在二人后面。

现在，就剩下赵云和马超了。这两人不仅形象相似，武艺也相当。民间排名有“一吕二赵”之说，也有“前表吕布，后表马超”之说，真称得

上棋逢对手。赵云与马超的参照物有许褚和张郃。赵云三十合战平许褚，马超二百余合战平许褚，无法比较。疲劳的赵云三十余合击败张郃，正常状态的马超二十合击败张郃，也难分伯仲。我们只能运用最佳战绩法。

马超的最佳战绩就是二十合击败张郃，但赵云还有更好的表现。汉水之战时，赵云舞枪之后，吓得张郃、徐晃"心惊胆战，不敢迎敌"。而且，我们分析过，张郃、徐晃围住黄忠靠的是二人合力，面对赵云他们也可以如法炮制，联手出击。但是，他们并没敢这么做。这说明，赵云很可能强于张郃与徐晃的组合。但是，在马超的战绩中，我们看不到这种可能。因此，我们认为，赵云的上限更高，应该排在马超之前。

好，现在不等式终于完整了：

吕布 > 赵云 > 马超 > 典韦 > 张飞 > 关羽 > 颜良 > 许褚 > 黄忠 > 庞德

《三国演义》十大武将排名

排名	武将
1	吕布
2	赵云
3	马超
4	典韦
5	张飞
6	关羽
7	颜良
8	许褚
9	黄忠
10	庞德

如果编成一个顺口溜，可以称作："吕赵马典张，关颜许黄庞。"这个顺口溜与"一吕二赵三典韦，四关五马六张飞"前六位的人选一致，吕布和赵云的名次也相同。最大的不同是马超排名的提升，这符合"前表吕布，后表马超"的说法。

在第一章我们曾为"一吕二赵三典韦，四关五马六张飞"狗尾续貂，加上了"七许八黄九庞德，颜良排在第十位"。"吕赵马典张，关颜许黄庞"后四位与之相同，许褚、黄忠、庞德三人的顺序也相同，但颜良的位置得到了大幅度的提升。这种变化体现了理性排名和感性排名的差别。

两种排名哪种更合理呢？“一吕二赵三典韦，四关五马六张飞”是基于读者的阅读感受，而“吕赵马典张，关颜许黄庞”是基于书中的单挑数据。基于单挑数据的排名更加客观理性，但罗贯中写《三国演义》是用来看的，不是用来算的，阅读感受也许更能代表罗贯中的意图。“一吕二赵三典韦，四关五马六张飞”更容易被普通读者接受，会继续在民间口口相传。

其实，最合理的排名既不是“一吕二赵三典韦，四关五马六张飞”，也不是“吕赵马典张，关颜许黄庞”，而是您心中的那个排名。

第四章　优秀武将

十大虎将之外的武将单挑战例普遍较少，如果强行排出名次的话，难免加入主观判断。因此，我们采用专题的形式介绍其他优秀武将。

文丑的武艺究竟如何？

文丑绣像

在《三国演义》中，与颜良齐名的文丑没能入选十大虎将，虽说略有遗憾，但也不太意外。文丑并不符合虎将准入条件，距离十大虎将还有一些差距。全书中，文丑只有四次单挑，数量不多，但参考价值都很高。

文丑的第一个对手是公孙瓒：

公孙瓒就桥边与文丑交锋。战不到十余合，瓒抵挡不住，败阵而走，文丑乘势追赶。（第 7 回）

公孙瓒是什么实力呢？虎牢关时，公孙瓒曾与吕布交手：

正议间，吕布复引兵搦战。八路诸侯齐出，公孙瓒挥槊亲战吕布。战不数合，瓒败走……（第 5 回）

同样是击败公孙瓒，吕布用了不数合，文丑用了不到十余合。

击败公孙瓒后，文丑乘胜追击，公孙瓒马失前蹄，眼看被杀。这时，赵云出现了：

（赵云）与文丑大战五六十合，胜负未分。瓒部下救军到，文丑拨回马去了，那少年也不追赶。（第 7 回）

这时的赵云还是个少年，武艺尚未进入巅峰期，在嘉靖本中还“须无铠甲”，是个布衣少年。但是，毕竟这是赵云，能与赵云大战五六十合，也不是一般武将能做到的。

最能体现文丑实力的一战是第 26 回独战张辽、徐晃：

操在土阜上指曰：“文丑为河北名将，谁可擒之？”张辽、徐晃飞马齐出，大叫：“文丑休走！”文丑回头见二将赶上，遂按住铁枪，拈弓搭箭，正射张辽。徐晃大叫：“贼将休放箭！”张辽低头急躲，一箭射中头盔，将簪缨射去。辽奋力再赶，坐下战马又被文丑一箭射中面颊。那马跪倒前蹄，张辽落地。文

丑回马复来，徐晃急轮大斧，截住厮杀。只见文丑后面军马齐到，晃料敌不过，拨马而回。文丑沿河赶来。（第 26 回）

文丑虽然战胜了张辽和徐晃，但这两次胜利都不是靠单挑获得的。文丑击败张辽靠的是射箭，击败徐晃是因为“后面军马齐到”，靠的是人多势众。但是，根据合战法则，张辽和徐晃选择联手合战文丑，我们认为文丑强于徐晃也强于张辽。凭借这个结论，文丑有资格排在《三国演义》武将第 11 名。

击败张辽、徐晃没多久，文丑就被关羽斩杀了。前文我们分析过，文丑心怯败走，是因为关羽人多势众和自己疲劳，这一战并不是严格的有效战例。文丑弱于关羽，但不至于三合就被关羽斩杀或击败。

在这一战中，文丑自身也存在问题。颜良之死，与赤兔马快有直接关系。文丑在已知赤兔马快的情况下，仍然选择了背身逃走，把自己的后脑留给关羽，这是一个重大错误。文丑的正确做法是再坚持几回合，等待自己那支曾吓跑徐晃的军马前来，再在这些军马的掩护下逃走。

与颜良一样，文丑的硬实力也很强，但头脑反应和心理素质较差，限制了他的上限。

五子良将谁最强？

在《三国志》中，张辽、乐进、于禁、张郃、徐晃五人合为一传，即《张乐于张徐传》，陈寿评价他们时说：“时之良将，五子为先”。因此，读者常把这五人叫作“五子良将”。

五子良将都曾与虎将（关张赵马黄，许褚、颜良）单挑，我们可以把虎将看作一个整体，通过五子良将对虎将的战绩排出名次。

与虎将交手，徐晃一平一负一胜，一平是五十余合战平许褚：

徐晃绣像

徐晃当先，大叫：“曹操欲劫驾何往？”操出马视之，见徐晃威风凛凛，暗暗称奇，便令许褚出马与徐晃交锋。刀斧相交，战五十余合，不分

胜败。（第 14 回）

一负是二十合负于颜良：

徐晃应声而出，与颜良战二十合，败归本阵。（第 25 回）

一胜是八十余合战胜老年受伤关羽：

（晃）挥大斧直取关公。公大怒，亦挥刀迎之。战八十余合，公虽武艺绝伦，终是右臂少力。关平恐公有失，火急鸣金，公拨马回寨。（第 76 回）

与虎将交手，张郃两平两负，两平分别是三五十合战平张飞与二十余合战平黄忠：

张郃绣像

一将当先，拦住去路，睁圆环眼，声如巨雷，乃张飞也，挺矛跃马，直取张郃。两将在火光中，战到三五十合。（第 70 回）

黄忠引军下关，与张郃对阵……二马相交，约战二十余合，忽然背后喊声起，原来是严颜从小路抄在张郃军后。两军夹攻，张郃大败。（第 70 回）

两负是三十余合负于赵云与二十合负于马超：

云纵马挺枪，杀散后队，又来前军独战张郃。郃与云战三十余合，拨马败走。（第 31 回）

张郃出迎，战二十合亦败走。（第 58 回）

张辽与关羽有过一次交手：

玄德令飞在前，云长在后，自居于中，保护老小。当夜三更，乘着月明，出北门而走。正遇宋宪、魏续，被翼德一阵杀退，得出重围。后面张辽赶来，关公敌住。（第 16 回）

张辽绣像

这场单挑结果不详，但在第 18 回，关羽曾对张飞评价张辽："此人武艺不在你我之下。"这个评论是基于与张辽单挑后的判断，可信度非常高。我们可以以此认定张辽与关羽的单挑是平局。

乐进也曾与关羽交手，但被击败：

云长路逢败军，寻踪而去，杀退乐进，与飞同回见玄德。（第 31 回）

乐进这个表现明显不如徐晃、张辽。

于禁曾与张飞单挑：

张飞见了，更不打话，直取于禁。两马相交，战到数合，玄德掣双股剑麾兵大进，于禁败走。（第 11 回）

这场单挑被刘备打断，不能算战平，参考意义不大。相对而言，于禁与马超的单挑则非常有说服力：

（超）挺枪直杀过来，曹操背后于禁出迎。两马交战，斗得八九合，于禁败走。（第 58 回）

于禁八九合败于马超，张郃二十合败于马超，张郃明显强于于禁。

我们梳理一下，先为五子良将的武艺分下档次。面对虎将，徐晃一胜一平一负，张郃两平两负，张辽一平，三人都曾战平虎将，归入一档；乐进与于禁面对虎将都是一负，而且以关羽为参照物乐进弱于徐晃、张辽，以马超为参照物于禁弱于张郃，他们两个一档。

接下来，我们再为同档次的武将排出先后。徐晃、张郃、张辽三人中，张郃与张辽曾经有一次直接交手：

操怒，使张辽出战，张郃跃马来迎。二将斗了四五十合，不分胜负。曹操见了，暗暗称奇。许褚挥刀纵马，直出助战，高览挺枪接住。四员将捉对儿厮杀。（第 30 回）

两人斗了四五十合不分胜负，考虑到许褚、高览单挑时，两人还在厮杀，所以两人的单挑肯定超过了五十回合，实力非常接近。但是，张郃曾三十余合败给赵云，二十合败给马超，这让张郃的上限不会太高。而关羽的评价"此人武艺不在你我之下"使读者对张辽的想象空间更大。因此，张辽应该排在张郃前面。

与张辽、张郃相比，徐晃战平许褚的回合数超过了五十合，说服力更强，面对老年受伤的关羽徐晃还取得了胜利，强于张辽、张郃。张辽、徐晃合战文丑中的一个细节也支持这个结论：

张辽、徐晃飞马齐出，大叫："文丑休走！"文丑回头见二将赶上，遂按住铁枪，拈弓搭箭，正射张辽。徐晃大叫："贼将休放箭！"张辽低头急躲，一箭射中头盔，将簪缨射去。（第 26 回）

张辽、徐晃一起追击文丑，徐晃发现了文丑要放冷箭，但张辽并没有发现，若不是徐晃提醒，张辽大概率会被射中。与张辽相比，徐晃的战场洞察力更强。战场洞察力也是武艺的一部分，因此，徐晃 > 张辽 > 张郃。

我们还可以比较一下徐晃与文丑的武艺。徐晃与张辽合战文丑，张辽被文丑射倒后，徐晃曾与文丑单挑：

文丑回马复来，徐晃急轮大斧，截住厮杀。只见文丑后面军马齐到，晃料

敌不过，拨马而回。（第 26 回）

徐晃放弃战斗是因为文丑人多势众，在文丑后面军马齐到前，两人厮杀了一段时间，在嘉靖本中，两人打了三十余合。根据合战法则，徐晃弱于文丑，但两人的差距不会太大。

说完徐晃、张辽、张郃，再来比较于禁和乐进。这两人没有单挑过，也没有可参照的武将，我们看看他们的优秀战绩。乐进曾与臧霸大战三十余合不分胜负：

（布）便叫臧霸出马搦战。曹军内乐进出迎。两马相交，双枪齐举。战到三十余合，胜负不分。（第 11 回）

还曾与凌统大战五十合不分胜负：

凌统纵马提刀，出至阵前，张辽使乐进出迎，两个斗到五十合，未分胜败。（第 68 回）

罗贯中还曾极力渲染乐进速度之快：

曹阵上李典谓乐进曰："对面金盔者，孙权也。若捉得孙权，足可与八十三万大军报仇。"说犹未了，乐进一骑马，一口刀，从刺斜里径取孙权，如一道电光，飞至面前，手起刀落。宋谦、贾华急将画戟遮架，刀到处，两枝戟齐断，只将戟杆望马头上打。乐进回马……（第 53 回）

这都说明，乐进具备一定的实力，单挑时派得上用场。相比之下，于禁就没有什么拿得出手的战绩了，甚至连单挑的次数都很少。这大概是因为于禁晚节不保，罗贯中不太喜欢这个人，并未给他设计出彩的情节，反而常让他做些不光彩的事，比如在取得荆州后，去追杀刘琮母子。于禁的武艺，甚至还不如李典。于禁八九合就被马超击败了，而李典十数合才被赵云击败。

最终，我们认为：徐晃 > 张辽 > 张郃 > 乐进 > 于禁。五子良将代表了优秀武将的五个档次，在介绍其他武将时，我们可以以五子良将为标杆。

夏侯家武将谁最强？

在《三国演义》中，有很多姓夏侯的武将，包括夏侯惇、夏侯渊、夏侯兰、夏侯恩、夏侯杰、夏侯尚、夏侯德、夏侯存、夏侯楙、夏侯霸、夏侯威，等等。这些姓夏侯的武将很多都是"一次性"武将，出场一次就被对方武将杀死

夏侯惇绣像

夏侯渊绣像

了，比如著名的“长坂剑圣”夏侯恩和“当阳虎胆”夏侯杰。能竞争夏侯家第一武将的只有夏侯惇与夏侯渊。

夏侯惇与夏侯渊都曾与五虎上将多次交手，我们把五虎上将作为一个整体来比较两人的强弱。

夏侯惇与关羽有过两次交手，第一次在屯土山，夏侯惇诈败诱敌的情况下，与关羽打了十余合：

关公大怒，引三千人马出城，与夏侯惇交战。约战十余合，惇拨回马走，关公赶来，惇且战且走。（第 25 回）

第二次在过五关斩六将后，夏侯惇与关羽打了不到十合被来使打断：

（关公）拍马持刀，直取夏侯惇，惇挺枪来迎。两马相交，战不十合，忽又一骑飞至，大叫：“二将军少歇！”（第 28 回）

博望坡之战，夏侯惇还曾与赵云交手：

赵云出马，惇骂曰：“汝等随刘备，如孤魂随鬼耳！”云大怒，纵马来战。两马相交，不数合，云诈败而走。夏侯惇从后追赶。云约走十余里，回马又战，不数合又走。（第 39 回）

《三国演义》中唯一击败过夏侯惇的是吕布：

夏侯惇挺枪跃马，直取吕布。战不数合，李傕引一军，从左边杀来，操急令夏侯渊迎敌。右边喊声又起，郭汜引军杀到，操急令曹仁迎敌。三路军马，势不可当。夏侯惇抵敌吕布不住，飞马回阵……（第 6 回）

相比之下，夏侯渊的表现要差一些。汝南之战，夏侯渊曾被张飞击败：

原来张飞去救龚都，龚都已被夏侯渊所杀；飞奋力杀退夏侯渊……（第31回）

潼关之战时，夏侯渊与马超有一次交手，结果不详：

夏侯渊到，马超接住厮杀。超于乱军中遥见曹操，就撇了夏侯渊，直取曹操。操大惊，拨马而走……（第59回）

汉中之战，夏侯渊与黄忠有过两次交手：

渊大怒，骤马径取黄忠，忠正要激渊厮杀，两将交马，战到二十余合，曹营内忽然鸣金收兵。（第71回）

午时以后，法正见曹兵倦怠，锐气已堕，多下马坐息，乃将红旗招展。鼓角齐鸣，喊声大震，黄忠一马当先，驰下山来，犹如天崩地塌之势。夏侯渊措手不及，被黄忠赶到麾盖之下，大喝一声，犹如雷吼。渊未及相迎，黄忠宝刀已落，连头带肩，砍为两段。（第71回）

夏侯惇与五虎上将交手三次，均不分胜负；夏侯渊与五虎上将四次交手，一次平手，一次结果不详，两次被击败。夏侯渊明显不如夏侯惇，而且，不如一只眼睛的夏侯惇。

那么，夏侯惇和夏侯渊的武艺能到什么级别呢？我们拿五子良将来做参照。夏侯惇曾与张辽有过一次单挑：

夏侯惇拍马便出助战，吕布阵上张辽截住厮杀。恼得吕布性起，挺戟骤马，冲出阵来。夏侯惇、乐进皆走，吕布掩杀，曹军大败，退三四十里。（第11回）

夏侯霸绣像

这一战的时间不会太短，否则也不会恼得吕布性起。因此，夏侯惇的实力与张辽比较接近。张郃虽然也曾四五十合战平张辽，但张郃曾被马超、赵云两员虎将击败，而夏侯惇面对除吕布外的虎将没有败绩，所以略强于张郃。在嘉靖本中，夏侯惇更强，在追击过关斩将的关羽时，曾与关羽分别打了二十合和二十余合。

我们再来看夏侯渊，夏侯渊曾败给张飞，不如三五十合战平张飞的张郃。但夏侯渊曾二十余合战平黄忠，表现好于乐进。因此夏侯渊的武艺介于张郃与乐进之间。

还有一个有趣的问题：谁是夏侯家的第三武将呢？我认为是夏侯渊之子夏侯

霸，夏侯霸后期投奔了蜀汉，获得了主角光环，因此有一些表现。在嘉靖本中，夏侯霸曾以一敌二斩杀卑衍：

卑、杨二人死战得脱，引败兵奔走，前至首山，正逢公孙渊兵到，合兵一处，又来与魏兵交战。卑衍出马辱骂曰："汉贼休使诡计！汝敢决战否？"夏侯霸纵马挥刀来迎二人。战有数合，夏侯霸一刀斩卑衍于马下……（《司马懿破公孙渊》）

曹家武将谁最强？

曹操家族的武将有曹仁、曹洪、曹纯、曹休、曹彰、曹真等。其中曹仁、曹洪、曹彰三人给读者留下的印象比较深刻，这三人中谁的武艺最强呢？

我们先说曹仁。曹仁的名气非常大，但是，在全书中曹仁的单挑只有两次，都发生在镇守南郡期间。一次是击败了徐盛：

曹仁在城上望见牛金困在垓心，遂披甲上马，引麾下壮士数百骑出城，奋力挥刀，杀入吴阵。徐盛迎战，不能抵当。曹仁杀到垓心，救出牛金。回顾尚有数十骑在阵，不能得出，遂复翻身杀入，救出重围。正遇蒋钦拦路，曹仁与牛金奋力冲散。（第 51 回）

曹仁杀入吴阵时还有数百骑兵跟随，并不是严格的单挑。

另一次是诈败给周泰：

曹仁自出接战，周泰纵马相迎，斗十余合，仁败走。（第 51 回）

这两个战绩都很一般，《三国演义》中的曹仁不如历史上的曹仁勇猛。

我们再来看曹洪。曹洪曾经诈败给甘宁：

曹纯先使人报知曹洪，令洪出城诱敌。甘宁引兵至彝陵，洪出与甘宁交锋。战有二十余合，洪败走。（第 51 回）

最能体现曹洪武艺的一战是与马超的交手：

超纵马赶来，山坡边转过一将，大叫："勿伤吾主！曹洪在此！"轮刀纵马，拦住马超，操得命走脱。洪与马超战到四五十合，渐渐刀法散乱，气力不加。（第 58 回）

与曹洪单挑前不久，马超二十合击败了张郃，从结果看，曹洪能在马超前面抵抗四五十合，表现要好于张郃。但是，联系上下文，也有一些细节问题值

曹仁绣像

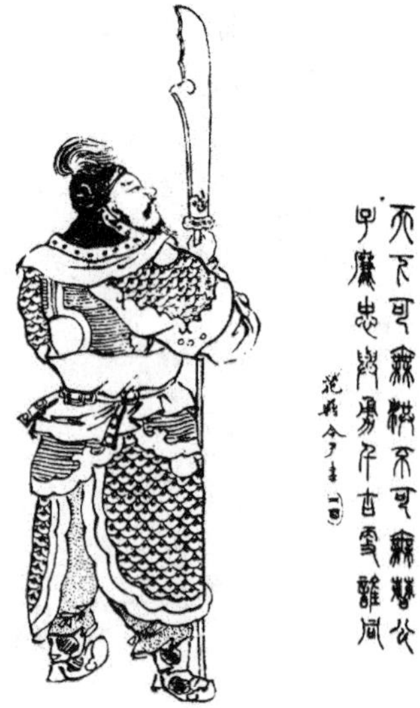

曹洪绣像

得讨论。在与曹洪单挑前，马超先后与于禁、张郃、李通进行了三场单挑，加起来有三十余合。然后，马超又追赶曹操追了一段。与曹洪单挑时，马超或马超战马的体力是有较大消耗的。所以，即使曹洪强于张郃，也不会强太多。四五十合败给疲劳状态下的马超，其战绩不如五十余合战平许褚的徐晃。

最后来看曹彰。罗贯中介绍曹仁、曹洪时，只说二人“弓马熟娴，武艺精通”，而介绍曹彰时，说他“膂力过人，能手格猛兽”。这里的猛兽指的是什么动物呢？按照《三国演义》的行文习惯，如果是老虎就直接说老虎，不会说猛兽，所以这里的猛兽应该是豹或狼之类的动物。

曹彰绣像

在汉中，曹彰曾三合击败刘封：

刘封在先，孟达在后。曹彰出马与封交战，只三合，封大败而回。（第 72 回）

三合击败刘封是什么水平呢？我们可以将其与徐晃对比一下。徐晃与刘封有过三次对阵，第一次：

操怒，命徐晃出马来战。刘封出迎。交战之时，玄德先走入阵。封敌晃不住，拨马便走。（第 72 回）

第二次：

刘封大怒，挺枪骤马，径取曹操。操令徐晃来迎，封诈败而走……（第72回）

第三次：

申仪在敌楼上将旗一飐，城后一彪军出，旗上大书“右将军徐晃”。封抵敌不住，急望西川而走，晃乘势追杀。（第79回）

两人的第一次单挑没有交代回合数，但从描述来看，两人交手后，刘备刚返回阵中，刘封就敌不住徐晃了，时间不会太长。但这次单挑刘封可能是诈败。

这一战之前，诸葛亮让刘备背水结营，刘备问为什么，诸葛亮说：“可如此如此。”曹操派徐晃出战，刘备并没有派出赵云或黄忠，而是派出了刘封。刘封不敌徐晃败走后，蜀兵弃营逃走，留下大量马匹器物，追赶的曹兵争相抢夺。曹操发觉不对，下令退军。曹兵刚回头，刘备就带着赵云、黄忠杀了回来。因此，这一战诸葛亮用计，可见刘封是诈败。既然诸葛亮敢于派刘封执行诈败的任务，说明刘封至少可以在徐晃面前全身而退。因此，刘封不太可能弱到与徐晃战不了三合。以刘封为参照物，曹彰强于徐晃。

曹彰来到汉中后，曹操说：“我黄须儿来，破刘备必矣！”这说明，曹彰的到来，带给曹操很大的自信。这种自信，徐晃并没有给予曹操。这也可以说明曹彰强于徐晃。

我们再看两人的后两战，第二战徐晃出战，刘封就诈败而走了，并没有交手；第三战刘封看见徐晃的名旗，稍做抵挡就跑了。从这两战来看，刘封是十分惧怕徐晃的，这种惧怕，来自两人的第一战。徐晃虽然不至于三合击败刘封，但也可以短时间带给刘封压力。因此，徐晃虽然弱于曹彰，但不会弱太多，两人基本在一个档次。

总结一下，曹仁单挑能力普通，曹洪略强于张郃，曹彰略强于徐晃，曹彰是曹家第一武将。

魏延是蜀汉第六武将吗？

一说蜀汉的第六武将，我们首先想到的就是魏延。但是，魏延真配得上这个名次吗？汉中之战，魏延曾被庞德击败：

魏延绣像

次日，兵出斜谷界口，前面一军相迎，为首大将乃魏延也。操招魏延归降，延大骂，操令庞德出战。二将正斗间，曹寨内火起，人报马超劫了中后二寨。操拔剑在手曰：“诸将退后者斩！”众将努力向前，魏延诈败而走。操方麾军回战马超，自立马于高阜处，看两军争战。忽一彪军撞至面前，大叫：“魏延在此！”拈弓搭箭，射中曹操，操翻身落马。延弃弓绰刀，骤马上山坡来杀曹操。刺斜里闪出一将，大叫：“休伤吾主！”视之，乃庞德也。德奋力向前，战退魏延，保操前行。（第 72 回）

这一战，分为两个阶段，第一阶段魏延诈败给庞德，第二阶段庞德奋力战退魏延。前文我们分析过，庞德是十大虎将中最弱的。庞德可以战胜魏延也就意味着任何虎将级别的武将都可以战胜魏延。但是，在蜀汉的武将中，很多人都可以战平虎将，我们来盘点一下。

李严曾战平黄忠：

费观听知玄德兵来，差李严出迎。严领三千兵出，各布阵完。黄忠出马，与李严战四五十合，不分胜败。（第 65 回）

这场单挑以诸葛亮鸣金收兵告终。黄忠回阵后，问诸葛亮为什么收兵，诸葛亮说：“吾已见李严武艺，不可力取。来日再战，汝可诈败，引入山峪，出奇兵以胜之。”李严的武艺获得了诸葛亮的认可。在十大虎将中，黄忠略强于庞德。李严可以与黄忠长时间战平，表现好于魏延。

关平曾战平庞德：

平大怒，纵马舞刀，来取庞德。德横刀来迎。战三十合，不分胜负，两家各歇。（第 74 回）

同样是面对庞德，魏延被庞德击败，关平三十合战平庞德，关平明显强于魏延。

姜维曾不数合战平赵云：

云挺枪直取姜维。战不数合，维精神倍长。云大惊，暗忖曰：“谁想此处有这般人物！”（第 93 回）

回营后，赵云还对诸葛亮夸奖“姜维枪法，与他人大不同”。这说明，赵云至少在短时间内无法击败姜维。在十大虎将一节中我们讨论过，庞德战平的是老年关羽，只能算准虎将。而这时的赵云老了，也可以叫准虎将。同样面对准虎将，魏延败给了庞德，姜维战平了老年赵云，姜维的表现好于魏延。

李严四五十合战平黄忠，关平三十合战平庞德，姜维不数合战平老年赵云，这三人的战绩都好于魏延。其中，李严的战绩最好，在这几人中有资格竞争蜀汉第六武将。

还有一个问题，魏延的武艺究竟是什么水平呢？诸葛亮一出祁山时，派高翔镇守柳城，但考虑到张郃的武艺，又派魏延前去：

高翔引兵而去。孔明又思高翔非张郃对手，必得一员大将，屯兵于街亭之右，方可防之，遂唤魏延引本部兵去街亭之后屯扎。（第 95 回）

诸葛亮三出祁山时，拔寨诱敌，张郃追赶，诸葛亮派将时，希望魏延请令：

孔明唤众将商议曰：“今魏兵来追，必然死战，汝等须以一当十。吾以伏兵截其后——非智勇之将，不可当此任。”言毕，以目视魏延。延低头不语。（第 99 回）

这两个例子说明，在诸葛亮心中魏延可以抗衡张郃，与张郃属于同一档次的武将。但是，考虑到张郃曾经三五十合战平张飞，二十余合战平黄忠，而魏延曾被庞德击败，魏延还是略逊于张郃。

关兴、张苞谁更强？

关羽、张飞死后，关羽之子关兴与张飞之子张苞接过父辈的旗帜，继续为蜀汉挥洒血汗。在书中，关兴、张苞常常一起出现，武艺旗鼓相当。但是，如果我们非要比较一下关兴、张苞的武艺，两位小将谁更强一点呢？

在两人的首秀中，关兴、张苞曾先后与李异单挑：

张苞大怒，挺枪直取孙桓。桓背后谢旌，骤马来迎。两将战有三十余合，旌败走，苞乘胜赶来。李异见谢旌败了，慌忙拍马轮蘸金斧接战。张苞与战二十余合，不分胜负。吴军中裨将谭雄，见张苞英勇，李异不能胜，却放一冷箭，正射中张苞所骑之马。那马负痛奔回本阵，未到门旗边，扑地便倒，将张苞掀在地上。李异急向前轮起大斧，望张苞脑袋便砍。忽一道红光闪处，李异

关兴绣像

张苞绣像

头早落地，原来关兴见张苞马回，正待接应，忽见张苞马倒，李异赶来，兴大喝一声，劈李异于马下，救了张苞。（第 82 回）

在这场战斗中，张苞与李异二十余合不分胜负，而关兴一刀就劈死了李异。但是，李异当时的注意力都在张苞身上，并没有注意到关兴，不是严格的有效战例。

相比于对战李异，两人面对姜维的战绩更有说服力。在收姜维的故事中，姜维先后与张苞、关兴交手：

维力穷抵敌不住，夺路归城，城上早插蜀兵旗号，原来已被魏延袭了。维杀条路奔天水城，手下尚有十余骑，又遇张苞杀了一阵，维止剩得匹马单枪……（第 93 回）

行不数里，前至一派大树茂林之处，一声喊起，数千兵拥出，为首蜀将关兴，截住去路。维人困马乏，不能抵当，勒回马便走。（第 93 回）

同样是疲劳的姜维，面对张苞“杀了一阵”，而面对关兴“不能抵当”，相对而言，关兴的表现要好一些。

在阅读感受上，也是关兴要强一些。在刘备东征前，关兴与张苞有一次比箭，关兴即胜了张苞。虽然比单挑能力不看箭法，但这可以看成罗贯中的一个暗示，或者说是写作思路。在多次战斗中，罗贯中都把击败敌军最强武将的任务安排给了关兴，比如吴军中的孙桓，羌军中的越吉。

关兴、张苞的武艺能到什么级别呢？夷陵之战，关兴、张苞曾吓退韩当、周泰：

部将夏恂，挺枪出马。先主背后张苞挺丈八矛，纵马而出，大喝一声，直取夏恂。恂见苞声若巨雷，心中惊惧，恰待要走，周泰弟周平见恂抵敌不住，挥刀纵马而来。关兴见了，跃马提刀来迎。张苞大喝一声，一矛刺中夏恂，倒撞下马。周平大惊，措手不及，被关兴一刀斩了。二小将便取韩当、周泰，韩、周二人，慌退入阵。（第 83 回）

五出祁山时，张苞已死，为伏击张郃，诸葛亮曾派魏延与关兴轮流诱敌：

郃回头视之，乃魏延也。郃大怒，回马交锋。不十合，延诈败而走……方转过山坡，忽喊声大起，一彪军闪出，为首大将，乃关兴也，横刀勒马大叫曰："张郃休赶！有吾在此！"郃就拍马交锋。不十合，兴拨马便走……延、兴二将，轮流交战，张郃奋勇追赶。（第 101 回）

傅佥绣像

关兴和魏延的表现相差无几，因此我们可以认为关兴与魏延实力相当，略逊于张郃。

蜀汉的将二代不仅关兴、张苞优秀，傅肜之子傅佥的武艺也非常不错，凭借一根四楞铁简曾连打两员魏将：

言未毕，望背后王真挺枪出马，蜀阵中傅佥出迎。战不十合，佥卖个破绽，王真便挺枪来刺，傅佥闪过，活捉真于马上，便回本阵。李鹏大怒，纵马轮刀来救。佥故意放慢，等李鹏将近，努力掷真于地，暗掣四楞铁简在手，鹏赶上举刀待砍，傅佥偷身回顾，向李鹏面门只一简，打得眼珠迸出，死于马下。王真被蜀军乱枪刺死。（第 112 回）

诸葛尚绣像

傅肜在夷陵之战时断后拒敌，吐血而死，临死前说："吾乃汉将，安肯降吴狗乎！"傅佥镇守阳安关时因叛徒陷害，被魏军包围，自刎而死，临死前说："吾生为蜀臣，死亦当为蜀鬼！"

蜀汉的将三代也不乏亮点，诸葛亮的孙子诸葛尚曾经以一敌二击败邓忠、师纂：

艾闻之，谓师纂、邓忠曰："成败之机，在此一举。汝二人再不取胜，必当斩首！"师、邓二人又引一万兵来战。诸葛尚匹马单枪，抖擞精神，战退二人。（第 117 回）

师纂在书中没有什么武艺的表现，但邓忠曾三四十合战平姜维：

只见魏阵中一小将，全装惯带，挺枪纵马而出，约年二十余岁，面如傅粉，唇似抹朱，厉声大叫曰："认得邓将军否！"维自思曰："此必是邓艾矣。"挺枪纵马来迎。二人抖擞精神，战到三四十合，不分胜负……（第 112 回）

以邓忠为参照物，诸葛尚的武艺要强于姜维，甚至有资格竞争蜀汉第六武将。

姜维、邓艾谁更强？

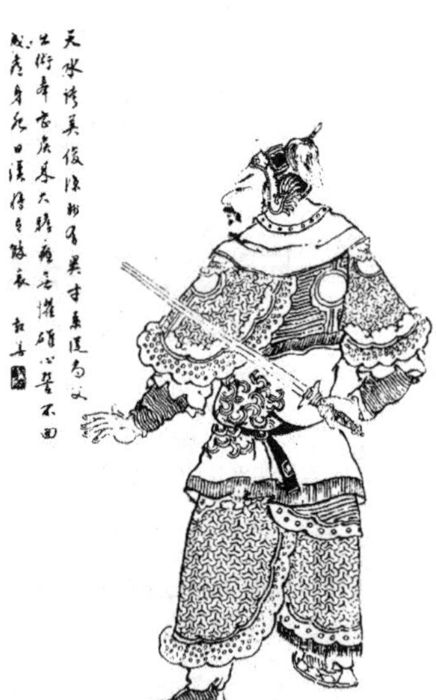

姜维绣像

邓艾绣像

诸葛亮去世后，姜维继承遗志继续兴兵伐魏，先后九次用兵，却因为国力衰微和君主昏庸、奸臣陷害，最终失败。在这段故事中，姜维遇到的最大敌人就是邓艾。两人斗智、斗兵、也斗将。

在书中，两人有过两次单挑。第一次发生在第九次北伐：

维自引兵到侯河搦邓艾交战，艾引军出迎。两军对圆，二人交锋数十余合，不分胜负，各收兵回寨。次日，姜维又引兵挑战，邓艾按兵不出。（第 115 回）

第二次发生在沓中之战：

姜维驱兵追杀至二十里，只听得金鼓齐鸣，一枝兵摆开，旗上大书“陇西太守牵弘”字样。维笑曰：“此等鼠辈，非吾敌手！”遂催兵追之。又赶到十里，却遇邓艾领兵杀到。两军混战。维抖擞精神，与艾战有十余合，不分胜负，后面锣鼓又鸣。（第 116 回）

第一次单挑过后，姜维再次挑战，但邓艾按兵不出，有些示弱。第二次单挑前，姜维长途奔袭了三十里，在体力受损的情况下取得了平局。综合来看，姜维要略胜一筹。

姜维的武艺在什么水平呢？前文提到，姜维曾不数合战平赵云：

云恰待攻城，忽然喊声大震，四面火光冲天。当先一员少年将军，挺枪跃马而言曰：“汝见天水姜伯约乎！”云挺枪直取姜维。战不数合，维精神倍长。云大惊，暗忖曰：“谁想此处有这般人物！”正战时，两路军夹攻来，乃是马遵、梁虔引军杀回。赵云首尾不能相顾，冲开条路，引败兵奔走，姜维赶来。亏得张翼、高翔两路军杀出，接应回去。（第 93 回）

在“七黄八夏九姜维”的顺口溜中，姜维能排到第九，就得益于这场单挑。在京剧《天水关》中，这一战还被改为姜维击败了赵云。但从《三国演义》原文看，赵云败走是因为马遵、梁虔两路夹攻，并不是单挑不敌姜维。

姜维可以战平老年赵云，而魏延曾被庞德击败，相比之下，姜维要比魏延强一些。两人最后一次碰面的表现也可以证明这个结论。诸葛亮死后，魏延反攻杨仪，姜维出战：

维挺枪立马于门旗之下，高声大骂曰：“反贼魏延！丞相不曾亏你，今日如何背反？”延横刀勒马而言曰：“伯约，不干你事。只教杨仪来！”（第 105 回）

面对姜维的指责，魏延并没有针锋相对，而是选择缓和局势，有些心虚。

前文我们分析过，魏延略逊于张郃，那姜维与张郃谁强谁弱呢？两人都曾与赵云单挑，虽然姜维战平了赵云，张郃败给了赵云，但姜维战平的是老年赵云，回合数也较少，不能因此认为姜维强于张郃。可以参照的人物还有王平，姜维曾独战张翼、王平：

姜维夺得粮车，欲要入城，忽然一彪军拦住，为首蜀将张翼也。二将

交锋，战不数合，王平引一军又到，两下夹攻。维力穷抵敌不住，夺路归城……（第 93 回）

而张郃数十余合击败了王平：

却说王平见魏兵到，引军杀来，正遇张郃，战有数十余合，平力穷势孤，只得退去。（第 95 回）

根据合战法则，姜维强于王平，但姜维毕竟被张翼、王平击败了，而且时间不长，强也不会强太多。张郃击败王平，回合数较多，也不会强太多。因此，姜维与张郃实力比较接近。

孙策、太史慈谁更强？

孙策绣像

太史慈绣像

历史上，孙策与太史慈有过一场真正的单挑，《三国志·太史慈传》载：

时独与一骑卒遇策。策从骑十三，皆韩当、宋谦、黄盖辈也。慈便前斗，正与策对。策刺慈马，而揽得慈项上手戟，慈亦得策兜鍪。会两家兵骑并各来赴，于是解散。

正史中，武将单挑是非常罕见的，罗贯中自然不会放过这个素材。《三国演义》第15回，罗贯中用了大量笔墨描写这场单挑，这回的回目也叫作太史慈酣斗小霸王。

这场单挑可以分为四个阶段，第一阶段两人战了五十合：

却说孙策看了半晌，方始回马。正行过岭，只听得岭上叫："孙策休走！"策回顾视之，见两匹马飞下岭来。策将十三骑一齐摆开，策横枪立马于岭下待之。太史慈高叫曰："那个是孙策？"策曰："你是何人？"答曰："我便是东莱太史慈也，特来捉孙策！"策笑曰："只我便是。你两个一齐来并我一个，我不惧你！我若怕你，非孙伯符也！"慈曰："你便众人都来，我亦不怕！"纵马横枪，直取孙策，策挺枪来迎。两马相交，战五十合，不分胜败。程普等暗暗称奇。（第15回）

第二阶段，太史慈将孙策引到平地，又战了五十合：

慈见孙策枪法无半点儿渗漏，乃佯输诈败，引孙策赶来。慈却不由旧路上岭，竟转过山背后。策赶来，大喝曰："走的不算好汉！"慈心中自忖："这厮有十二从人，我只一个，便活捉了他，也吃众人夺去。再引一程，教这厮没寻处，方好下手。"于是且战且走。策那里肯舍，一直赶到平川之地。慈兜回马再战，又到五十合。（第15回）

第三阶段，双方马下步战：

第一枪搠去，慈闪过，挟住枪；慈也一枪搠去，策亦闪过，挟住枪。两个用力只一拖，都滚下马来。——马不知走的那里去了。——两个弃了枪，揪住厮打，战袍扯得粉碎。策手快，掣了太史慈背上的短戟，慈亦掣了策头上的兜鍪。策把戟来刺慈，慈把兜鍪遮架。（第15回）

第四阶段，双方上马复战，因暴雨中断：

忽然喊声后起，乃刘繇接应军到来，约有千余。策正慌急，程普等十二骑亦冲到。策与慈方才放手。慈于军中讨了一匹马，取了枪，上马复来。孙策的马却是程普收得，策亦取枪上马。刘繇一千余军，和程普等十二骑混战，逶迤杀到神亭岭下。喊声起处，周瑜领军来到。刘繇自引大军杀下岭来。时近黄昏，风雨暴至，两下各自收军。（第15回）

对于东吴武将的单挑能力，罗贯中着力刻画的只有这么一次。这也是东吴武将唯一一次单挑超过一百回合。因此，孙策和太史慈二人谁更强，谁就是东吴第一武将。两人没有其他参照物，我们只能挖掘这次单挑的细节，看看谁在单挑中更有优势。

在单挑的前两个阶段，两人加起来打了一百回合，平分秋色。第三阶段，双方滚下马后，孙策主动求变，夺过太史慈背上的短戟，太史慈也夺过孙策头上的头盔。然后，孙策用短戟刺太史慈，太史慈用头盔抵挡。这时，刘繇前来接应，程普也冲到，孙策和太史慈才分开。

孙策抢了太史慈的短戟，太史慈抢了孙策的头盔，谁更有优势呢？在嘉靖本中，有一行小字注释："后史官议论，失盔者当输也。"这行小字是谁写的？为什么会留在嘉靖本中？后史官会不会是罗贯中的笔名呢？我们都不得而知。但是，无论是谁写的，我都不同意这个观点。武将单挑，目的并不是要夺取对方的头盔，而是杀伤对方。短戟与头盔相比，更有杀伤力，孙策拿到短戟后，马上用短戟主动去刺太史慈，而太史慈只能用头盔被动防守。孙策已经取得了一定的优势。如果不是刘繇来到，这种优势也许还会扩大。

第二天，双方再次对阵，孙策用枪挑着太史慈的短戟，令军士大叫："太史慈若不是走的快，已被刺死了！"太史慈也用枪挑着孙策的头盔，令军士回击："孙策头已在此！"孙策一方的说法，虽然有些夸张，但毕竟是一种可能发生的事实。而太史慈无法说出类似的话，只能混淆概念，把孙策的头盔强行说成孙策的头。

总结一下，在两人单挑的第三阶段，孙策表现得更加主动，也取得了更好的效果，我们可以认为，孙策略强于太史慈，这也意味着孙策是东吴第一武将。

接下来，还有一个读者更关心的问题，孙策和太史慈在三国武将中处于什么位置呢？太史慈曾与张辽有一场多回合的单挑：

张辽纵马当先，专搦孙权决战。权绰枪欲自战，阵门中一将挺枪骤马早出，乃太史慈也，张辽挥刀来迎。两将战有七八十合，不分胜负。曹阵上李典谓乐进曰："对面金盔者，孙权也。若捉得孙权，足可与八十三万大军报仇。"说犹未了，乐进一骑马，一口刀，从刺斜里径取孙权，如一道电光，飞至面前，手起刀落。宋谦、贾华急将画戟遮架，刀到处，两枝戟齐断，只将戟杆望马头上打。乐进回马，宋谦绰军士手中枪赶来。李典搭上箭，望宋谦心窝里便射，应弦落马。太史慈见背后有人堕马，弃却张辽，望本阵便回。（第 53 回）

在乐进杀出前，这场单挑已经打了七八十合，之后乐进砍断双戟，李典射杀宋谦，加上这段时间两人单挑的回合，回合数更多。因此太史慈与张辽的武艺十分接近。在这场单挑中，张辽并未像孙策那样取得优势。因此，孙策略强于张辽。

在前文，我们得出结论，五子良将中徐晃略强于张辽。那么，孙策与徐晃谁强呢？与徐晃相比，孙策缺乏与十大虎将的单挑，没有取得五十余合战平许褚、八十余合战胜老年受伤关羽这样优秀的战绩，应该排在徐晃之后。

另外，太史慈和张辽谁更强呢？两人在单挑中不分高下，但单挑后的表现却透露了一些信息：

太史慈见背后有人堕马，弃却张辽，望本阵便回。张辽乘势掩杀过来，吴兵大乱，四散奔走。张辽望见孙权，骤马赶来。看看赶上，刺斜里撞出一军，为首大将，乃程普也，截杀一阵，救了孙权。张辽收军自回合淝。（第53回）

太史慈弃却张辽后，张辽掩杀过来，吴军四散，孙权受到了威胁。幸亏程普杀出，接战张辽，救了孙权。这时，太史慈在哪里呢？书中没有交代。无论太史慈在干什么，张辽是他的对手，现在张辽威胁到了孙权，而太史慈没来救主，这是不应该的。张辽虽未像孙策那样，在单挑过程中就带给太史慈压力。但是，单挑结束后的表现，张辽要好于太史慈。

最终，我们认为：徐晃 > 孙策 > 张辽 > 太史慈。

谁是东吴第三武将？

谁是孙策、太史慈之后的东吴第三武将呢？我们首先想到的是甘宁和周泰，甘宁百骑劫魏营，周泰两番救主，都给读者留下了深刻的印象。还有一个人也不应该忽视，就是与甘宁相爱相杀的凌统。那么，比单挑的话，这三人谁更强呢？

作为长江边上长大的周泰，水上功夫十分了得，与曹军交战，跳船杀人：

张南挺枪立于船头，两边弓矢乱射。周泰一臂挽牌，一手提刀，两船相离七八尺，泰即飞身一跃，直跃过张南船上，手起刀落，砍张南于水中，乱杀驾舟军士，众船飞棹急回。（第48回）

周泰常常与韩当搭档对敌，两人合力击败过文聘，战退过许褚：

韩当、周泰催船追赶，到半江中，恰与

周泰绣像

甘宁绣像

文聘船相迎，两边便摆定船厮杀。

韩当、周泰奋力攻击，文聘抵敌不住，回船而走。（第 48 回）

操大惊，急回马时，东吴大将韩当、周泰，两骑马直冲将上来。操背后许褚纵马舞刀，敌住二将，曹操得脱归寨。许褚与二将战三十合方回。（第 61 回）

但是，在二对二中，韩当、周泰未敢与关兴、张苞交手：

二小将便取韩当、周泰，韩、周二人，慌退入阵。（第 83 回）

周泰的最佳表现是斩杀番王沙摩柯：

时有蛮王沙摩柯，匹马奔走，正逢周泰，战二十余合，被泰所杀。（第 84 回）

沙摩柯正是杀死甘宁的凶手：

却说甘宁正在船中养病，听知蜀兵大至，火急上马，正遇一彪蛮兵，人皆披发跣足，皆使弓弩长枪搪牌刀斧，为首乃是番王沙摩柯，生得面如噀血，碧眼突出，使一个铁蒺藜骨朵，腰带两张弓，威风抖擞。甘宁见其势大，不敢交锋，拨马而走，被沙摩柯一箭射中头颅。宁带箭而走，到于富池口，坐于大树之下而死。（第 83 回）

虽说甘宁见沙摩柯势大“不敢交锋”，但这时甘宁有病在身，不是有效战绩。

在单挑上，甘宁是位全能战士，马战、步战、水战都有所斩获。水战用刀砍死邓龙：

甘宁谓董袭曰：“事已至此，不得不进。”乃选小船百余只，每船用精兵五十人：二十人撑船，三十人各披衣甲，手执钢刀，不避矢石，直至艨艟傍边，砍断大索，艨艟遂横。甘宁飞上艨艟，将邓龙砍死。（第 38 回）

马战连斩马延、张顗：

马延正欲交锋，早被甘宁一刀斩于马下；张顗挺枪来迎，宁大喝一声，顗措手不及，被宁手起一刀，翻身落马。（第 50 回）

步战打倒朱光：

次日五更饭毕，三军大进，城上矢石齐下。甘宁手执铁链，冒矢石而上。朱光令弓弩手齐射，甘宁拨开箭林，一链打倒朱光。（第 67 回）

此外，甘宁还曾与曹洪、乐进单挑，但均以对方的诈败告终，参照意义不大。全书中，甘宁四次射箭，七次单挑，除了曹洪、乐进诈败，其余九次五死一伤两次结果不详，这个表现要好于周泰。

甘宁不光多次与敌将单挑，还因杀死凌操而与凌操之子凌统有过两次“酒后斗殴”。第一次是在击败黄祖之后：

正饮酒间，忽见座上一人大哭而起，拔剑在手，直取甘宁，宁忙举坐椅以迎之。（第 39 回）

第二次是在攻破皖城之后：

吕蒙逊甘宁上坐，盛称其功劳。酒至半酣，凌统想起甘宁杀父之仇，又见吕蒙夸美之，心中大怒，瞪目直视良久，忽拔左右所佩之剑，立于筵上曰：“筵前无乐，看吾舞剑。”甘宁知其意，推开果桌起身，两手取两枝戟挟定，纵步出曰：“看我筵前使戟。”（第 67 回）

凌统的武艺究竟如何呢？在书中，凌统只有两次单挑，但对手的质量很高，而且打满了五十合。第一次是与张辽：

先锋张辽与凌统交锋，斗五十合，不分胜败。孙权恐凌统有失，令吕蒙接应回营。（第 68 回）

第二次是与乐进：

凌统纵马提刀，出至阵前，张辽使乐进出迎，两个斗到五十合，未分胜败。曹操闻知，亲自策马到门旗下来看，见二将酣斗，乃令曹休暗放冷箭。（第 68 回）

这两次单挑都未分出胜负，但结束方式有所不同，值得玩味。凌统与张辽单挑五十合后，孙权“恐凌统有失”。如果单看这一点，说明不了什么问题。但是，同样是与乐进单挑了五十合，为什么孙权就不怕凌统有失了呢？而且，孙权并不是通过鸣金的方式让凌统回来的，而是令吕蒙前去接应，这种行为在书中很少见。这意味着，孙权担心凌统自己撤退会有危险。因此，我们认为张辽略强于凌统，而凌统至少不弱于乐进。

从单挑对手来看，凌统的这两场单挑比周泰、甘宁的含金量更高。特别是面对张辽，凌统五十合不败，这已经与太史慈对阵张辽非常接近了。如果仅看单挑的表现，东吴第三武将应该是凌统。

但是，在百骑劫魏营后，孙权说过一句非常重要的话：“孟德有张辽，孤有甘兴霸，足以相敌也。”值得注意的是，百骑劫魏营发生在张辽与凌统单挑之后，孙权说出这话时已经见识过两人的武艺了。在孙权看来，甘宁是可以与张辽抗衡的。罗贯中也有同样的暗示，前一回的回目叫“张辽威震逍遥津”，后一回的回目叫“甘宁百骑劫魏营”。因此，也可以认为甘宁与张辽的实力比较接近，强于凌统，是东吴的第三武将。

孙坚四将谁最强?

孙坚四将指的是程普、黄盖、韩当、祖茂。《三国演义》第5回，孙坚出场时，对这四将有详细的介绍：

第一个，右北平土垠人，姓程名普，字德谋，使一条铁脊蛇矛；第二个，姓黄名盖，字公覆，零陵人也，使铁鞭；第三个，姓韩名当，字义公，辽西令支人也，使一口大刀；第四个，姓祖名茂，字大荣，吴郡富春人也，使双刀。（第5回）

孙坚四将是江东政权的基石，除祖茂外，其他三人日后都成为三朝老臣。在这四将中，谁的武艺最好呢？我们来盘点一下他们的优秀战绩。

我们先来比较程普和黄盖。程普与黄盖有两个参照物，一个是蔡瑁，黄盖数合击中蔡瑁：

坚大怒，命黄盖出战，蔡瑁舞刀来迎。斗到数合，盖挥鞭打瑁，正中护心镜，瑁拨回马走……（第6回）

程普不到数合击败蔡瑁：

孙坚绣像

程普挺铁脊矛出马，与蔡瑁交战，不到数合，蔡瑁败走。（第7回）

两人的另一个参照物是黄祖，程普吓走黄祖：

程普纵马直来阵前捉黄祖，黄祖弃却头盔、战马，杂于步军内逃命。（第7回）

黄盖不两合生擒黄祖：

黄盖听得喊声震天，引水军杀来，正迎着黄祖，战不两合，生擒黄祖。（第7回）

以蔡瑁为参照物，黄盖与程普都击败了蔡瑁，黄盖用了“数合”，程普“不到数合”。回合数上程普更少，但黄盖击中了蔡瑁的护心镜，效果更好，两人不相上下。以黄祖为参照物，黄盖不两合生擒黄祖，程普直接吓跑黄祖，也难分伯仲。我们再来看两人的其他战绩。

程普一出场就刺杀华雄副将胡轸：

华雄副将胡轸引兵五千出关迎战。程普飞马挺矛，直取胡轸。斗不数合，程普刺中胡轸咽喉，死于马下。（第 5 回）

程普的最佳战绩是三十合战平太史慈：

程普大怒，挺枪直取太史慈。两马相交，战到三十合，刘繇急鸣金收军。太史慈曰：“我正要捉拿贼将，何故收军？”（第 15 回）

程普在见过太史慈与孙策的酣斗后，还有信心与太史慈单挑，并且三十合不分胜负。刘繇鸣金是因为周瑜领兵偷袭刘繇大本营曲阿。太史慈问刘繇说：“我正要捉拿贼将，何故收军？”按照太史慈的性格，这不应该是说大话。继续打下去太史慈可能会获胜，但也不会很容易。

程普还曾与张辽交手：

张辽望见孙权，骤马赶来。看看赶上，刺斜里撞出一军，为首大将，乃程普也，截杀一阵，救了孙权。张辽收军自回合淝。（第 53 回）

这场单挑没有交代回合数和结果，但从“截杀一阵”分析，两人至少短时间没能分出胜负。但是，这时的张辽刚刚与太史慈有一场超过七八十合的鏖战，有体力消耗。综合来看，我们认为程普的武艺略逊于张辽与太史慈。

与程普相比，黄盖的其他战绩就要逊色很多了。黄盖不数合没有击败张英：

孙策出马，张英大骂，黄盖便出与张英战。不数合，忽然张英军中大乱，报说寨中有人放火，张英急回军。（第 15 回）

这个战绩不如陈武一枪刺死张英：

张英拨马回走，被陈武一枪刺死。（第 15 回）

黄盖曾与周昕“鏖战”：

朗将周昕杀出助战。孙策阵中黄盖，飞马接住周昕交锋。两下鼓声大震，互相鏖战。（第 15 回）

这个战绩不如孙策一枪刺死周昕：

周昕舞刀来迎，被策一枪刺死……（第 15 回）

面对张英、周昕，黄盖的表现不佳。而且，黄盖未曾与太史慈、张辽这个级别的武将交手，缺乏更严格的检验。根据最

黄盖绣像

佳战绩法则，黄盖应该排在程普之后。

我们再来看韩当，韩当曾三十余合打得张虎力怯：

黄祖扬鞭大骂："江东鼠贼，安敢侵犯汉室宗亲境界！"便令张虎搦战，坚阵内韩当出迎。两骑相交，战三十余合，陈生见张虎力怯，飞马来助。孙策望见，按住手中枪，扯弓搭箭，正射中陈生面门，应弦落马。张虎见陈生坠地，吃了一惊，措手不及，被韩当一刀，削去半个脑袋。（第7回）

还曾一枪刺死焦触：

焦触捻长枪与韩当交锋，当手起一枪，刺死焦触。（第48回）

但是，张虎与焦触都没有其他战绩，我们无法通过这二人评估韩当的武艺。前文我们有提到，夷陵之战时，韩当、周泰曾被关兴、张苞逼退：

二小将便取韩当、周泰，韩、周二人，慌退入阵。（第83回）

根据我们之前的结论，关兴、张苞的武艺与魏延相当，不如张郃，而张郃的武艺与太史慈在同一档次。所以，韩当的武艺不如三十合战平太史慈的程普。

孙坚四将中，最弱的是祖茂，祖茂在全书中只有一次单挑，对手是华雄：

祖茂于林后杀出，挥双刀欲劈华雄，雄大喝一声，将祖茂一刀砍于马下。（第5回）

祖茂先偷袭华雄，反被华雄斩杀，这个战绩实在不怎么样。

最终，我们认为：程普曾与太史慈、张辽战平，在四将中武艺第一；以蔡瑁、黄祖为参照物，黄盖与程普不相上下；韩当曾被关兴、张苞吓退；祖茂没有胜绩排名最后。因此，孙坚四将的武艺排名为：程普 > 黄盖 > 韩当 > 祖茂。这个排名与出场时罗贯中介绍四将的顺序完全相同。

我们还可以评估一下孙坚的武艺，孙坚也曾与华雄交手：

坚慌忙披挂上马，正遇华雄。两马相交，斗不数合，后面李肃军到，竟天价放起火来……（第5回）

孙坚与华雄战了不数合，因李肃放火被打断，强于祖茂。

以吕公为参照物，可以比较孙坚与程普：

坚大叫："休走！"吕公勒回马来战孙坚。交马只一合，吕公便走，闪入山路去。坚随后赶入，却不见了吕公。（第7回）

程普保着孙策，急待寻路，正遇吕公，程普纵马向前，战不到数合，一矛刺吕公于马下。（第7回）

吕公敢于引诱孙坚，肯定不至于短时间被孙坚杀死，而程普不到数合就刺死了吕公，表现好于孙坚。

孙坚的最佳战绩是跳城夺槊刺死赵弘：

孙坚首先登城，斩贼二十余人，贼众奔溃。赵弘飞马突槊，直取孙坚。坚从城上飞身夺弘槊，刺弘下马，却骑弘马，飞身往来杀贼。（第2回）

这个表现好于韩当击败张虎、刺杀焦触。因此，孙坚的武艺当在程普与韩当之间。

第五章 其他武将

《三国演义》中还有一些武将，虽然武艺一般，但也给读者留下了比较深刻的印象，我们按照时间顺序来介绍一下。

曹操、刘备、孙权谁最强?

曹操绣像

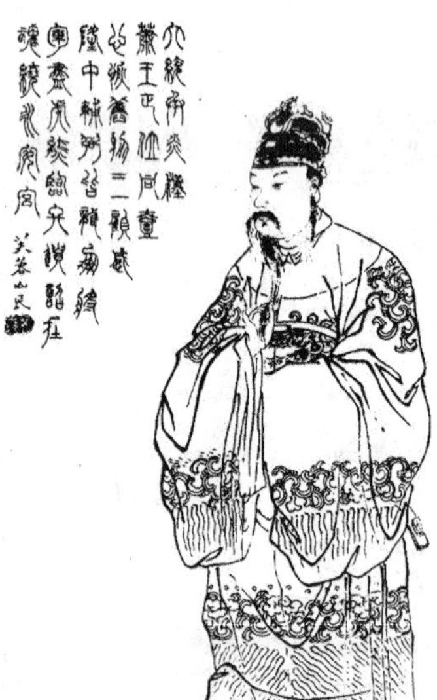

刘备绣像

《三国演义》讲的是魏蜀吴三家争夺天下的故事。如果让这三家的创始人曹操、刘备、孙权来一场单挑，谁会获胜呢?

曹操在书里没有单挑过，但也有一些武艺方面的表现。第4回，曹操欲刺杀董卓，以献刀掩饰行刺之状。敢于当刺客，肯定有一些武艺。刺杀董卓不成，曹操逃出洛阳，与陈宫借宿在吕伯奢家中。其间，曹操与陈宫杀死吕伯奢一家八口：

操与宫坐久，忽闻庄后有磨刀之声。操曰：“吕伯奢非吾至亲，此去可疑，当窃听之。”二人潜步入草堂后，但闻人语曰：“缚而杀之，何如?”操曰：“是矣！今若不先下手，必遭擒获。”遂与宫拔剑直入，不问男女，皆杀之，一连杀死八口。（第4回）

曹操开始杀人时，吕伯奢家人可能不反抗，但是杀死一两个后，肯定反抗了。曹操全身而退，也不是普通人能做到的。

潼关之战时，曹操还曾躲过马超之枪：

看看赶上，马超从后使枪搠来。操绕树而走，超一枪搠在树上，急拔下时，操已走远。（第58回）

此时的曹操已经年近六旬，能躲过马超一枪实属不易。

刘备是三人中唯一一个有过单挑经历的，在著名的三英战吕布中，刘备是压死吕布的最后一根稻草。而且，在单挑过程中，刘备还躲过了吕布的一戟：

吕布架隔遮拦不定，看着玄德面上，虚刺一戟，玄德急闪。吕布荡开阵角，倒拖画戟，飞马便回。（第 5 回）

虽说这戟是虚刺，但毕竟来自三国第一武将吕布。

汝南之战，刘辟战死后，刘备曾想亲自作战：

玄德正慌，方欲自战，高览后军忽然自乱，一将冲阵而来，枪起处，高览翻身落马。视之，乃赵云也……（第 31 回）

博望坡之战，刘备率军与夏侯惇短兵相接：

直赶至博望坡。一声炮响，玄德自引军冲将过来，接应交战。（第 39 回）

雒城之战，刘备自战撤退：

玄德军马比及奔到寨中，张任军马又从小路里截出。刘璝、吴兰、雷铜当先赶来。玄德守不住二寨，且战且走，奔回涪关。（第 63 回）

孙权继承了孙坚的基因，天赋肯定很优秀，但早早成为江东之主，使他没有必要再上阵厮杀。合肥之战，孙权有一次亲自出战的想法：

张辽纵马当先，专搦孙权决战。权绰枪欲自战，阵门中一将挺枪骤马早出，乃太史慈也……（第 53 回）

虽然没真打起来，长史张纮仍然批评了孙权："主公恃盛壮之气，轻视大敌，三军之众，莫不寒心。即使斩将搴旗，威振疆埸，亦偏将之任，非主公所宜也。"

总结一下，曹操、刘备、孙权三人中，刘备有过单挑经历，武艺最高，曹操次之，最年轻的孙权排名最后。

值得一提的是，在张国良先生的评话《三国》中，讲到汉中之战时，的确为曹操与刘备安排了一场单挑。刘备用双金锏，曹操用金槊，两人旗鼓相当，难分伯仲。

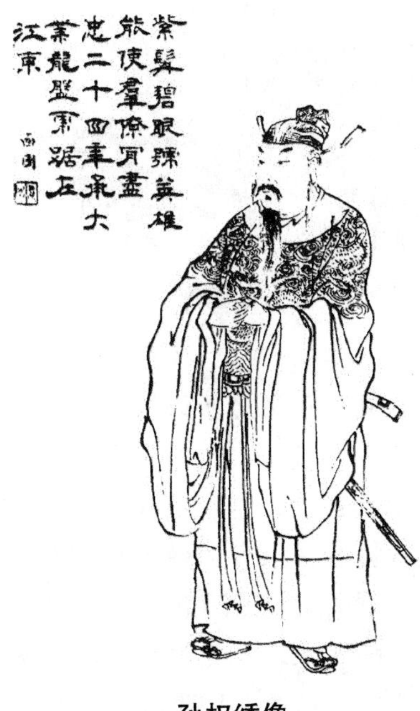

孙权绣像

黄巾军武将谁最强?

张角绣像

《三国演义》始于中平元年（184 年）的黄巾起义。在改变历史的黄巾军中，谁是最强的武将呢？在讨论这个问题前，我们先要明确一下黄巾军武将的概念。

在《三国演义》中，很多武将早年都曾加入过黄巾军，比如周仓、廖化、卞喜等。但是，我们一般不会把他们归入黄巾军。一是他们登场时黄巾起义已经结束，二是他们在书中活跃时已归属其他势力。评选最强的黄巾军武将，要看他们当黄巾军时的表现，归属其他势力后的表现不能作为评判标准。书中没有记录周仓、廖化、卞喜当黄巾军时的单挑表现，因此不能将他们归入黄巾军武将。

黄巾起义之所以很快就失败了，这与其缺乏优秀武将有一定关系。像程远志、邓茂、高升、赵弘、黄劭、何仪等人，都被对手数合甚至一合杀死。张角、张梁、张宝三兄弟在书中甚至都没有单挑的经历。可以竞争黄巾军第一武将的，只有何曼与管亥两人。

曹洪花费了四五十合才用拖刀计战胜何曼：

阵圆处，一将步行出战，头裹黄巾，身披绿袄，手提铁棒，大叫："我乃截天夜叉何曼也！谁敢与我厮斗？"曹洪见了，大喝一声，飞身下马，提刀步出。两下向阵前厮杀，四五十合，胜负不分。曹洪诈败而走，何曼赶来。洪用拖刀背砍计，转身一踅，砍中何曼，再复一刀杀死。（第 12 回）

关羽用了数十合才斩杀管亥：

玄德与关、张、太史慈立马阵前，管亥忿怒直出。太史慈却待向前，云长早出，直取管亥。两马相交，众军大喊。量管亥怎敌得云长，数十合之间，青

龙刀起，劈管亥于马下。（第 11 回）

何曼与管亥都有不错的战绩，哪个更强呢？这取决于关羽斩杀管亥到底用了多少回合，或者说数十合在罗贯中心中是多少回合。

前文我们分析过，在《三国演义》中，如果两员武将单挑五十合以上，基本就无法分出胜负了。唯一的例外就是徐晃八十余合战胜关羽，但当时关羽右臂受伤，是个特例。而且，超过五十合的单挑，没有一次出现过斩将。因此，关羽斩杀管亥，应该不超过五十合。《三国演义》中，五十回合及其以下出现过“十合”“二十合”“三十合”“五十合”，唯独没有出现四十合。因此，我们可以把数十合看作四十合。

何曼四五十合被曹洪斩杀，管亥四十合被关羽斩杀。回合数相差无几，但关羽强于曹洪太多。所以，我们认为管亥强于何曼，是黄巾军的第一武将。

管亥也是书中唯一有斩将经历的黄巾军武将，曾斩杀孔融帐下武将宗宝：

管亥大怒，拍马舞刀，直取孔融。融将宗宝挺枪出马，战不数合，被管亥一刀，砍宗宝于马下。（第 11 回）

虎牢关诸侯五将谁最强？

《三国演义》第 5 回中的虎牢关之战写得十分精彩，即使没看过原著，大多数人也对关羽温酒斩华雄和三英战吕布的情节耳熟能详。除了这些事件中的主要人物，为了衬托华雄和吕布的武艺，罗贯中还写了一些配角。

面对华雄的挑战，最先迎战的是袁术帐下的骁将俞涉：

忽探子来报：“华雄引铁骑下关，用长竿挑着孙太守赤帻，来寨前大骂搦战。”绍曰：“谁敢去战？”袁术背后转出骁将俞涉曰：“小将愿往。”绍喜，便着俞涉出马。即时报来：“俞涉与华雄战不三合，被华雄斩了。”众大惊。（第 5 回）

接着，韩馥上将潘凤出战：

太守韩馥曰：“吾有上将潘凤，可斩华雄。”绍急令出战。潘凤手提大斧上马。去不多时，飞马来报：“潘凤又被华雄斩了。”众皆失色。（第 5 回）

之后，就有关羽温酒斩华雄的故事。华雄被杀后，吕布出场，最先与吕布交战的是河内名将方悦：

王匡回头问曰："谁敢出战？"后面一将，纵马挺枪而出。匡视之，乃河内名将方悦。两马相交，无五合，被吕布一戟刺于马下……（第5回）

然后，张杨部将穆顺出战：

上党太守张杨部将穆顺，出马挺枪迎战，被吕布手起一戟，刺于马下，众大惊。（第5回）

接着，孔融部将武安国出战：

北海太守孔融部将武安国，使铁锤飞马而出，吕布挥戟拍马来迎。战到十余合，一戟砍断安国手腕，弃锤于地而走。八路军兵齐出，救了武安国……（第5回）

在俞涉、潘凤、方悦、穆顺、武安国这五员武将中，实力最强的明显是武安国。面对吕布，武安国不仅保住了性命，还坚持了十余合。在嘉靖本中，武安国的戏份更多：

北海太守孔融部下一将出曰："吾受文举恩已十年，何不以死报之？"融视之，乃门下勇士武安国也，使铁锤，重五十斤。安国提长柄铁锤，飞马而出。吕布挥戟迫马而来，与安国战。战到十余合，一戟斫断安国手腕，弃锤于地而走。八路诸侯一齐杀来，救了武安国。（《虎牢关三战吕布》）

武安国出马前，已经做好了以死报答孔融的决心。他明知道自己打不过吕布，但士为知己者死，武安国宁愿为孔融付出性命。嘉靖本还交代了武安国的兵器是重五十斤的长柄铁锤，可惜毛本删除了这个设定。

武安国的实力究竟有多强呢？夏侯惇与吕布单挑，全身而退，好于武安国。公孙瓒与吕布单挑，如果不是张飞相救，极大概率会被吕布杀死。武安国的武艺介于夏侯惇和公孙瓒之间。另外，武安国可能是虚构的武将中武艺最高的。可惜武安国在此战中留下了残疾，否则日后也会成为三国时期的一员勇将。

五人中，最弱的是潘凤。俞涉、穆顺、方悦这三人，不管单挑结果如何，起码都是自己请缨出战的，而潘凤却是在韩馥说出他的名字后被迫出战的。

但是，在互联网的世界中，潘凤却成了一位三国网红，被网友们戏称为"无双上将"。这大概是网友的一种自嘲。小时候，我们都幻想自己是过关斩将的关羽或者单骑救主的赵云，长大后，无情的现实告诉我们，那个无法左右自己命运的潘凤才更像我们自己。甚至，我们可能连潘凤都不如，潘凤毕竟有上将之名。我们更像在虎牢关踮起脚看三英战吕布的那些普通士卒，也就是吕布口中的"草芥"。

高顺与臧霸谁更强?

吕布手下的武将共有九员，分别是张辽、高顺、臧霸、郝萌、曹性、成廉、魏续、宋宪、侯成。这些武将中，实力最强的肯定是张辽了，那么，谁是第二武将呢？比较有竞争力的是高顺和臧霸，两人都有不错的战绩。

夏侯惇用了四五十合才击败高顺：

却说夏侯惇引军前进，正与高顺军相遇，便挺枪出马搦战。高顺迎敌。两马相交，战有四五十合，高顺抵敌不住，败下阵来。（第 18 回）

臧霸曾三十余合战平乐进：

（布）便叫臧霸出马搦战。曹军内乐进出迎。两马相交，双枪齐举。战到三十余合，胜负不分。（第 11 回）

前文我们讨论过，夏侯惇的实力与张辽比较接近，强于乐进。那么四五十合败于夏侯惇的高顺与三十余合战平乐进的臧霸谁更强呢？这很难判断。但是，从罗贯中的写作习惯来看，应该是臧霸。罗贯中常常让两个武艺差不多的武将组成搭档，比如关羽张飞、典韦许褚、徐晃张辽、徐晃张郃、于禁乐进、关兴张苞、韩当周泰，等等。常与臧霸搭档的是张辽：

阵圆处，吕布当先出马，两边摆开八员健将：第一个雁门马邑人，姓张，名辽，字文远；第二个泰山华阴人，姓臧，名霸，字宣高。两将又各引三员健将：郝萌、曹性、成廉，魏续、宋宪、侯成。（第 11 回）

山后一彪军出，左有张辽，右有臧霸。操使吕虔、曹洪战之，不利，操望西而走。（第 11 回）

东巷内转出张辽，西巷内转出臧霸，夹攻掩杀。（第 12 回）

常与高顺搭档的是侯成：

是日午牌，城门开处，两员将引军出战，前军侯成，后军高顺。（第 12 回）

操急走南门，高顺、侯成拦住。典韦怒目咬牙，冲杀出去。高顺、侯成倒走出城。（第 12 回）

第 18 回，吕布派臧霸前去结连泰山寇后，高顺才取代臧霸，开始与张辽搭档：

（吕布）先使陈宫、臧霸结连泰山寇孙观、吴敦、尹礼、昌豨，东取山东兖州诸郡。令高顺、张辽取沛城，攻玄德。（第 18 回）

行至半路，只见一彪军骤至，视之，乃高顺、张辽也。（第 19 回）

高顺、张辽在西门，水围难出，为曹兵所擒。（第 19 回）

从这个角度看，臧霸强于高顺，是吕布帐下的第二武将。

五关六将谁最强?

《三国演义》第 27 回写的是关羽千里走单骑的故事，一路之上，关羽过五关斩六将。五关分别是东岭关、洛阳、汜水关、荥阳、滑州五处城关，六将分别是孔秀、孟坦、韩福、卞喜、王植、秦琪六员曹将。这六员将谁的武艺最高呢？他们都与关羽有过单挑，我们分别来看。

第一关东岭关，把关将孔秀提出要留下刘备家眷为人质才放行，关羽大怒：

关公约退车仗，纵马提刀，竟不打话，直取孔秀。秀挺枪来迎，两马相交，只一合，钢刀起处，孔秀尸横马下，众军便走。（第 27 回）

第二关洛阳，牙将孟坦向洛阳太守韩福提议，自己诈败引诱关羽，韩福暗中射箭。但是，孟坦低估了赤兔马的速度：

孟坦出马，轮双刀来取关公。关公约退车仗，拍马来迎。孟坦战不三合，拨回马便走，关公赶来。孟坦只指望引诱关公，不想关公马快，早已赶上，只一刀，砍为两段。（第 27 回）

韩福趁机射中关羽左臂：

关公勒马回来，韩福闪在门首，尽力放了一箭，正射中关公左臂。公用口拔出箭，血流不住，飞马径奔韩福，冲散众军，韩福急走不迭，关公手起刀落，带头连肩，斩于马下，杀散众军，保护车仗。（第 27 回）

第三关汜水关，把关将是黄巾余党卞喜，善使流星锤。卞喜假意逢迎关羽，将关羽诱至镇国寺，埋伏刀斧手二百余人，设计谋害。幸得关羽同乡镇国寺僧人普净提醒，关羽步战：

卞喜知事泄，大叫："左右下手！"左右方欲动手，皆被关公拔剑砍之。卞喜下堂绕廊而走，关公弃剑执大刀来赶。卞喜暗取飞锤掷打关公。关公用刀隔开锤，赶将入去，一刀劈卞喜为两段。（第 27 回）

第四关荥阳，荥阳太守王植与韩福是亲家，听说关羽杀了韩福，要为韩福报仇。王植假意将关羽安置在驿馆，欲放火烧死关羽。王植部下从事胡班不忍加害，向关羽讲出实情。关羽大惊，连夜带二位嫂子出城。行不到数里，遇到王植拦路：

当先王植大叫："关某休走！"关公勒马大骂："匹夫！我与你无仇，如何令人放火烧我？"王植拍马挺枪，径奔关公，被关公拦腰一刀，砍为两段，人马都赶散。（第 27 回）

第五关滑州，把关将是东郡太守刘延。关羽之前斩颜良、诛文丑曾为刘延解围，因此刘延并未阻拦。但在黄河渡口，遇到了夏侯惇部将秦琪，秦琪是蔡阳的外甥，自恃勇力，与关羽交手：

琪曰："吾奉夏侯将军将令守把关隘，你便插翅也飞不过去！"关公大怒曰："你知我于路斩戮拦截者乎？"琪曰："你只杀得无名下将，敢杀我么？"关公怒曰："汝比颜良、文丑若何？"秦琪大怒，纵马提刀直取关公。二马相交，只一合，关公刀起，秦琪头落。（第 27 回）

至此，关羽达成了过五关斩六将的成就。这六将中，孔秀、韩福、卞喜、王植、秦琪都是被关羽一合斩杀，而孟坦与关羽战了不三合后诈败，是六将中最强的。有意思的是，除孟坦外其他五将都是当地的一把手，只有孟坦的身份是韩福的牙将。

五关六将虽然是平行关系，但罗贯中写出了层次感。孔秀与关羽正面交手，孟坦诈败韩福放暗箭，卞喜暗中埋伏刀斧手，王植夜间放火，一个比一个阴险。只有秦琪，不知道深浅，还要主动与关羽正面交战。

秦琪可能是《三国演义》中智力最低的人了。蒋干虽然被周瑜、庞统玩弄了，但这俩都是人精，不丢脸。关羽在遇到秦琪之前杀了五将，秦琪肯定知道；关羽个儿多高，刀多大，秦琪也看到了，但是他还敢与关羽单挑。这不仅仅是智力的问题了，这是视听能力的问题。

秦琪的盲目自信可能来自家族基因，他的舅舅蔡阳也认为自己能生擒关羽，结果一通鼓未尽就被关羽斩杀了。

华雄与蔡阳谁更强？

华雄和蔡阳都是关羽的刀下之鬼，关羽斩华雄热酒尚温：

操教酾热酒一杯，与关公饮了上马。关公曰："酒且斟下，某去便来。"出帐提刀，飞身上马。众诸侯听得关外鼓声大振，喊声大举，如天摧地塌，岳撼

山崩，众皆失惊。正欲探听，鸾铃响处，马到中军，云长提华雄之头，掷于地上，其酒尚温。（第 5 回）

关羽斩蔡阳一通鼓未尽：

须臾，曹军至，为首一将，乃是蔡阳，挺刀纵马大喝曰："你杀吾外甥秦琪，却原来逃在此！吾奉丞相命，特来拿你！"关公更不打话，举刀便砍。张飞亲自擂鼓。只见一通鼓未尽，关公刀起处，蔡阳头已落地……（第 28 回）

华雄和蔡阳谁更强一点呢？这取决于热酒变凉和一通鼓尽需要的时间。如果热酒变凉的时间更长则华雄更强，如果一通鼓尽的时间更长则蔡阳更强。但是很遗憾，《三国演义》中并没有具体的时间。那怎么办呢？

我们不能根据物理定律计算一杯热酒变凉需要多久，也不能根据历史文献考证一通战鼓需要敲多少下。罗贯中只是一个小说家，不是科学家也不是历史学家。他不可能在写小说前先做科学实验，也不可能在写小说前先进行一番历史考证。我们需要理解的是罗贯中在他虚构的故事中为我们呈现的时间概念。

退一步说，就算利用物理定律或历史文献明确得到了热酒变凉和一通鼓尽的时间，也无济于事。假设热酒变凉需要三分钟，那"酒尚温"可能是一分钟也可能是两分钟。一通鼓未尽也是如此。我们仍然无法判断哪个时间更长。

我们还是来看看嘉靖本，在嘉靖本中，对关羽斩华雄有一首赞诗：

威镇乾坤第一功，辕门画鼓响鼕鼕。

云长停盏施英勇，酒尚温时斩华雄。

对关羽斩蔡阳也有一首赞诗：

千古令人笑蔡阳，提刀几欲战云长。

古城偶遇交锋处，画鼓方挝一命亡。

斩华雄画鼓已经"响鼕鼕"了，而斩蔡阳画鼓"方挝"。相比之下，关羽斩华雄用时更长。因此，华雄比蔡阳更强。

在书中，华雄曾斩杀过四员有名有姓的武将，分别是鲍忠、祖茂、俞涉、潘凤。这与徐晃、夏侯渊、张苞的斩将数相同。在嘉靖本中，华雄还击败过孙坚。而蔡阳在书中没有任何表现，只有一次单挑，就是被关羽杀死这次。比战绩的话，蔡阳也不如华雄。

长坂坡曹将谁最强?

《三国演义》第41回，赵子龙单骑救主，按照书中的说法，赵云“杀死曹营名将五十余员”。但是，其中有名有姓的一共只有五员：淳于导、夏侯恩、晏明、钟缙、钟绅。这五员将谁最强呢?

赵云救甘夫人一出长坂坡时，遇到了淳于导：

赵云拔枪上马看时，面前马上绑着一人，乃糜竺也。背后一将，手提大刀，引着千余军，乃曹仁部将淳于导，拿住糜竺，正要解去献功。赵云大喝一声，挺枪纵马，直取淳于导。导抵敌不住，被云一枪刺落马下，向前救了糜竺，夺得马二匹。（第41回）

把甘夫人和糜竺救出长坂坡后，赵云原路返回，再进长坂坡，遇到了曹操随身背剑之将夏侯恩：

正走之间，见一将手提铁枪，背着一口剑，引十数骑跃马而来。赵云更不打话，直取那将。交马只一合，把那将一枪刺倒，从骑皆走。（第41回）

糜夫人投井自杀后，赵云怀揣阿斗，遇到了曹洪部将晏明：

早有一将，引一队步军至，乃曹洪部将晏明也，持三尖两刃刀来战赵云。不三合，被赵云一枪刺倒，杀散众军，冲开一条路。（第41回）

出长坂坡时，赵云又遇到了夏侯惇部将钟缙、钟绅两兄弟：

却说钟缙、钟绅二人拦住赵云厮杀。赵云挺枪便刺，钟缙当先挥大斧来迎。两马相交，战不三合，被云一枪刺落马下，夺路便走。背后钟绅持戟赶来，马尾相衔，那枝戟只在赵云后心内弄影。云急拨转马头，恰好两胸相拍。云左手持枪隔过画戟，右手拔出青釭宝剑砍去，带盔连脑，砍去一半，绅落马而死，余众奔散。（第42回）

淳于导、夏侯恩、钟绅都被赵云一枪刺死，晏明和钟缙都是“不三合”，但钟缙是与钟绅合战赵云，不如晏明。晏明是长坂坡除张郃外赵云遇到的最强对手了。日本卡普空株式会社开发的街机游戏《三国志》中，长坂坡一关的BOSS（老大）之一就是晏明，相当于在矬子里面拔了个大个。

值得一提的是，淳于导、夏侯恩、晏明、钟缙、钟绅五将兵器各不相同，淳于导用大刀，夏侯恩用铁枪，晏明用三尖两刃刀，钟缙用大斧，钟绅用画戟。为了避免有重复感，罗贯中下了一番功夫。

荆南四将谁最强？

《三国演义》第 52 回和第 53 回讲的是刘备集团攻打荆南四郡的故事。在正史中，武陵太守金旋、长沙太守韩玄、桂阳太守赵范、零陵太守刘度望风归降，刘备没费吹灰之力就拿下了荆南四郡。但是在《三国演义》中，还是遇到了一些阻碍。

刘备采用马良之计，首先攻打零陵郡。零陵太守刘度听说刘备前来，与其子刘贤商议，刘贤说："父亲放心。他虽有张飞、赵云之勇，我本州上将邢道荣，力敌万人，可以抵对。"在嘉靖本中，还交代邢道荣的兵器是一把重达六十斤的开山大斧。

邢道荣出马，先是与诸葛亮展开一场舌辩，诸葛亮说："吾乃南阳诸葛孔明也。曹操引百万之众，被吾聊施小计，杀得片甲不回。汝等岂堪与我对敌？我今来招安汝等，何不早降？"邢道荣大笑说："赤壁鏖兵，乃周郎之谋也，干汝何事，敢来诳言！"一句话竟然说得诸葛亮无法反驳。邢道荣可能是《三国演义》中唯一一个舌辩战胜过诸葛亮的人物。

诸葛亮回阵后，张飞出战，与邢道荣交手：

只见一将挺矛跃马，大喝一声，直取道荣，乃张翼德也。道荣轮大斧来迎，战不数合，气力不加，拨马便走。翼德随后赶来，喊声大震，两下伏兵齐出。道荣舍死冲过，前面一员大将，拦住去路，大叫："认得常山赵子龙否！"道荣料敌不过，又无处奔走，只得下马请降。（第 52 回）

刘备要斩邢道荣，但诸葛亮饶邢道荣不死，派他回去做内应。邢道荣不知趣，回去后还要与刘备为敌，被赵云杀死：

刘贤叫道荣："不可入寨，却去劫孔明寨便了。"于是复回军。走不十里，赵云引一军刺斜里杀出，一枪刺道荣于马下。（第 52 回）

在第三章赵云一节中我们分析过，赵云"刺斜里"杀出刺死邢道荣并不属于突袭，可以看成有效战例。邢道荣被杀后，刘度之子刘贤被张飞生擒，刘度投降，刘备取得零陵郡。

接下来，在拈阄中获胜的赵云率兵攻打桂阳郡。桂阳位于山区，桂阳太守赵范手下有两个管军校尉，一个叫陈应，另一个叫鲍隆，两人都是猎户出身，陈应会使飞叉，鲍隆曾射杀双虎。赵范本欲投降，但陈应坚持出战，赵范拗不过，只得答应。两军对圆，陈应与赵云交手：

赵云大怒，挺枪骤马，直取陈应，应捻叉来迎。两马相交，战到四五合，陈应料敌不过，拨马便走，赵云追赶。陈应回顾赵云马来相近，用飞叉掷去，被赵云接住，回掷陈应。应急躲过，云马早到，将陈应活捉过马，掷于地下，喝军士绑缚回寨。（第 52 回）

赵云饶陈应不死，命他回去劝降赵范。赵范投降后，想把寡嫂嫁给赵云，赵云大怒，拳打赵范拂袖而去。赵范派陈应、鲍隆前去诈降，被赵云识破。赵云将二人杀死，将计就计，并假扮桂阳人马活捉赵范，取得桂阳。

接下来，刘备派张飞攻打武陵郡。武陵太守金旋亲自迎战张飞：

金旋乃喝退巩志，自率兵出，离城二十里，正迎张飞。飞挺矛立马，大喝金旋。旋问部将："谁敢出战？"众皆畏惧，莫敢向前。旋自骤马舞刀迎之，张飞大喝一声，浑如巨雷，金旋失色，不敢交锋，拨马便走。（第 53 回）

金旋退至城边，被从事巩志一箭射死。巩志又将武陵郡献与刘备，并被任命为新的武陵太守。

荆南四郡中最重要也最难打的是长沙郡，战长沙关黄对刀的故事大家都很熟悉。但是，关羽在与黄忠单挑前，还曾与长沙管军校尉杨龄交手：

杨龄挺枪出马，立于阵前骂战。云长大怒，更不打话，飞马舞刀，直取杨龄，龄挺枪来迎。不三合，云长手起刀落，砍杨龄于马下……（第 53 回）

此后，关羽三战黄忠，魏延杀死韩玄献城，刘备取得长沙，完成对荆南四郡的占领。

除去黄忠和魏延，邢道荣、陈应、金旋、杨龄这四员有单挑经历的武将谁最强呢？他们的对手张飞、赵云、关羽都是虎将级别的武将。因此，可以把张飞、赵云、关羽看成参照物来比较荆南四将的武艺。

邢道荣被张飞不数合击败，被赵云一枪刺死。

陈应与赵云交手四五合后，料敌不过，败走中用飞叉掷赵云，赵云接住飞叉回掷，趁机生擒陈应。

金旋与张飞还没交手，就被张飞大喝吓退。

杨龄与关羽交手时，不三合就被关羽斩杀。

显然，陈应的表现是最好的。陈应在赵云面前坚持了四五合，因为"料敌不过"才败走，如果再打还能打下去。而且，陈应之所以较早放弃单挑，是因为他想施展飞叉绝技。如果真打起来，邢道荣、金旋、杨龄能否接住陈应的飞叉也尚未可知。

刘璋武将谁最强?

《三国演义》第 60 回到第 65 回写的是刘备攻取益州的故事。在刘璋帐下，有四员比较优秀的武将：泠苞、严颜、李严、张任。

以张飞为参照物，可以对比严颜与张任。江州之战，严颜中了张飞以假乱真之计，被迫与张飞交手：

严颜见了张飞，举手无措，交马战不十合，张飞卖个破绽，严颜一刀砍来，张飞闪过，撞将入去，扯住严颜勒甲绦，生擒过来，掷于地下。众军向前，用索绑缚住了。（第 63 回）

因为中计，严颜的发挥多多少少受了影响。但严颜被张飞生擒，生擒是难度最高的获胜方式。因此，两相抵消，可以认为张飞具备十合内击败严颜的实力。

雒城之战，张任与张飞有过两次单挑：

张飞当先而来，正撞着张任，便就交马。战到十余合，背后严颜引兵大进。张任火速回身。（第 64 回）

刘璋绣像

次日，张任引数千人马，摇旗呐喊，出城搦战。张飞上马出迎，更不打话，与张任交锋。战不十余合，张任诈败，绕城而走，张飞尽力追之。（第 64 回）

在民间，张任有“枪祖宗”之称。《三国演义》中，虽然没有这么夸张，但张任的表现也很不错。两次单挑，张任都在张飞面前十余合不败，比严颜的表现要好很多。

以黄忠为参照物，可以对比泠苞与李严。涪水关失守，刘璋派泠苞、邓贤抵御刘备，泠苞与黄忠短时间内交手两次：

一员大将，从山坡上跃马而来，厉声大叫：“老将黄忠在此！”舞刀直取泠苞。泠苞抵敌不住，望后便走。黄忠乘势追赶，川兵大乱。

黄忠一枝军救了魏延，杀了邓贤，直赶到寨前。泠苞回马与黄忠再战。不到十余合，后面军马拥将上来，泠苞只得弃了左寨，引败军来投右寨。（第62回）

第一次交手，泠苞败走，回合数不详。第二次泠苞退到自己大寨，虽然知道打不过黄忠，但再退就要放弃大寨了，所以只能硬着头皮迎战，战了不到十余合未败，还是一个不错的成绩。

绵竹之战，李严四五十合战平黄忠：

费观听知玄德兵来，差李严出迎。严领三千兵出，各布阵完。黄忠出马，与李严战四五十合，不分胜败。（第65回）

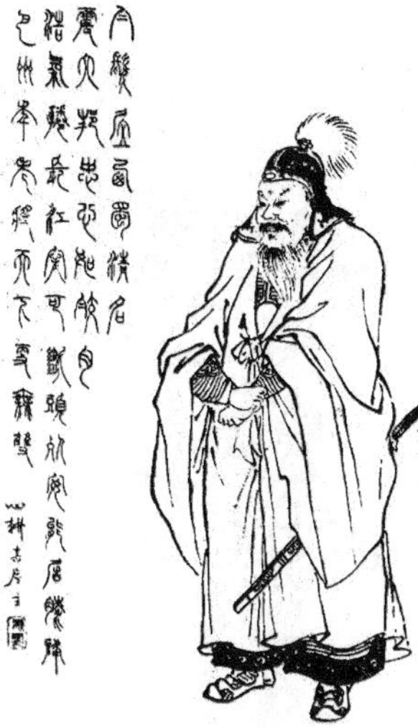

严颜绣像

这场单挑以诸葛亮鸣金收兵告终。黄忠回阵后，问诸葛亮为什么收兵，诸葛亮说：“吾已见李严武艺，不可力取。来日再战，汝可诈败，引入山峪，出奇兵以胜之。”李严的武艺得到了诸葛亮的肯定。张郃、夏侯渊曾二十余合战平黄忠，李严四五十合战平黄忠，战绩更好。

在阅读感受上，两战张飞不败的张任甚至比李严更强，这大概是因为张任无论在统兵、智谋、信义方面都远胜李严。但是很遗憾，张任毕竟没有长时间战平虎将的战绩，就表现出来的武艺而言，是不如李严的。凭借四五十合战平黄忠的战绩，李严甚至有资格竞争蜀汉第六武将。

张任绣像

罗贯中为什么把李严写得这么厉害呢？大概是因为李严是除诸葛亮外的另一托孤重臣，但他在刘备去世前的表现并不多。为使刘备托孤于他不显得突兀，罗贯中抬高了李严的武艺。

可惜的是，投降刘备后，李严选择了在仕途发展，官至骠骑将军。后来诸葛亮五出祁山时李严在粮草问题上颠倒是非，被诸葛亮废为平民。凭借李严的武艺，走武将之路可能是更好的选择。

关平与周仓谁更强?

关平绣像

在很多关公的画像中，关平与周仓常作为护法站立左右。关平白脸，周仓黑脸，关平捧印，周仓持刀，两人相得益彰。在《三国演义》中，两人的武艺也很优秀。

关平曾与徐晃单挑：

徐晃立马在门旗下，高叫曰："关平贤侄，好不知死！汝荆州已被东吴夺了，犹然在此狂为！"平大怒，纵马轮刀，直取徐晃。不三四合，三军喊叫，偃城中火光大起。平不敢恋战，杀条大路，径奔四冢寨来……（第 76 回）

关平败走并不是因为战败，而是因为"后院"着火。

关平的最佳战绩是三十合战平庞德：

德叫曰："吾奉魏王旨，来取汝父之首！汝乃疥癞小儿，吾不杀汝！快唤汝父来！"平大怒，纵马舞刀，来取庞德。德横刀来迎。战三十合，不分胜负，两家各歇。（第 74 回）

庞德曾击败魏延，以庞德为参照物，关平的武艺下限是魏延。

周仓也曾与庞德交手，但是在水中：

只见上流头，一将撑大筏而至，将小船撞翻，庞德落于水中。船上那将跳下水去，生擒庞德上船。众视之，擒庞德者，乃周仓也。仓素知水性，又在荆州住了数年，愈加惯熟，更兼力大，因此擒了庞德。（第 74 回）

虽然周仓生擒了庞德，但是，因为关羽水淹七军，庞德折腾了一宿，白天也与蜀军作战多时，体力有较大消耗，我们不能因此认为周仓强于庞德。另外，单挑比的是马战，这是一场水战，而且是水中战，不能因此认为周仓马战强于关平。

周仓还曾与赵云单挑：

正行间，忽见周仓引数十人带伤而来。关公引他见了玄德，问其何故受伤，仓曰："某未至卧牛山之前，先有一将单骑而来，与裴元绍交锋，只一合，刺死裴元绍，尽数招降人伴，占住山寨。仓到彼招诱人伴时，止有这几个过来，余者俱惧怕，不敢擅离。仓不忿，与那将交战，被他连胜数次，身中三枪。因此来报主公。"（第 28 回）

与赵云交战，被赵云刺中三枪，可以认为周仓的上限是面对赵云全身而退的李典。

如果关平与周仓真打一次，结果可能与《水浒传》中黑旋风李逵与浪里白条张顺的单挑类似，只是皮肤颜色要换一换，在陆地上，白脸的关平更强；在水中，黑脸的周仓更强。

陈武与潘璋谁更强?

陈武与潘璋是东吴武将的中坚力量，两人常常一起执行任务，比如追赶回荆州的刘备夫妇。而且，他们两个也是少数与虎将交过手的东吴武将。

陈武曾与庞德交战：

却说陈武与庞德大战，后面又无应兵，被庞德赶到峪口，树林丛密，陈武再欲回身交战，被树株抓住袍袖，不能迎敌，为庞德所杀。（第 68 回）

陈武袍袖被树枝抓住并不完全是意外，属于受迫性失误，庞德具备击败甚至击杀陈武的实力。

潘璋曾与关羽单挑：

走不得四五里，前面喊声又震，火光大起，潘璋骤马舞刀杀来。公大怒，轮刀相迎，只三合，潘璋败走。（第 77 回）

这时的关羽兵败、年老、右臂受伤，但仍然三合击败了潘璋。

潘璋与黄忠有过两战，第一战：

潘璋大怒，挥关公使的青龙刀，来战黄忠。交马数合，不分胜负。忠奋力恶战，璋料敌不过，拨马便走。忠乘势追杀，全胜而回。（第 83 回）

第二战：

次日，潘璋又来搦战。黄忠奋然上马。兴、苞二人要助战，忠不从，吴班要助战，忠亦不从，只自引五千军出迎。战不数合，璋拖刀便走。忠纵马追之，厉声大叫曰："贼将休走！吾今为关公报仇！"追至三十余里，四面喊声大震，伏兵齐出，右边周泰，左边韩当，前有潘璋，后有凌统，把黄忠困在垓心。（第 83 回）

第二战是潘璋诈败诱敌，两人的第一战价值更大。黄忠在与潘璋单挑数合后，奋力恶战才击败潘璋，潘璋至少与黄忠打了十合。

潘璋三次与虎将交手，均全身而退，表现好于陈武。

潘璋还曾与关羽有过一次超时空接触，并因此丢掉了性命：

三更已后，忽门外又一人击户。老人出而问之，乃吴将潘璋亦来投宿。恰入草堂，关兴见了，按剑大喝曰："歹贼休走！"璋回身便出。忽门外一人，面如重枣，丹凤眼，卧蚕眉，飘三缕美髯，绿袍金铠，按剑而入。璋见是关公显圣，大叫一声，神魂惊散；欲待转身，早被关兴手起剑落，斩于地上，取心沥血，就关公神像前祭祀。（第 83 回）

陈武与潘璋虽不如虎将，但与一般武将单挑时表现还是不错的。潘璋曾生擒苏飞：

苏飞落荒而走，正遇东吴大将潘璋，两马相交，战不数合，被璋生擒过去，径至船中来见孙权。（第 38 回）

陈武曾一合刺死张英：

张英拨马回走，被陈武一枪刺死。（第 15 回）

这个战绩要强于黄盖不数合不胜张英：

孙策出马，张英大骂，黄盖便出与张英战。不数合，忽然张英军中大乱，报说寨中有人放火，张英急回军。（第 15 回）

陈武还具备很强的冲阵能力，攻打薛礼，冲阵斩首级五十余颗：

却说孙策又得陈武为辅，其人身长七尺，面黄睛赤，形容古怪。策甚敬爱之，拜为校尉，使作先锋，攻薛礼。武引十数骑突入阵去，斩首级五十余颗，薛礼闭门不敢出。（第 15 回）

南蛮武将谁最强？

《三国演义》第 87 回到第 90 回写的是诸葛亮七擒孟获的故事。在正史中，虽然有七擒七纵的说法，但记载十分简略。罗贯中为了丰富这段故事，创作了许多情节，虚构了很多人物，其中自然包括一些武将。

在这四回中，有过单挑表现的南蛮武将一共五人，分别是：金环三结、忙牙长、孟获、祝融夫人、兀突骨。

金环三结被赵云一合斩杀：

赵云直杀入中军，正逢金环三结元帅，交马只一合，被云一枪刺落马下，就枭其首级。（第 87 回）

忙牙长被马岱一合斩杀：

两阵对圆，忙牙长出马，与马岱交锋，只一合，被岱一刀斩于马下。（第 88 回）

孟获绣像

孟获的武艺也很差，先后被魏延、马岱生擒：

忽然山谷中一声鼓响，乃是魏延受了孔明计策，引五百步军，伏于此处。孟获抵敌不住，被魏延生擒活捉了……（第 87 回）

获急回马走。旁边闪过一将，拦住去路，乃是马岱。孟获措手不及，被马岱生擒活捉了。（第 90 回）

孟获的妻子祝融夫人武艺要比孟获好得多。书中交代，祝融夫人善使飞刀，百发百中。与蜀军交锋，连擒张嶷、马忠：

祝融夫人背插五口飞刀，手挺丈八长标，坐下卷毛赤兔马。张嶷见之，暗暗称奇。二人骤马交锋，战不数合，夫人拨马便走。张嶷赶去，空中一把飞刀落下。嶷急用手隔，正中左臂，翻身落马。蛮兵发一声喊，将张嶷执缚去了。马忠听得张嶷被执，急出救时，早被蛮兵困住。望见祝融夫人挺标勒马而立，忠忿怒向前去战，坐下马绊倒，亦被擒了。（第 90 回）

为擒住祝融夫人，诸葛亮派赵云、魏延轮流诈败，最终由马岱用绊马索将祝融夫人生擒。这也说明，赵云、魏延都没有在单挑中生擒祝融夫人的能力，否则就不用马岱用绊马索了。祝融夫人是全书中唯一一位有过单挑表现的女性。这也意味着，祝融夫人是全书武艺最好的女性。人中吕布，马中赤兔，女中祝融。

能与祝融夫人竞争南蛮第一武将的是兀突骨。兀突骨是乌戈国国主，书中说他“身长丈二，不食五谷，以生蛇恶兽为饭，身有鳞甲，刀箭不能侵。”丈二约等于 290 厘米，兀突骨是《三国演义》中最高的人，加之身有鳞甲，刀枪不入，如果单挑的话，几乎是无敌的存在。兀突骨在书中有三次单挑，对手都是魏延：

忽报蜀兵在桃花渡口北岸立起营寨。兀突骨即差二俘长引藤甲军渡了河，来与蜀兵交战。不数合，魏延败走。蛮兵恐有埋伏，不赶自回。次日，魏延又去立了营寨。蛮兵哨得，又引众军渡过河来战。延出迎之，不数合，延败走……次日，又望前追杀。魏延回兵交战，不三合又败，只看白旗处而走，又有一寨，延就寨屯住。（第 90 回）

这三战魏延都是诈败，目的是将兀突骨引入盘蛇谷烧死。非常遗憾，兀突骨在书中没有一次正常单挑，我们无法评估他的武艺。而且，罗贯中也没有交代兀突骨所用的兵器，不排除兀突骨是赤手空拳作战。

在南蛮的武将中，论表现，连擒张嶷、马忠的祝融夫人第一；论潜力，身长丈二、刀枪不入的兀突骨第一。而且，兀突骨的潜力也是全《三国演义》第一，可以给他起个外号，叫“潜力骨”。

韩家五将谁最强？

《三国演义》第 92 回，赵子龙力斩五将，酿成了韩氏灭门惨案。书中说韩德“有万夫不当之勇”，韩德四子“皆精通武艺，弓马过人”，但是，遇到赵云就都不好使了。

第一个出战的是韩瑛：

长子韩瑛，跃马来迎，战不三合，被赵云一枪刺死于马下。（第 92 回）

次子韩瑶见长兄被杀，纵马来战：

次子韩瑶见之，纵马挥刀来战。赵云施逞旧日虎威，抖擞精神迎战。瑶抵敌不住……（第 92 回）

三子韩琼、四子韩琪也加入战斗：

三子韩琼，急挺方天戟骤马前来夹攻。云全然不惧，枪法不乱。四子韩琪见二兄战云不下，也纵马抡两口日月刀而来，围住赵云。云在中央独战三将。少时，韩琪中枪落马，韩阵中偏将急出救去。（第 92 回）

韩琼见马战打不过赵云，张弓搭箭：

韩琼按戟，急取弓箭射之，连放三箭，皆被云用枪拨落。琼大怒，仍绰方天戟纵马赶来，却被云一箭射中面门，落马而死。（第 92 回）

这时，韩德四子只剩下韩瑶一人：

韩瑶纵马举宝刀便砍赵云，云弃枪于地，闪过宝刀，生擒韩瑶归阵，复纵马取枪杀过阵来。（第 92 回）

次日，韩德为四子报仇，与赵云交手：

韩德曰："杀吾四子之仇，如何不报！"纵马轮开山大斧，直取赵云。云奋怒挺枪来迎，战不三合，枪起处，刺死韩德于马下……（第 92 回）

韩家五虎中，韩瑶、韩琼、韩琪三人合战赵云，韩琪仍然中枪落马，是实力最差的。韩琼的武艺水平不太明确，但他一直避免与赵云正面单挑，先是与韩瑶合战赵云又用箭射赵云，可见武艺不怎么样。韩瑛与韩德都被赵云不三合刺死，武艺相当。韩家五虎中，武艺最好的应该是韩瑶。韩瑶在与赵云单挑时，虽然也处于劣势，但起码抵抗了一阵。

要论《三国演义》中最悲惨的人，估计就是韩德了。先眼睁睁看着几个儿子被杀，后来自己也被仇人杀死，哪怕换个顺序也好一些。

徐盛与丁奉谁更强?

在《三国演义》前期，徐盛与丁奉常常作为组合出场，执行一些次要任务，比如追杀借东风的诸葛亮、拦截回荆州的刘备夫妇、夷陵之战接应淳于丹。但是，随着东吴武将的凋零，在《三国演义》后期，徐盛、丁奉"多年媳妇熬成婆"——开始扮演重要角色。两人都有自己的专属故事，第 86 回破曹丕徐盛用火攻，第 108 回丁奉雪中奋短兵。一次火攻，一次雪战，都给读者留下了深刻的印象。

但两人的武艺都很一般，徐盛曾被曹仁击败：

曹仁在城上望见牛金困在垓心，遂披甲上马，引麾下壮士数百骑出城，奋力挥刀，杀入吴阵。徐盛迎战，不能抵当。（第 51 回）

丁奉曾被关平击败：

关公即修书付廖化藏于身畔，饱食上马，开门出城。正遇吴将丁奉截住，被关平奋力冲杀，奉败走……（第 76 回）

徐盛挡不住曹仁，丁奉挡不住关平，两人的上限都不高。我们再来看两人的优秀战绩。石亭之战时，徐盛击败了张普：

两阵对圆，张普出马骂曰："贼将早降！"徐盛出马相迎。战无数合，普

徐盛绣像

丁奉绣像

抵敌不住，勒马收兵，回见曹休，言徐盛勇不可当。（第 96 回）

这里的无数合，是没有几合的意思，并非无数个回合。

与徐盛的这个战绩相比，丁奉雪中奋短兵的名气更大：

丁奉将船一字儿抛在水上，乃谓部将曰：“大丈夫立功名，取富贵，正在今日！”遂令众军脱去衣甲，卸了头盔，不用长枪大戟，止带短刀。魏兵见之大笑，更不准备。忽然连珠炮响了三声，丁奉扯刀当先，一跃上岸。众军皆拔短刀，随奉上岸，砍入魏寨，魏兵措手不及。韩综急拔帐前大戟迎之，早被丁奉抢入怀内，手起刀落，砍翻在地。桓嘉从左边转出，忙绰枪刺丁奉，被奉挟住枪杆。嘉弃枪而走，奉一刀飞去，正中左肩，嘉望后便倒。奉赶上，就以枪刺之。（第 108 回）

以上就是两人的全部战绩了，要分出高下的确有些困难。相对而言，丁奉的斩将数量要比徐盛多，而且是步战接连斩杀两员武将，更加出色一些。

马岱与王平谁更强?

马岱与王平都是半路投奔蜀汉的，马岱是在益州之战时跟随马超转投刘备的，王平是在汉中之战时投降赵云的。投奔刘备后，两人都尽心竭力，为蜀汉立下了汗马功劳。刘备死后，诸葛亮南征北战，马岱与王平全程参与了七擒孟获和六出祁山，特别是在六出祁山的故事中，王平苦谏马谡，马岱杀死魏延，都给读者留下了深刻的印象。

马岱绣像

诸葛亮死后，魏延反叛，马岱偷袭杀死魏延：

延大笑曰："杨仪匹夫听着！若孔明在日，吾尚惧他三分，他今已亡，天下谁敢敌我？休道连叫三声，便叫三万声，亦有何难！"遂提刀按辔，于马上大叫曰："谁敢杀我？"一声未毕，脑后一人厉声而应曰："吾敢杀汝！"手起刀落，斩魏延于马下。众皆骇然。斩魏延者，乃马岱也。（第 105 回）

用偷袭的方式杀死魏延是诸葛亮的计谋。诸葛亮既然选择让马岱执行此计，说明马岱具备一定实力。即使是偷袭也不是谁都能成功的，祖茂偷袭华雄就被华雄反杀了。但是，另一方面也说明马岱不具备正面击败魏延的实力。我们可以认为马岱略逊于魏延。

其实，这不是马岱与魏延的第一次交手。在加盟蜀汉前，马岱就曾与魏延有过一战。当时，马岱也没有正面打到底，而是选择了射箭：

前面一军摆开，为首乃是马岱。魏延只道是马超，舞刀跃马迎之。与岱战不十合，岱败走。延赶去，被岱回身一箭，中了魏延左臂。延急回马走。（第 65 回）

这一战，马岱很有可能是诈败，我们来看马岱与张飞之战：

（岱）挺枪跃马，直取张飞。战不十合，马岱败走。张飞欲待追赶，关上

一骑马到来，叫："兄弟且休去！"飞回视之，原来是玄德到来。飞遂不赶，一同上关。（第 65 回）

这两战的过程十分相似，马岱都是打了不到十合就败了。如果这两战都不是诈败，那魏延就与张飞实力相当，显然这不可能。如果马岱败给魏延不是诈败，而败给张飞是诈败，那魏延就强于张飞，这更不可能。所以，要么这两战都是诈败，要么马岱对魏延是诈败，对张飞是真败。总之，马岱对魏延是诈败，魏延并不具备十合内战胜马岱的实力。考虑到刘备阻止张飞追赶马岱，马岱诈败给张飞的可能性较大。那么，可以认为马岱至少可以在张飞面前十合不败。

我们再来看王平。王平曾与张翼合战姜维：

姜维夺得粮车，欲要入城，忽然一彪军拦住，为首蜀将张翼也。二将交锋，战不数合，王平引一军又到，两下夹攻。维力穷抵敌不住，夺路归城……（第 93 回）

根据合战法则，王平是不如姜维的。王平还曾与张郃单挑：

却说王平见魏兵到，引军杀来，正遇张郃，战有数十余合，平力穷势孤，只得退去。（第 95 回）

王平坚持了数十余合，因"力穷势孤"而败走。

总结一下，马岱略逊于魏延，但具备与张飞战十合的实力；王平弱于姜维、张郃。就表现来看，马岱要强一些。

王双与徐质谁更强？

诸葛亮六出祁山，除了张郃，遇到的最强武将就是王双了。书中形容王双"身长九尺"，"使六十斤大刀，骑千里征驼马，开两石铁胎弓，暗藏三个流星锤，百发百中，有万夫不当之勇"。对于惜墨如金的罗贯中来说，用这么长的文字介绍一个武将的情况并不多见。

在与蜀将的较量中，王双斩杀谢雄、龚起，打伤张嶷：

却说谢雄引军前行，正遇王双，战不三合，被双一刀劈死。蜀兵败走，双随后赶来。龚起接着，交马只三合，亦被双所斩。败兵回报孔明。孔明大惊，忙令廖化、王平、张嶷三人出迎。两阵对圆，张嶷出马，王平、廖化压住阵角。王双纵马来与张嶷交马，数合不分胜负。双诈败便走，嶷随后赶去。王平见张嶷中计，忙叫曰："休赶！"嶷急回马时，王双流星锤早到，正中其背。嶷伏鞍

而走，双回马赶来。王平、廖化截住，救得张嶷回阵。（第 97 回）

为了避免与王双正面交战，诸葛亮甚至决定另走他路。

徐质是九伐中原时姜维遇到的最强武将，徐质的兵器是开山大斧，书中形容他“英勇过人”。在与蜀将的较量中，徐质连胜廖化、张翼：

军至董亭，正遇姜维，两军列成阵势。徐质使开山大斧，出马挑战，蜀阵中廖化出迎。战不数合，化拖刀败回。张翼纵马挺枪而迎，战不数合，又败入阵。徐质驱兵掩杀，蜀兵大败，退三十余里。（第 109 回）

王双绣像

回到阵中，姜维与夏侯霸商议：“徐质勇甚，当以何策擒之？”这说明，当时蜀汉诸将中，无人可以单挑战胜徐质，所以姜维考虑用计。姜维之所以会有这种判断，是因为他也曾与张翼单挑：

姜维夺得粮车，欲要入城，忽然一彪军拦住，为首蜀将张翼也。二将交锋，战不数合，王平引一军又到，两下夹攻。维力穷抵敌不住，夺路归城……（第 93 回）

姜维不数合战平张翼，徐质不数合战胜张翼，徐质强于姜维。

王双和徐质谁更强呢？两人都曾与廖化交手，王双逼得王平、廖化联手，徐质不数合击败廖化，两人都强于廖化，很难比较。再对比二人的战绩：王双三合击杀谢雄、龚起，用流星锤打伤张嶷；徐质不数合击败廖化、张翼。王双的战果更好，徐质的对手更强，也很难比较。

我们再来看看二人的结局。王双中诸葛亮之计，被魏延突袭：

行到山坡左侧，忽一骑马从林中骤出，大喝曰：“魏延在此！”王双大惊，措手不及，被延一刀砍于马下。（第 98 回）

徐质中姜维之计，被姜维突袭：

徐质奋死只身而走，人困马乏。

正奔走间，前面一枝兵杀到，乃姜维也。质大惊无措，被维一枪刺倒坐下马，徐质跌下马来，被众军乱刀砍死。（第 109 回）

两人都是中计被突袭，王双“措手不及”，徐质“大惊无措”，十分相似。但是，王双被魏延直接砍中，而徐质只是被刺中战马，跌下马后才被乱军砍死。就临死的表现来看，徐质要更强一点。

王朗与司马懿谁更强？

司马懿绣像

司马师绣像

在诸葛亮第一次北伐中，除了“老奸巨猾”的司马懿，“厚颜无耻”的王朗王司徒也给读者留下了比较深刻的印象。有意思的是，王朗与司马懿在《三国演义》中，都有武艺方面的表现。

王朗曾与太史慈单挑：

孙策大怒，正待交战，太史慈早出。王朗拍马舞刀，与慈战不数合，朗将周昕杀出助战。孙策阵中黄盖，飞马接住周昕交锋。两下鼓声大震，互相鏖战。（第 15 回）

王朗与太史慈“战不数合”，周昕助战，黄盖接住，此后还有一番“鏖战”，王朗少说也与太史慈打了十合。这段情节在嘉靖本中并没有，是毛宗岗加上去的。联系后文王朗的形象，这场单挑并不合理。

司马懿的表现也很好，曾躲过廖化一刀：

却说司马懿被张翼、廖化一阵杀败，匹马单枪，望密林间而走。张翼收住后军，廖化当先追赶。看看赶上，懿着慌，绕树而转。化一刀砍去，正砍在树上，及拔出刀时，懿已走出林外。（第 103 回）

司马懿还曾与魏延打了不上三合：

魏延在谷口，只盼司马懿到来，忽见一枝魏兵杀到，延纵马向前视之，正是司马懿。延大喝曰：“司马懿休走！”舞刀相迎，懿挺枪接战。不上三合，延拨回马便

走，懿随后赶来。延只望七星旗处而走。懿见魏延只一人，军马又少，放心追之。（第 103 回）

虽然魏延的作战目的是诈败诱敌，但至少可以说明魏延短时间内无法击杀司马懿。在嘉靖本中，司马懿与魏延打了大约十合，而且，还是司马懿主动挑战魏延的：

且说魏延只盼司马懿到来，忽一枝兵杀到，延纵马视之，乃司马懿也。懿大喝曰："魏延休走！"延舞刀相迎。战不十合，延拨回马走，懿随后赶来。延只望七星旗处而走。懿见魏延一人，军马又少，放心追赶。（《孔明火烧木栅寨》）

毛宗岗大概觉得司马懿主动挑战魏延、与魏延战约十合不合理，于是做了修正。

与司马懿相比，王朗的对手更强，表现也更好，因此王朗要强于司马懿。王司徒不应该与诸葛亮舌战，应该与诸葛亮来场单挑。

值得一提的是，司马懿的长子司马师也会武艺，曾与姜维单挑：

维大怒曰："孺子焉敢阻吾归路！"拍马挺枪，直来刺师，师挥刀相迎。只三合，杀败了司马师……（第 107 回）

其他势力第一武将

《三国演义》中，除魏蜀吴三国的武将外，还有一些其他势力的武将也表现出很强的战斗力，我们来盘点一下。

袁术第一武将纪灵

纪灵大怒，拍马舞刀，直取玄德。关公大喝曰："匹夫休得逞强！"出马与纪灵大战。一连三十合，不分胜负。纪灵大叫少歇，关公便拨马回阵，立于阵前候之。（第 14 回）

和袁绍相比，袁术帐下武将的实力要差很多，唯一拿得出手的就是纪灵了。纪灵虽然被张飞无十合斩杀，但在关羽面前还是坚持了三十合。

刘表第一武将文聘

只见城内一将飞马引军而出，大喝："魏延无名小卒，安敢造乱！认得我大将文聘么！"魏延大怒，挺枪跃马，便来交战。两下军兵在城边混杀，喊声大震……魏延与文聘交战，从巳至未，手下兵卒皆已折尽。（第 41 回）

巳时是 10：00 到 12：00，未时是 14：00 到 16：00，文聘与魏延打了半天，说明两人武艺十分接近。

张鲁第一武将杨任

杨任自挺枪出马，与渊战三十余合，不分胜负。渊佯败而走，任从后追来，被渊用拖刀计，斩于马下……（第 67 回）

除了短暂加盟张鲁的庞德，张鲁手下最强的武将就是杨任了。夏侯渊三十余合没能击败杨任，最后使用拖刀计才将杨任斩杀。

五溪蛮第一武将沙摩柯

却说甘宁正在船中养病，听知蜀兵大至，火急上马，正遇一彪蛮兵，人皆披发跣足，皆使弓弩长枪搪牌刀斧，为首乃是番王沙摩柯，生得面如噀血，碧眼突出，使一个铁蒺藜骨朵，腰带两张弓，威风抖擞。甘宁见其势大，不敢交锋，拨马而走，被沙摩柯一箭射中头颅。宁带箭而走，到于富池口，坐于大树之下而死。（第 83 回）

沙摩柯绣像

沙摩柯是五溪蛮的蛮王。五溪蛮指荆州武陵郡西部山区的少数民族，也叫武陵蛮，与现在的土家族有渊源，与孟获那支南蛮没有关系。

南三郡第一武将鄂焕

两阵对圆，魏延出马大骂曰："反贼早早受降！"鄂焕拍马与魏延交锋。战不数合，延诈败走，焕随后赶来。走不数里，喊声大震。张翼、王平两路军杀来，绝其后路，延复回。三员将并力拒战，生擒鄂焕。（第 87 回）

诸葛亮七擒孟获前，先平定了被孟获策反的南三郡守将，即建宁太守雍闿、牂牁太守朱褒、越嶲太守高定。鄂焕是高定的前部先锋。书中称鄂焕“身长九尺，面貌丑恶，使一枝方天戟，有万夫不当之勇”，“身长九尺”，与关羽一般高。魏延、张翼、王平三人合战鄂焕，根据合战法则，鄂焕要强于三人。诸葛亮平定南三郡后，任命高定为益州太守，总摄三郡；鄂焕担任高定的牙将。从此，鄂焕就在书中消失了。如果诸葛亮六出祁山带上鄂焕，鄂焕肯定能有所作为。

西羌第一武将越吉

兴望山谷中寻路而走，看看天晚，但见一簇皂旗，蜂拥而来，一员羌将，手提铁锤大叫曰：“小将休走！吾乃越吉元帅也！”关兴急走到前面，尽力纵马加鞭，正遇断涧，只得回马来战越吉。兴终是胆寒，抵敌不住，望涧中而逃，被越吉赶到，一铁锤打来，兴急闪过，正中马胯。那马望涧中便倒，兴落于水中。忽听得一声响处，背后越吉连人带马，平白地倒下水来。兴就水中挣起看时，只见岸上一员大将，杀退羌兵。兴提刀待砍越吉，吉跃水而走。（第 94 回）

西羌国王彻里吉手下有一文一武，文乃雅丹丞相，武乃越吉元帅。越吉一铁锤打中关兴战马，关兴落入水中，若不是关羽显圣，关兴就命丧于此了。

西晋第一武将文鸯

鸯直杀到天明，只听得北边鼓角喧天。鸯回顾从者曰：“父亲不在南面为应，却从北至，何也？”鸯纵马看时，只见一军行如猛风，为首一将，乃邓艾也，跃马横刀，大呼曰：“反贼休走！”鸯大怒，挺枪迎之，战有五十合，不分胜败。（第 110 回）

十八岁的文鸯杀了一夜还能与邓艾五十合战平。文鸯所属的势力不太好归类，如果归入西晋，那他就是西晋第一武将。

第六章　箭法排名

《三国演义》中，形容一名武将武艺出众，常常说他『弓马熟娴』『弓马过人』，马指的是单挑，弓指的是箭法。此前，我们对武将的单挑能力进行了排名；本章，我们将排一排武将的箭法。

弓箭与箭法

弓与箭

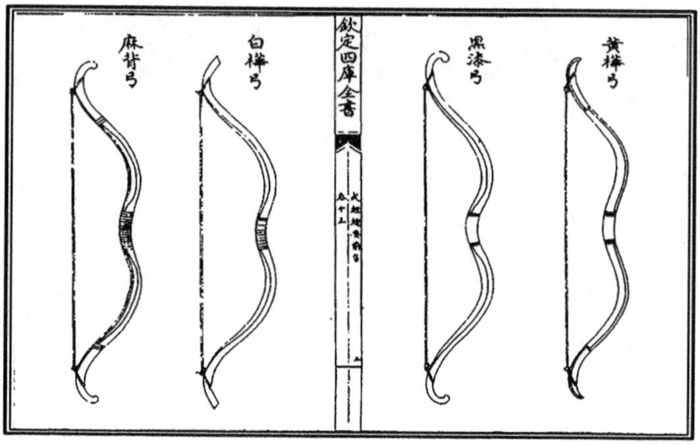

《武经总要》中的弓

弓箭是一种古老的远射兵器，弓由富有弹性的弓背和柔韧的弓弦构成，箭由箭头（箭镞）和箭杆构成，通过瞬间释放拉弓弦过程中积聚的力量，把弓弦

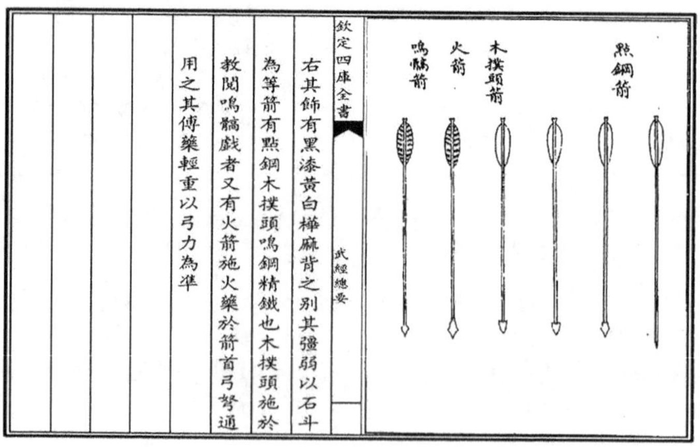
欽定四庫全書
武經總要

點鋼箭
木撲頭箭
火箭
鳴髇箭

右其飾有黑漆黃白樺麻背之別其彊弱以石斗為等箭有點鋼木撲頭鳴鋼精鐵也木撲頭施於教閱鳴髇戲者又有火箭施火藥於箭首弓弩通用之其傅藥輕重以弓力為準

《武经总要》中的箭

上的箭矢射向远处的目标。

弓箭最初是狩猎工具，在原始社会就已出现。商周时期，弓箭成为战争时的重要兵器。周朝时，射为六艺之一，贵族子弟从小就要开始学习箭法。到了秦汉，弓箭制造工艺更利于实战，射箭技术也逐渐平民化。

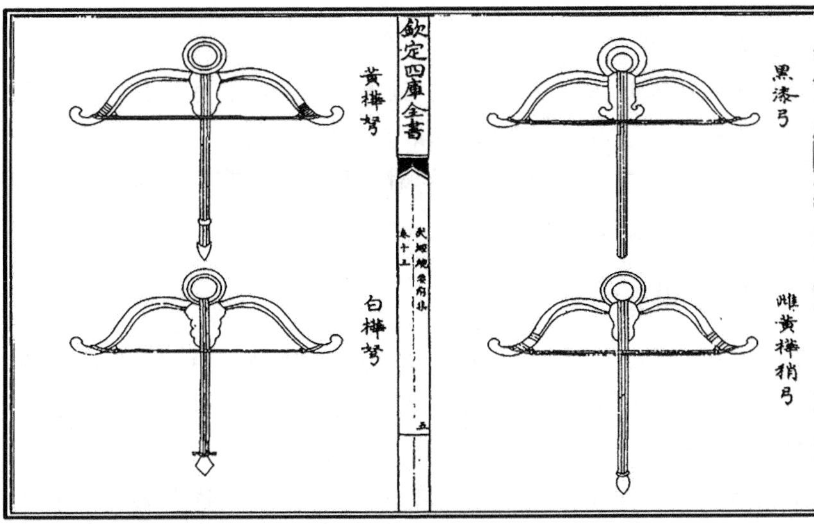

《武经总要》中的弩

弩是装有托柄和延时结构的弓。拉弓弦时，弓是竖着的，弩是横着的。弓完全凭单人臂力拉弓弦，而弩可以通过一套机械装置，先把弦扣住，再从容瞄准，伺机发射。这两点改变使弩相对于弓射程更远，命中率更高，还可以发射重型弩箭。三国时期，诸葛亮对弩进行了改造，被称为元戎弩，“以铁为矢，矢长八寸，一弩十矢俱发”。曹魏发明家马钧看到元戎弩后认为“巧则巧矣，未尽善也”，又加以改进，将威力提升了五倍。

《三国演义》对弓箭进行了艺术化的处理，弓箭的名字都非常好听，比如孙坚的鹊画弓：

坚取箭，连放两箭，皆被华雄躲过。再放第三箭时，因用力太猛，拽折了鹊画弓，只得弃弓纵马而奔。（第 5 回）

顾名思义，鹊画弓就是在弓上画有一只喜鹊。这么做一来希望射出去的箭像喜鹊一样迅捷，二来希望弓上的喜鹊带给自己喜气。可惜，这支弓在射华雄时被孙坚拽断了。

再如汉献帝的宝雕弓与金钺箭：

帝不敢不从，随即上逍遥马，带宝雕弓、金钺箭，排銮驾出城。（第 20 回）

雕是一种猛禽，常在近山区的高空盘旋翱翔，通过俯冲捕食陆地上的小动物。起名宝雕弓，是希望用这把弓射出去的箭像宝雕一样精准，命中目标。

“钺”本意是犁的尖头，犁的尖头又宽又薄，因此箭头较宽较薄且镀金的箭被称作金钺箭。金钺箭是身份的象征，《三国演义》中称帝后的孙权也曾用过。

还有黄忠的铁胎弓：

老将说黄忠，收川立大功。重披金锁甲，双挽铁胎弓。胆气惊河北，威名镇蜀中。临亡头似雪，犹自显英雄。（第 83 回）

弓的弓背多为木质，但为增加弓的射程和威力，有时会在木质弓背中镶入铁条，即称为铁胎弓，也叫铁脊弓。

神射手与狙击手

历史上有很多有名的箭法高手，比如春秋时期百发百中、百步穿杨的养由基，西汉时期射石搏虎的飞将军李广。三国时期，也出现了很多箭法高手，比如营门射戟的吕布：

布令门候于营门中举一只戟，布言：“诸君观布射戟小支，一发中者诸君当解去，不中可留决斗。”布举弓射戟，正中小支。诸将皆惊，言“将军天威也”！明日复欢会，然后各罢。（《三国志·吕布传》）

矢贯敌手的太史慈：

慈长七尺七寸，美须髯，猿臂善射，弦不虚发。尝从策讨麻保贼，贼于屯里缘楼上行詈，以手持楼棼，慈引弓射之，矢贯手著棼，围外万人莫不称善。其妙如此。（《三国志·太史慈传》）

射中关羽额头的庞德：

德常曰：“我受国恩，义在效死。我欲身自击羽。今年我不杀羽，羽当杀我。”后亲与羽交战，射羽中额。时德常乘白马，羽军谓之白马将军，皆惮之。（《三国志·庞德传》）

与正史相比，《三国演义》中的箭法更加出神入化。按照射箭的目的不同，大体上可以分为两类：一类是以展现箭法为目的的射箭表演，另一类是以杀伤敌人为目的的实战射击。这与现代的神枪手类似，神枪手可以在奥运会摘金夺银，也可以在战场上击杀敌人。射箭表演的高手我们可以叫神射手，实战射击的高手我们可以叫狙击手。神射手的目的是射中高难度目标，更多强调的是准；狙击手的目的是杀伤敌人，更多强调的是狠。

对于神射手和狙击手，我们先分别排名，然后再将其综合在一起。

三次射箭比赛

《三国演义》中，有三次带有表演性质的箭法比赛，分别是第 20 回许田射猎、第 56 回铜雀台比射、第 81 回关兴、张苞斗箭争印。

许田射猎

消灭吕布后，曹操用谋士程昱之计，邀天子许田打围欲行王霸之事。射猎时，参与比射的有三人，分别是汉献帝、曹操、刘备。

刘备射中兔子

帝曰："朕今欲看皇叔射猎。"玄德领命上马。忽草中赶起一兔，玄德射之，一箭正中那兔。（第 20 回）

汉献帝三箭不中

转过土坡，忽见荆棘中赶出一只大鹿。帝连射三箭不中……（第 20 回）

曹操射中大鹿

顾谓操曰："卿射之。"操就讨天子宝雕弓、金𫓴箭，扣满一射，正中鹿背，倒于草中。（第 20 回）

群臣看见金𫓴箭以为射中大鹿的是汉献帝，于是高呼万岁。曹操纵马一跃而出，抢在汉献帝前迎受欢呼，于是引出关羽要杀曹操，刘备投鼠忌器的故事。

汉献帝连射三箭不中，箭法最差。野兔的体积相对大鹿更小，射中野兔的难度更高，刘备的箭法强于曹操。

在第 91 回，曹丕致敬他的父亲，也射中过一只母鹿：

当年春二月，丕带睿出猎。行于山坞之间，赶出子母二鹿，丕一箭射倒母鹿……（第 91 回）

铜雀台比射

建安十五年（210 年）春，邺城铜雀台落成，曹操大会文武，设宴庆贺。宴会中，曹操举行射箭比赛，将武将分成两队，曹氏宗族穿红，其余将士穿绿。曹操命人将一领西川红锦战袍挂在垂杨枝上，下设一箭垛，百步为界，射中箭垛红心者，即赐以西川锦袍，射不中就罚水一杯。

这次比射，共有六员武将参加。

第一箭：曹休奔驰三次射中红心

号令方下，红袍队中，一个少年将军骤马而出，众视之，乃曹休也。休飞马往来，奔驰三次，扣上箭，拽满弓，一箭射去，正中红心。金鼓齐鸣，众皆喝采。曹操于台上望见大喜，曰："此吾家千里驹也！"（第56回）

第二箭：文聘纵马一箭射中红心

方欲使人取锦袍与曹休，只见绿袍队中，一骑飞出，叫曰："丞相锦袍，合让俺外姓先取，宗族中不宜搀越。"操视其人，乃文聘也。众官曰："且看文仲业射法。"文聘拈弓纵马一箭，亦中红心。众皆喝采，金鼓乱鸣。聘大呼曰："快取袍来！"（第56回）

第三箭：曹洪解箭射中红心

只见红袍队中，又一将飞马而出，厉声曰："文烈先射，汝何得争夺？看我与你两个解箭！"拽满弓，一箭射去，也中红心，众人齐声喝采。视其人，乃曹洪也。（第56回）

第四箭：张郃翻身背射，射中红心

洪方欲取袍，只见绿袍队里又一将出，扬弓叫曰："你三人射法，何足为奇！看我射来！"众视之，乃张郃也。郃飞马翻身，背射一箭，也中红心。四枝箭齐齐的攒在红心里。众人都道："好射法！"郃曰："锦袍须该是我的！"（第56回）

第五箭：夏侯渊回身射在四箭之中

言未毕，红袍队中一将飞马而出，大叫曰："汝翻身背射，何足称异！看我夺射红心！"众视之，乃夏侯渊也。渊骤马至界口，纽回身一箭射去，正在四箭当中，金鼓齐鸣。渊勒马按弓大叫曰："此箭可夺得锦袍么？"（第56回）

第六箭：徐晃射断柳条

只见绿袍队里，一将应声而出，大叫："且留下锦袍与我徐晃！"渊曰："汝更有何射法，可夺我袍？"晃曰："汝夺射红心，不足为异。看我单取锦袍！"拈弓搭箭，遥望柳条射去，恰好射断柳条，锦袍坠地。徐晃飞取锦袍，披于身上，骤马至台前声喏曰："谢丞相袍！"曹操与众官无不称羡。（第56回）

徐晃拿得锦袍后，许褚飞马夺袍，两人扭打到一起，撕碎了锦袍。曹操教诸将上台，各赐蜀锦一匹，诸将称谢，铜雀台射箭大赛也就此结束。

六将六箭，罗贯中是按照一山还有一山高的结构来写的。

曹休奔驰三次才射中红心，准备时间过长。

文聘纵马一箭射中红心，强于曹休。

曹洪与二人解箭，也射中红心。

张郃翻身背射，射中红心，增加了射箭的难度。

夏侯渊回身射在四箭之中，目标小于红心。

徐晃百步穿柳，目标更小，而且目标的稳定性差。

这其中比较令人费解的是曹洪的表现。曹洪无非也是射中红心，比文聘强在哪里呢？曹洪说的一句话值得玩味，“看我与你两个解箭”，何为解箭？

电视剧 1994 年版《三国演义》拍摄这段情节时，把解箭理解为一箭射在曹休、文聘两箭之间。这种解释似乎说得过去，但也存在问题，如果曹休、文聘、曹洪三支箭三点一线，夏侯渊就无法一箭射在四箭当中了。电视剧 1994 年版《三国演义》在这段情节上就出现了穿帮，上一个镜头是三箭一线，下一个镜头四箭就变成菱形了。

《宋史·吴越钱氏》载：“真宗祀汾阴还，燕近臣苑中，命惟济射，一发中的。故事，刺史射不解箭，帝赐解之，且赐袭衣、金带。”这里的解箭，是胜过的意思，与 1994 年版《三国演义》中解箭的含义并不相同。罗贯中笔下的解箭究竟是什么意思，恐怕只有他自己知道了。

关兴、张苞斗箭争印

刘备为两位弟弟雪恨，兴兵伐吴。关兴、张苞报仇心切，争夺先锋帅印，刘备让两位贤侄比武分胜负。于是，关兴、张苞斗箭。

张苞三中旗心

苞令军士于百步之外，立一面旗，旗上画一红心。苞拈弓取箭，连射三箭，皆中红心，众皆称善。（第 81 回）

关兴应弦落雁

关兴挽弓在手曰：“射中红心何足为奇？”正言间，忽值头上一行雁过。兴指曰：“吾射这飞雁第三只。”一箭射去，那只雁应弦而落。文武官僚，齐声喝采。（第 81 回）

张苞百步之外射中旗上红心，距离远，目标小，而且旗会随风抖动，目标的稳定性相对靶要差很多。张苞连中三箭，又准又稳。

关兴这一箭同样距离远，目标小，且目标的稳定性差。两人相比，关兴射雁是从下往上射，难度要略高于张苞。《水浒传》中，小李广花荣也有一次射雁表演，而且射中的也是第三只。关兴射完后，张苞大怒，提出与关兴比试武艺，这说明张苞也认为自己斗箭输给了关兴。刘备见二人要刀枪相见，连忙喝住二人，并让二人结拜为兄弟，结束了这场争斗。

关羽、张飞都不善射箭，二人在天之灵看到儿子在箭法上超过了自己，一定会非常欣慰。

五次神射

《三国演义》中有五次精彩的神射，这些神射不以杀伤为目的，却达到了威慑的效果。

太史慈箭钉敌掌

城上一员裨将，左手托定护梁，右手指着城下大骂。太史慈就马上拈弓取箭，顾军将曰："看我射中这厮左手！"说声未绝，弓弦响处，果然射个正中，把那将的左手射透，反牢钉在护梁上。城上城下人见者，无不喝采。众人救了这人下城。白虎大惊曰："彼军有如此人，安能敌乎！"遂商量求和。（第15回）

这一箭距离远，目标小，而且是自下而上斜射，却仍然命中那员裨将左手，并将其钉在护梁上，力道十足。太史慈并没有想射死那员裨将，只是通过这种方式威慑一下严白虎。严白虎看到后说："彼军有如此人，安能敌乎！"于是，派弟弟严舆向孙策求和。太史慈用一支箭帮助孙策拿下了一座城。

吕布辕门射戟

这边纪灵不忿，那边张飞只要厮杀。布大怒，教左右："取我戟来！"布提画戟在手，纪灵、玄德尽皆失色。布曰："我劝你两家不要厮杀，尽在天命。"令左右接过画戟，去辕门外远远插定。乃回顾纪灵、玄德曰："辕门离中军一百五十步。吾若一箭射中戟小枝，你两家罢兵；如射不中，你各自回营安排厮杀。有不从吾言者，并力拒之。"纪灵私忖："戟在一百五十步之外，安能便中？且落得应允。待其不中，那时凭我厮杀。"便一口许诺。玄德自无不允。布都教坐，再各饮一杯酒。酒毕，布教取弓箭来。玄德暗祝曰："只愿他射得中便好！"只见吕布挽起袍袖，搭上箭，扯满弓，叫一声："着！"正是：弓开如秋月行天，箭去似流星落地。一箭正中画戟小枝。（第16回）

吕布于一百五十步之外一箭射中方天画戟的小枝，这是《三国演义》中交代的距离最远的一箭。惜墨如金的罗贯中十分罕见地对这一射采用了文学性的描述："弓开如秋月行天，箭去似流星落地。"并有一首赞诗："温侯神射世间稀，曾向辕门独解危。落日果然欺后羿，号猿直欲胜由基。虎筋弦响弓开处，雕羽翎飞箭到时。豹子尾摇穿画戟，雄兵十万脱征衣。”这也是《三国演义》中唯一一次用诗词描写武将的箭法。吕布射完这箭后，之前要拼个你死我活的张飞与纪灵也不再言语，默默接受了吕布的调解。

赵云箭断船索

徐盛见前船无篷，只顾赶去。看看至近，赵云拈弓搭箭，立于船尾大叫曰：“吾乃常山赵子龙也！奉令特来接军师。你如何来追赶？本待一箭射死你来，显得两家失了和气。教你知我手段！”言讫，箭到处，射断徐盛船上篷索。那篷堕落下水，其船便横。赵云却教自己船上拽起满帆，乘顺风而去。其船如飞，追之不及。（第 49 回）

这是《三国演义》中难度最高的一箭。夜黑，风大，距离远，目标小，徐盛的船在移动，赵云的船也在移动，是双向移动靶，而且，在水中两人的船不仅前后移动，还上下颠簸。能想到的不利因素这一箭全都占了。赵云射出这一箭后，丁奉对徐盛说：“诸葛亮神机妙算，人不可及。更兼赵云有万夫不当之勇，汝知他当阳长坂时否？吾等只索回报便了。”于是二人放弃追赶，回去禀告周瑜。

黄忠射羽盔缨

次日天晓，人报云长搦战，忠领兵出城。云长两日战黄忠不下，十分焦躁，抖擞威风，与忠交马。战不到三十余合，忠诈败，云长赶来。忠想昨日不杀之恩，不忍便射，带住刀，把弓虚拽弦响，云长急闪，却不见箭；云长又赶，忠又虚拽，云长急闪，又无箭；只道黄忠不会射，放心赶来。将近吊桥，黄忠在桥上搭箭开弓，弦响箭到，正射在云长盔缨根上。（第 53 回）

关羽的盔缨，目标非常小，而且是移动靶。这个移动靶可不是一般的移动速度，关羽骑的是赤兔马，这几乎可以算是《三国演义》中陆地上的最快移动速度了。《列子》中有一句话说得很好，“至为为不为，至言为无言，至射为不射，不射之射”。意思是，做事的最高境界是不做，说话的最高境界是不说，射箭的最高境界是不射，不射也是射。黄忠这一箭，就达到了不射之射的境界。今日只射关羽盔缨，是报昨日不杀之恩。老将军的箭法与修为都赢得了关羽的尊重。

赵云致敬黄忠

郭淮兵到，万政言赵云英勇如旧，因此不敢近前。淮传令教军急赶，政令数百骑壮士赶来。行至一大林，忽听得背后大喝一声曰：“赵子龙在此！”惊得魏兵落马者百余人，余者皆越岭而去。万政勉强来敌，被云一箭射中盔缨，惊跌于涧中。云以枪指之曰：“吾饶汝性命回去！快教郭淮赶来！”万政脱命

而回。（第 95 回）

赵云这一箭与黄忠射中关羽盔缨的那一箭如出一辙。只是关羽名气比较大，很多读者都记得黄忠那箭，而不知道赵云也曾射中敌将盔缨。其实，就躲箭能力来说，四次中箭的《三国演义》第一活靶关羽未必比万政强多少。而且，黄忠射中关羽盔缨时只有五十多岁，而赵云射中万政盔缨时寿已七旬。这一箭也是赵云的最后一战，征战一生的常胜将军为自己的戎马生涯画上了一个完美的句号。

神射手排名

根据《三国演义》中的三次射箭比赛和五次神射，我们排出了十大神射手。

第 10 名：刘备

兔子移动迅速，射中难度高于静止靶。

第 9 名：张郃

张郃飞马翻身背射，凭借高难姿势胜过射中红心的其他人。

第 8 名：张苞

张苞射中旗上红心，难度高于靶上红心，而且连续三次。

第 7 名：关兴

自下而上射中大雁，难度高于射旗上红心。

第 6 名：夏侯渊

夏侯渊扭回身一箭射在四箭之中，姿势更难，目标更小。

第 5 名：徐晃

徐晃射断柳条，目标比四箭之中更小，且目标的稳定性更差。

第 4 名：吕布

一百五十步之外射中方天画戟小枝，距离超过夏侯渊与徐晃的一百步。

第 3 名：太史慈

与辕门射戟相比，太史慈箭钉敌掌的目标可以移动，而且太史慈是自下而上斜射。

第 2 名：黄忠

黄忠射中关羽盔缨，目标非常小，且目标的移动速度非常快。

第 1 名：赵云

射断徐盛船索是《三国演义》中难度最高的一箭，射中万政盔缨不逊于黄忠，凭借两次神射，赵云是当之无愧的《三国演义》第一神射手。

狙击手排名

在战场上，射箭的意义在于射杀或射伤敌人。在《三国演义》众多狙击手中，有人不止一次杀伤敌人。我们规定：射杀一位有名有姓的敌将得 3 分，射伤一位有名有姓的敌将（包括射中战马）得 1 分，射杀多位无名敌兵得 3 分，射杀一位无名敌兵得 1 分。如果有一次未射中的经历，则减 1 分。

甘宁：10 分

射死凌操

权部将凌操，轻舟当先，杀入夏口，被黄祖部将甘宁一箭射死。（第 38 回）

射死黄祖

黄祖自知难免，拨马而走。甘宁冲开士卒，直赶将来，只听得后面喊声起处，又有数骑赶来。宁视之，乃程普也。宁恐普来争功，慌忙拈弓搭箭，背射黄祖，祖中箭翻身落马。宁枭其首级，回马与程普合兵一处，回见孙权，献黄祖首级。（第 39 回）

射死蔡壎

蔡瑁令弟蔡壎前进。两船将近，甘宁拈弓搭箭，望蔡壎射来，应弦而倒。（第 45 回）

射伤乐进

凌统纵马提刀，出至阵前，张辽使乐进出迎，两个斗到五十合，未分胜败。曹操闻知，亲自策马到门旗下来看，见二将酣斗，乃令曹休暗放冷箭。曹休便闪在张辽背后，开弓一箭，正中凌统坐下马，那马直立起来，把凌统掀翻在地。乐进连忙持枪来刺，枪还未到，只听得弓弦响处，一箭射中乐进面门，翻身落马。两军齐出，各救一将回营，鸣金罢战。凌统回寨中拜谢孙权，权曰："放箭救你者，甘宁也。"凌统乃顿首拜宁曰："不想公能如此垂恩！"自此与甘宁结为生死之交，再不为恶。（第 68 回）

甘宁四次出箭，三死一伤，是《三国演义》第一狙击手。甘宁的第一箭射杀凌操，与凌统结下杀父之仇；最后一箭射伤乐进，与凌统结为生死之交。

乐进：6 分

射死成廉

炮响处，堤内伏兵尽出，夏侯惇、夏侯渊、许褚、典韦、李典、乐进骤马杀来。吕布料敌不过，落荒而走。从将成廉，被乐进一箭射死。（第 12 回）

射死郭图

郭图见阵大乱，急驰入城中。乐进望见，拈弓搭箭，射下城壕，人马俱陷。（第 33 回）

五子良将中，乐进的名气最小，但乐进一直在默默地贡献着自己的力量。乐进射郭图，一箭“人马俱陷”，画面感十足。

刘备：4 分

射伤张宝

玄德望见“地公将军”旗号，飞马赶来，张宝落荒而走。玄德发箭，中其左臂。张宝带箭逃脱，走入阳城，坚守不出。（第 2 回）

射死孙仲

孙仲引贼突出北门，正迎玄德，无心恋战，只待奔逃。玄德张弓一箭，正中孙仲，翻身落马。（第 2 回）

刘备在《三国演义》中两次背后放箭，造成一死一伤。

孙策：4 分

射死陈生

黄祖扬鞭大骂：“江东鼠贼，安敢侵犯汉室宗亲境界！”便令张虎搦战，坚阵内韩当出迎。两骑相交，战三十余合，陈生见张虎力怯，飞马来助。孙策望见，按住手中枪，扯弓搭箭，正射中陈生面门，应弦落马。（第 7 回）

射死刺客

策方举辔欲行，一人拈枪望策左腿便刺。策大惊，急取佩剑从马上砍去，剑刃忽坠，止存剑把在手。一人早拈弓搭箭射来，正中孙策面颊。策就拔面上箭，取弓回射，放箭之人应弦而倒。（第 29 回）

孙策虽然射死了刺客，但最终也死于箭伤，令人惋惜。夏侯惇拔箭刺敌，孙策拔箭射敌，可以对比来看。

张辽：4 分

射死沮鹄

沮鹄进兵来迎。张辽出马，与鹄交锋。战不三合，鹄大败，辽从后追赶。两马相离不远，辽急取弓射之，应弦落马。（第 32 回）

射伤黄盖

张辽拈弓搭箭，觑着黄盖较近，一箭射去。此时风声正大，黄盖在火光中，那里听得弓弦响？正中肩窝，翻身落水。（第 49 回）

黄盖被张辽射中后，凭借良好的水性游回东吴水寨。换作其他人，估计就被这一箭直接射死了。《三国演义》中，只有两箭射于夜间，一箭是赵云射断徐盛船索，另一箭就是张辽射伤黄盖。

太史慈：3 分

射死多名黄巾贼

慈连搠死数人，透围而出。管亥知有人出城，料必是请救兵的，便自引数百骑赶来，八面围定。慈倚住枪，拈弓搭箭，八面射之，无不应弦落马，贼众不敢来追。（第 11 回）

圣天子百灵相助，大将军八面威风！

吕虔：3 分

射死薛兰

薛兰不敢回城，引军投巨野而去，却被吕虔飞马赶来，一箭射于马下，军皆溃散。（第 12 回）

吕虔在《三国演义》中的存在感不高，这是他仅有的两次表现之一，另一次是祢衡口中的“吕虔可使磨刀铸剑”。

蒋钦：3 分

射死陈横

薛礼听知孙策已死，连夜起城内之军，与骁将张英、陈横杀出城来追之。忽然伏兵四起，孙策当先出马，高声大叫曰：“孙郎在此！”众军皆惊，尽弃枪刀，拜于地下。策令休杀一人。张英拨马回走，被陈武一枪刺死。陈横被蒋钦一箭射死。（第 15 回）

这是蒋钦在《三国演义》中为数不多的个人表现之一。

袁尚：3分

射死史涣

两骑相交，不三合，尚拨马刺斜而走。史涣赶来，袁尚拈弓搭箭，翻身背射，正中史涣左目，坠马而死。（第31回）

一箭射中史涣左目，史涣当场毙命，袁尚这一箭又准又狠，强于曹性射夏侯惇的一箭。而且，袁尚是翻身背射，难度更高。

巩志：3分

射死金旋

金旋走至城边，城上乱箭射下。旋惊视之，见巩志立于城上曰："汝不顺天时，自取败亡，吾与百姓自降刘矣。"言未毕，一箭射中金旋面门，坠于马下，军士割头献张飞。（第53回）

凭借这一箭，巩志被刘备任命为新的武陵太守。

李典：3分

射死宋谦

宋谦绰军士手中枪赶来。李典搭上箭，望宋谦心窝里便射，应弦落马。（第53回）

历史上的宋谦在夷陵之战曾协助陆逊击败刘备，而《三国演义》中夷陵之战时他早死了十多年了。

马超：3分

射死多名曹兵

马超箭不虚发，船上驾舟之人，应弦落水，船中数十人皆被射倒。（第58回）

马超的箭法不错，但可惜没有射杀过名将。

关羽：3分

射死成何

关公催四面急攻，矢石如雨，德令军士用短兵接战。德回顾成何曰："吾闻'勇将不怯死以苟免，壮士不毁节而求生'。今日乃我死日也。汝可努力死战。"成何依令向前，被关公一箭射落水中。（第74回）

这是关羽在《三国演义》中唯一一次射箭。

马忠：3 分

射死黄忠

追至三十余里，四面喊声大震，伏兵齐出，右边周泰，左边韩当，前有潘璋，后有凌统，把黄忠困在垓心。忽然狂风大起，忠急退时，山坡上马忠引一军出，一箭射中黄忠肩窝，险些儿落马……忠年老血衰，箭疮痛裂，病甚沉重……是夜殒于御营。（第 83 回）

生擒关羽，射死黄忠，马忠成就了小人物的传奇。

沙摩柯：3 分

射死甘宁

甘宁见其势大，不敢交锋，拨马而走，被沙摩柯一箭射中头颅。宁带箭而走，到于富池口，坐于大树之下而死。树上群鸦数百，围绕其尸。（第 83 回）

番王沙摩柯一箭爆了甘宁的头，终结了三国第一狙击手。

丁奉：3 分

射死张辽

岸上一彪军杀来，为首一将乃丁奉也。张辽急拍马来迎，被奉一箭射中其腰，却得徐晃救了，同保魏主而走，折军无数……张辽回到许昌，箭疮迸裂而亡，曹丕厚葬之，不在话下。（第 86 回）

丁奉这一箭准度稍差，但力度十足，东吴的小朋友肯定会感谢丁叔叔消灭了他们的梦魇。

赵云：3 分

射死韩琼

云拖枪便走，韩琼按戟，急取弓箭射之，连放三箭，皆被云用枪拨落。琼大怒，仍绰方天戟纵马赶来，却被云一箭射中面门，落马而死。（第 92 回）

赵云给韩琼上了一堂生动的射箭课。

孟达：3 分

射死徐晃

孟达登城视之，只见一彪军，打着“右将军徐晃”旗号，飞奔城下。达大惊，急扯起吊桥。徐晃坐下马收拾不住，直来到壕边，高叫曰：“反贼孟达，早早受降！”达大怒，急开弓射之，正中徐晃头额，魏将救去。

却说徐晃被孟达射中头额，众军救到寨中，取了箭头，令医调治，当晚身死，时年五十九岁。（第 94 回）

一代名将徐晃竟以这种方式死在小人孟达箭下，令人唏嘘。

荀恺：3 分

射死卢逊

会拍马过桥，桥上土塌，陷住马蹄，争些儿撇下马来。马挣不起，会弃马步行，跑下桥时，卢逊赶上，一枪刺来，却被魏兵中荀恺回身一箭，射卢逊落马。（第 116 回）

荀恺是荀彧曾孙，也是司马懿外孙。

黄忠：2 分

射伤邓贤

魏延策马飞奔，那马忽失前蹄，双足跪地，将魏延掀将下来。邓贤马奔到，挺枪来刺魏延。枪未到处，弓弦响，邓贤倒撞下马。

黄忠一枝军救了魏延，杀了邓贤，直赶到寨前。（第 62 回）

射伤夏侯尚

次日，两军皆到山谷阔处，布成阵势。黄忠、夏侯渊各立马于本阵门旗之下。黄忠带着夏侯尚，夏侯渊带着陈式，各不与袍铠，只穿蔽体薄衣。一声鼓响，陈式、夏侯尚各望本阵奔回。夏侯尚比及到阵门时，被黄忠一箭，射中后心，尚带箭而回。（第 71 回）

黄忠这两箭都没有射杀敌将，有失水准。

徐荣：1 分

射伤曹操

走至一荒山脚下，时约二更，月明如昼。方才聚集残兵，正欲埋锅造饭，只听得四围喊声，徐荣伏兵尽出。曹操慌忙策马，夺路奔逃，正遇徐荣，转身便走，荣搭上箭，射中操肩膊。操带箭逃命，踅过山坡。（第 6 回）

徐荣虽然是个小人物，但击败过曹操和孙坚。

曹性：1 分

射伤夏侯惇

却说夏侯惇引军前进，正与高顺军相遇，便挺枪出马搦战。高顺迎敌。两马相交，战有四五十合，高顺抵敌不住，败下阵来。惇纵马追赶，顺绕阵而走。惇不舍，亦绕阵追之。阵上曹性看见，暗地拈弓搭箭，觑得亲切，一箭射去，正中夏侯惇左目。惇大叫一声，急用手拔箭，不想连眼珠拔出，乃大呼曰："父精母血，不可弃也！"遂纳于口内啖之，仍复挺枪纵马，直取曹性。性不及提防，早被一枪搠透面门，死于马下。两边军士见者，无不骇然。（第 18 回）

从此以后，夏侯惇眼中的敌人少了一半。

韩福：1 分

射伤关羽

关公勒马回来，韩福闪在门首，尽力放了一箭，正射中关公左臂。（第 27 回）

这一箭开启了关羽丰富多彩的中箭之旅。

马岱：1 分

射伤魏延

与岱战不十合，岱败走。延赶去，被岱回身一箭，中了魏延左臂。延急回马走。（第 65 回）

魏延这一生只挨过一箭一刀，都是拜马岱所赐。

耿纪：1 分

射伤王必

王必慌忙出帐看时，只见火光乱滚，又闻喊杀连天，知是营中有变，急上马出南门，正遇耿纪，一箭射中肩膊，几乎坠马，遂望西门而走……（第 69 回）

在这里，是王必射中耿纪还是耿纪射中王必写得非常含糊，嘉靖本就很清晰了："纪不知是王必，只顾引弓箭射之，一箭射中必肩。"

魏延：1 分

射伤曹操

操方麾军回战马超，自立马于高阜处，看两军争战。忽一彪军撞至面前，大叫："魏延在此！"拈弓搭箭，射中曹操，操翻身落马……操带伤归寨，原来被魏延射中人中，折却门牙两个，急令医士调治。（第 72 回）

魏延的这一箭让曹操的门牙提前下岗了。

庞德：1分

射伤关羽

原来庞德虚作拖刀势，却把刀就鞍鞒挂住，偷拽雕弓，搭上箭，射将来。关平眼快，见庞德拽弓，大叫："贼将休放冷箭！"关公急睁眼看时，弓弦响处，箭早到来，躲闪不及，正中左臂。关平马到，救父回营。（第74回）

正史中，庞德这一箭射中了关羽的额头。

文丑：1分

射中张辽战马

张辽、徐晃飞马齐出，大叫："文丑休走！"文丑回头见二将赶上，遂按住铁枪，拈弓搭箭，正射张辽。徐晃大叫："贼将休放箭！"张辽低头急躲，一箭射中头盔，将簪缨射去。辽奋力再赶，坐下战马又被文丑一箭射中面颊。那马跪倒前蹄，张辽落地。（第26回）

《三国演义》中，有三箭射中盔缨，分别是黄忠、赵云、文丑所射。黄忠与赵云都是故意射中盔缨，文丑这箭是张辽为了躲箭才被射中了盔缨。但如果不是徐晃提醒，文丑很可能会射中张辽头部。因此这一箭不加分也不减分。凭借射中张辽战马，文丑获得1分。

曹休：1分

射中凌统战马

凌统纵马提刀，出至阵前，张辽使乐进出迎，两个斗到五十合，未分胜败。曹操闻知，亲自策马到门旗下来看，见二将酣斗，乃令曹休暗放冷箭。曹休便闪在张辽背后，开弓一箭，正中凌统坐下马，那马直立起来，把凌统掀翻在地。（第68回）

从"正中"二字看，曹休瞄准的就是凌统的战马。在曹家新一代武将中，曹休是箭法最好的了，既能表演也能实战。

谭雄：1分

射中张苞战马

吴军中裨将谭雄，见张苞英勇，李异不能胜，却放一冷箭，正射中张苞所骑之马。那马负痛奔回本阵，未到门旗边，扑地便倒，将张苞掀在地上。（第82回）

与张辽和凌统的战马相比，张苞的这匹战马非常优秀，虽被射中，仍负痛将主人带回本阵。

严颜：0分

射中张飞头盔

次日早晨，又引军去搦战。那严颜在城敌楼上，一箭射中张飞头盔。飞指而恨曰："若拿住你这老匹夫，我亲自食你肉！"（第63回）

严颜还是上了年纪，虽然准度还在，但力度不够了。射中了张飞，但没有杀伤力，不加分也不减分。

许褚：0分

射左慈不中

褚上马引军赶至城门，望见左慈穿木履在前，慢步而行。褚飞马追之，却只追不上。直赶到一山中，有牧羊小童，赶着一群羊而来，慈走入羊群内。褚取箭射之，慈即不见。褚尽杀群羊而回。（第68回）

与典韦一样，许褚的箭法也一般，在全书中只射过一次左慈，还没有射中。归顺曹操前，许褚只会掷石头，估计是曹营诸将比箭后，许褚觉得身为大将不会射箭有点说不过去，自己偷着练了练。射不中本应扣分，但考虑到目标是会法术的左慈，不加分也不扣分。

张飞：-1分

射马超被躲

张飞便勒回马走时，马超却又赶来。张飞带住马，拈弓搭箭，回射马超，超却闪过。（第65回）

这是张飞在《三国演义》中唯一一次射箭，但遇到了躲箭高手马超。

郭淮：-1分；姜维：-1分

姜维接郭淮之箭反射死郭淮

羌、魏之兵，一齐杀入，蜀兵四分五落，各自逃生。维手无器械，腰间止有一副弓箭，走得慌忙，箭皆落了，只有空壶。维望山中而走，背后郭淮引兵赶来，见维手无寸铁，乃骤马挺枪追之。看看至近，维虚拽弓弦，连响十余次。淮连躲数番，不见箭到，知维无箭，乃挂住钢枪，拈弓搭箭射之。维急闪过，顺手接了，就扣在弓弦上，待淮追近，望面门上尽力射去，淮应弦落马。维勒回马来杀郭淮，魏军骤至。维下手不及，只掣得淮枪而去。魏兵不敢追赶，急救淮归寨，拔出箭头，血流不止而死。（第109回）

射邓忠被躲

那小将骤马追来，维挂住了钢枪，暗取雕弓羽箭射之。那小将眼乖，早已见了，弓弦响处，把身望前一倒，放过羽箭。（第 112 回）

射杨欣三箭不中

维大怒，纵马交锋，只一合，杨欣败走，维拈弓射之，连射三箭皆不中。维转怒，自折其弓，挺枪赶来……（第 116 回）

郭淮射箭被接，扣一分。在没有箭的情况下，姜维接箭反射，击杀郭淮，仿佛武侠小说一般，这种表现在《三国演义》中仅有这一次。可惜姜维之后两次不中拉低了得分。射不中邓忠还可以理解，连射杨欣三箭不中，实在有点说不过去。与之前空手接箭反射郭淮时的表现相比，简直是天壤之别。看来还是抢来的箭更好用，下回姜维出战不要带箭了。

孙坚：-2 分

射华雄两箭被躲

背后华雄追来，坚取箭，连放两箭，皆被华雄躲过。再放第三箭时，因用力太猛，拽折了鹊画弓，只得弃弓纵马而奔。（第 5 回）

赔了羽箭又折弓。

韩琼：-3 分

射赵云三箭被拨落

云拖枪便走，韩琼按戟，急取弓箭射之，连放三箭，皆被云用枪拨落。琼大怒，仍绰方天戟纵马赶来，却被云一箭射中面门，落马而死。（第 92 回）

赵云老师的射箭指导课：韩琼在生命的最后一刻学会了射箭。

于禁：-3 分

射死友军李堪

天色微明，只见李堪领一军从桥下过，超挺枪纵马逐之，李堪拖枪而走。恰好于禁从马超背后赶来，禁开弓射马超。超听得背后弦响，急闪过，却射中前面李堪，落马而死。（第 59 回）

于禁射出了《三国演义》中唯一一次乌龙箭，倒扣 3 分。

乱箭亡魂

除了被名将射杀外，还有些人物死于乱箭之下。

韩忠

韩忠果引军弃城而奔。儁与玄德、关、张率三军掩杀，射死韩忠，余皆四散奔走。（第 2 回）

按照刘、关、张哥仨的箭法，韩忠最可能是被刘备射死的。

公孙越

却说公孙瓒知袁绍已据冀州，遣弟公孙越来见绍，欲分其地。绍曰："可请汝兄自来，吾有商议。"越辞归，行不到五十里，道旁闪出一彪军马，口称："我乃董丞相家将也！"乱箭射死公孙越。（第 7 回）

公孙越之死是磐河之战的导火索。

孙坚

吕公勒回马来战孙坚。交马只一合，吕公便走，闪入山路去。坚随后赶入，却不见了吕公。坚方欲上山，忽然一声锣响，山上石子乱下，林中乱箭齐发。坚体中石、箭，脑浆迸流，人马皆死于岘山之内，寿止三十七岁。（第 7 回）

第 6 回，藏匿玉玺的孙坚曾发誓："吾若果得此宝，私自藏匿，异日不得善终，死于刀箭之下！"

曹昂

操长子曹昂，即以己所乘之马奉操。操上马急奔，曹昂却被乱箭射死。（第 16 回）

曹操为自己的好色付出了惨重的代价。

太史慈

太史慈见城门大开，只道内变，挺枪纵马先入。城上一声炮响，乱箭射下，太史慈急退，身中数箭。背后李典、乐进杀出，吴兵折其大半，乘势直赶到寨前。陆逊、董袭杀出，救了太史慈，曹兵自回。孙权见太史慈身带重伤，愈加伤感。张昭请权罢兵，权从之，遂收兵下船，回南徐润州。比及屯住军马，太史慈病重，权使张昭等问安，太史慈大叫曰："大丈夫生于乱世，当带三尺剑立不世之功，今所志未遂，奈何死乎！"言讫而亡，年四十一岁。（第 53 回）

太史慈去世时只有四十一岁，如果太史慈像黄忠、赵云那样长寿，完全可以射出更多神箭。

庞统

却说庞统迤逦前进，抬头见两山逼窄，树木丛杂，又值夏末秋初，枝叶茂盛。庞统心下甚疑，勒住马问："此处是何地？"数内有新降军士，指道："此处地名落凤坡。"庞统惊曰："吾道号凤雏，此处名落凤坡，不利于吾。"令后军疾退。只听山坡前一声炮响，箭如飞蝗，只望骑白马者射来。可怜庞统竟死于乱箭之下。时年止三十六岁。（第 63 回）

庞统与周瑜，都死于三十六岁。

张郃

此时天色昏黑，一声炮响，山上火光冲天，大石乱柴滚将下来，阻截去路。郃大惊曰："我中计矣！"急回马时，背后已被木石塞满了归路，中间只有一段空地，两边皆是峭壁，郃进退无路。忽一声梆子响，两下万弩齐发，将张郃并百余个部将，皆射死于木门道中。（第 101 回）

张郃之死，宣告五子良将退出了历史的舞台。

吴班

吴班分一半兵撑筏顺水来烧浮桥，却被张虎、乐綝在岸上乱箭射住。吴班中箭，落水而死。余军跳水逃命，木筏尽被魏兵夺去。（第 102 回）

吴班是张飞的部将，张虎是张辽之子，乐綝是乐进之子。

秦朗

此时秦朗所引一万兵，都被蜀兵围住，箭如飞蝗，秦朗死于乱军之中。（第 102 回）

秦朗的父亲是秦宜禄，母亲是著名的美女杜氏，曹操围攻吕布于下邳，城破后，曹操拒绝了关羽的请求，将杜氏据为己有，秦朗于是成为曹操的继子，随母亲住在曹府。秦宜禄后来也归降曹操，被张飞所杀。

张嶷

荡寇将军张嶷，闻姜维受困，引数百骑杀入重围。维因乘势杀出，嶷被魏兵乱箭射死。（第 111 回）

七擒孟获，张嶷中过祝融夫人的飞刀；六出祁山，张嶷中过王双的流星锤；九伐中原，张嶷中乱箭而死。《三国志・张嶷传》载：“军前与魏将徐质交锋，嶷临陈陨身，然其所杀伤亦过倍。”

夏侯霸

方到瓮城边，忽然一声炮响，城上鼓角齐鸣，旌旗遍竖，拽起吊桥。霸大惊曰：“误中计矣！”慌欲退时，城上矢石如雨。可怜夏侯霸同五百军，皆死于城下。（第 115 回）

大胆姜维妙算长，谁知邓艾暗提防。可怜投汉夏侯霸，顷刻城边箭下亡。

钟会

宫外四面火起，外兵砍开殿门杀入。会自掣剑立杀数人，却被乱箭射倒，众将枭其首。（第 119 回）

钟会的野心害了自己。

箭法综合排名

在前几节，我们分别对神射手和狙击手进行了排名，现在，我们尝试将两个榜单综合在一起。

我们在介绍狙击手时，为每一位狙击手评定了一个分数。其中最高的是甘宁，10 分。为了平衡两个榜单，我们把十大神射手第一名赵云的得分也设定为 10 分。然后从第二名到第十名依次递减，第二名 9 分，第三名 8 分，一直到第十名 1 分。得分相同时，按照十大神射手的名次决定先后顺序。这样一来，我们就可以根据得分对箭法前十的武将进行排名。

箭法排名前十的武将

排名	武将	得分
1	赵云	13
2	黄忠	11
3	太史慈	11
4	甘宁	10
5	吕布	7
6	徐晃	6
7	乐进	6
8	夏侯渊	5
9	刘备	5
10	关兴	4

第七章 其他战法排名

在前文，我们获得了武将马战单挑能力和箭法的排名。在本章，我们将排一下武将的步战、水战和冲阵能力。

武将步战排名

十大步战武将排名，我们主要依据的是武将的斩将数和杀敌数。所谓斩将，指斩杀有名有姓的武将。所谓杀敌，指杀死普通士卒。这里的步战，也包括城战。

第10名：甘宁

链打朱光

次日五更饭毕，三军大进，城上矢石齐下。甘宁手执铁链，冒矢石而上。朱光令弓弩手齐射，甘宁拨开箭林，一链打倒朱光。吕蒙亲自擂鼓，士卒皆一拥而上，乱刀砍死朱光，余众多降。（第67回）

攻打皖城，甘宁先登，一铁链打倒朱光，但未能击杀朱光，影响了排名。

第9名：曹洪

刀斩何曼

阵圆处，一将步行出战，头裹黄巾，身披绿袄，手提铁棒，大叫："我乃截天夜叉何曼也！谁敢与我厮斗？"曹洪见了，大喝一声，飞身下马，提刀步出。两下向阵前厮杀，四五十合，胜负不分。曹洪诈败而走，何曼赶来。洪用拖刀背砍计，转身一踅，砍中何曼，再复一刀杀死。（第12回）

这是《三国演义》中步战唯一一次多回合较量，颇有《水浒传》的味道。而且，在步战中，曹洪还用了拖刀计。

第8名：钟会

立杀数人

忽报兵已入内。会令闭上殿门，使军士上殿屋以瓦击之，互相杀死数十人。宫外四面火起，外兵砍开殿门杀入。会自掣剑立杀数人，却被乱箭射倒，众将枭其首。（第119回）

钟会在《三国演义》中没有单挑的经历，但从"立杀数人"的表现看，武艺也是很不错的。

第7名：关羽

刀劈卞喜

卞喜知事泄，大叫："左右下手！"左右方欲动手，皆被关公拔剑砍之。卞喜下堂绕廊而走，关公弃剑执大刀来赶。卞喜暗取飞锤掷打关公。关公用刀隔开锤，赶将入去，一刀劈卞喜为两段。（第27回）

关羽先用佩剑砍倒卞喜左右，又换了青龙偃月刀将卞喜劈为两段。

第6名：丁奉

雪中奋短兵

忽然连珠炮响了三声，丁奉扯刀当先，一跃上岸。众军皆拔短刀，随奉上岸，砍入魏寨，魏兵措手不及。韩综急拔帐前大戟迎之，早被丁奉抢入怀内，手起刀落，砍翻在地。桓嘉从左边转出，忙绰枪刺丁奉，被奉挟住枪杆。嘉弃枪而走，奉一刀飞去，正中左肩，嘉望后便倒。奉赶上，就以枪刺之。（第108回）

丁奉先砍翻韩综，又刺死桓嘉，一战之中，斩杀两将。

第5名：庞德

跃坑夺马

庞德先引铁骑千余，冲突而来。喊声起处，人马俱落于陷马坑内。庞德踊身一跳，跃出土坑，立于平地，立杀数人，步行砍出重围。韩遂已被困在垓心，庞德步行救之。正遇着曹仁部将曹永，被庞德一刀砍于马下，夺其马，杀开一条血路，救出韩遂，投东南而走。（第58回）

庞德马落陷坑，一跃而出，立杀数人，砍出重围。然后，又用步战的方式迎战对方骑将，并将对方砍死，夺其马匹。

第4名：周泰

赤体步战

却说孙权与周泰守宣城，忽山贼窃发，四面杀至。时值更深，不及抵敌，泰抱权上马。数十贼众，用刀来砍。泰赤体步行，提刀杀贼，砍杀十余人。随后一贼跃马挺枪直取周泰，被泰扯住枪，拖下马来，夺了枪马，杀条血路，救出孙权，余贼远遁。周泰身被十二枪，金疮发胀，命在须臾。（第15回）

面对数十贼人，周泰赤体步行，砍杀十余人，"身被十二枪"，仅这两个数字就已经让人非常震撼了。周泰也做到了步战夺马，把周泰排在庞德之前，是因为周泰杀敌数量更多。

第3名：孙坚

飞身夺槊

孙坚首先登城，斩贼二十余人，贼众奔溃。赵弘飞马突槊，直取孙坚。坚从城上飞身夺弘槊，刺弘下马，却骑弘马，飞身往来杀贼。（第2回）

孙坚先斩贼二十余人，后又飞身夺马。同样是夺马，庞德是直接砍骑马之人，周泰是把骑马之人拖下马来，而孙坚是从城上飞身跳下先夺槊，后夺马，难度更高。

第2名：马超

步战六将

超一剑望韩遂面门剁去，遂慌以手迎之，左手早被砍落。五将挥刀齐出。超纵步出帐外，五将围绕混杀。超独挥宝剑，力敌五将。剑光明处，鲜血溅飞，砍翻马玩，剁倒梁兴，三将各自逃生。（第59回）

在《三国演义》步战以一敌多中，这是敌将最多的一次。马超先是砍断韩遂左手，又力敌侯选、李堪、梁兴、马玩、杨秋，共造成一伤二死三逃。

第1名：典韦

五步飞戟

马军队里，一将踊出，乃典韦也，手挺双铁戟，大叫："主公勿忧！"飞身下马，插住双戟，取短戟十数枝，挟在手中，顾从人曰："贼来十步乃呼我！"遂放开脚步，冒箭前行。布军数十骑追至。从人大叫曰："十步矣！"韦曰："五步乃呼我！"从人又曰："五步矣！"韦乃飞戟刺之，一戟一人坠马，并无虚发，立杀十数人，众皆奔走。（第11回）

宛城救主

韦方醉卧，睡梦中听得金鼓喊杀之声，便跳起身来，却寻不见了双戟。时敌兵已到辕门，韦急掣步卒腰刀在手。只见门首无数军马，各挺长枪，抢入寨来。韦奋力向前，砍死二十余人。马军方退，步军又到，两边枪如苇列。韦身无片甲，上下被数十枪，兀自死战。刀砍缺不堪用，韦即弃刀，双手提着两个军人迎敌，击死者八九人。群贼不敢近，只远远以箭射之，箭如骤雨，韦犹死拒寨门。争奈寨后贼军已入，韦背上又中一枪，乃大叫数声，血流满地而死。死了半晌，还无一人敢从前门而入者。（第16回）

五步飞戟，典韦立杀十数人；宛城救主，典韦先用刀砍死二十余人，刀砍缺后又提两个军人击死八九人，前后杀死三十余人。典韦不仅在《三国演义》

中步战第一，在《三国志》中也是步战第一。

除这十人外，《三国演义》还有一些步战高手，比如一拳击倒赵范的赵云：

云闻言大怒而起，厉声曰："吾既与汝结为兄弟，汝嫂即吾嫂也，岂可作此乱人伦之事乎！"赵范羞惭满面，答曰："我好意相待，如何这般无礼！"遂目视左右，有相害之意。云已觉，一拳打倒赵范，径出府门，上马出城去了。（第52回）

这一拳是《三国演义》中武将唯一一次赤手空拳击败敌将。

再如文鸯、文虎杀人跳城：

文鸯、文虎见父被杀，各拔短刀，立杀数十人，飞身上城，一跃而下，越壕赴魏寨投降。（第112回）

立杀数十人跃城而下的表现也十分精彩，但因为是二人合力，并非一人所为，遗憾落选十大步战高手。

武将水战排名

根据战斗方式不同，《三国演义》中的水战包括远程射箭、接舷单挑、水中格斗。接舷单挑和水中格斗更能体现武将水战的能力，排名时，我们更加看重。另外，武将的水性和驾船水平在水战中十分重要，也可以为武将加分。

第10名：文聘

抵挡两将

韩当、周泰催船追赶，到半江中，恰与文聘船相迎，两边便摆定船厮杀。

回看文聘与韩当、周泰相持，韩当、周泰奋力攻击，文聘抵敌不住，回船而走。（第48回）

水上颇熟

来船渐近。程昱观望良久，谓操曰："来船必诈，且休教近寨。"操曰："何以知之？"程昱曰："粮在船中，船必稳重，今观来船，轻而且浮。更兼今夜东南风甚紧，倘有诈谋，何以当之？"操省悟，便问："谁去止之？"文聘曰："某在水上颇熟，愿请一往。"言毕，跳下小船，用手一指，十数只巡船，随文聘船出。（第49回）

小舟救驾

丕叹曰：“魏虽有武士千群，无所用之。江南人物如此，未可图也！”

正惊讶间，忽然狂风大作，白浪滔天，江水溅湿龙袍，大船将覆，曹真慌令文聘撑小舟急来救驾。龙舟上人立站不住，文聘跳上龙舟，负丕下得小舟，奔入河港。（第 86 回）

文聘作为荆州旧将，对水战十分在行。不过，虽然有很多亮点，但毕竟缺乏斩将杀敌的记录，排名不高。

第 9 名：张辽

射中黄盖

操见势急，方欲跳上岸，忽张辽驾一小脚船，扶操下得船时，那只大船已自着了。张辽与十数人保护曹操，飞奔岸口。黄盖望见穿绛红袍者下船，料是曹操，乃催船速进，手提利刃，高声大叫：“曹贼休走！黄盖在此！”操叫苦连声。张辽拈弓搭箭，觑着黄盖较近，一箭射去。此时风声正大，黄盖在火光中，那里听得弓弦响？正中肩窝，翻身落水。（第 49 回）

脚船指形似人脚的独木舟，张辽独自驾驶，先救出曹操，又射中黄盖，展现出很强的水战能力。

第 8 名：吕蒙

砍翻陈就

陈就弃船而走。吕蒙见了，跳下小船，自举橹棹，直入船队，放火烧船。陈就急待上岸，吕蒙舍命赶到跟前，当胸一刀砍翻。（第 38 回）

陈就弃船先走，吕蒙自举橹棹追击，抽空放火烧毁敌船，仍然追上了陈就，并将其杀死。

第 7 名：韩当

刺死焦触

却说焦触、张南凭一勇之气，飞棹小船而来。韩当独披掩心，手执长枪，立于船头。焦触船先到，便命军士乱箭望韩当船上射来，当用牌遮隔。焦触捻长枪与韩当交锋，当手起一枪，刺死焦触。（第 48 回）

韩当一手盾牌，一手长枪，盾牌挡箭，长枪杀敌。

第6名：赵云

箭断船索

徐盛见前船无篷，只顾赶去。看看至近，赵云拈弓搭箭，立于船尾大叫曰："吾乃常山赵子龙也！奉令特来接军师。你如何来追赶？本待一箭射死你来，显得两家失了和气。教你知我手段！"言讫，箭到处，射断徐盛船上篷索。那篷堕落下水，其船便横。（第49回）

截江夺斗

赵云沿江赶到十余里，忽见江滩斜缆一只渔船在那里。赵云弃马执枪，跳上渔船。只两人驾船前来，望着夫人所坐大船追赶。周善教军士放箭，赵云以枪拨之，箭皆纷纷落水。离大船悬隔丈余，吴兵用枪乱刺。赵云弃枪在小船上，掣所佩青釭剑在手，分开枪搠，望吴船涌身一跳，早登大船，吴兵尽皆惊倒。（第61回）

在这两战，赵云展现出超强的水战能力，神射、躲箭、跳船、分枪。赵云没有击杀敌方兵将，不是能力不足，而是情势所致，前者是盟友，后者是主母。

第5名：许褚

单舟救主

只听得人喊马嘶，蜂拥而来，船上一将跃身上岸，呼曰："贼至矣！请丞相下船！"操视之，乃许褚也。操口内犹言："贼至何妨？"回头视之，马超已离不得百余步。许褚拖操下船时，船已离岸一丈有余，褚负操一跃上船。随行将士尽皆下水，扳住船边，争欲上船逃命。船小将翻，褚掣刀乱砍，傍船手尽折，倒于水中，急将船望下水棹去。许褚立于梢上，忙用木篙撑之，操伏在许褚脚边。马超赶到河岸，见船已流在半河，遂拈弓搭箭，喝令骁将绕河射之，矢如雨急。褚恐伤曹操，以左手举马鞍遮之。马超箭不虚发，船上驾舟之人，应弦落水，船中数十人皆被射倒。其船反撑不定，于急水中旋转。许褚独奋神威，将两腿夹舵摇撼，一手使篙撑船，一手举鞍遮护曹操。（第58回）

腰大十围的许褚水上功夫也不错。《三国演义》中，马战救主、步战救主的例子很多，但水中救主的凤毛麟角。这段故事来自正史，《三国志·许褚传》载："贼战急，军争济，船重欲没。褚斩攀船者，左手举马鞍蔽太祖。船工为流矢所中死，褚右手并溯船，仅乃得渡。是日，微褚几危。"

第4名：庞德

夺船杀人

众军皆降，止有庞德一人力战。正遇荆州数十人，驾小船近堤来，德提刀

飞身一跃，早上小船，立杀十余人，余皆弃船赴水逃命。庞德一手提刀，一手使短棹，欲向樊城而走。（第 74 回）

庞德步战夺马，水战夺船，一战杀死十余人。

第 3 名：周泰

砍死张南

张南挺枪立于船头，两边弓矢乱射。周泰一臂挽牌，一手提刀，两船相离七八尺，泰即飞身一跃，直跃过张南船上，手起刀落，砍张南于水中，乱杀驾舟军士众船飞棹急回。（第 48 回）

两船相距七八尺，周泰一跃而过，在今天可以参加跳远比赛了。与庞德相比，周泰在杀敌的同时，还实现了斩将。

第 2 名：周仓

生擒庞德

只见上流头，一将撑大筏而至，将小船撞翻，庞德落于水中。船上那将跳下水去，生擒庞德上船。众视之，擒庞德者，乃周仓也。仓素知水性，又在荆州住了数年，愈加惯熟，更兼力大，因此擒了庞德。（第 74 回）

如果比骑兵单挑，周仓远不如庞德，但是在水战中，周仓凭借水性和力大，生擒庞德。这是《三国演义》中唯一一次水中战，也是在水战中擒杀敌将级别最高的一战。

第 1 名：甘宁

射死凌操

权部将凌操，轻舟当先，杀入夏口，被黄祖部将甘宁一箭射死。（第 38 回）

砍死邓龙

甘宁谓董袭曰："事已至此，不得不进。"乃选小船百余只，每船用精兵五十人：二十人撑船，三十人各披衣甲，手执钢刀，不避矢石，直至艨艟傍边，砍断大索，艨艟遂横。甘宁飞上艨艟，将邓龙砍死……（第 38 回）

射死蔡壎

早见东吴船只，蔽江而来。为首一员大将，坐在船头上大呼曰："吾乃甘宁也！谁敢来与我决战？"蔡瑁令弟蔡壎前进。两船将近，甘宁拈弓搭箭，望蔡壎射来，应弦而倒。宁驱船大进，万弩齐发，曹军不能抵当。（第 45 回）

甘宁三次水战，两箭一刀，拿下三颗人头，是《三国演义》中的水战之王。值得一提的是，在历史上，砍死邓龙的那次战斗，冲锋的并不是甘宁，而是董袭与凌统。《三国志·董袭传》载：

建安十三年，权讨黄祖。祖横两蒙冲挟守沔口，以栟闾大绁系石为矴，上有千人，以弩交射，飞矢雨下，军不得前。袭与凌统俱为前部，各将敢死百人，人被两铠，乘大舸船，突入蒙冲里。袭身以刀断两绁，蒙冲乃横流，大兵遂进。祖便开门走，兵追斩之。明日大会，权举觞属袭曰："今日之会，断绁之功也。"

董袭身穿两铠，突入敌船，刀断两绁，是沔口之战的首功之臣。如果排《三国志》中的水战第一高手，非董袭莫属。但是，在《三国演义》中，为了塑造甘宁的形象，把功劳算在了甘宁头上，断绁由普通士兵完成。

《三国演义》十大水战高手中，魏吴两国各有四员武将入选。蜀汉这边，除赵云、周仓外，关羽、张飞也在水战中有所表现。张飞在船上一剑砍死周善：

当下张飞提剑跳上吴船，周善见张飞上船，提刀来迎，被张飞手起一剑砍倒，提头掷于孙夫人前。（第 61 回）

关羽在船上一箭射死何成：

成何依令向前，被关公一箭射落水中。（第 74 回）

但是，相对来说，这两战的对手不强，意义不大，关羽、张飞因此落选。

作为赤壁之战的先锋，黄盖水战能力也很强，中了张辽一箭后，仍能逃生：

却说当夜张辽一箭射黄盖下水，救得曹操登岸，寻着马匹走时，军已大乱。韩当冒烟突火来攻水寨，忽听得士卒报道："后梢舵上一人，高叫将军表字。"韩当细听，但闻高叫："义公救我！"当曰："此黄公覆也！"急教救起。见黄盖负箭着伤，咬出箭杆，箭头陷在肉内。韩当急为脱去湿衣，用刀剜出箭头，扯旗束之，脱自己战袍与黄盖穿了，先令别船送回大寨医治。原来黄盖深知水性，故大寒之时，和甲堕江，也逃得性命。（第 50 回）

不过，黄盖在战斗中缺乏亮点，没能入选十大水战武将。

武将冲阵排名

单挑是将对将，混战是兵对兵，冲阵则是将对兵。根据攻守不同，冲阵可以分为两类：一类是进攻时冲击敌军阵线，比如赵云大破八门金锁阵；另一类是撤退时突破敌军包围，比如赵云长坂坡救阿斗。前者是名副其实的冲阵，后者可以叫突围。两种情况也常常同时发生，就像书中常说的“左冲右突”，因此，为便于表达，我们统称为冲阵。在排名时，我们重点考虑三点，一是成功冲阵的次数，二是冲阵时的难度，三是在冲阵时斩将杀敌的数量。

第 10 名：张郃

冲阵救戴陵

山上矢石如雨。郃不能上山，乃拍马舞枪，冲出重围，无人敢当。蜀兵困戴陵在垓心。郃杀出旧路，不见戴陵，即奋勇翻身又杀入重围，救出戴陵而回。孔明在山上，见郃在万军之中，往来冲突，英勇倍加，乃谓左右曰：“尝闻张翼德大战张郃，人皆惊惧。吾今日见之，方知其勇也……”（第 99 回）

这时的张郃已经是曹魏第一武将了，诸葛亮在山上见识到张郃的英勇，开始谋划如何设计除掉张郃。

第 9 名：吕布

冲击王匡军

匡视之，乃河内名将方悦。两马相交，无五合，被吕布一戟刺于马下，挺戟直冲过来。匡军大败，四散奔走。布东西冲杀，如入无人之境。幸得乔瑁、袁遗两军皆至，来救王匡，吕布方退。三路诸侯，各折了些人马，退三十里下寨。随后五路军马都至，一处商议，言吕布英雄，无人可敌。（第 5 回）

单挑时，刘备、关羽、张飞合力才击败吕布。冲阵时，王匡、乔瑁、袁遗三支人马才阻止吕布。在下邳，吕布有过一次冲阵不成功的表现，但当时他把女儿绑在身上，情有可原。

第 8 名：典韦

濮阳救曹操

操急走南门，高顺、侯成拦住。典韦怒目咬牙，冲杀出去。高顺、侯成倒走出城。典韦杀离吊桥，回头不见了曹操，翻身复杀入城来，门下撞着李典。典韦问：“主公何在？”典曰：“吾亦寻不见。”韦曰：“汝在城外催救军，我入去寻主公。”李典去了。典韦杀入城中，寻觅不见，再杀出城壕边，撞着乐进。进曰：“主公何在？”韦曰：“我往复两遭，寻觅不见。”进曰：“同杀入去救主！”两人到门边，城上火炮滚下，乐进马不能入。典韦冲烟突火，又杀入去，到处寻觅。

曹操拨转马头，望东门而走，正逢典韦。韦拥护曹操，杀条血路，到城门边，火焰甚盛，城上推下柴草，遍地都是火，韦用戟拨开，飞马冒烟突火先出。曹操随后亦出。（第 12 回）

濮阳救曹操，典韦在吕布军中冲杀了几个来回，典韦遇到的阻碍不仅有兵将，还有炮火。

第7名：太史慈

冲阵入北海

次日，孔融登城遥望，贼势浩大，倍添忧恼。忽见城外一人挺枪跃马杀入贼阵，左冲右突，如入无人之境，直到城下，大叫“开门”。（第11回）

突围出北海

慈擐甲上马，腰带弓矢，手持铁枪，饱食严装，城门开处，一骑飞出。近壕，贼将率众来战，慈连搠死数人，透围而出。管亥知有人出城，料必是请救兵的，便自引数百骑赶来，八面围定。慈倚住枪，拈弓搭箭，八面射之，无不应弦落马，贼众不敢来追。

太史慈得脱，星夜投平原来见刘玄德。（第11回）

冲阵入北海时，太史慈挺枪跃马，左冲右突；突围出北海时，太史慈拈弓搭箭，八面射之。

第6名：许褚

冲阵斩将

袁绍引军赶来，喊声不绝，比及天明，赶至河上。曹军无去路，操大呼曰：“前无去路，诸军何不死战？”众军回身奋力向前。许褚飞马当先，力斩十数将，袁军大乱。袁绍退军急回，背后曹军赶来。（第31回）

冲阵断敌军

曹操上高阜处看见孙权被围，急令许褚纵马持刀杀入军中，把孙权军冲作两段，彼此不能相救。（第68回）

许褚不仅善守，而且能攻，常常执行冲阵破敌的任务。

第5名：张飞

下邳突围

且说张飞自以为得计，领轻骑在前，突入操寨，但见零零落落，无多人马，四边火光大起，喊声齐举。飞知中计，急出寨外。正东张辽、正西许褚、正南于禁、正北李典、东南徐晃、西南乐进、东北夏侯惇、西北夏侯渊，八处军马杀来。张飞左冲右突，前遮后当，所领军兵原是曹操手下旧军，见事势已急，尽皆投降去了。飞正杀间，逢着徐晃大杀一阵，后面乐进赶到。飞杀条血路突围而走，只有数十骑跟定。（第24回）

景山救主

曹兵掩至，势不可当，玄德死战。正在危迫之际，幸得张飞引军至，杀开一条血路，救玄德望东而走。（第 41 回）

围困下邳，曹操派出张辽、许褚、于禁、李典、徐晃、乐进、夏侯惇、夏侯渊八路人马，张飞仍然突围成功。在嘉靖本中，张飞突围时与徐晃打了十余合："飞在忙中，正逢徐晃。两马相交，战到十余合，后面乐进赶到。"

第 4 名：庞德

突围救韩遂

庞德先引铁骑千余，冲突而来。喊声起处，人马俱落于陷马坑内。庞德踊身一跳，跃出土坑，立于平地，立杀数人，步行砍出重围。韩遂已被困在垓心，庞德步行救之。正遇着曹仁部将曹永，被庞德一刀砍于马下，夺其马，杀开一条血路，救出韩遂，投东南而走。（第 58 回）

速度是突围关键，但庞德马落陷坑后竟然能"步行砍出重围"，"砍出"二字非常有画面感。庞德步行突围后，还准备步行救韩遂，多亏曹仁部将曹永及时"送来"战马，否则能否成功救出很难说。

第 3 名：文鸯

单骑退雄兵

鸯忽然勒回马大喝一声，直冲入魏将阵中来，钢鞭起处，纷纷落马，各各倒退，鸯复缓缓而行。魏将聚在一处，惊讶曰："此人尚敢退我等之众耶！可并力追之！"于是魏将百员，复来追赶。鸯勃然大怒曰："鼠辈何不惜命也！"提鞭拨马，杀入魏将丛中，用鞭打死数人，复回马缓辔而行。魏将连追四五番，皆被文鸯一人杀退。（第 110 回）

文鸯单骑退雄兵的表现非常惊人，多次冲击魏军，以一敌百，还能斩将杀敌。《三国演义》中的赞诗曰："长坂当年独拒曹，子龙从此显英豪。乐嘉城内争锋处，又见文鸯胆气高。"罗贯中把文鸯单骑退雄兵与赵云单骑救主相提并论。这段故事并非出自《三国志》或《晋书》，而是见于《资治通鉴》："鸯以匹马入数千骑中，辄杀伤百余人，乃出，如此者六七，追骑莫敢逼。"《三国演义》将"如此者六七"变成了"连追四五番"。

第 2 名：周泰

宣城救孙权

随后一贼跃马挺枪直取周泰，被泰扯住枪，拖下马来，夺了枪马，杀条血

路，救出孙权，余贼远遁。周泰身被十二枪，金疮发胀，命在须臾。（第 15 回）

彝陵突围

大兵将至彝陵，瑜问："谁可突围而入，以救甘宁？"周泰愿往，即时绰刀纵马，直杀入曹军之中，径到城下。（第 51 回）

濡须救孙权

却说周泰从军中杀出，到江边，不见了孙权，勒回马，从外又杀入阵中，问本部军："主公何在？"军人以手指兵马厚处，曰："主公被围甚急！"周泰挺身杀入，寻见孙权。泰曰："主公可随泰杀出。"于是泰在前，权在后，奋力冲突。泰到江边，回头又不见孙权，乃复翻身杀入围中，又寻见孙权。权曰："弓弩齐发，不能得出，如何？"泰曰："主公在前，某在后，可以出围。"孙权乃纵马前行。周泰左右遮护，身被数枪，箭透重铠，救得孙权。到江边，吕蒙引一枝水军前来接应下船。权曰："吾亏周泰三番冲杀，得脱重围。但徐盛在垓心，如何得脱？"周泰曰："吾再救去。"遂轮枪复翻身杀入重围之中，救出徐盛。二将各带重伤。吕蒙教军士乱箭射住岸上兵，救二将下船。（第 68 回）

周泰两次救孙权都是冲阵救主。特别是濡须这次，周泰先后六次冲阵：第一次进入重围找到孙权，第二次突出重围发现孙权没能跟上，第三次"复翻身杀入重围"又找到孙权，第四次让孙权在前自己在后突出重围。救出孙权后，周泰又听说徐盛被围，周泰第五次进入重围寻找徐盛，并第六次冲阵将徐盛救出。为感谢周泰救护之功，孙权设宴，亲自为周泰把盏，流着泪说："卿两番相救，不惜性命，被枪数十，肤如刻画，孤亦何心不待卿以骨肉之恩、委卿以兵马之重乎！卿乃孤之功臣，孤当与卿共荣辱、同休戚也。"然后，令周泰当众脱下衣服，见周泰皮肤如同刀割，伤痕遍体。孙权手指伤痕，一一询问。周泰有一处伤孙权令他吃一觥酒。

《三国志·周泰传》载："策讨六县山贼，权住宣城，使士自卫，不能千人，意尚忽略，不治围落，而山贼数千人卒至。权始得上马，而贼锋刃已交于左右，或斫中马鞍，众莫能自定。惟泰奋激，投身卫权，胆气倍人，左右由泰并能就战。贼既解散，身被十二创，良久乃苏。是日无泰，权几危殆。"罗贯中将这段故事一分为二，于是有了两次救主的故事。

第 1 名：赵云

冲击袁绍军

赵云一骑马飞入绍军，左冲右突，如入无人之境。公孙瓒引军杀回，绍军大败。（第 7 回）

冲阵挑高览

玄德正慌，方欲自战，高览后军忽然自乱，一将冲阵而来，枪起处，高览翻身落马。视之，乃赵云也，玄德大喜。（第 31 回）

大破金锁阵

云得令，挺枪跃马，引兵径投东南角上，呐喊杀入中军。曹仁便投北走。云不追赶，却突出西门，又从西杀转东南角上来。曹仁军大乱。（第 36 回）

长坂救阿斗

这一场杀：赵云怀抱后主，直透重围，砍倒大旗两面，夺槊三条，前后枪刺剑砍，杀死曹营名将五十余员。（第 41 回）

汉水救黄忠

云大喝一声，挺枪骤马，杀入重围，左冲右突，如入无人之境。那枪浑身上下，若舞梨花；遍体纷纷，如飘瑞雪。张郃、徐晃心惊胆战，不敢迎敌……赵云救了黄忠，杀透重围，有军士指曰："东南上围的，必是副将张著。"云不回本寨，遂望东南杀来。所到之处，但见"常山赵云"四字旗号，曾在当阳长坂知其勇者，互相传说，尽皆逃窜。云又救了张著。（第 71 回）

马鞍山救刘备

先主正慌急之间，此时天色已微明，只见前面喊声震天，朱然军纷纷落涧，滚滚投岩，一彪军杀入，前来救驾。先主大喜，视之，乃常山赵子龙也。（第 84 回）

冲击西凉兵

西凉兵素知赵云之名，今见其英勇如昔，谁敢交锋？赵云马到处，阵阵倒退。赵云匹马单枪，往来冲突，如入无人之境。（第 92 回）

《三国演义》中，赵云前后七次冲阵，从第 7 回冲到第 92 回，从少年将军冲成了一员老将。罗贯中在全书中，共六次用"如入无人之境"来形容武将冲阵的神勇，吕布一次，关羽一次，太史慈一次，另外三次都是形容赵云。

除了这十大冲阵高手外，张辽与甘宁也具备很强的冲阵能力。如果排《三国志》的冲阵高手，张辽肯定位列前茅。《三国志·张辽传》载：

于是辽夜募敢从之士，得八百人，椎牛飨将士，明日大战。平旦，辽被甲持戟，先登陷陈，杀数十人，斩二将，大呼自名，冲垒入，至权麾下。权大惊，众不知所为，走登高冢，以长戟自守。辽叱权下战，权不敢动，望见辽所将众少，乃聚围辽数重。辽左右麾围，直前急击，围开，辽将麾下数十人得出，余众号呼曰："将军弃我乎！"辽复还突围，拔出余众。权人马皆披靡，无敢当者。

冲阵杀数十人，斩两将，吓住孙权，两次冲阵救出麾下士卒。这段故事在

《三国演义》中被拆分成了两个故事，一个是第53回孙仲谋大战张文远：

张辽纵马当先，专搦孙权决战。权绰枪欲自战，阵门中一将挺枪骤马早出，乃太史慈也，张辽挥刀来迎。两将战有七八十合，不分胜负。（第53回）

另一个是第67回张辽威震逍遥津：

孙权在第二队，听得前军得胜，催兵行至逍遥津北，忽闻连珠炮响，左边张辽一军杀来，右边李典一军杀来。孙权大惊，急令人唤吕蒙、甘宁回救时，张辽兵已到。凌统手下，止有三百余骑，当不得曹军势如山倒。凌统大呼曰："主公何不速渡小师桥！"言未毕，张辽引二千余骑，当先杀至。

这一阵杀得江南人人害怕，闻张辽大名，小儿也不敢夜啼。（第67回）

将张辽的壮举一分为二稀释了张辽的冲阵能力，张辽因此没能入选十大冲阵高手。

甘宁在百骑劫魏营中也有冲阵表现：

甘宁将酒肉与百人共饮食尽，约至二更时候，取白鹅翎一百根，插于盔上为号，都披甲上马，飞奔曹操寨边，拔开鹿角，大喊一声，杀入寨中，径奔中军来杀曹操。原来中军人马，以车仗伏路穿连，围得铁桶相似，不能得进。甘宁只将百骑，左冲右突，曹兵惊慌，正不知敌兵多少，自相扰乱。那甘宁百骑，在营内纵横驰骤，逢着便杀，各营鼓噪，举火如星，喊声大震。甘宁从寨之南门杀出，无人敢当。（第68回）

甘宁没能入选，不是因为这一战难度不高，表现不好，而是因为不符合标准。严格来说，甘宁冲击的是敌营，而非敌阵，而且不是单枪匹马，还带了一百位骑兵。但就劫营的表现来说，百骑不折一人一骑，展现了甘宁优秀的统率能力。

孙权曾说："孟德有张辽，孤有甘兴霸，足以相敌也。"张辽和甘宁都遗憾落选，只能惺惺相惜了。

武将综合排名

目前为止，我们得到了五个排行榜，分别是马战单挑、箭法、步战、水战、冲阵。五个不同的战斗方式，代表武将五种不同的能力。现在，我们要综合这五个排行榜，得出一个《三国演义》武将综合能力排名。

在《三国演义》中，马战单挑在书中出现的次数最多，也最能代表武将的武艺，其次是箭法，而步战、水战、冲阵都较少。因此，在排名时，我们应该给予五种战法不同的权重。

我们规定，在每个榜单中，排名第一得10分，排名第二得9分，以此类推，排名第十得1分。考虑权重，马战单挑得分乘以5，箭法得分乘以2，步战、水战、冲阵得分乘以1。也就是说，如果一员武将在所有榜单中都排名第一，那么他的总得分正好是100分。得分相同时，马战单挑得分高者在前。好，下面我们计算具体的得分情况。

马战单挑得分

排名	武将	权重	得分（分）
1	吕布	5	50
2	赵云	5	45
3	马超	5	40
4	典韦	5	35
5	张飞	5	30
6	关羽	5	25
7	颜良	5	20
8	许褚	5	15
9	黄忠	5	10
10	庞德	5	5

箭法得分

排名	武将	权重	得分（分）
1	赵云	2	20
2	黄忠	2	18
3	太史慈	2	16
4	甘宁	2	14
5	吕布	2	12
6	徐晃	2	10
7	乐进	2	8
8	夏侯渊	2	6
9	刘备	2	4
10	关兴	2	2

步战得分

排名	武将	权重	得分（分）
1	典韦	1	10
2	马超	1	9
3	孙坚	1	8
4	周泰	1	7
5	庞德	1	6
6	丁奉	1	5
7	关羽	1	4
8	钟会	1	3
9	曹洪	1	2
10	甘宁	1	1

水战得分

排名	武将	权重	得分（分）
1	甘宁	1	10
2	周仓	1	9
3	周泰	1	8
4	庞德	1	7
5	许褚	1	6
6	赵云	1	5
7	韩当	1	4
8	吕蒙	1	3
9	张辽	1	2
10	文聘	1	1

冲阵得分

排名	武将	权重	得分（分）
1	赵云	1	10
2	周泰	1	9
3	文鸯	1	8
4	庞德	1	7
5	张飞	1	6
6	许褚	1	5
7	太史慈	1	4
8	典韦	1	3
9	吕布	1	2
10	张郃	1	1

经过计算，我们可对总得分前十的武将进行排名。

得分前十的武将排名

排名	武将	单挑	箭法	步战	水战	冲阵	总分（分）
1	赵云	45	20	0	5	10	80
2	吕布	50	12	0	0	2	64
3	马超	40	0	9	0	0	49
4	典韦	35	0	10	0	3	48
5	张飞	30	0	0	0	6	36
6	关羽	25	0	4	0	0	29
7	黄忠	10	18	0	0	0	28
8	许褚	15	0	0	6	5	26
9	庞德	5	0	6	7	7	25
10	甘宁	0	14	1	10	0	25

与马战单挑的排名相比，甘宁凭借箭法和水战，超越颜良，进入前十。赵云凭借箭法、水战、冲阵，超越吕布排名第一。黄忠凭借箭法，超越了许褚。得分在20分及其以上的还有24分的周泰、20分的颜良和太史慈。

第八章 其他排行榜

三国武将中，谁身高最高？谁力气最大？谁最敏捷？谁斩将最多？本章，我们将用数据说话，排一排武将身高榜、力量榜、敏捷榜、斩将榜。

武将身高榜

读《三国演义》时，我们经常看到某某武将“身长八尺”，八尺究竟多高呢？《中国科学技术史·度量衡卷》综合考察了考古文物和文献资料，最终认为：“《隋志》云，魏武帝令杜夔定音律，杜夔以当朝日常用尺定律，经与新莽铜斛尺校测，一尺之长当在 24.2 厘米，至景元四年刘徽校大司农铜斛，得铜斛尺也正合 24.2 厘米……因大司农铜斛尺测算精确，可作为这时期一尺的约定值。”按照这个结论，本书采用一尺为 24.2 厘米的说法，八尺相当于 193.6 厘米。

在《三国演义》中，武将的身高大体上与武将的武艺成正比，比如关羽，在毛本中身高九尺，约合 218 厘米，放到 NBA 里都是高个子。吕布更高，按照嘉靖本的说法，吕布身长一丈，一丈等于十尺，这意味着吕布身高 242 厘米！比姚明还高了 16 厘米。但是，这还不是《三国演义》中最高的，《三国演义》中高度第一的是兀突骨：

带来洞主曰：“此去东南七百里有一国，名乌戈国。国主兀突骨，身长丈二，不食五谷，以生蛇恶兽为饭，身有鳞甲，刀箭不能侵。”（第 90 回）

丈二即一丈二尺，也就是十二尺，约合 290 厘米，这个身高人类是不可能达到的。

《三国演义》中，身高最矮的人物是张松：

却说那进计于刘璋者，乃益州别驾，姓张，名松，字永年。其人生得额镬头尖，鼻偃齿露，身短不满五尺，言语有若铜钟。（第 60 回）

五尺约合 121 厘米，“不满五尺”算得上侏儒了，在那个以貌取人的时代，难怪曹操不喜欢张松。

由于《三国演义》的版本不同，武将的身高也存在差异。比如魏延，在嘉靖本中身高九尺，而在毛本中身高八尺，被毛宗岗整整矮化了一尺。甚至，在同一版本中，武将的身高前后也有差异。比如在嘉靖本中，桃园结义时关羽的身高是九尺三寸，而在温酒斩华雄时，关羽的身高变成了九尺五寸，如果不是罗贯中写差了，就是关羽长个儿了。面对不同版本的武将身高，我们选择较高的那个说法。

《三国演义》中明确交代身高的人物

人物	身高（三国尺）	身高
兀突骨	一丈二	约 290 厘米
吕布	一丈（嘉靖本）	242 厘米
越吉	一丈（嘉靖本）	242 厘米
关羽	九尺五寸（嘉靖本）	约 230 厘米
何曼	九尺五寸（嘉靖本）	约 230 厘米
华雄	九尺	约 218 厘米
鄂焕	九尺	约 218 厘米
郝昭	九尺	约 218 厘米
王双	九尺	约 218 厘米
魏延	九尺（嘉靖本）	约 218 厘米
程昱	八尺三寸（嘉靖本）	约 201 厘米
庞德	八尺余（嘉靖本）	194 厘米以上
马腾	八尺余（嘉靖本）	194 厘米以上
刘表	八尺余（嘉靖本）	194 厘米以上
张飞	八尺	约 194 厘米
赵云	八尺	约 194 厘米
诸葛亮	八尺	约 194 厘米
许褚	八尺	约 194 厘米
董袭	八尺	约 194 厘米
文丑	八尺	约 194 厘米
彭羕	八尺	约 194 厘米
陆逊	八尺	约 194 厘米
文鸯	八尺	约 194 厘米
董卓	八尺（嘉靖本）	约 194 厘米
凌统	八尺（嘉靖本）	约 194 厘米
于吉	八尺（嘉靖本）	约 194 厘米
文聘	八尺（嘉靖本）	约 194 厘米
诸葛恪	七尺六寸（嘉靖本）	约 184 厘米
刘备	七尺五寸	约 182 厘米
太史慈	七尺五寸（嘉靖本）	约 182 厘米

续表

人物	身高（三国尺）	身高
曹操	七尺	约 169 厘米
陈武	七尺	约 169 厘米
邓艾	七尺（嘉靖本）	约 169 厘米
张松	不满五尺	121 厘米以下

一共有十位武将身高达到了九尺，分别是兀突骨、吕布、越吉、关羽、何曼、华雄、鄂焕、郝昭、王双、魏延。但是，在真实的三国历史中，可没有人超过九尺，连八尺五的都没有。

《三国志》中明确交代身高的人物

姓名	身高（三国尺）	身高
王裒	八尺四寸	约 203 厘米
何夔	八尺三寸	约 201 厘米
程昱	八尺三寸	约 201 厘米
卢植	八尺二寸	约 198 厘米
刘表	八尺余	194 厘米以上
许褚	八尺余	194 厘米以上
马腾	八尺余	194 厘米以上
诸葛亮	八尺	约 194 厘米
赵云	八尺	约 194 厘米
管宁	八尺	约 194 厘米
彭羕	八尺	约 194 厘米
满宠	八尺	约 194 厘米
谯周	八尺	约 194 厘米
孙邵	八尺	约 194 厘米
孙韶	八尺	约 194 厘米
董袭	八尺	约 194 厘米
陈化	七尺九寸	约 191 厘米
太史慈	七尺七寸	约 186 厘米
陈武	七尺七寸	约 186 厘米

续表

姓名	身高（三国尺）	身高
诸葛恪	七尺六寸	约 184 厘米
刘备	七尺五寸	约 182 厘米

由上表可知，在三国时代，七尺五寸以上就是高个子，值得写入历史。而七尺（约 169 厘米）以下，就是矮个子，比如《三国志・朱然传》特意强调朱然“长不盈七尺”。

武将力量榜

在拳击运动中，会根据拳手的体重分出级别，因为在绝对力量面前技巧往往是徒劳的。我国也有类似的说法，叫“一力降十会”。在体育界，力量的大小是通过负重能力体现的，如举重运动。因此，我们为武将的力量排名时重点也看武将的负重能力。

第 10 名：邢道荣

兵器六十斤

延曰：“父亲放心，他虽有张飞、赵云之勇，何足惧哉！儿观本州上将邢道荣，有万夫不当之勇，使开山大斧，重六十斤，可以迎敌。”（嘉靖本《诸葛亮傍略四郡》）

与张飞交手，邢道荣没打几回合就“气力不加”了，也许与兵器太重有关。

第 9 名：王双

兵器六十斤，开两石之弓

大将军曹真出班奏曰：“臣昨守陇西，功微罪大，不胜惶恐。今乞引大军往擒诸葛亮。臣近得一员大将，使六十斤大刀，骑千里征骁马，开两石铁胎弓，暗藏三个流星锤，百发百中，有万夫不当之勇，乃陇西狄道人，姓王，名双，字子全。臣保此人为先锋。”（第 97 回）

使用兵器需要长时间的持久力，开弓需要短时间的爆发力。王双的大刀六十斤，而且能开两石之弓，这是相当有价值的数据。通过这个数据，我们可以算一下持久力与爆发力之间的关系。汉代，一石为四均，一均三十斤，一石相当于一百二十斤，两石相当于二百四十斤。王双可以使用六十斤的兵器，开二百四十斤的铁胎弓。也就是说，一斤的持久力相当于四斤的爆发力。

第 8 名：黄忠

开二石力之弓

忠曰："不须主公忧虑。凭某这口刀，这张弓，一千个来，一千个死！"原来黄忠能开二石力之弓，百发百中。（第 53 回）

开三石之弓

孔明曰："汉升虽勇，争奈年老，恐非张郃对手。"忠听了，白发倒竖而言曰："某虽老，两臂尚开三石之弓，浑身还有千斤之力，岂不足敌张郃匹夫耶！"孔明曰："将军年近七十，如何不老？"忠趋步下堂，取架上大刀，轮动如飞，壁上硬弓，连拽折两张。（第 70 回）

开二石之弓

忠曰："吾自长沙跟天子到今，多负勤劳。今虽七旬有余，尚食肉十斤，臂开二石之弓，能乘千里之马，未足为老。昨日主上言吾等老迈无用，故来此与东吴交锋，看吾斩将，老也不老！"（第 83 回）

双挽铁胎弓

老将说黄忠，收川立大功。重披金锁甲，双挽铁胎弓。胆气惊河北，威名镇蜀中。临亡头似雪，犹自显英雄。（第 83 回）

汉中之战时，黄忠说自己能开三石之弓；到了夷陵之战，黄忠又说自己能开二石之弓。而在长沙之战时，罗贯中说黄忠能开"二石力之弓"，因此，我们认为黄忠能开二石之弓。汉中之战黄忠说自己能开三石之弓略有夸张，就像说自己"浑身还有千斤之力"一样。如果黄忠真能开三石之弓，按照前文的计算，这相当于黄忠能使用九十斤的兵器，这要超过典韦的双铁戟和关羽的青龙偃月刀。从黄忠的年龄来看，这不太可能。

第 7 名：周仓

千斤之力

元绍曰："离此二十里有一卧牛山。山上有一关西人，姓周，名仓，两臂有千斤之力，板肋虬髯，形容甚伟……"（第 28 回）

手捧大刀

船渐近岸，见云长青巾绿袍，坐于船上，傍边周仓捧着大刀。八九个关西大汉，各跨腰刀一口。（第 66 回）

力擒庞德

众视之，擒庞德者，乃周仓也。仓素知水性，又在荆州住了数年，愈加惯熟，更兼力大，因此擒了庞德。（第 74 回）

两臂有千斤之力是虚数，不能当真。但周仓常年为关羽捧刀，凭借力大在水中生擒庞德，力量肯定很强。

第 6 名：关羽

兵器八十二斤

云长造青龙偃月刀，又名“冷艳锯”，重八十二斤。（第 1 回）

在毛本中，八十二斤的青龙偃月刀是最重的兵器。周仓只是捧刀，而关羽还要舞刀，所以关羽排在周仓之前。

第 5 名：典韦

兵器八十斤，单手立旗

操曰：“吾观此人容貌魁梧，必有勇力。”惇曰：“他曾为友报仇杀人，提头直出闹市，数百人不敢近。只今所使两枝铁戟，重八十斤，挟之上马，运使如飞。”操即令韦试之。韦挟戟骤马，往来驰骋。忽见帐下大旗为风所吹，岌岌欲倒，众军士挟持不定，韦下马，喝退众军，一手执定旗杆，立于风中，巍然不动。操曰：“此古之恶来也！”（第 10 回）

双手提人

韦方醉卧，睡梦中听得金鼓喊杀之声，便跳起身来，却寻不见了双戟……刀砍缺不堪用，韦即弃刀，双手提着两个军人迎敌，击死者八九人。（第 16 回）

典韦单手立旗和双戟八十斤都不是罗贯中虚构的，《三国志》确有相关记载。虽然典韦的兵器重量略逊于关羽，但考虑到典韦曾单手立旗、双手提人，有更多力量方面的表现，应该排在关羽之前。

第 4 名：越吉

兵器一百斤

却说西羌国王彻里吉，自曹操时年年入贡，手下有一文一武：文乃雅丹丞相，足智多谋；武乃越吉元帅，青眼黄髯，身长一丈，使一柄长铁锤，重一百斤，有万夫不当之勇。（嘉靖本《孔明大破铁车兵》）

越吉的长柄铁锤是《三国演义》中最重的兵器。但是，在毛本中，为了提高关羽的形象，毛宗岗删除了越吉长柄铁锤的重量，使青龙偃月刀成为最重的兵器。

第3名：吕布

腰大十围

时李儒见丁原背后一人，身长一丈，腰大十围。弓马熟闲，眉目清秀。五原郡九原人也，姓吕，名布，字奉先，官拜执金吾。（嘉靖本《吕布刺杀丁建阳》）

手提纪灵

纪灵下马入寨，却见玄德在帐上坐，大惊，抽身便回，左右留之不住。吕布向前一把扯回，如提童稚。（第16回）

纪灵可以使用五十斤的大刀，本身也是一位大力士，但是吕布提他就像提个孩子。我们来估算一下吕布的力量。假设纪灵的体重是二百斤，典韦可以提两个士兵作战，吕布提两个纪灵也没问题。因此，吕布的爆发力至少在四百斤。由前文可知，四斤的爆发力相当于一斤的持久力，那么吕布至少可以驾驭一百斤的兵器。在嘉靖本中，吕布与越吉都是身长一丈，但吕布腰大十围，所以排在越吉之前。

第2名：胡车儿

力负五百斤

因畏典韦勇猛，急切难近，乃与偏将胡车儿商议。那胡车儿力能负五百斤，日行七百里，亦异人也。（第16回）

周仓“两臂有千斤之力”，黄忠“浑身还有千斤之力”，这里的千斤都是虚数，但胡车儿力负五百斤却很可能是实数。目前男子无差别级挺举世界纪录已经超过了250公斤，力负五百斤完全可能。力负五百斤不可能日行七百里，负五百斤与日行七百里是并列关系，都是异人胡车儿的两个特异之处。因此，力负五百斤与举重运动员举起250公斤的杠铃一样，指的是爆发力。四斤的爆发力相当于一斤的持久力，那么胡车儿可以使用一百二十五斤的兵器。

第1名：许褚

腰大十围

正行之间，山背后撞出一军，为头一个壮士，身长八尺，腰大十围，手提大刀，截住去路。（第12回）

倒拽牛尾

又一日寇至，坞中无粮，遂与贼和，约以耕牛换米。米已送到，贼驱牛至坞外，牛皆奔走回还，被我双手掣二牛尾，倒行百余步。贼大惊，不敢取牛而

走。（第 12 回）

拖晃离鞍

褚更不回答，竟飞马来夺袍。两马相近，徐晃便把弓打许褚。褚一手按住弓，把徐晃拖离鞍轿。晃急弃了弓，翻身下马，褚亦下马，两个揪住厮打。操急使人解开，那领锦袍已是扯得粉碎。（第 56 回）

拗断枪杆

两个在马上夺枪。许褚力大，一声响，拗断枪杆，各拿半节在马上乱打。（第 59 回）

在毛本《三国演义》中，只有许褚一人腰大十围，也只有许褚一人折断过枪杆。但许褚的力量究竟大到什么程度呢？我们来估算一下。一头成年的中国黄牛体重在六百斤左右，两头约一千二百斤。我们假设摩擦系数是 0.5，那么许褚拉动牛的力量约为六百斤，相当于可以驾驭一百五十斤的兵器。

除了这十人外，《三国演义》中还有一些大力士，如纪灵和武安国兵器都是五十斤：

那纪灵乃山东人，使一口三尖刀，重五十斤。（第 14 回）

融视之，乃门下勇士武安国也，使铁锤，重五十斤。（嘉靖本《虎牢关三战吕布》）

曹彰膂力过人，手格猛兽：

彰字子文，少善骑射，膂力过人，能手格猛兽。（第 72 回）

董卓“力大”：

一日，卓入朝，孚迎至阁下，拔刀直刺卓。卓气力大，两手抠住，吕布便入，揪倒伍孚。（第 4 回）

布领令而出。操暗忖曰：“此贼合死！”即欲拔刀刺之，惧卓力大，未敢轻动。（第 4 回）

武将敏捷榜

武将的敏捷程度，取决于武将的躲闪能力，包括近距离躲闪刀枪和远距离躲闪来箭。排名时，我们重点看两个指标，一个是成功躲闪的次数，另一个是攻击者的实力。如果武将有被攻击到的经历，也会影响排名。

第 10 名：太史慈

闪孙策之枪

慈兜回马再战，又到五十合。策一枪搠去，慈闪过，挟住枪；慈也一枪搠去，策亦闪过，挟住枪。（第 15 回）

能闪过孙策之枪，太史慈马战躲闪刀枪的能力很不错。但太史慈最终死于乱箭，躲闪弓箭的能力还有欠缺。

第 9 名：孙策

闪太史慈之枪

慈兜回马再战，又到五十合。策一枪搠去，慈闪过，挟住枪；慈也一枪搠去，策亦闪过，挟住枪。（第 15 回）

太史慈抓住孙策的枪后，两人之间的距离已经非常接近了。但是，在有限的空间里，孙策仍然可以闪过并夹住太史慈的枪。与太史慈一样，孙策曾两次中箭，第 15 回被薛礼的弓箭手射中左腿，第 29 回被许贡家客射中面颊。

第 8 名：许褚

闪马超之枪

又斗到三十余合，褚奋威举刀，便砍马超。超闪过，一枪望褚心窝刺来，被褚亦闪过，将枪挟住，便弃刀。（嘉靖本《许褚大战马孟起》）

许褚虽然腰大十围，但十分灵活，与马超单挑时闪过马超之枪。但在随后的混战中，胳膊中了两箭。汉中之战时，许褚还曾被张飞刺中肩膀。这两次受伤都没有致命，因此排在太史慈和孙策之前。

第 7 名：关羽

闪张飞之矛

关公望见张飞到来，喜不自胜，付刀与周仓接了，拍马来迎。只见张飞圆睁环眼，倒竖虎须，吼声如雷，挥矛向关公便搠。关公大惊，连忙闪过，便叫："贤弟何故如此？岂忘了桃园结义耶？"（第 28 回）

关羽没想到张飞会进攻自己，但在准备不足的情况下，仍然闪过张飞之枪。关羽近距离闪枪的能力很强，但远距离躲箭的能力实在太差，全书四次中箭，分别是：第 27 回被韩福射中左臂，第 53 回被黄忠射中盔缨，第 74 回被庞德射中左臂，第 74 回被曹仁弓弩手射中右臂，堪称《三国演义》第一活靶。

第 6 名：华雄

躲孙坚之箭

背后华雄追来，坚取箭，连放两箭，皆被华雄躲过。再放第三箭时，因用力太猛，拽折了鹊画弓，只得弃弓纵马而奔。（第 5 回）

华雄虽然身高九尺，但动作非常灵活，连躲两箭。

第 5 名：傅佥

躲王真之枪

言未毕，望背后王真挺枪出马，蜀阵中傅佥出迎。战不十合，佥卖个破绽，王真便挺枪来刺，傅佥闪过，活捉真于马上，便回本阵。（第 112 回）

傅佥先闪枪，后活捉王真，一气呵成，十分连贯。

第 4 名：姜维

接郭淮之箭

淮连躲数番，不见箭到，知维无箭，乃挂住钢枪，拈弓搭箭射之。维急闪过，顺手接了，就扣在弓弦上，待淮追近，望面门上尽力射去，淮应弦落马。（第 109 回）

挟邓忠之枪

维回头看时，小将已到，挺枪来刺，维一闪，那枪从肋傍边过，被维挟住。那小将弃枪，望本阵而走。（第 112 回）

面对攻击，姜维反应十分敏捷，一次接箭，一次夹枪。

第 3 名：张飞

躲严颜之刀

严颜见了张飞，举手无措，交马战不十合，张飞卖个破绽，严颜一刀砍来，张飞闪过，撞将入去，扯住严颜勒甲绦，生擒过来，掷于地下。众军向前，用索绑缚住了。（第 63 回）

躲马超铜锤

到二十余合，马超拨回马便走。张飞大叫曰："走那里去！"原来马超见赢不得张飞，心生一计，诈败佯输，赚张飞赶来，暗掣铜锤在手，扭回身觑着张飞便打将来。张飞见马超走，心中也提防，比及铜锤打来时，张飞一闪，从耳朵边过去。（第 65 回）

张飞一次闪刀，一次躲锤，排在姜维之前，是因为攻击者更强。

第 2 名：马超

闪李蒙之枪

原来马超明知李蒙追赶，却故意俄延，等他马近举枪刺来，超将身一闪，李蒙搠个空，两马相并，被马超轻舒猿臂，生擒过去……（第 10 回）

闪许褚之刀

两个又斗到三十余合，褚奋威举刀便砍马超。超闪过，一枪望褚心窝刺来。（第 59 回）

躲于禁之箭

天色微明，只见李堪领一军从桥下过，超挺枪纵马逐之，李堪拖枪而走。恰好于禁从马超背后赶来，禁开弓射马超。超听得背后弦响，急闪过，却射中前面李堪，落马而死。超回马来杀于禁，禁拍马走了。（第 59 回）

拨乱箭

超回桥上住扎。操兵前后大至，虎卫军当先，乱箭夹射马超。超以枪拨之，矢皆纷纷落地。（第 59 回）

躲张飞之箭

张飞便勒回马走时，马超却又赶来。张飞带住马，拈弓搭箭，回射马超，超却闪过。（第 65 回）

马超一闪枪，一闪刀，三躲箭，是《三国演义》中躲闪次数最多的武将。而且，马超躲箭杀李堪，是《三国演义》中躲闪的最高境界。但是，马超曾中过一次暗弩，第 59 回："超独在阵中冲突，却被暗弩射倒坐下马，马超堕于地上，操军逼合。"如果不是庞德、马岱前来搭救，马超很可能会被曹兵杀死。因此，马超只能屈居第二了。

第 1 名：赵云

接陈应飞叉

赵云大怒，挺枪骤马，直取陈应，应捻叉来迎，两马相交，战到四五合，陈应料敌不过，拨马便走，赵云追赶。陈应回顾赵云马来相近，用飞叉掷去，被赵云接住，回掷陈应。（第 52 回）

拨乱箭

赵云弃马执枪，跳上渔船。只两人驾船前来，望着夫人所坐大船追赶。周善教军士放箭，赵云以枪拨之，箭皆纷纷落水。（第 61 回）

拨韩琼三箭

云拖枪便走，韩琼按戟，急取弓箭射之，连放三箭，皆被云用枪拨落。（第 92 回）

闪韩瑶之刀

韩瑶纵马举宝刀便砍赵云，云弃枪于地，闪过宝刀，生擒韩瑶归阵，复纵马取枪杀过阵来。（第 92 回）

接叉、拨箭、闪刀，赵云样样精通。《三国演义》中，赵云从未被击中过，戎马一生，毫发未伤。民间还把这事与赵云之死联系上了。相传，赵云一生不败，身上没留下一点伤疤。晚年，赵云妻子得知此事，与赵云开玩笑，用绣花针刺了赵云一下，想给赵云留下一点伤疤。谁料，赵云是“灯笼星”转世，一刺就破，血流不止，不治身亡。这个传说是对赵云从未受过伤的进一步神化，颇有阿喀琉斯之踵的味道，重点并不是赵云之死，而是赵云从未受过伤。

有趣的是，曹操和刘备的躲闪能力都不错。

潼关之战时，曹操躲过马超一枪：

看看赶上，马超从后使枪搠来。操绕树而走，超一枪搠在树上，急拔下时，操已走远。（第 58 回）

此时的曹操年近六旬，年轻的时候，躲闪能力肯定更强。

三英战吕布中，刘备躲过吕布一戟：

吕布架隔遮拦不定，看着玄德面上，虚刺一戟，玄德急闪。吕布荡开阵角，倒拖画戟，飞马便回。（第 5 回）

这一戟是虚刺，如果是真刺，刘备不但会入选武将敏捷榜，排名还会很高。

武将斩将榜

我们现在明确一下“斩将”的概念。斩将的“斩”指斩杀，包括武将在单挑中击杀敌将，也包括射箭射杀敌将，还包括吓死敌将。斩将必须发生在阵前，范疆、张达刺杀张飞，许褚杀死许攸，都不算斩将。斩将的“将”指有名有姓的武将，长坂救主赵云“杀死曹营名将五十余员”，不属于斩将的范畴。好，下面我们盘点一下《三国演义》武将斩将榜。

斩杀 4 员武将的有华雄、徐晃、马超、夏侯渊、张苞五人。华雄第 5 回斩杀鲍忠、祖茂、俞涉、潘凤。徐晃第 13 回斩杀崔勇，第 14 回斩杀李乐，第 32 回斩杀汪昭，第 33 回斩杀彭安。马超第 10 回斩杀王方，第 58 回斩杀李通，第 59 回斩杀梁兴、马玩。夏侯渊第 31 回斩杀龚都，第 58 回斩杀成宜，第 67 回斩杀昌奇、杨任。张苞第 82 回斩杀谢旌，第 83 回斩杀夏恂，第 92 回斩杀薛则、崔谅。

孙策共斩杀 5 员武将。第 7 回斩杀陈生，第 15 回斩杀于糜、樊能、严舆、周昕。

斩杀 6 员武将的有许褚、关兴二人。许褚第 12 回斩杀李封，第 14 回斩杀李暹、李别，第 17 回斩杀张先，第 32 回斩杀尹楷，第 67 回斩杀张卫。关兴第 82 回斩杀李异，第 83 回斩杀周平、潘璋，第 92 回斩杀董禧、杨陵，第 94 回斩杀越吉。

甘宁共斩杀 7 员武将。第 38 回斩杀凌操、邓龙，第 39 回斩杀黄祖，第 45 回斩杀蔡瓓，第 50 回斩杀蔡中、马延、张顗。

张飞共斩杀 9 员武将。第 1 回斩杀邓茂，第 2 回斩杀高升，第 14 回斩杀曹豹，第 21 回斩杀纪灵，第 34 回斩杀陈孙，第 35 回斩杀吕翔，第 39 回斩杀夏侯兰，第 42 回斩杀夏侯杰，第 61 回斩杀周善。

关羽共斩杀 17 员武将。第 1 回斩杀程远志，第 5 回斩杀华雄，第 11 回斩杀管亥，第 14 回斩杀荀正，第 21 回斩杀车胄，第 25 回斩杀颜良，第 26 回斩杀文丑，第 27 回斩杀孔秀、孟坦、韩福、卞喜、王植、秦琪，第 28 回斩杀蔡阳，第 53 回斩杀杨龄，第 73 回斩杀夏侯存，第 74 回斩杀成何。

赵云共斩杀 24 员武将。第 7 回斩杀麴义，第 28 回斩杀裴元绍，第 31 回斩杀高览，第 34 回斩杀张武，第 35 回斩杀吕旷，第 41 回斩杀淳于导、夏侯恩、晏明、钟缙、钟绅，第 52 回斩杀邢道荣，第 65 回斩杀刘晙、马汉，第 71 回斩杀慕容烈、焦炳，第 84 回斩杀朱然，第 87 回斩杀金环三结，第 92 回斩杀韩瑛、韩琪、韩琼、韩瑶、韩德，第 94 回斩杀朱赞，第 95 回斩杀苏颙。

《三国演义》武将斩将榜前十二名

名次	姓名	数量
1	赵云	24
2	关羽	17
3	张飞	9

续表

名次	姓名	数量
4	甘宁	7
5	许褚	6
5	关兴	6
6	孙策	5
7	华雄	4
7	马超	4
7	徐晃	4
7	夏侯渊	4
7	张苞	4

我们惊奇地发现，吕布竟然不在这份榜单中。吕布只在第 5 回斩杀过方悦、穆顺两个无名之辈，别说前十，连前十五都进不去。

典韦更少，只在第 12 回斩杀过何仪的副元帅。严格地说，书中没写何仪副元帅的名字，这都算不上真正意义的斩将。

太史慈更是可怜，在全书中的斩将数量为零。

黄忠、庞德都只斩杀过 3 员武将，也未能上榜。同样斩杀过 3 员武将的还有夏侯惇、张辽、曹洪、丁奉。

赵云、关羽、张飞排在前三名，这是《三国演义》尊刘思想的又一次体现。

赵云有过两次连串的斩将，分别是长坂救主斩杀五将，凤鸣关力斩五将。这两战一共斩杀了十将，比大部分武将一生的斩将人数还多。

关羽也有过一次连串的斩将，就是著名的过五关斩六将。论斩将数量，关羽屈居亚军，但是就斩将质量来说，关羽无人能及，因为华雄、颜良、文丑这些响当当的名将都死在关羽的青龙偃月刀下。

第九章 武将的兵器与装备

『工欲善其事，必先利其器。』想成为一名优秀的武将，一定要有一件称手的兵器。青龙偃月刀、丈八蛇矛、方天画戟等，这些著名的兵器更是让读者印象深刻，成为塑造使用者艺术形象不可分割的一部分。在这章，我们将重点讨论武将的兵器，也会涉及盔甲、战马、战船。

兵器分类

十八般武艺的说法，出现时间不晚于南宋。南宋兵书《翠微先生北征录》载："武艺一十有八，而弓为第一。"南宋戏文《张协状元》说："十八般武艺都不会，只会白厮打。"所谓十八般武艺，就是十八般兵器，但是究竟是哪十八般，说法不一。

《水浒传》曰："史进每日求王教头点拨，十八般武艺，一一从头指教。那十八般武艺？矛锤弓弩铳，鞭简剑链挝，斧钺并戈戟，牌棒与枪杈。"

《隋唐演义》的作者褚人获所著的《坚瓠集》曰："山西李通善使武艺十八事，计弓、弩、枪、刀、剑、矛、盾、斧、钺、鞭、锏、挝、殳、叉、把头、绵绳套、椎及白打，共十八种。"

评书或相声中提到十八般兵器时，有一个顺口溜："刀枪剑戟、斧钺钩叉、镋棍槊棒、鞭锏锤抓、拐子流星。"这种说法因评书和相声的流行影响最大。

毛本《三国演义》中的兵器，按照使用人数多少，可以得出一个排序。

毛本《三国演义》中兵器使用人数排序

兵器名称	使用人数
刀	89
枪（矛）	67
剑	34
戟	13
斧	8
鞭	2
锤	2
流星锤	2
槊	2
三尖两刃刀	2

续表

兵器名称	使用人数
截头大刀	2
棒	1
叉	1
戈	1
飞刀	1
四楞铁简	1
日月刀	1
戒刀	1
铁蒺藜骨朵	1
铁链	1
丈八长标	1

使用人数最多的兵器是刀，紧随其后的是枪、剑、戟，使用人数都超过了10人。用斧的武将有8人，排在第五位。刀枪剑戟斧的顺序与十八般兵器顺口溜中前五名的顺序不谋而合。

按照使用人数，我们可以把兵器分为常见兵器和稀有兵器。刀枪剑戟斧都是常见兵器，其他仅一两人用的兵器即稀有兵器。

按照使用方式，我们可以把兵器分为主战兵器和佩戴兵器。比如，赵云的主战兵器是枪，佩戴兵器是青釭剑；文鸯的主战兵器是枪，佩戴兵器是钢鞭。

按照使用距离，我们可以把兵器分为近战兵器和投掷兵器。青龙偃月刀、丈八蛇矛都属于近战兵器。飞刀、流星锤等都属于投掷兵器。

弓在危急时候也可以作为近战兵器，如曹操大宴铜雀台时，徐晃曾用弓打许褚：

褚更不回答，竟飞马来夺袍。两马相近，徐晃便把弓打许褚。（第56回）

常见兵器

刀

劈与砍都是人类的本能，因此，刀是最常见的兵器，被称为“百兵之帅”。在很多时候刀甚至成了兵器的代名词，如我们常说“借刀杀人”“笑里藏刀”。《三国演义》中用刀的武将有 89 人，刀也因此在兵器中排名第一，其中用刀的名将有许褚、庞德、张辽、夏侯渊、关羽、黄忠、孙坚、颜良等。

按照长短，刀可以分为长柄刀和短柄刀。作为主战兵器时，长柄刀为单刀，如关羽的青龙偃月刀。短柄刀为双刀，如祖茂的双刀。短柄刀还可以作为佩戴兵器，吕布为向王允表明除掉董卓的决心，即拔佩刀“刺臂出血为誓”。一些特殊用途的刀更短，如用于刺杀董卓的七宝刀，只有一尺多长。

在历史上，东汉最流行的是环首刀。环首刀长约一米，直背直刃，刀背较厚，刀柄呈扁圆环状。环首刀的环有五个作用：第一，环可以平衡刀身的重量，避免头重脚轻；第二，环扩大了刀柄的面积，可以用来攻击敌人；第三，便于悬挂；第四，可通过白布把环绑在手臂上，避免砍杀时脱手；第

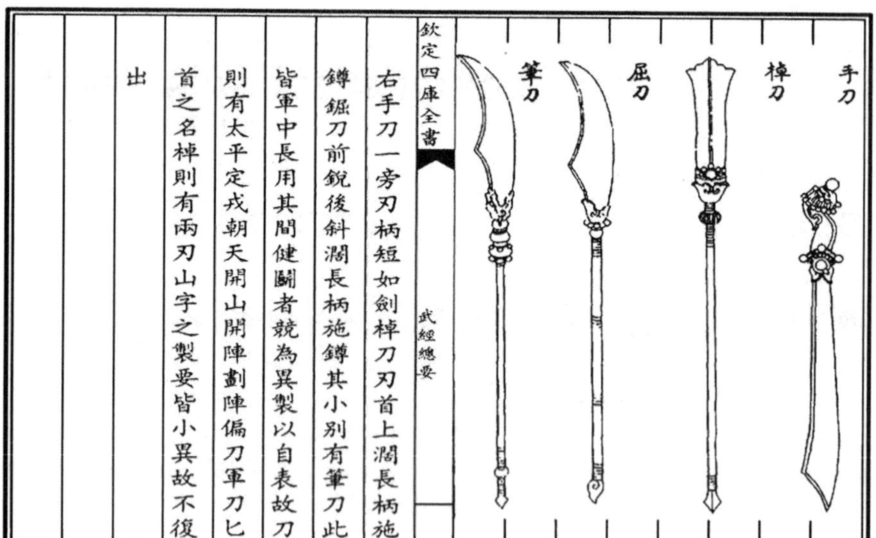

右手刀一旁刃柄短如劍棹刀刃首上闊長柄施鐏鋸刀前銳後斜闊長柄施鐏其小別有筆刀此皆軍中長用其間健鬬者競為異製以自表故刀則有太平定戎朝天開山開陣劃陣偏刀軍刀匕首之名棹則有兩刃山字之製要皆小異故不復出

《武经总要》中的刀

五，刀的主人战死后，可以通过白布上的名字确定主人的身份。1974 年 7 月，在山东临沂苍山地区出土了一把东汉的环首刀，刀身刻有隶书铭文“永初六年五月丙午造卅湅大刀吉羊宜子孙”。“卅湅”即“三十炼”，说明这把刀经过三十次锻打。

三国时期，刀的制作工艺得到改善，并已有佩刀和战刀之分。佩刀讲究式样别致，镶饰美观，曹操曾为自己和儿子造五口有兽纹的百辟刀。战刀则注重质地坚韧，做工精良。诸葛亮曾命三国名匠蒲元铸刀三千口，“刀成，以竹筒密内铁珠满其中，举刀断之，应手虚落，若剃生刍，故称绝当世，因曰神刀。”

枪（矛）

枪与矛的差别不大，在《三国演义》中统称为枪，张飞的兵器是丈八蛇矛，但第 39 回张飞杀夏侯兰，罗贯中说“张飞一枪刺夏侯兰于马下”。如果非要区分两者，那么枪要锋利一些，更适合刺杀，矛要重一些，更适合劈砸，可以当钝器用。

枪的基本招法以拦、拿、扎为主，这些动作不像劈砍那样简单，练枪比练刀需要更长的时间，武谚曰：“月刀，年棍，久练枪。”一旦练成了，枪比刀更加灵动，舞动起来神出鬼没，因此枪被称为“百兵之贼”。《三国演义》描写赵云的枪法时，形容为“那枪浑身上下，若舞梨花；遍体纷纷，如飘瑞雪”。《三国演义》中用枪或矛的武将有 67 位，其中的名将有夏侯惇、张郃、赵云、马超、张飞、姜维、太史慈、程普、文鸯等。

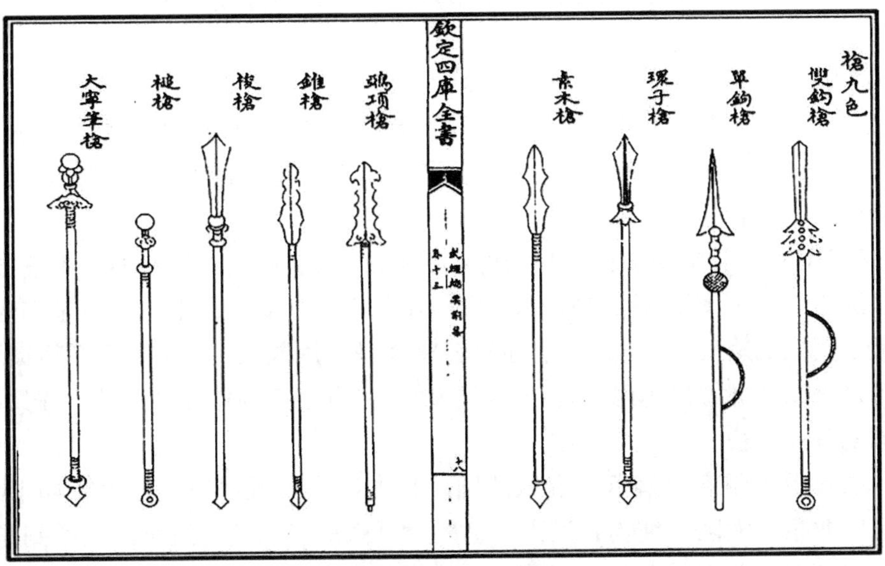

《武经总要》中的枪

按照长短，枪可以分为长柄枪与短柄枪，《三国演义》中的枪都是长柄枪。短柄枪通常以双枪的形式出现，比如《水浒传》中董平的双枪。

东汉时期，枪并没有开始流行，武将马上作战通常用矛。矛分为矛头、矛柄、矛镈。矛头包括矛叶、矛脊、矛骹几个部分。矛的柄也称为柲，多由竹木制成。矛镈是装于矛柄末端的底座，或平整或尖锐，尖锐的矛镈也可以用来刺人。

随着钢铁冶锻技术的提高，钢铁矛头取代了青铜矛头，诸葛亮曾下令制造十折矛，即选用反复锻打五次的钢片锻造而成，矛头也变得更大更锐利。因此，矛成为突围时的首选兵器。与鲜卑作战，公孙瓒遇到鲜卑骑兵，“瓒乃自持矛，两头施刃，驰出刺胡”。攻打祖郎，孙策被围，程普“与一骑共蔽捍策，驱马疾呼，以矛突贼，贼披，策因随出”。高亭之战，丁奉与魏兵作战，“跨马持矛，突入其陈中，斩首数百”。

很多古籍记载，诸葛亮曾对枪进行改造，《物原》载：“诸葛亮造竹枪。”《事物绀珠》载：“枪木杆金头，始于黄帝，扩于孔明。”《续事始》载：“诸葛亮置苦竹枪，长丈二。”陈寿评价诸葛亮长于巧思，曾制造连弩和木牛流马，他对枪进行改造，也是非常有可能的。

枪与矛类似，分为枪头、枪杆、枪钻，有的枪还有枪缨。枪缨为枪头下的装饰物，以红色居多，挂红色装饰物的枪叫红缨枪，白色的叫素缨枪。除装饰外，枪缨还有两个作用，一是舞起来迷惑敌人，二是刺中敌人后防止被血溅到。枪杆有木质和铁质两种，木质的更加灵活，铁质的更加坚固。《三国演义》中，太史慈、文丑、赵云、夏侯恩、姜维的枪都明确说是铁枪。

剑

剑有“百兵之君”的美誉，这个君，有君子之意，也有君王之意。剑分文武，君子佩戴文剑，君王佩戴武剑。文剑多用于装饰，形制更加精美，武剑多用于杀敌，质地更加坚硬。

《三国演义》中用剑作为兵器的武将有 34 人。剑属于短兵器，不适合主战，通常作为佩戴兵器用来步战，《三国演义》中关羽、张飞、马超都曾在步战中用佩剑杀人。危急时刻，也有武将在马上用佩剑，比如赵云长坂突围、孙策遭遇刺客都曾使用佩剑马战。极少数人，也会把剑作为马上的主战兵器，比如刘备和孟获。

剑起源于殷商，盛行于春秋战国，自古以来出现过很多名剑，如干将、莫邪、龙泉、太阿、纯钧、湛卢、鱼肠、巨阙等。汉代，造剑工艺达到了顶峰，但随着环首刀的兴盛，剑的实战功能逐步衰退。到了三国时期，佩剑更多成为一种身份的象征，皇帝给予大臣的特权之一即为“剑履上殿”。章武

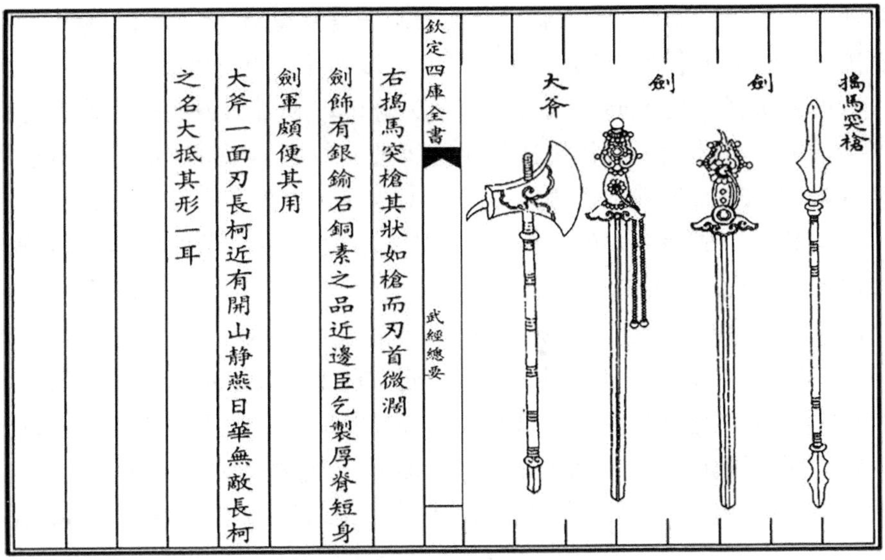

《武经总要》中的剑和斧

元年（221 年），刘备曾精心打造八口宝剑，一口自用，其余七口送给了三个儿子和四位重臣，政治意味十分明显。

虽然实战功能衰退，但击剑作为一种贵族运动在三国时代十分流行，魏文帝曹丕就是一个剑术高手。曹丕在《典论》中说："余又学击剑，阅师多矣，四方之法各异，唯京师为善。"曹丕曾与奋威将军邓展用甘蔗比试击剑，并多次击中邓展。

戟

戟可以看成戈与矛的结合体，在戈的头部装矛尖，使之既有直刃又有横刃，具有钩、啄、刺、割等多种功能，集戈与矛的优点于一身。用戟之人多力大，因此戟被称为"百兵之魁"。《三国演义》中共有 13 人用戟，分别为吕布、典韦、李封、太史慈、曹彰、钟绅、甘宁、宋谦、贾华、鄂焕、韩琼、韩综、成济。

戟由戟头和戟杆两部分组成，戟头又分为戟尖和戟枝。《说文解字》曰：戟，有枝兵也。根据戟枝的不同，戟可以分为卜字戟、青龙戟、方天戟。戟头一侧装有小枝，形似"卜"字的叫卜字戟。戟头一侧装有月刃（月牙般刀刃）的叫青龙戟，也叫戟刀。戟头两侧装有月刃的叫方天戟，如果在方天戟的戟杆上画上花纹，就叫方天画戟。

按照长短，戟可以分为长戟和短戟。吕布的方天画戟是长戟，典韦八十斤的双铁戟是短戟。长戟又叫大戟，河南安阳曹操墓曾出土一魏武王常用格虎大戟石碑。短戟又叫手戟，作用类似短剑，可以格斗，也可以投掷。

根据戟头样式的不同，戟又可以分为分体戟和合铸戟两种。戟尖与戟枝分开铸造的叫分体戟，整体铸造的叫合铸戟。戟最早出现于商代，由于铸造工艺的限制，当时的戟都是分体戟。到了西周，出现了合铸戟。春秋战国时期，青铜戟已经成为主要的兵器了，《左传》中多次提到用戟格斗。西汉时，铁戟出现，取代了青铜戟。

汉末三国时期，戟十分常见，在《三国志》中多次出现。刺杀张让时曹操曾“舞手戟于庭”自卫。逍遥津之战，张辽“被甲持戟，先登陷陈”，孙权“以长戟自守”。宛城之战，典韦“以长戟左右击之”。长坂之败，有人诬告赵云投敌，刘备“以手戟擿之”。夷陵之战，程畿断后，“身执戟战”。孙策杀严舆，“以手戟投之”。孙权狩猎，“马为虎所伤，权投以双戟”。甘宁与凌统争斗，作“双戟舞”。董卓不满吕布，“拔手戟掷布”。吕布为刘备解斗，“举弓射戟，正中小支”；吕布对陈登发怒，“拔戟斫几”。

斧

斧本是生产工具，用来砍伐树木，后演化成兵器。斧舞动起来粗犷豪放，使用者多为勇武之人，因此有“百兵之武”之称。《三国演义》中共有 8 人用斧，分别为：潘凤、徐晃、钟缙、邢道荣、李异、韩德、徐质、曹操。

按照长短，斧可以分为长柄斧和短柄斧，程咬金那种开山斧为长柄斧，李逵那种板斧为短柄斧。《三国演义》中，曹操在汉中用过一次斧：“当夜曹操心乱，不能稳睡，遂手提钢斧，绕寨私行。”这里用的动词是“提”，所以很可能是短柄斧。华佗要给曹操做开颅手术，手术工具也是短柄斧。无论长短，斧的外形基本相似，均一面为宽大的锋刃，一面平直，装有木柄。

《三国志》记载，曹操征张绣，张绣投降，曹操举行宴会，敬酒时，典韦手持大斧站在曹操之后，曹操走到谁面前，典韦就举斧子看谁，张绣将帅不敢仰视。《太平御览》记载，诸葛亮曾命人打造一百把战斧，并作《作斧教》一文，命令属下重视斧的质量：“前后所作斧，都不可用。前伐鹿角，坏刀斧千余枚，赖贼已走。间自令作部刀斧百枚，用之百余日，初无坏者。乃知彼主者无意，宜收治之，非小事也。若临敌，败人军事矣。”

大斧称为钺，钺本是刑具，用于执行斩首和腰斩的刑罚，后来演变为一种象征权力的礼器。河南安阳殷墟妇好墓中，出土过两件大型青铜钺，上面铸有铭文“妇好”二字。妇好是殷王武丁的妻子，生前是一位骁勇善战的女将军，青铜钺是她权威的象征。

饰以黄金之钺称为黄钺，三国时代，皇帝常将黄钺授予主征伐的重臣。石亭之战，曹睿征孙权“以休为征东大将军，假黄钺”，孙权这边也“召逊假黄钺，为大都督，逆休”。

知名兵器

《三国演义》对战争的描述是艺术化的，兵器也是如此，很多兵器都有一个非常好听的名字。

青龙偃月刀

关羽用青龙偃月刀斩华雄、斩颜良、诛文丑、过五关斩六将。败走麦城后，青龙偃月刀曾落入吴将潘璋之手。夷陵之战时，关兴杀死潘璋将父亲的宝刀夺回。《三国演义》中并没有描述青龙偃月刀的形制，只在三英战吕布时有一句“青龙宝刀灿霜雪”，这符合青龙偃月刀“冷艳锯”的别名。后世的青龙偃月刀刀头形似半弦月，即偃月，刀头与柄连接处有龙形吐口，因此叫青龙偃月刀。

历史上，关羽的兵器不可能是青龙偃月刀，因为偃月刀不适合上阵杀敌，只适合操练，明代兵书《武备志·军资乘·器械》说得很明确：“偃月刀以之操习示雄，实不可施于阵也。”

甚至，历史上关羽用的是不是刀都有争议，《三国志·关羽传》载：“曹公使张辽及羽为先锋击之。羽望见良麾盖，策马刺良于万众之中，斩其首还。”

很多学者因为一个“刺”字推测关羽的兵器是矛或枪，而不是刀。这有些武断，刀就一定不能刺吗？裴松之引谢承《后汉书》注《三国志·董卓传》，载：“孚着小铠，于朝服里挟佩刀见卓，欲伺便刺杀之。语阕辞去，卓送至阁中，孚因出刀刺之。”裴松之引《吴书》注《三国志·吴主传》，载：“后又召还，未至，熙惧见迫不从，必危身辱命，乃引刀自刺。”刺和劈都是人类的本能，认为刀不能刺，枪不能劈，是典型的纸上谈兵。关羽不可能用青龙偃月刀，但不排除用的是大刀或长刀，这在魏晋时期很普遍，《三国志·典韦传》载：“韦好持大双戟与长刀等。”《晋书·载记》载：“安与壮士十余骑于陕中格战，安左手奋七尺大刀，右手执丈八蛇矛，近交则刀矛俱发，辄害五六……”

关羽刺杀颜良后“斩其首还”，可见，即使关羽的兵器是枪或矛，关羽也是有佩刀的。南朝·陶弘景《古今刀剑录》还记录了关羽所用之刀的名称："关羽，为先主所重，不惜身命，自采都山铁为二刀，铭曰万人。及羽败，羽惜刀，投之水中。"

古锭刀

古锭刀是孙坚的刀：

孙坚披烂银铠，裹赤帻，横古锭刀，骑花鬃马，指关上而骂曰："助恶匹夫，何不早降！"（第5回）

锭指块状的金属，古锭刀是说此刀由古时保留下来的金属打造而成。攻打宛城时，孙坚用古锭刀登上城楼斩贼二十余人。

在嘉靖本中，车胄的兵器叫古定刀。在古代的戏文中，古定刀也比较常见。金董解元《西厢记诸宫调》曰："鼻偃唇轩，眉粗眼大，担一柄截头古定刀。"明贾仲名《对玉梳》曰："红莲舌是折郎君古定刀，青丝发是缚子弟降魔索。"

七宝刀

七宝刀本属王允，后借给曹操刺杀董卓：

操惶遽，乃持刀跪下曰："操有宝刀一口，献上恩相。"卓接视之，见其刀长尺余，七宝嵌饰，极其锋利，果宝刀也，遂递与吕布收了。（第4回）

三国时一尺为24.2厘米，七宝刀长尺余，即不到30厘米，非常适合隐藏。

七宝很可能指的是佛教的七种宝贝。不同佛经中的七宝不尽相同，鸠摩罗什译《阿弥陀经》所说七宝为金、银、琉璃、珊瑚、砗磲、赤珠、玛瑙；玄奘译《称赞净土佛摄受经》所说七宝为金、银、吠琉璃、颇胝迦、牟娑落揭拉婆、赤真珠、阿湿摩揭拉婆；《般若经》所说七宝是金、银、琉璃、珊瑚、琥珀、砗磲、玛瑙；《法华经》所说七宝是金、银、琉璃、砗磲、玛瑙、珍珠、玫瑰。

《三国演义》写的虽然是汉末三国的事，但成书在元末明初，受佛教的影响已经非常大了。罗贯中不是历史学家，并不清楚佛教在东汉末年还未广泛流行。

丈八蛇矛

丈八蛇矛又叫丈八点钢矛、蛇矛丈八枪。张飞用它虎牢关大战吕布，当阳桥喝退曹兵，葭萌关大战马超。张飞死后，丈八蛇矛传给了他的儿子张苞。

《水浒传》中跳涧虎陈达和豹子头林冲的兵器也是丈八蛇矛，有意思的是，林冲的长相也是豹头环眼，燕颔虎须。林冲与张飞相貌、兵器都一样，但性格天差地别。

《三国志·张飞传》载：

先主闻曹公卒至，弃妻子走，使飞将二十骑拒后。飞据水断桥，瞋目横矛曰："身是张益德也，可来共决死！"敌皆无敢近者，故遂得免。

历史上张飞的兵器的确是矛，但真有丈八那么长吗？三国时，一尺为 24.2 厘米，一丈 10 尺，丈八共 18 尺，约 4.36 米。这是不是太长了呢？民间武谚说："七尺为枪，八尺为棍，长矛一丈零八寸。"一丈零八寸大约 2.6 米，似乎更容易上手。到底是一丈八尺还是一丈八寸呢？至少在三国时代，应该是一丈八尺，东汉张揖《埤苍》载："矛长一丈八尺"。东汉刘熙《释名·释兵》曰："矛长丈八尺曰矟，马上所持，言其矟矟便杀也。"在三国时代，甚至还有更长的矛，《三国志·东夷传》载："作矛长三丈，或数人共持之，能步战。"

魏晋时期，丈八蛇矛的确在战场上出现过，《晋书·载记》："安与壮士十余骑于陕中格战，安左手奋七尺大刀，右手执丈八蛇矛，近交则刀矛俱发，辄害五六……"所以，张飞用丈八蛇矛是完全可能的。

铁脊蛇矛

铁脊蛇矛是程普的兵器：

却说孙坚引四将直至关前。那四将？第一个，右北平土垠人，姓程名普，字德谋，使一条铁脊蛇矛……华雄副将胡轸引兵五千出关迎战。程普飞马挺矛，直取胡轸。斗不数合，程普刺中胡轸咽喉，死于马下。（第 5 回）

矛由矛头、矛柄、矛镈三部分组成。矛头又分为矛叶、矛脊、矛骹几个部分。矛叶包括矛锋和矛刃，用来刺杀敌人。矛脊是矛头中间突起的部分。矛骹是用来连接矛柄的直筒，下粗上细便于装柄。

矛脊左右两边展开成带刃的矛叶，并向前聚集成锐利的矛锋。有的矛脊两侧带凹槽，称饮血，为矛头刺入敌人身体时减少阻力。蛇矛矛头弯曲如蛇形，两面有刃，故称蛇矛。程普一出场，就用铁脊蛇矛刺中华雄副将胡轸的咽喉，果然如毒蛇一样，一击致命。

历史上，程普的兵器的确是矛。《三国志·程普传》载："与一骑共蔽捍策，驱马疾呼，以矛突贼，贼披，策因随出。"罗贯中将矛艺术化，变成了霸气的铁脊蛇矛。

倚天剑

毛本和嘉靖本中，倚天剑都没有出现。但在黄甫正本中，曹操曾用倚天剑砍大梨树：

操怒曰："吾平生历普天下四十余年，上至天子，下及庶人，谁不惧吾？是何妖神敢逆吾意？"言讫，遂拔倚天宝剑，亲自砍之，铮然有声，血溅满身，

又复砍之，血溅其面，左右衣襟皆赤。操大惊，即弃剑上马而归。（黄甫正本《曹操杀神医华佗》）

战国宋玉《大言赋》曰："方地为车，圆天为盖。长剑耿介，倚天之外。"李白《临江王节士歌》曰："壮士愤，雄风生。安得倚天剑，跨海斩长鲸。"金庸小说《倚天屠龙记》中对倚天剑大肆渲染，有"倚天不出，谁与争锋"之语，剑内藏有《九阴真经》。

青釭剑

青釭剑本是曹操的宝剑，由背剑官夏侯恩背着，后被赵云夺去。《三国演义》中，青釭剑赵云使用过三次：长坂救主时用青釭剑砍死了钟缙，柴桑吊孝时用青釭剑保护诸葛亮，截江夺斗时用青釭剑防身。

釭的本意是油灯，青釭即青灯，常与"冷""寒"等字连用。刘基《寒夜》曰："青釭冷暗愁眠怯，楼外频移北斗杓。"黄景仁《焦节妇行》曰："荧荧一点青釭寒，蟋蟀在户鬼在室。"青釭剑的"青釭"大概是形容宝剑寒光逼人。

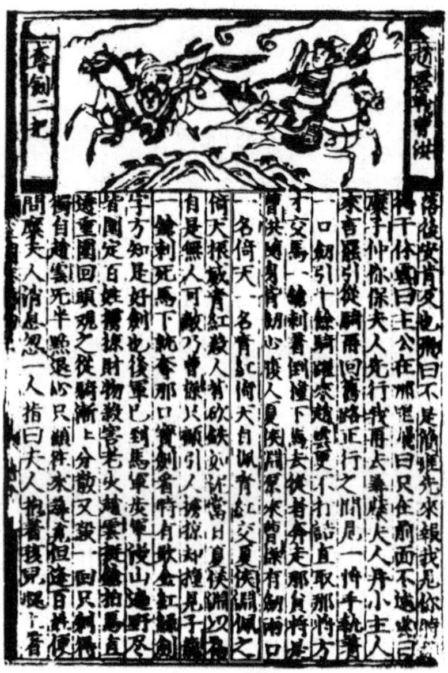

叶逢春本中的"青红剑"

但是，明清的文献中，我们找不到用青釭形容宝剑的语例，倒是"青虹"二字常常用来形容剑光。如于谦《秋兴用陈绣衣韵》曰："黄鹄摩云壮气增，青虹贯斗剑光腾。"姚燮《怀九老诗九章其九》曰："延平剑气逼牛斗，郁然远见青虹光。"甚至，黎崇敕在《赠朱季美》一诗中，明确提到了青虹剑："握里青虹剑，囊中白雪章。"

在叶逢春本中，青釭剑叫青红剑。这可以说明，在早期的文本中，"青釭"并不是唯一的写法。或许，青釭剑原本作青虹剑，剑五行属金，好事者把虫字旁换成了金字旁。青虹倚天，这两个意象放在一起也非常有诗意。在京剧和京韵大鼓中，青釭剑就常被叫作青虹剑。

在张国良先生的评话《三国》中，还在青釭剑的剑匣上做了一些文章。青釭剑是抢来的，没有剑匣，刘备为感谢赵云救阿斗，特意为赵云打造了一个剑匣。剑是曹操的，匣是刘备的，青釭剑真可谓是一把英雄之剑。

赵云可能是《三国演义》中最受欢迎的武将，但是很遗憾，他的枪没有留下名字。这也比较符合赵云低调的性格，枪如其人，不求虚名。

元代话本《三国志平话》中，赵云的枪叫涯角枪。元杂剧《刘玄德独赴襄阳会》中赵云的枪叫牙角枪。元杂剧《阳平关五马破曹》中赵云的枪叫鸦脚枪。

“涯角”是说枪的稀有，海角天涯无对；“牙角”是说枪像动物牙和角一样锋利。“鸦脚”是说枪的外形像乌鸦的脚。涯角、牙角、鸦脚，都发 [yajiao] 的音，平话与杂剧都是口头艺术，师徒之间口口相传，因此出现了一音多字的情况。

因为赵云的枪没有留下名字，所以后世为他的枪创造了许多名字。袁阔成先生的评书《三国演义》中，赵云的枪叫亮银枪；张国良先生的评话《三国》中，赵云的枪叫鼠白烂银枪。除此之外，还有“龙胆枪”“梨花枪”等名字。

双股剑

所谓一寸长一寸强，剑是短兵器，通常都是作为佩带兵器出现，像刘备这样用剑作为主战兵器的十分罕见。也许是因为刘备双手过膝，可以弥补双股剑长度的不足。

明代何良臣所著《阵纪》载：“卞庄子之纷击法，王聚之起落法，刘先主之顾应法，马明王之闪电法，马超之出手法。”刘备成了五大剑法高手之一，不知道是《三国演义》影响了这个说法，还是这个说法影响了《三国演义》。

双股剑又叫雌雄剑或鸳鸯剑，《水浒传》中公孙胜也曾用雌雄宝剑。

松纹镶宝剑

除刘备外，孟获也把剑作为马上兵器：

中间孟获出马，头顶嵌宝紫金冠，身披缨络红锦袍，腰系碾玉狮子带，脚穿鹰嘴抹绿靴，骑一匹卷毛赤兔马，悬两口松纹镶宝剑……（第 87 回）

“松纹”指剑身刻有花纹图案，如祥云、流水等。“镶宝”指剑身镶嵌宝石。从这个名字看，孟获的这双宝剑肯定造价不菲。我们没见过孟获在战场上使用这双宝剑，估计是舍不得吧。

方天画戟

与青龙偃月刀一样，方天画戟也不是实战兵器，而是仪仗礼器。《三国演义》中把吕布的兵器设定为方天画戟，大概源于《三国志・吕布传》中多次提到戟：

然卓性刚而褊，忿不思难，尝小失意，拔手戟掷布。

布令门候于营门中举一只戟，布言：“诸君观布射戟小支，一发中者诸君当解去，不中可留决斗。”布举弓射戟，正中小支。

布因登求徐州牧，登还，布怒，拔戟斫几曰："卿父劝吾协同曹公，绝婚公路；今吾所求无一获，而卿父子并显重，为卿所卖耳！卿为吾言，其说云何？"

这似乎坐实了吕布用戟，但仔细一想，就会发现问题。首先，董卓掷向吕布的戟是手戟，并非小说中的方天画戟，而且根据描述，这个手戟应该是董卓自己的。营门射戟的戟也没明确说是吕布的，很多习武之人认为这个戟不可能是吕布的，因为武将不会用箭射自己心爱的兵器。最后那个砍桌子的戟是吕布的，但应该是手戟，而非方天画戟。手戟通常背在背上，因此用前需要"拔"，而方天画戟则不需要。

关于吕布的兵器，正史上两次提到，但都不是戟，而是矛，《后汉书·董卓传》载：

肃以戟刺之，卓衷甲不入，伤臂堕车，顾大呼曰："吕布何在？"布曰："有诏讨贼臣。"卓大骂曰："庸狗敢如是邪！"布应声持矛刺卓，趣兵斩之。

裴松之注《三国志·吕布传》引《英雄记》载：

郭汜在城北。布开城门，将兵就汜，言"且却兵，但身决胜负"。汜、布乃独共对战，布以矛刺中汜，汜后骑遂前救汜，汜、布遂各两罢。

从这两条文献看，历史上吕布的兵器应该是矛。

《西游记》中的金翅大鹏、阿七大王，《水浒传》中的小温侯吕方、赛仁贵郭胜，他们的兵器都是方天画戟。

双铁戟

典韦独爱戟，马战用双戟，步战用短戟。典韦的双戟重八十斤，典韦用它们与许褚鏖战一天不分胜负。宛城之战，胡车儿偷走双戟后张绣才敢偷袭。典韦不会射箭，但练就了飞戟绝技，濮阳之战，五步飞戟，百发百中。

正史中，典韦的确善用双戟，而且双戟真是八十斤。《三国志·典韦传》载："韦好持大双戟与长刀等，军中为之语曰：'帐下壮士有典君，提一双戟八十斤。'"这也是《三国志》中唯一一处对兵器重量的描述。但是，宛城之战典韦并没有用双戟，用的是长戟，《三国志·典韦传》载："贼前后至稍多，韦以长戟左右击之，一叉入，辄十余矛摧。"

开山大斧

开山大斧是邢道荣和韩德的兵器：

两阵对圆，道荣出马，手使开山大斧，厉声高叫："反贼安敢侵我境界！"（第52回）

却说夏侯楙在长安聚集诸路军马。时有西凉大将韩德，善使开山大斧，有

万夫不当之勇……（第 92 回）

斧最早是劳动工具，用来砍伐树木。而砍伐树木又是开垦荒山首先要做的事，因此，斧子又被冠以开山大斧的称谓。古代战争中的先锋官，常常要逢山开路，遇水叠桥，于是先锋官与开山大斧产生了关联。《水浒传》中的急先锋索超，兵器即是一把开山大斧。邢道荣和韩德，在《三国演义》中也是各自势力的先锋。

蘸金斧

蘸金斧是孙桓部将李异的兵器：

李异见谢旌败了，慌忙拍马轮蘸金斧接战。（第 82 回）

所谓蘸金，是一种最快捷的镀金工艺，把物体放在金液中蘸一下就拿出来。在战场上厮杀，难免会有兵器的磕碰，李异与张苞战了二十回合，这得掉下来多少金渣啊。

稀有兵器

在《三国演义》中，有些兵器只有一两个人使用，我们称为稀有兵器。

槊

槊是赵弘与公孙瓒的兵器：

赵弘飞马突槊，直取孙坚。坚从城上飞身夺弘槊，刺弘下马，却骑弘马，飞身往来杀贼。（第 2 回）

公孙瓒挥槊亲战吕布。战不数合，瓒败走……（第 5 回）

槊是古时骑兵所用的重兵器，相当于加长版的矛，也叫矟。槊由槊柄和槊头两部分构成，槊柄一般长六尺，槊头呈圆锤状，有的槊头上装有铁钉若干，有的槊柄尾端装有镈。因为槊比较长，不便挥舞，通常借助战马的速度冲击敌人。槊出现于两汉，发展于魏晋南北朝，定型于隋唐。根据使用的兵种不同可以分马槊和步槊。

槊造价昂贵，只有少数贵族才能装备，因此成为身份的象征。南朝梁简文帝，亲自做《马槊谱序》："马槊为用，虽非远法，近代相传，稍以成艺。"《三国演义》中，曹操横槊赋诗，也有彰显王者之气的目的。

《水浒传》中百胜将韩滔的兵器是枣木槊，《隋唐演义》中单雄信的兵器是枣阳槊，这两种槊都出于文学家的想象，并不见于真正的战场上。

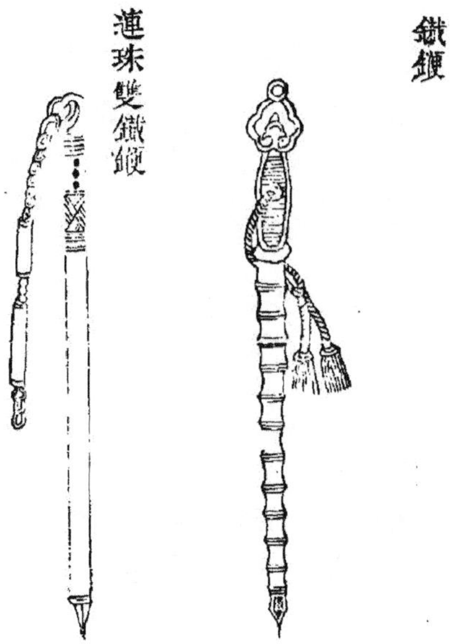

铁鞭

鞭

鞭是黄盖、李傕、文鸯的兵器：

第二个，姓黄名盖，字公覆，零陵人也，使铁鞭……（第 5 回）

少顷，李傕入见帝，腰带三刃刀，悬剑于腕，手提铁鞭。帝面如土色。内侍皆带剑立于帝侧。（嘉靖本《李傕郭汜乱长安》）

鸯忽然勒回马大喝一声，直冲入魏将阵中来，钢鞭起处，纷纷落马，各各倒退……（第 110 回）

鞭有软鞭和硬鞭之分，黄盖、李傕、文鸯使用的是铁鞭或钢鞭，都属于硬鞭。钢鞭重而无刃，不易折断，以力伤人，即使对身着重甲的敌人也有很强的杀伤力。与锤只能用锤头捶打不同，钢鞭通体都可以打击。钢鞭由上至下逐节变细，末端尖锐，也可以用来刺杀。钢鞭又称为竹节钢鞭，按照分节多少，又可分为七节鞭、九节鞭、十三节鞭等。

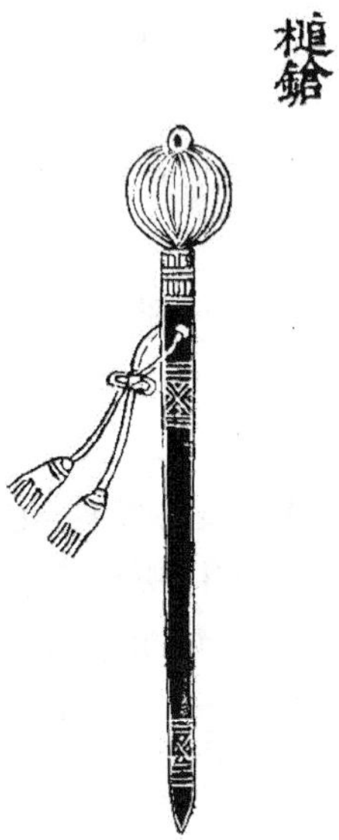

楇枪

唐代名将尉迟恭善使钢鞭，成为门神后，其手持钢鞭的形象家喻户晓。《水浒传》中的双鞭呼延灼、病尉迟孙立，《西游记》中的王灵官、鼍龙都使钢鞭。

铁锤

铁锤是武安国与越吉的兵器：

北海太守孔融部将武安国，使铁锤飞马而出，吕布挥戟拍马来迎。战到十余合，一戟砍断安国手腕，弃锤于地而走。（第 5 回）

羌兵阵里，越吉元帅手挽铁锤，腰悬宝雕弓，跃马奋勇而出。

兴终是胆寒，抵敌不住，望涧中而逃，被越吉赶到，一铁锤打来，兴急闪过，正中马胯。那马望涧中便倒，兴落于水中。（第 94 回）

锤为钝器，以力伤人，使用者一般都有力气。锤由锤头和锤柄构成。按照锤头的形状，锤可以分为圆头锤、四棱锤。按照锤柄长短，可分为长柄锤、短柄锤，还有没有锤柄的链子锤。从描述上看，武安国、越吉用的都是长柄锤。

《水浒传》中的金钱豹子汤隆、《西游记》中的灵感大王都用锤。《岳飞全传》中用锤的武将最多，有“八大锤四大将”之称。

铁棒

铁棒是何曼的兵器：

阵圆处，一将步行出战，头裹黄巾，身披绿袄，手提铁棒，大叫：“我乃截天夜叉何曼也！谁敢与我厮斗？”（第 12 回）

棍棒源于树枝，我们的祖先在还不能被称为人类的时候，就已经会使用棍棒了。因此，棍棒被认为是最早的兵器，被称为“百兵之长”。棍与棒没有太大的区别，后世根据长度规定齐眉为棍，齐胸为棒。按照形制，棒可以分为杆棒、狼牙棒、铁链棒等。按照材质，棒又可以分为木棒、铁棒等。《水浒传》中武松的哨棒即为木棒，何曼这里用的是铁棒。最著名的铁棒要数《西游记》中孙悟空的如意金箍棒了。《西游记》中木吒的兵器也是铁棒。

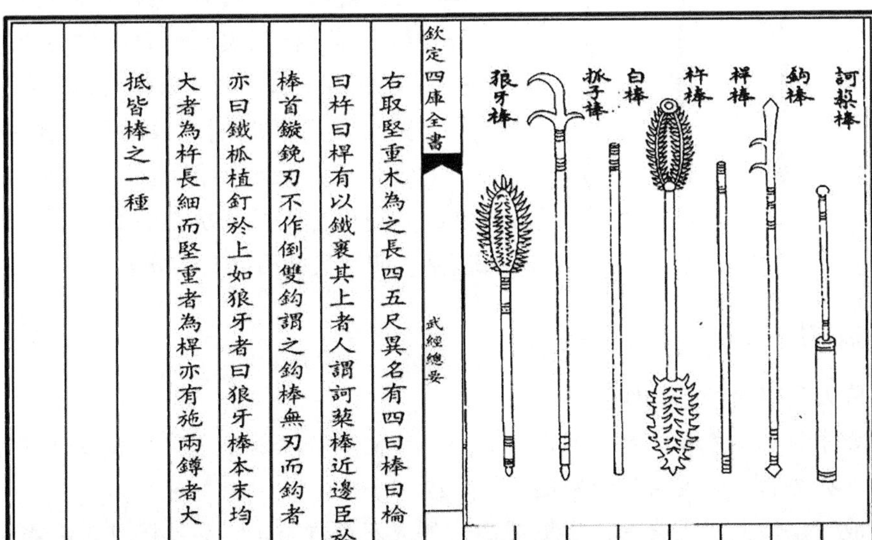

《武经总要》中的棒

三刃刀

三刃刀是李傕的佩刀：

少顷，李傕入见帝，腰带三刃刀，悬剑于腕，手提铁鞭。帝面如土色。内侍皆带剑立于帝侧。（嘉靖本《李傕郭汜乱长安》）

剑履上殿已经是莫大的荣耀了，李傕竟敢带着三刃刀和铁鞭见君王。上天欲其灭亡，必先令其疯狂。

三尖两刃刀

三尖两刃刀是纪灵、晏明、焦炳的兵器：

那纪灵乃山东人，使一口三尖刀，重五十斤。（第 14 回）

早有一将，引一队步军至，乃曹洪部将晏明也，持三尖两刃刀来战赵云。（第 41 回）

子龙直杀入重围，又一枝兵截住，为首乃牙将焦炳，使三尖刀一口。（嘉靖本《赵子龙汉水大战》）

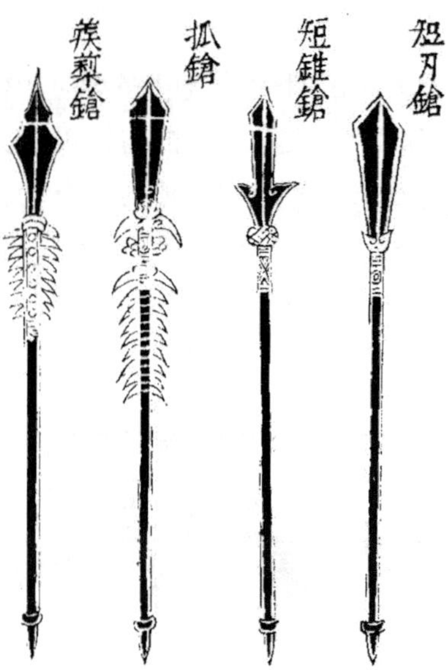

短锥枪

三尖两刃刀简称三尖刀，前端有三叉刀尖，呈“山”字形，刀身两面有刃，兼具枪与刀的功能，可刺可劈可锁可铲，刀法丰富多样。把三尖两刃刀作为兵器的人物中，《西游记》里的二郎神最为著名，因此三尖两刃刀也被叫作二郎刀。《水浒传》中的天目将彭玘的兵器也是三尖两刃刀，九纹龙史进也用过一次类似的兵器，但更复杂，叫三尖两刃四窍八环刀。

戒刀

戒刀是普净禅师的佩刀：

普净教取茶先奉夫人，然后请关公入方丈。普净以手举所佩戒刀，以目视关公。公会意，命左右持刀紧随。（第 27 回）

戒刀是僧人所用之刀，根据戒律，僧人不允许杀生，只能用其来裁衣、剃头、剪指甲，故称戒刀。《西游记》中，沙和尚皈依佛门后，唐僧即命孙悟空用戒刀为他落发。《水浒传》中，行者武松的兵器为两口雪花镔铁戒刀。

长戈

长戈是周善的兵器：

周善手执长戈，大喝曰："汝何人，敢当主母！"叱令军士一齐开船，各将军器出来，摆列在船上。（第 61 回）

戈是一种非常古老的兵器，流行于先秦时期，在木杆上缚上刃状物即为戈。戈可刺可勾，长戈多用于车战，短戈多用于步战。出土于河南省偃师县二里头遗址的青铜铸戈头，距今 3500 多年。所谓"单戈作战"，戈一度是古时兵器的代称，现代成语中还可以看到这个痕迹，如反戈一击、金戈铁马等。

铁链

铁链是甘宁的兵器：

甘宁手执铁链，冒矢石而上。朱光令弓弩手齐射，甘宁拨开箭林，一链打倒朱光。（第 67 回）

铁链是软兵器的一种，由多节金属相互锁成，环环相扣，呈链状，故称铁链。铁链的一头通常带有用来攻击的尖刃或锤头，可放可收，可缠可打。铁链的用法比较复杂，而且放出去一旦被敌人缠住很难收回，所以用的人不多。除《三国演义》中的甘宁，《水浒传》中的火眼狻猊邓飞、摩云金翅欧鹏的兵器也是铁链。

截头大刀

截头大刀是庞德与忙牙长的兵器：

临战阵，衣青袍，跨白马，军中号为"白马将军"。使一口截头大刀，乃南安狟道人也，姓庞，名德，字令明。（嘉靖本《庞德抬榇战关公》）

一将应声而出，名唤忙牙长，使一口截头大刀，骑一匹黄骠马，来取王平。（第 87 回）

一般的刀，刀头都有刀尖，可劈也可刺。截头大刀，顾名思义就是截去了刀尖，刀头是直着下来的，类似我们常用的菜刀。截去刀尖后，牺牲了刺的功能，更专注于劈砍。

铁蒺藜骨朵

铁蒺藜骨朵是沙摩柯的兵器：

为首乃是番王沙摩柯，生得面如噀血，碧眼突出，使一个铁蒺藜骨朵，腰带两张弓，威风抖擞。（第 83 回）

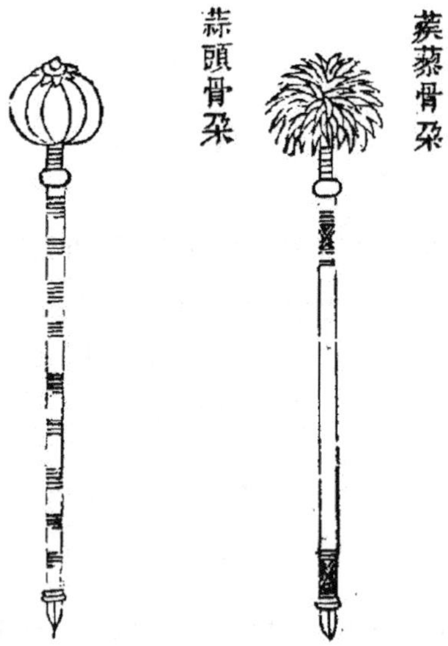

骨朵

骨朵是钝器的一种，由骨朵柄和骨朵头两部分构成，骨朵柄为铁质或木质，骨朵头为重铁器，形似花骨朵，因此得名。铁蒺藜是一种军用撒布障碍物，主要用于抵挡战马的冲击，由四根铁质尖刺构成，保证在地上时始终有一个铁刺朝上，因形状像草本植物蒺藜而得名。铁蒺藜骨朵即在骨朵上加铁蒺藜，在以力伤人的基础上还具备了穿刺效果，可以看成加长版的狼牙棒。

不装铁蒺藜的骨朵形似蒜头，因此也叫蒜头骨朵，其外形和用法与锤类似。《西游记》中形容金鱼精的九瓣铜锤称“九瓣攒成花骨朵，一竿虚孔万年青”。

蒜头骨朵也像南瓜，因此又被叫作金瓜，宋代之后常用于仪仗，金瓜武士即由此而来。

丈八长标

丈八长标是祝融夫人的兵器：

祝融夫人背插五口飞刀，手挺丈八长标，坐下卷毛赤兔马。（第 90 回）

标枪起源于人类早期的一种捕猎工具，将竹子或木头的两端打磨削尖而成，可以近距离直刺也可以远距离投掷。现代奥运会中，还有标枪投掷比赛。在《水浒传》中，八臂哪吒项充的兵器也是一条铁标枪。

日月刀

日月刀是韩德四子韩琪的兵器：

四子韩琪见二兄战云不下，也纵马抡两口日月刀而来，围住赵云。（第 92 回）

日月刀可以简单理解为双刀，也可以理解为一种特殊的半圆形双刀，半圆的那边有握手槽空，双刀似日，单刀似月，故称日月刀。《水浒传》中扈三娘的兵器也是日月双刀。

四楞铁简

四楞铁简是傅佥的兵器：

李鹏大怒，纵马轮刀来救。金故意放慢，等李鹏将近，努力掷真于地，暗掣四楞铁简在手，鹏赶上举刀待砍，傅佥偷身回顾，向李鹏面门只一简，打得眼珠迸出，死于马下。（第112回）

“楞”通“棱”，“简”通“锏”，四楞铁简即四棱铁锏。四楞铁简与鞭类似，也是以力伤人，但横截面不是圆形，而是方棱形。锏后粗前细，逐步呈方锥形。《隋唐演义》中秦琼的兵器为双锏，他的锏法中最后一招非常凶险，出手即伤人，“撒手锏”由此得名。《杨家将》中八王千岁赵德芳有一个御赐的瓦面金锏，上打昏君，下打奸臣。《西游记》中摩昂太子的兵器是一根三棱锏。

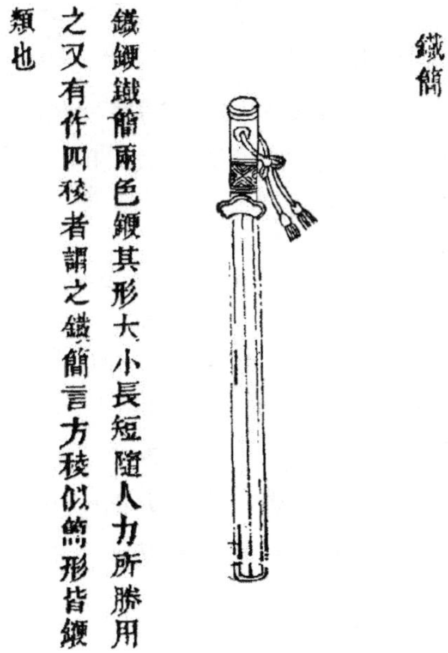

铁简

投掷兵器

除了这些主战兵器外，《三国演义》中还有一些投掷兵器也非常稀有。

短戟

典韦擅长飞短戟：

操不能前进，无计可脱，大叫：“谁人救我！”马军队里，一将踊出，乃典韦也，手挺双铁戟，大叫：“主公勿忧！”飞身下马，插住双戟，取短戟十数枝，挟在手中，顾从人曰：“贼来十步乃呼我！”遂放开脚步，冒箭前行。布军数十骑追至。从人大叫曰：“十步矣！”韦曰：“五步乃呼我！”从人又曰：“五步矣！”韦乃飞戟刺之，一戟一人坠马，并无虚发，立杀十数人，众皆奔走。（第11回）

仔细看这段情节会发现一个问题，短戟可以远距离投掷，但为什么一定要等到敌人距离五步时典韦才飞戟呢？我们可以在正史中找到答案。《三国志·典韦传》中典韦退敌时“手持十余戟，大呼起，所抵无不应手倒者”，这说明典韦是用长戟近距离戳倒敌人的。演义将其改为了飞戟，但五步没有改，于是就产生了上述问题。

石子

许褚擅长飞石子：

壮士曰：“我乃谯国谯县人也，姓许名褚，字仲康。向遭寇乱，聚宗族数百人，筑坚壁于坞中以御之。一日寇至，吾令众人多取石子准备，吾亲自飞石击之，无不中者，寇乃退去……”（第 12 回）

许褚的飞石绝技有点像《水浒传》中的没羽箭张清。

流星锤

卞喜和王双都用过流星锤：

把关将乃并州人氏，姓卞，名喜，善使流星锤，原是黄巾余党，后投曹操，拨来守关……卞喜下堂绕廊而走，关公弃剑执大刀来赶。卞喜暗取飞锤掷打关公。关公用刀隔开锤，赶将入去，一刀劈卞喜为两段。（第 27 回）

大将军曹真出班奏曰：“……臣近得一员大将，使六十斤大刀，骑千里征驹马，开两石铁胎弓，暗藏三个流星锤，百发百中，有万夫不当之勇，乃陇西狄道人，姓王，名双，字子全。臣保此人为先锋。”……

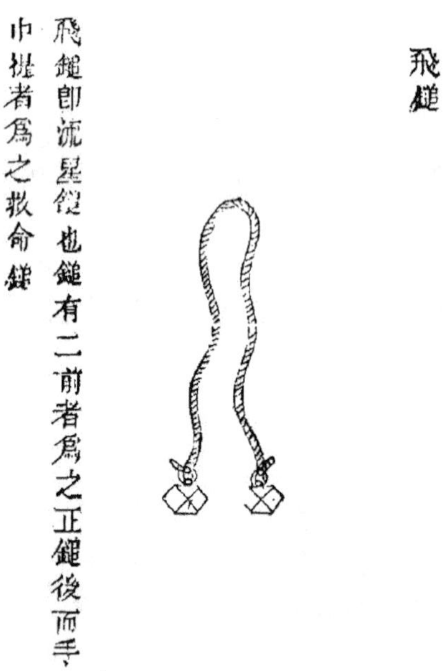

飞锤

王双纵马来与张嶷交马，数合不分胜负。双诈败便走，嶷随后赶去。王平见张嶷中计，忙叫曰：“休赶！”嶷急回马时，王双流星锤早到，正中其背。嶷伏鞍而走，双回马赶来。（第 97 回）

流星锤也叫飞锤，起源于古时捕猎所用的飞石索，后把石头换作金属锤头，成为软兵器的一种。流星锤由锤身、软索、把手三部分组成。锤身有瓜形、多棱形、刺球形、浑圆形等，大小如鸭卵。锤身末端有象鼻眼，用于串连环。锤身重量的大小，根据使锤者力量而定。仅系一锤者，称单流星；系两锤者，称双流星。卞喜和王双的流星锤都用作暗器，属单流星。《水浒传》中，混世魔王樊瑞的兵器也是单流星，但不是作为暗器。

飞叉

陈应善使飞叉：

赵云大怒，挺枪骤马，直取陈应，应捻叉来迎。两马相交，战到四五合，陈应料敌不过，拨马便走，赵云追赶。陈应回顾赵云马来相近，用飞叉掷去，被赵云接住，回掷陈应。应急躲过，云马早到，将陈应活捉过马，掷于地下，喝军士绑缚回寨。（第 52 回）

叉本是古代捕鱼狩猎的工具，陈应是猎户出身，所以把叉作为兵器。陈应先用叉与赵云近战四五合，又飞叉掷赵云，体现了叉这种兵器可格斗、可投掷的特点。根据分叉数量的不同，叉又分为两股叉（又称牛角叉）、三股叉、五股叉。《水浒传》中的解珍、解宝用过三股莲花叉和五股钢叉，《西游记》中的刘伯钦、黄风怪、蝎子精用的都是三股钢叉。

铜锤（铜挝）

铜锤是马超的暗器：

两将又向阵前鏖战。到二十余合，马超拨回马便走。张飞大叫曰："走那里去！"原来马超见赢不得张飞，心生一计，诈败佯输，赚张飞赶来，暗掣铜锤在手，扭回身觑着张飞便打将来。张飞见马超走，心中也提防，比及铜锤打来时，张飞一闪，从耳朵边过去。（第 65 回）

在嘉靖本中，马超飞的不是铜锤，而是铜挝。挝即抓，《武备志·军资乘·器械》对挝这样描述："用净铁照式打造，若鹰爪样，五指攒中，钉活，穿长绳系之。如击人马，用大力人丢去，著身收合，回头不能脱走。"

在元杂剧中，就有了马超飞挝的设定。《寿亭侯怒斩关平》曰："凭着马超两柄飞挝，百步能取上将首级"。《庆冬至共享太平宴》曰："累代簪缨保汉朝，飞挝起处破凶曹"。甚至，马超的祖先伏波将军马援也用过挝，《马援挝打聚兽牌》中马援自述："某上阵处，使两柄铁飞挝，百步之外，能取上将首级。"看来马超的飞挝绝技是家传的。

清代评书艺术对此大加渲染，清凉道人《听雨轩笔记》载："予昔在郡城城隍庙，见有说《三国演义》葭萌关桓侯战马超者，言孟起与桓侯苦战三日三夜，欲于马上擒桓侯而不能，遂诈败，桓侯追之，孟起回身，手掷飞抓罩其首。盖孟起之高祖为新息侯马援，素精此技，昔佐光武定天下，百步之内，取敌人首如囊中物，孟起之家传绝技也。”

遗憾的是，毛本《三国演义》中，马超的铜挝写成了铜锤，失去了与马援的关联。在叶逢春本《三国志史传》中，铜挝还被写成了铜鎚，这是为什么呢？哪个是正宗的呢？由元杂剧可知，在早期的版本中是铜挝，但挝字比较生僻，又与“鎚”字形近，铜挝慢慢就被误写作铜鎚，而“鎚”又同“锤”，于是就有了毛本中的铜锤。

飞刀

祝融夫人善使飞刀：

孟获甚是慌张。忽然屏风后一人大笑而出曰：“既为男子，何无智也？我虽是一妇人，愿与你出战。”获视之，乃妻祝融夫人也。夫人世居南蛮，乃祝融氏之后，善使飞刀，百发百中……祝融夫人背插五口飞刀，手挺丈八长标，坐下卷毛赤兔马。张嶷见之，暗暗称奇。二人骤马交锋，战不数合，夫人拨马便走。张嶷赶去，空中一把飞刀落下。嶷急用手隔，正中左臂，翻身落马。蛮兵发一声喊，将张嶷执缚去了。（第 90 回）

飞刀是一种最常见的暗器。《水浒传》中，扑天雕李应与八臂哪吒项充都善使飞刀，李应“背藏飞刀五口，百步取人，神出鬼没”；项充能“使一面团牌，背插飞刀二十四把，百步取人，无有不中，右手仗一条标枪”。李应与祝融夫人的飞刀数量一样，都是五口；项充与祝融夫人的主战兵器一样，都是标枪。

除了这些专门用于投掷的兵器外，常见兵器在特殊时刻也可以用来投掷，比如董卓曾用方天画戟掷吕布：

卓寻入后园，正见吕布和貂蝉在凤仪亭下共语，画戟倚在一边。卓怒，大喝一声。布见卓至，大惊，回身便走。卓抢了画戟，挺着赶来。吕布走得快，卓肥胖赶不上，掷戟刺布，布打戟落地。卓拾戟再赶，布已走远。（第 8 回）

孙策曾用剑掷严舆：

舆拔剑起身，策飞剑砍之，应手而倒，割下首级，令人送入城中。（第 15 回）

丁奉曾用刀掷桓嘉：

桓嘉从左边转出，忙绰枪刺丁奉，被奉挟住枪杆。嘉弃枪而走，奉一刀飞去，正中左肩，嘉望后便倒。奉赶上，就以枪刺之。（第 108 回）

兵器达人

兵器达人指那些会用两种甚至多种兵器的武将。《三国演义》中，这样的达人并不少，也不知道罗贯中是想通过这种方式表现武将的全面，还是写着写着就忘记笔下的人物到底用什么兵器了。

高览

颜良、文丑死后，高览是袁绍集团仅次于张郃的第二号武将，使用一杆枪可以抵挡许褚：

许褚挥刀纵马，直出助战，高览挺枪接住。（第30回）

官渡之战爆发后，高览改换门庭，弃袁投曹，兵器也由枪换成了刀：

（刘辟）言讫，便来与高览交锋。战不三合，被高览一刀砍于马下。（第31回）

可能是新换兵器还不适应，砍死刘辟后高览被赵云一枪刺死。

徐晃

徐晃第一次出场时，兵器是大斧：

奉大怒，回顾阵中曰："公明何在？"一将手执大斧，飞骤骅骝，直取崔勇。两马相交，只一合，斩崔勇于马下。（第13回）

但是，黎阳之战时，徐晃的兵器换成了刀：

谭遣大将汪昭出战，操遣徐晃迎敌。二将战不数合，徐晃一刀斩汪昭于马下。（第32回）

此后徐晃的兵器又换成了大斧。

那么，徐晃为什么会用一次刀呢？如果解释成罗贯中写错了，那就失去了趣味。其实，我们可以从书中找到答案。沔水之战时，面对老年关羽，徐晃曾说："自别君侯，倏忽数载，不想君侯须发已苍白矣！忆昔壮年相从，多蒙教诲，感谢不忘。今君侯英风震于华夏，使故人闻之，不胜叹羡！兹幸得一见，深慰渴怀。"关羽教诲了徐晃什么呢？也许就是刀法吧。

袁尚

仓亭之战时，袁尚的兵器是双刀：

袁尚欲于父前逞能，便舞双刀，飞马出阵，来往奔驰。（第 31 回）

到了黎阳之战，袁尚的兵器就变成了枪：

张辽当先出马，袁尚挺枪来战，不三合，架隔遮拦不住，大败而走。（第 32 回）

枪给袁尚带来了好运，最终射杀了史涣，为什么不继续用枪呢？

韩当

韩当出场时兵器是刀：

第三个，姓韩名当，字义公，辽西令支人也，使一口大刀……（第 5 回）

赤壁之战时，换成了长枪：

韩当独披掩心，手执长枪，立于船头。焦触船先到，便命军士乱箭望韩当船上射来，当用牌遮隔。焦触捻长枪与韩当交锋，当手起一枪，刺死焦触。（第 48 回）

如果不是换了兵器，那么可能韩当马战用刀，水战用枪。

黄盖

黄盖马战用鞭曾打中蔡瑁：

坚大怒，命黄盖出战，蔡瑁舞刀来迎。斗到数合，盖挥鞭打瑁，正中护心镜……（第 6 回）

水战时用刀：

南船距操寨止隔二里水面。黄盖用刀一招，前船一齐发火。（第 49 回）

第 5 回，黄盖出场时，原文明确说黄盖使铁鞭，所以，铁鞭并不是黄盖的佩戴兵器，而是主战兵器。第 6 回，孙坚与袁绍争执的时候，黄盖曾“掣刀在手”。因此，黄盖水战用的可能是佩刀。

魏延

魏延第一次出场时，兵器是枪：

魏延大怒，挺枪跃马，便来交战。两下军兵在城边混杀，喊声大震……魏延与文聘交战，从巳至未，手下兵卒皆已折尽。（第 41 回）

投奔韩玄后，魏延把兵器换成了刀：

一声炮响，三军上马，杀将出来。魏延纵马提刀，与泠苞接战。二将交马，战到三十合，川兵分两路来袭汉军。汉军走了半夜，人马力乏，抵当不住，退后便走。魏延听得背后阵脚乱，撇了泠苞，拨马回走。（第 62 回）

黄忠也在韩玄帐下为臣，魏延的刀法也许是从黄老将军那里学来的。

乐进

濮阳之战时，乐进的兵器是枪：

布曰："汉家城池，诸人有分，偏尔合得？"便叫臧霸出马搦战。曹军内乐进出迎。两马相交，双枪齐举。战到三十余合，胜负不分。（第11回）

合肥之战时，乐进的兵器换成了刀：

乐进一骑马，一口刀，从刺斜里径取孙权，如一道电光，飞至面前，手起刀落。宋谦、贾华急将画戟遮架，刀到处，两枝戟齐断，只将戟杆望马头上打。（第53回）

濡须口之战时，乐进又换回了枪：

曹休便闪在张辽背后，开弓一箭，正中凌统坐下马，那马直立起来，把凌统掀翻在地。乐进连忙持枪来刺……（第68回）

无论是用刀还是用枪，乐进的表现都不错。

周泰

周泰两次救主用了两种兵器，第一次是在宣城用刀：

却说孙权与周泰守宣城，忽山贼窃发，四面杀至。时值更深，不及抵敌，泰抱权上马。数十贼众，用刀来砍。泰赤体步行，提刀杀贼，砍杀十余人。（第15回）

第二次是在濡须口用枪：

到江边，吕蒙引一枝水军前来接应下船。权曰："吾亏周泰三番冲杀，得脱重围。但徐盛在垓心，如何得脱？"周泰曰："吾再救去。"遂轮枪复翻身杀入重围之中，救出徐盛。二将各带重伤。（第68回）

不同的兵器，一样的忠心。

刘封

汉中之战时，刘封的兵器是枪：

刘封大怒，挺枪骤马，径取曹操。操令徐晃来迎，封诈败而走，操引兵追赶。（第72回）

可能是因为汉中之战败给了曹彰，刘封弃枪换刀。在与孟达单挑时，兵器换成了刀：

封大怒，拍马轮刀，直奔孟达。战不三合，达败走，封乘虚追杀二十余里，一声喊起，伏兵尽出，左边夏侯尚杀来，右边徐晃杀来，孟达回身复战。三军夹攻，刘封大败而走，连夜奔回上庸……（第79回）

无论用枪还是刀，刘封的表现都很一般。

孟获

孟获第一次出场，使用宝剑：

中间孟获出马，头顶嵌宝紫金冠，身披缨络红锦袍，腰系碾玉狮子带，脚穿鹰嘴抹绿靴，骑一匹卷毛赤兔马，悬两口松纹镶宝剑……（第 87 回）

后来，孟获的兵器变成了刀：

孔明见孟获身穿犀皮甲，头顶朱红盔，左手挽牌，右手执刀，骑赤毛牛，口中辱骂……（第 89 回）

两样兵器都没见孟获用，可能因为他只亮了一个相就被诸葛亮生擒了。

廖化

廖化出场时，还是一个少年，用的兵器是枪：

关公举目视之，只见一少年，黄巾锦衣，持枪跨马，马项下悬着首级一颗，引百余步卒，飞奔前来。（第 27 回）

归顺关羽后，廖化的兵器改成了刀：

秦良死战，被廖化一刀斩于马下。（第 100 回）

换了兵器的廖化，武艺似乎也增长了，日后竟然成了蜀汉的先锋。廖化在关羽手下为将多年，刀法估计是向关羽学的。

丁奉

在两次战斗中用过两种兵器的武将很多，但是在一次战斗中，用过两种兵器的只有丁奉一人：

桓嘉从左边转出，忙绰枪刺丁奉，被奉挟住枪杆。嘉弃枪而走，奉一刀飞去，正中左肩，嘉望后便倒。奉赶上，就以枪刺之。三千吴兵，在魏寨中左冲右突。（第 108 回）

丁奉先是用刀砍翻韩综，又夺枪刺死桓嘉，两种兵器都实现了斩将。

文鸯

乐嘉之战，文鸯先是用枪大战邓艾：

鸯纵马看时，只见一军行如猛风，为首一将，乃邓艾也，跃马横刀，大呼曰："反贼休走！"鸯大怒，挺枪迎之，战有五十合，不分胜败。（第 110 回）

后又用钢鞭冲击百员魏将：

鸯忽然勒回马大喝一声，直冲入魏将阵中来，钢鞭起处，纷纷落马，各各倒退，鸯复缓缓而行。魏将聚在一处，惊讶曰："此人尚敢退我等之众耶！可并力追之！"于是魏将百员，复来追赶。鸯勃然大怒曰："鼠辈何不惜命也！"提鞭拨马，杀入魏将丛中，用鞭打死数人，复回马缓辔而行。魏将连追四五番，皆被文鸯一人杀退。（第110回）

很可能枪是文鸯的主战兵器，鞭是文鸯的佩戴兵器，就像赵云的枪与剑一样。

甘宁

《三国演义》中，唯一一位用过三种兵器的武将是甘宁。

夏口之战，甘宁用钢刀砍死邓龙：

甘宁飞上艨艟，将邓龙砍死……（第38回）

皖城之战，甘宁用铁链打死朱光：

甘宁手执铁链，冒矢石而上。朱光令弓弩手齐射，甘宁拨开箭林，一链打倒朱光。（第67回）

与凌统争斗时，甘宁用的是双戟：

甘宁知其意，推开果桌起身，两手取两枝戟挟定，纵步出曰："看我筵前使戟。"（第67回）

钢刀、铁链、双戟，甘宁是当之无愧的《三国演义》第一兵器达人。

马岱

马岱攻打长安时，与钟繇单挑，用的兵器是刀：

岱使宝刀一口，与繇交战。（第58回）

但在葭萌关之战，马岱用的兵器换成了枪：

马岱大怒曰："汝焉敢小觑我！"挺枪跃马，直取张飞。（第65回）

此后，马岱随诸葛亮七擒孟获，兵器又换回了刀：

忙牙长出马，与马岱交锋，只一合，被岱一刀，斩于马下。（第88回）

马岱的主要兵器是刀，但作为马超的从弟，会一些枪法也正常。

三国刀剑录

《古今刀剑录》等书中，记载了很多三国历史上的著名刀剑。

董卓项羽刀

董卓，少时耕野，得一刀，无文字，四面隐起作山云文，斸玉如泥。及卓贵，示五官郎将蔡邕，邕曰此项羽之刀也。(《古今刀剑录》)

拿到了项羽的刀，是吉兆还是凶兆呢？

袁绍思召刀

袁绍，在黎阳梦有一神授一宝刀，及觉，果在卧所，铭曰思召。绍解之曰：思召，绍字也。(《古今刀剑录》)

思召，丝召，合起来就是绍字。袁绍进军黎阳，发生在官渡之战的前夕。按照陈琳《为袁绍檄豫州文》，袁绍进攻曹操打的旗号是清君侧，思召又有思念召唤之意。

曹操五兽刀

建安中，家父魏王，乃命有司造宝刀五枚，三年乃就，以龙虎熊马雀为识，太子得一，余及余弟饶阳侯各得一焉。其余二枚，家王自杖之。(曹植《宝刀赋》)

曹操打造宝刀五枚，分别以五种动物的图案作为标识，这五枚刀可以叫作龙纹宝刀、虎纹宝刀、熊纹宝刀、马纹宝刀、雀纹宝刀。曹操自己留了两枚，其余三枚分别赐给了曹丕、曹植和饶阳侯曹林。

我们还可以考证一下此事发生的时间。曹林建安十六年（211 年）被封饶阳侯，建安二十二年（217 年）后徙封谯侯。曹丕被立为太子是在建安二十二年。那么曹操造好五口宝刀的时间只能是在建安二十二年。

曹操孟德剑

魏武帝曹操，以建安二十年，于幽谷得一剑，长三尺六寸，上有金字，铭曰孟德，王常服之。(《古今刀剑录》)

建安二十年（215 年），曹操征汉中张鲁，获得孟德剑的幽谷很可能是在秦岭山谷。

曹丕九兵器

余好击剑，善以短乘长。选彼良金，命彼国工，精而炼之，至于百辟，其始成也。五色充炉，巨橐自鼓，灵物仿佛，飞鸟翔舞，以为宝器九。剑三，一曰飞景，二曰流采，三曰华锋。刀三，一曰灵宝，二曰含章，三曰

素质。匕首二，一曰清刚，二曰扬文。露陌刀一：曰龙鳞。（《典论》）

曹丕是个剑术家，也是个诗人，他的刀剑都有一个充满诗意的名字。

曹芳剑

齐王芳，以正始六年，铸一剑，常服之。无故自失，但有空匣如故。后有禅代之事，兆始于此，寻为司马氏所废。（《古今刀剑录》）

失一剑预兆丢社稷，古人的脑洞真大。

杨修剑

魏文帝爱杨修才，修诛后，追忆修。修曾以宝剑与文帝，帝后佩之，告左右曰："此杨修剑也。"（《文士传》）

看来，曹丕与杨修的关系并没那么糟。

吕虔刀

初，吕虔有佩刀，工相之，以为必登三公，可服此刀。虔谓祥曰："苟非其人，刀或为害。卿有公辅之量，故以相与。"祥固辞，强之乃受。祥临薨，以刀授览，曰："汝后必兴，足称此刀。"览后奕世多贤才，兴于江左矣。（《晋书》）

吕虔这把刀可以带给人好运。吕虔赠给王祥，王祥日后位列三公。王祥临终，将其授予弟弟王览，王览官至大中大夫。吕虔刀也因此变成了一个典故，在唐诗中常常出现，如杜甫《喜闻官军已临贼境二十韵》："前军苏武节，左将吕虔刀。"杜牧《送苏协律从事振武》："王粲暂投笔，吕虔初佩刀。"

郭淮宜为将刀

郭淮，于太原得一刀，文曰宜为将。后遂为将军，及与蜀将战，败失此刀。（《古今刀剑录》）

"宜为将"也就是"应该当将军"，刀的名字比较直白。

王双刀

王双，曾于市中买得一刀，卖人曰：得之者贵，因不见。双后佩之，为魏将，后与曹真一刀换也。（《古今刀剑录》）

既然王双相信这把刀有神奇的力量，就应该一直保留。王双战死时，是否后悔与曹真换刀？

钟会太一刀

钟会，克蜀，于成都土中得一刀，文曰太一。会死，入帐下王伯升，伯升后渡江，刀遂飞入水。(《古今刀剑录》)

太一即太乙，也就是北极星，北极星在天空正中，群星环绕，故古人尊其为天帝。钟会功高，的确有了称帝的野心。

邓艾刀

邓艾，年十二，曾读陈太丘碑，碑下掘得一刀，黑如漆，长三尺余。刀上常有气凄凄然，时人以为神物。(《古今刀剑录》)

陈太丘碑碑文有一句“文为世范，行为士则”，邓艾非常喜欢这句，将自己的名字改为邓范，字改为士则。

刘备章武八剑

蜀主刘备，以章武元年，岁次辛丑，采金牛山铁，铸八剑，各长三尺六寸。一备自服，一与太子禅，一与梁王理，一与鲁王永，一与诸葛亮，一与关羽，一与张飞，一与赵云。(《古今刀剑录》)

章武元年（221 年）是刘备称帝的第一年。刘备造八剑，一把自用，三把给了自己的三个儿子，另外四把分别给了诸葛亮、关羽、张飞、赵云。这四人是蜀汉的开国元勋，在刘备心中的地位非常高。此时关羽、张飞已死，刘备仍赐剑给他们，表达了复仇的决心。有人说赵云在蜀汉的地位不高，这是无稽之谈，从这段记载看，赵云是刘备心中的第四号人物。

唐代，章武八剑之一的诸葛亮剑还曾被挖掘出来：

唐人尚书郎李章武本名方古，贞元季年，为东平帅，李师古判官因理第，掘得一剑，上有章武字。方古博物亚张茂先，亦曰：蜀相诸葛孔明所佩剑也。乃改名师古，为奏，请为章武焉。盖蜀主八剑之一也。(房子容注《古今刀剑录》)

刘禅大剑

后主禅，延熙二年，造一大剑，长一丈二尺。镇剑口山，往往人见光辉，后人求之不获。(《古今刀剑录》)

这里说的剑口山，就是剑门山，是由汉中入蜀的咽喉要道。

关羽万人刀

关羽，为先主所重，不惜身命，自采都山铁为二刀，铭曰万人。及羽败，

羽惜刀，投之水中。(《古今刀剑录》)

历史上，郭嘉、程昱都称关羽为“万人敌”，万人的刀名估计就源于这个评价。

张飞新亭侯刀

张飞，初拜新亭侯，自命匠炼赤珠山铁为一刀，铭曰：新亭侯。(《古今刀剑录》)

张飞被封为新亭侯是在刘备席卷荆南四郡之后，大约在建安十四年（209 年）。

诸葛亮刀

诸葛亮，定黔中，从青石祠过，遂抽刀刺山，投刀不拔而去，行人莫测。(《古今刀剑录》)

抽刀刺山可以体现刀的锋利，诸葛亮曾让蜀汉名匠蒲元造刀三千口，被誉为神刀，刺山之刀估计就是由蒲元打造的。

黄忠赤如血刀

黄忠，汉先主定南郡得一刀，赤如血，于汉中击夏侯军，一日之中，手刃数百。(《古今刀剑录》)

黄忠这把刀没有名字，我们干脆叫它赤如血吧。《三国演义》中，黄忠用刀的设定可能就源于这条记载。

孙权三刀六剑

吴大皇帝有宝刀三，宝剑六：一曰白虹，二曰紫电，三曰辟邪，四曰流星，五曰青冥，六曰百里。刀一曰百链，二曰青犊，三曰漏景。(《古今注·舆服》)

孙权造三刀六剑的目的不详，但这三刀六剑的名字都非常好听。

孙权千剑万刀

吴王孙权，以黄武五年，采武昌铜铁，作千口剑，万口刀，各长三尺九寸。刀头方，皆是南铜越炭作之，文曰大吴，小篆书。(《古今刀剑录》)

千口剑，万口刀，数量的差别说明三国时期刀比剑更加实用。

孙亮流光剑

孙亮，以建兴二年，铸一剑，文曰流光，小篆书。(《古今刀剑录》)
孙亮字子明，剑名流光。

孙皓皇帝吴王剑

孙皓，以建衡元年，铸一剑，文曰皇帝吴王，小篆书。(《古今刀剑录》)
“皇帝吴王”本身就存在矛盾，到底是皇帝还是王?

周瑜韩信剑

赤乌年中，有人得淮阴侯韩信剑，帝以赐周瑜。(《古今刀剑录》)
孙权的做法颇有深意，将这把剑赐给周瑜，暗示周瑜是自己的韩信。

周瑜荡寇将军刀

周瑜，作南郡太守，造一刀，背上有荡寇将军字，八分书。(《古今刀剑录》)

根据《三国志》，周瑜从未担任过荡寇将军。周瑜死后，程普曾担任荡寇将军。

蒋钦司马刀

蒋钦，拜列郡司马，造一刀，文曰司马，隶书。(《古今刀剑录》)
蒋钦担任司马是在孙策东渡之后。

周泰幼平刀

周幼平，击曹公，胜，拜平虏将军，因造一刀，铭背曰幼平。(《古今刀剑录》)

周泰击败曹操是在濡须口之战。

董袭断蒙刀

董元代，少果勇，自打铁作一刀。后讨黄祖于蒙冲河，元代引刀断冲头为二流，拜大司马，号断蒙刀。(《古今刀剑录》)

《三国志·董袭传》载：“袭身以刀断两绁，蒙冲乃横流，大兵遂进。”叫断绁刀更恰当。

潘璋固陵刀

潘文珪，拜偏将军，为擒关羽，拜固陵太守，因造一刀，铭曰固陵。(《古今刀剑录》)

固陵即巩固夷陵之意，袭取荆州后，为了预防刘备伐吴，孙权在荆州西侧新设一郡，即固陵郡。

朱治安国刀

朱君理，少受征讨，黄武中，累功，拜安国将军，作一佩刀，文曰安国。(《古今刀剑录》)

孙权拜朱治安国将军的准确时间是黄武二年（223 年）。

司马炎司马刀

晋武帝司马炎，以咸宁元年，造八千口刀，铭曰司马。(《古今刀剑录》)

咸宁元年是公元 275 年，司马炎造八千口刀，大概是为征吴做准备。

盔甲

盔指头盔，甲指铠甲。头盔保护头部，铠甲保护身体。头盔也叫胄、兜鍪，有的头盔还配有保护后脑、脸颊、颈部的铁片。皮质叫甲，铁质叫铠。先秦时已有甲，铠则出现于战国后期。汉末三国时，铠为主，甲也盛行。曹彰北征乌桓时，身中数箭，幸亏铠甲的保护才没受大伤。濮阳之战典韦陷阵，夏口之战董袭断绁，都身披两层铠甲。

擅长发明创造的诸葛亮对盔甲也有所改造，《南史》载："诸葛亮筒袖铠、铁帽，二十五石弩射之不能入，上悉以赐孝祖。"

曹植曾作《上先帝赐铠表》上送魏文帝曹丕，文中提到了五种铠甲："先帝赐臣铠：墨光、明光各一领，两裆铠一领，环锁铠一领，马铠一领。今代以升平，兵革无事，乞悉付铠曹自理。"墨光铠即为西汉的玄甲，由玄铁打造，发黑光，曹丕有诗："戈矛成山林，玄甲耀日光。"明光铠前胸后背各有金属圆护，在阳光的反射下会发出明光，因此得名。两裆铠有

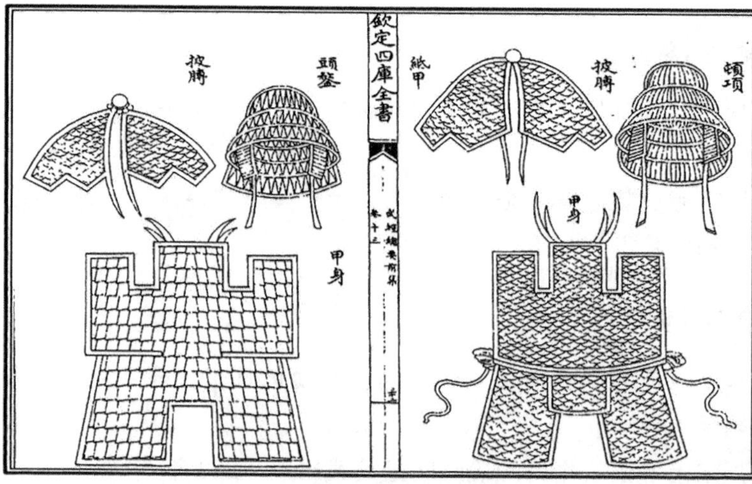

《武经总要》中的盔甲

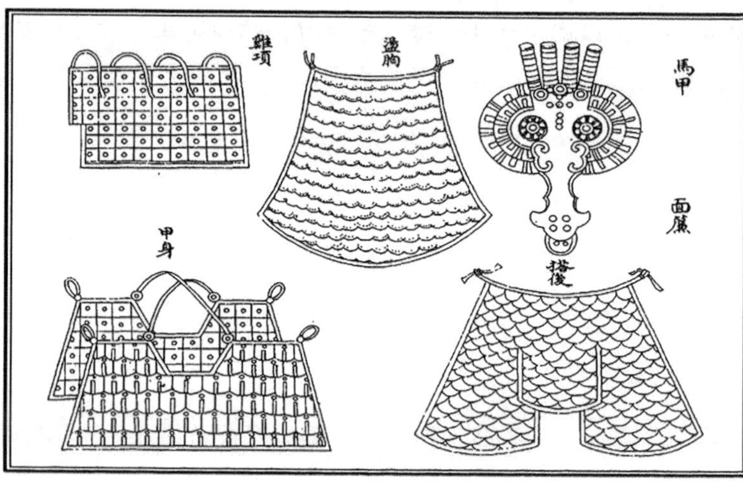

《武经总要》中的马铠

两个挡片保护身体，一片挡胸，一片挡背。环锁铠就是《三国演义》中吕布的连环铠，可以抵挡弓箭。马铠是战马的铠甲，三国时已经有了全副马铠，战马除耳朵、眼睛、口、鼻、四肢、尾巴露在外面，其余部位都有铠甲保护。

在《三国演义》中，盔甲除了保护武将，还有装饰的作用。

祖茂的头盔

祖茂曰："主公头上赤帻射目，为贼所认识，可脱帻与某戴之。"坚就脱帻换茂盔，分两路而走。雄军只望赤帻者追赶，坚乃从小路得脱。祖茂被华雄追急，将赤帻挂于人家烧不尽的庭柱上，却入树林潜躲。华雄军于月下遥见赤帻，四面围定，不敢近前。用箭射之，方知是计，遂向前取了赤帻。祖茂于林后杀出，挥双刀欲劈华雄，雄大喝一声，将祖茂一刀砍于马下。（第 5 回）

祖茂与孙坚交换的不仅是头盔，还有生命。正史中，祖茂并没有战死。《三国志·孙破虏讨逆传》载："坚常著赤罽帻，乃脱帻令亲近将祖茂著之。卓骑争逐茂，故坚从间道得免。茂困迫，下马，以帻冠冢间烧柱，因伏草中。卓骑望见，围绕数重，定近觉是柱，乃去。"

孙策的头盔

孙策的头盔，引出来很多故事。

太史慈酣斗小霸王时，太史慈曾把孙策的头盔抢过来，又用孙策的头盔抵挡孙策的攻击：

两个弃了枪，揪住厮打，战袍扯得粉碎。策手快，掣了太史慈背上的短戟，慈亦掣了策头上的兜鍪。策把戟来刺慈，慈把兜鍪遮架。（第 15 回）

两人再次对阵时，太史慈还曾用孙策的头盔嘲笑孙策：

两阵圆处，孙策把枪挑太史慈的小戟于阵前，令军士大叫曰："太史慈若不是走的快，已被刺死了！"太史慈亦将孙策兜鍪挑于阵前，也令军士大叫曰："孙策头已在此！"（第 15 回）

曹操的头盔

曹操的头盔，肯定是用最坚固的材料制成的，曾两次救过曹操的命。濮阳之战，曹操的头盔挡住了吕布的一戟：

却说曹操见典韦杀出去了，四下里人马截来，不得出南门，再转北门，火光里正撞见吕布挺戟跃马而来。操以手掩面，加鞭纵马竟过。吕布从后拍马赶来，将戟于操盔上一击，问曰："曹操何在？"操反指曰："前面骑黄马者是他。"吕布听说，弃了曹操，纵马向前追赶。（第 12 回）

攻打冀州，曹操的头盔挡住了城中乱箭：

操自飞马赶来，到吊桥边，城中弩箭如雨，射中操盔，险透其顶。众将急救回阵。（第 32 回）

张飞的头盔

攻打巴郡时，张飞的头盔抵挡住了严颜的来箭：

次日早晨，又引军去搦战。那严颜在城敌楼上，一箭射中张飞头盔。（第63回）

但是，张飞一旦拼命，就会摘下头盔。全书中张飞摘过两次头盔，第一次是在长坂桥阻挡曹兵时：

却说文聘引一枝军到长阪（坂）桥，撞见张飞，飞取盔挂于马鞍前，横枪立马于桥上，倒竖虎须，睁圆环眼。（嘉靖本《张益翼德据水断桥》）

第二次是在葭萌关大战马超时：

张飞回到阵中，略歇马片时，不用头盔，只裹包巾上马，又出阵前搦马超厮杀。（第65回）

张飞的这个习惯，与关羽一样，关羽斩颜良时，也曾摘盔：

公奋然上马，倒提青龙刀，跑下土山，将盔取下放于鞍前，凤目圆睁，蚕眉直竖，来到阵前。（嘉靖本《云长策马刺颜良》）

关羽未戴头盔，可能误导了颜良，是颜良被杀的原因之一。

马超的狮盔

玄德在关上看时，门旗影里，马超纵骑持枪而出，狮盔兽带，银甲白袍，一来结束非凡，二者人才出众。（第65回）

狮盔是古罗马战场常见的头部防具，在中原地区比较罕见。马超有羌人血统，佩戴狮盔也算合理。马超佩戴狮盔并不是罗贯中的原创，在元杂剧《阳平关五马破曹》等戏中，就有这种设定。马超是躲闪高手，头部并没有受到过攻击，狮盔起到的作用更多是装饰。狮盔还是提高马超辨识度的重要标志。蜀汉五虎将中，关羽红脸长须，张飞黑脸虎须，黄忠白发白须，赵云与马超都是白袍小将的造型，后世画家画五虎将时，为了区分马超与赵云，一般都会给马超画上狮盔。

司马懿的头盔

司马懿的头盔，起到了《西游记》中的老鼠精脱绣花鞋——调虎离山的作用：

张翼收住后军，廖化当先追赶。看看赶上，懿着慌，绕树而转。化一刀砍去，正砍在树上，及拔出刀时，懿已走出林外。廖化随后赶出，却不知去向，但见树林之东，落下金盔一个。廖化取盔捎在马上，一直望东追赶。原来司马懿把金盔弃于林东，却反向西走去了。（第103回）

廖化虽然没有抓到司马懿，但因为得到司马懿的头盔，被录为头功。

孟获的犀皮甲与朱红盔

孔明见孟获身穿犀皮甲，头顶朱红盔，左手挽牌，右手执刀，骑赤毛牛，口中辱骂……（第 89 回）

犀牛皮厚，制作成铠甲防护效果好，可用于短兵相接。屈原《九歌·国殇》曰：“操吴戈兮被犀甲，车错毂兮短兵接。”犀甲也叫犀革，《晋书·张载传》载：“及其无事也，则牛骥共牢，利钝齐列，而无长涂犀革以决之，此离朱与瞽者同眼之说也。”亚洲犀牛分布在我国西南雨林中，那里正是孟获的老家。与犀皮甲相比，孟获的朱红盔太过显眼，在真实的战场上很少见。

吕布的紫金冠、唐猊铠、连环铠

两阵对圆，只见吕布顶束发金冠，披百花战袍，擐唐猊铠甲，系狮蛮宝带，纵马挺戟，随丁建阳出到阵前。（第 3 回）

王匡将军马列成阵势，勒马门旗下看时，见吕布出阵：头戴三叉束发紫金冠，体挂西川红锦百花袍，身披兽面吞头连环铠，腰系勒甲玲珑狮蛮带。（第 5 回）

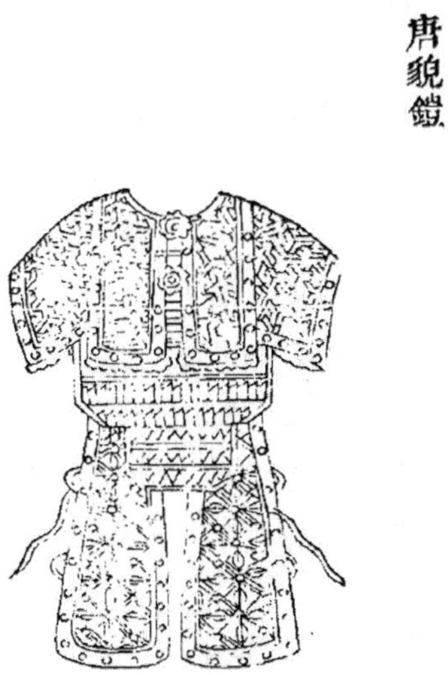

唐猊铠

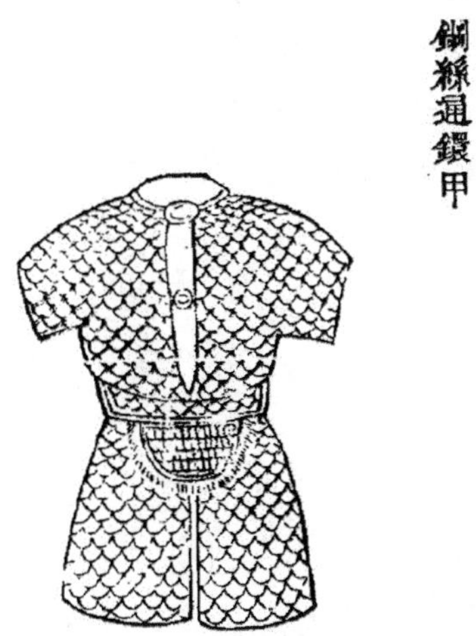

连环铠

唐猊是古代传说中的猛兽，皮坚厚，可制甲。罗贯中的另一本演义小说《残唐五代史演义》中，姬光每日穿唐猊铠护身，“弓刀不能伤体”。连环铠是用一个个小铁环编连而成，一件铠甲少则数千环，多则上万环，制作工艺相当烦琐。弓箭射中连环铠会插在铁环里，因此连环铠具备一定的防箭功能，

《晋书·吕光载记》载："铠如连锁，射不可入。"在民间故事中，吕布的紫金冠曾在三英战吕布时被张飞挑掉，但《三国演义》中并没有这样的情节。

许褚、周泰的重铠

重铠可以防箭，渭水避箭时，重铠保护了许褚：

诸将听得曹操在河中逃难，急来救时，操已登岸。许褚身披重铠，箭皆嵌在甲上。（第58回）

濡须救主时，重铠保护了周泰：

孙权乃纵马前行。周泰左右遮护，身被数枪，箭透重铠，救得孙权。（第68回）

兀突骨军士的藤甲

南蛮乌戈国国王兀突骨有一支藤甲军：

带来洞主曰："此去东南七百里有一国，名乌戈国。国主兀突骨，身长丈二，不食五谷，以生蛇恶兽为饭，身有鳞甲，刀箭不能侵。其手下军士，俱穿藤甲。其藤生于山涧之中，盘于石壁之上，国人采取，浸于油中，半年方取出晒之，晒干复浸，凡十余遍，却才造成铠甲，穿在身上，渡江不沉，经水不湿，刀箭皆不能入，因此号为'藤甲军'。今大王可往求之。若得彼相助，擒诸葛亮如利刀破竹也。"（第90回）

藤甲

藤甲打仗时刀枪不入，渡水时可作小舟，但缺点也很明显，怕火：

只见山上两边乱丢火把，火把到处，地中药线皆着，就地飞起铁炮。满谷中火光乱舞，但逢藤甲，无有不着，将兀突骨并三万藤甲军，烧得互相拥抱，死于盘蛇谷中。（第90回）

藤甲在历史上真实存在，《武备志·军资乘·器械》载："赤藤甲，以赤藤五十斤，石槽内水浸半月，取出晒三日，复入槽添水。如此浸满一周岁，晒干，照式编穿，共二十副。其外桐油油之，其甲轻坚，能革矢刃。利于水火。又以此藤作笠，临敌作盔，阴则备雨。"

蔡瑁的护心镜

护心镜也叫掩心镜，是镶嵌在铠甲胸背部位用以防箭的铜镜。一般位于胸口正中的位置，多为圆形，正面凸出，较其他部分甲片更厚，其表面比较光滑，因此被称作“镜”，在受到攻击时可以起到缓冲、转移正面攻击的作用。

孙坚大战刘表时，护心镜救了蔡瑁一命：

坚大怒，命黄盖出战，蔡瑁舞刀来迎。斗到数合，盖挥鞭打瑁，正中护心镜，瑁拨回马走，孙坚乘势杀过界口。（第 6 回）

在嘉靖本中，黄盖将蔡瑁的护心镜打缺了一半：

黄盖挺枪便出。蔡瑁舞刀来迎。斗不数合，黄盖提鞭去打蔡瑁。瑁急闪，正中后心，护心镜打缺一半。瑁拨回马走，孙坚乘势杀过界口。（《袁绍孙坚夺玉玺》）

长坂坡救主时，赵云也曾用护心镜保护阿斗：

赵云见夫人已死，恐曹军盗尸，便将土墙推倒，掩盖枯井。掩讫，解开勒甲绦，放下掩心镜，将阿斗抱护在怀，绰枪上马。（第 41 回）

战马

战马的优劣可以影响单挑的胜负甚至武将的生死。黄忠与魏延都曾马失前蹄，险些丢掉性命，而关羽多次仗着赤兔马快斩杀对手。武将视战马如生命，演义中吕布因赤兔马背主，历史上曹彰曾用爱妾换骏马。《三国演义》和三国正史中，名马很多，我们盘点一下。

赤兔

赤兔马全名嘶风赤兔马，本是董卓的爱马。为拉拢吕布，董卓将赤兔马送给吕布。书中对赤兔马有详细的描写：

肃曰：“现任虎贲中郎将之职。闻贤弟匡扶社稷，不胜之喜。有良马一匹，日行千里，渡水登山，如履平地，名曰‘赤兔’，特献与贤弟，以助虎威。”布便令牵过来看。果然那马浑身上下，火炭般赤，无半根杂毛，从头至尾，长一丈，从蹄至项，高八尺，嘶喊咆哮，有腾空入海之状。（第 3 回）

罗贯中甚至还用了一首诗描写赤兔马："奔腾千里荡尘埃，渡水登山紫雾开。掣断丝缰摇玉辔，火龙飞下九天来。"

吕布得到赤兔马后，就有了那句"人中吕布，马中赤兔"。在虎牢关，吕布与公孙瓒单挑，公孙瓒败走，赤兔马"飞走如风"，几乎追上了公孙瓒，如果不是张飞相救，公孙瓒就被吕布刺死了。

吕布死后，赤兔马归属了曹操，曹操为留住关羽，又将其赠予关羽。赤兔马是《三国演义》中唯一一匹能改变单挑结果的战马，关羽斩杀颜良、文丑、孟坦都得益于赤兔马快：

颜良正在麾盖下，见关公冲来，方欲问时，关公赤兔马快，早已跑到面前。颜良措手不及，被云长手起一刀，刺于马下。（第 25 回）

与文丑交马，战不三合，文丑心怯，拨马绕河而走。关公马快，赶上文丑，脑后一刀，将文丑斩下马来。（第 26 回）

孟坦战不三合，拨回马便走，关公赶来。孟坦只指望引诱关公，不想关公马快，早已赶上，只一刀，砍为两段。（第 27 回）

赤兔马不仅速度快，本身也具备很强的战斗力，《三国演义》第 28 回，郭常之子盗马，被赤兔马踢倒。关羽败走麦城被擒，赤兔马被东吴武将马忠擒获献与孙权，孙权又赐予马忠，赤兔马绝食而死。

赤兔马出场是在公元 189 年，绝食而死是在公元 220 年，一共活了 30 多年，对于马来说非常长寿。

赤兔究竟是什么意思呢？说法不一。

《吕氏春秋·离俗》曰："飞兔、要裹，古之骏马也。"东汉高诱注："飞兔要裹，皆马名也，日行万里，驰若兔之飞，因以为名也。"因此有人认为赤兔即红色兔子，形容此马灵动。

马王堆汉墓出土的《相马经》曰"欲得兔之头与其肩"，兔头是良马的标志，因此有人认为赤兔是形容马头的形状。

在《后汉书·吕布传》中，赤兔写作"赤菟"，菟有老虎之意，因此有人认为赤兔即红色老虎。

花鬃马

花鬃马是孙坚的战马：

孙坚披烂银铠，裹赤帻，横古锭刀，骑花鬃马，指关上而骂曰："助恶匹夫，何不早降！"（第 5 回）

花鬃马不仅漂亮，跑得也快。第 7 回，刘表部将吕公采用蒯良之计，引诱孙坚，孙坚带领三十多骑追赶吕公，但那三十多匹马都跟不上花鬃马（"坚马快，单骑独来”），落单的孙坚，中了吕公的埋伏，“人马皆死于岘山之内”。

在真实的历史中，没有文献提及孙坚的战马，但有孙坚马鞍的记载。晋代崔豹《古今注》载：“孙文台获青玉马鞍，其光照衢。”

逍遥玉面马

逍遥玉面马是董卓的坐骑：

出坞上车，前遮后拥，数千军兵，引不到三十里，车下忽折一轮。左右扶住，卓教牵过逍遥玉面马来，卓整衣上马。又行不到十余里，玉面咆哮嘶喊，掣断辔头。卓问肃曰：“车折轮，马断辔，若何？”肃曰：“乃太师应绍汉禅，弃旧而换新也。”卓曰：“吾心腹人所见甚明。”（嘉靖本《王允授计诛董卓》）

从这段文字的描写我们可以看出，逍遥玉面马不仅名字好听，还可以预知吉凶。董卓也感觉到了凶兆，多亏李肃能言善辩，将董卓蒙混过去。董卓死后，这匹神马到哪里去了呢？我们发现，许田打围时，汉献帝乘坐的马也叫逍遥马：

操曰：“古之帝王，春蒐夏苗，秋狝冬狩：四时出郊，以示武于天下。今四海扰攘之时，正当借田猎以讲武。”帝不敢不从，随即上逍遥马，带宝雕弓、金鈚箭，排銮驾出城。（第 20 回）

汉献帝的逍遥马可能就是董卓那匹逍遥玉面马。也许汉献帝此时已经感觉到了曹操对自己的威胁，希望逍遥玉面马提前将危险告知自己。

黄鬃马

黄鬃马是刘备的战马：

刘玄德掣双股剑，骤黄鬃马，刺斜里也来助战。（第 5 回）

无论是外貌还是速度，刘备的黄鬃马都不如孙坚的花鬃马。

黄马

黄马是董卓赐给曹操的马：

卓然其说，差狱卒四五人往唤多时，回覆云：“操不曾到下处，乘着黄马，飞出东门。门吏问之，操云：‘丞相差他有紧急公事。’纵马而出。”（嘉靖本《曹孟德谋杀董卓》）

曹操带着七宝刀来到相府，董卓命吕布为曹操选一匹西凉马。吕布离开，曹操这才有机会刺杀董卓。事情败露后，曹操又凭借这匹马逃出洛阳。

骅骝

骅骝是徐晃的战马：

奉大怒，回顾阵中曰："公明何在？"一将手执大斧，飞骤骅骝，直取崔勇。（第 13 回）

骅骝本是周穆王的八骏马之一。《庄子·秋水》曰："骐骥骅骝一日而驰千里。"常用来代指红色的良马。后来，骅骝又有了一层引申的含义，指不被重用的人才。杜甫在《存殁口号二首》其二曰："天下何曾有山水，人间不解重骅骝。"罗贯中将徐晃的战马命名为骅骝，似乎也在暗示徐晃在杨奉处不被重用。

徐晃之死，也与这匹马"收拾不住"有关：

孟达登城视之，只见一彪军，打着"右将军徐晃"旗号，飞奔城下。达大惊，急扯起吊桥。徐晃坐下马收拾不住，直来到壕边，高叫曰："反贼孟达，早早受降！"达大怒，急开弓射之，正中徐晃头额，魏将救去。（第 94 回）

绝影

绝影出现在宛城之战中：

却说曹操赖典韦当住寨门，乃得从寨后上马逃奔，只有曹安民步随。操右臂中了一箭，马亦中了三箭。亏得那马是大宛良马，熬得痛，走得快。刚刚走到清水河边，贼兵追至，安民被砍为肉泥。操急骤马冲波过河，才上得岸，贼兵一箭射来，正中马眼，那马扑地倒了。操长子曹昂，即以己所乘之马奉操。操上马急奔，曹昂却被乱箭射死。（第 16 回）

这段文字中，出现了两匹战马。一匹是曹操的大宛良马，这匹马被射死后，曹昂又将自己所乘之马让给了曹操。那么，这两匹马哪一匹是绝影呢？嘉靖本中，对那匹大宛良马有一首赞诗，其中说："荀彧逃亡随野渡，曹公'绝影'恨飘蓬。"这说明，罗贯中认为那匹大宛良马就是绝影。

但是，历史上绝影应该是曹昂所乘之马。《魏书》曰："公所乘马名绝影，为流矢所中，伤颊及足，并中公右臂。"而且，从这段文字看，宛城之战绝影活了下来。《世语》曰："昂不能骑，进马于公，公故免，而昂遇害。"这说明，绝影的确是曹昂进献给曹操的，但进献的时间未必发生在宛城之战时。因为情节需要，罗贯中将一匹绝影拆分成了两匹马来写。

历史上的绝影是大宛马吗？我们缺乏相关的史料。曹操的确曾赐给曹植一匹大宛马，但不叫绝影，叫紫骍，魏陈王曹植献文帝马时，表曰："臣于先武皇帝世，得大宛紫骍马一匹，形法应图，善持头尾，教令习拜。"

历史上，曹操家族都喜欢骏马，曹洪有一匹叫白鹤的良马，时称"凭空虚跃，曹家白鹤”。曹真有一匹叫惊帆的良马，晋代崔豹《古今注》载：“曹真有马名为惊帆，取其驰骤如烈风之帆举之疾也。”

爪黄飞电

爪黄飞电是曹操的战马：

曹操骑爪黄飞电马，引十万之众，与天子猎于许田。军士排开围场，周广二百余里。操与天子并马而行，只争一马头。（第 20 回）

爪黄飞电，顾名思义，此马有两个特点，一是快如闪电，二是蹄子是黄色，黄色是皇权的代表。许田打围的本质是一场政治宣言，曹操在准备时，特意挑选了爪黄飞电作为坐骑，目的就是利用此马高贵的气质压汉献帝的逍遥马一头，以行王霸之事。曹操借汉献帝的弓箭射中大鹿后，群臣将校高呼“万岁”，曹操又利用爪黄飞电的速度抢在汉献帝前面迎受欢呼。爪黄飞电虽未上过战场，但也算是为曹操立了大功。

五花马

五花马是孙策的战马：

孙策专好游猎。一日，引军会猎于丹徒之西山中，赶起群鹿，各争赶射。策骑五花马，急快飞走，上山如登平地。（嘉靖本《孙策怒斩于神仙》）

唐代，常把马的鬃毛剪成花瓣形状，剪成三瓣的叫三花马，剪成五瓣的叫五花马。李白《将进酒》曰：“五花马，千金裘，呼儿将出换美酒，与尔同销万古愁。”孙坚骑花鬃马，孙策骑五花马，这爷俩都喜欢花马。

的卢

的卢的名字因辛弃疾的词“马作的卢飞快，弓如霹雳弦惊”而闻名。《三国演义》中，的卢最早是张武的战马，刘备见到后说此马必是千里马。赵云出战杀死张武，夺得的卢献与刘备。刘表见到的卢后，十分喜爱，刘备于是将的卢送给了刘表。善于相马的蒯越说：“此马眼下有泪槽，额边生白点，名为‘的卢’，骑则妨主。”刘表听蒯越之言，又将的卢送还刘备。伊籍见到刘备，也说的卢妨主。但刘备说：“但凡人死生有命，岂马所能妨哉！”

襄阳赴会，蔡瑁欲害刘备，刘备走投无路，的卢马飞越檀溪，打破了妨主的传言：

却说玄德撞出西门，行无数里，前有大溪拦住去路。那檀溪阔数丈，水通襄江，其波甚紧。玄德到溪边，见不可渡，勒马再回，遥望城西尘头大起，追兵将至。玄德曰：“今番死矣！”遂回马到溪边。回头看时，追兵已近。玄德着慌，纵马下溪。行不数步，马前蹄忽陷，浸湿衣袍。玄德乃加鞭大呼曰："的卢，的卢！今日妨吾！"言毕，那马从水中忽涌身而起，一跃三丈，飞上西岸。玄德如从云雾中起。（第34回）

攻打刘璋时，刘备见庞统马劣，将的卢换与庞统。张任误以为骑白马者是刘备，将庞统射死在落凤坡：

后见庞统军来，张任军士遥指军中大将："骑白马者必是刘备。"张任大喜，传令教如此如此。

只听山坡前一声炮响，箭如飞蝗，只望骑白马者射来。可怜庞统竟死于乱箭之下。时年止三十六岁。（第63回）

的卢到底是否妨主？可能就如刘备所言："但凡人死生有命，岂马所能妨哉！"

青马

青马是韩玄赐给黄忠的战马：

忠曰："此马久不上阵，故有此失。"玄曰："汝箭百发百中，何不射之？"忠曰："来日再战，必然诈败，诱到吊桥边射之。"玄以自己所乘一匹青马与黄忠。忠拜谢而退……（第53回）

与关羽的第二战，黄忠马失前蹄，险些丧命。韩玄询问原因后，将自己所乘青马赐给了黄忠。一边是红脸红马，一边是白须青马，煞是好看。

深乌马

深乌马是张飞的战马：

严颜猛回头看时，为首一员大将，豹头环眼，燕领虎须，使丈八矛，骑深乌马，乃是张飞。（第63回）

深乌即深黑，黑脸骑黑马，搭配得十分合理。但据《寰宇记》记载，历史上张飞的战马叫玉追马，当时还有人为张飞的玉追马作了一首歌谣，其中一句为："人中有张飞，马中有玉追。"这与"人中有吕布，马中有赤兔"异曲同工。马叫玉追，颜色倒不太可能是黑色。

无独有偶，《水浒传》中，圣水将军单廷珪的战马也是深乌马。可能因为自己是"黑面皮"的缘故，这个单廷珪十分迷恋黑色，书中说他"戴一顶浑铁打就四方铁帽，顶上撒一颗斗来大小黑缨，披一副熊皮砌就嵌缝沿边乌油铠甲"，就连兵器，都是一条黑杆枪，手下五百来步兵也是清一色的黑旗黑甲。

白马

白马是曹仁的战马：

仁拱手称谢曰："非伯宁之教，则误大事也。"遂骑白马上城，聚众将而发誓曰："吾受国家厚恩，委守此城，但有言弃城而去者，白马为例！"言讫，斩白马于水中。（嘉靖本《关云长水淹七军》）

这段情节来自真实的历史，唯一的差别就是曹仁杀马的方式。《三国演义》中曹仁是斩马，而《三国志》中曹仁是沉马。曹仁牺牲白马激励全军将士，守住了樊城。可惜，这匹为国捐躯的白马没有留下名字。

除曹仁外，还有很多人喜欢白马，比如公孙瓒：

次日，瓒将军马分作左右两队，势如羽翼，马五千余匹，大半皆是白马。因公孙瓒曾与羌人战，尽选白马为先锋，号为"白马将军"，羌人但见白马便走，因此白马极多。（第 7 回）

历史上公孙瓒的确有一支白马义从，但他并未被称作白马将军，历史上的白马将军是庞德，《三国志·庞德传》载："时德常乘白马，羽军谓之白马将军，皆惮之。"罗贯中笔下的庞德也是钢刀白马：

庞德青袍银铠，钢刀白马，立于阵前，背后五百军兵紧随，步卒数人肩抬木榇而出。（第 74 回）

在毛本中，夏侯楙骑的也是白马，嘉靖本中名字更好听，叫雪白马：

当日夏侯楙戴金盔，披金甲，坐下雪白马，手提大砍刀，立在门旗之下。（《赵子龙大破魏兵》）

雪白马比白马更白，更加稀有，这也符合夏侯楙驸马的身份。

玉龙

在逍遥津，孙权遭遇张辽伏击，幸亏战马一跳飞跃小师桥才得以逃生：

孙权纵马上桥，桥南已折丈余，并无一片板。孙权惊得手足无措，牙将谷利大呼曰："主公可约马退后，再放马向前，跳过桥去。"孙权收回马来有三丈余远，然后纵辔加鞭，那马一跳飞过桥南。后人有诗曰："的卢当日跳檀溪，又见吴侯败合淝。退后着鞭驰骏骑，逍遥津上玉龙飞。"

孙权跳过桥南，徐盛、董袭驾舟相迎。（第 67 回）

赞诗说"逍遥津上玉龙飞"，玉龙可能仅是个形容，未必就是这匹马的名字。但这匹堪比的卢的良马如果没有名字就太遗憾了，我们就用玉龙来称呼它吧，它也配得上这个名字。

卷毛赤兔马

《三国演义》中，赤兔马不止一匹，除了吕布和关羽的那匹外，孟获那里还有两匹，一匹是自己的战马：

中间孟获出马，头顶嵌宝紫金冠，身披缨络红锦袍，腰系碾玉狮子带，脚穿鹰嘴抹绿靴，骑一匹卷毛赤兔马，悬两口松纹镶宝剑……（第 87 回）

另一匹是祝融夫人的战马：

祝融夫人背插五口飞刀，手挺丈八长标，坐下卷毛赤兔马。（第 90 回）

也不排除这两匹赤兔马是同一匹，孟获心疼自己的夫人，夫人上阵时他将自己的战马借给夫人。

准确地说，吕布和关羽那匹叫嘶风赤兔马，孟获的叫卷毛赤兔马，不知道是不是同一品种。

黄骠马

在毛本中，黄骠马是孟获副将忙牙长的战马：

言未尽，一将应声而出，名唤忙牙长，使一口截头大刀，骑一匹黄骠马，来取王平。（第 87 回）

在嘉靖本中，刘备获得的卢之前，关羽获得赤兔马之前，骑的都是黄骠马：

刘玄德看了，心中暗想："我不下手，更待何时！"掣双股剑，骤黄骠马，刺斜里去砍。(《虎牢关三战吕布》)

原来颜良辞袁绍时，刘玄德曾暗嘱曰："吾有一弟，乃关云长也，身长九尺五寸，须长一尺八寸，面如重枣，丹凤眼，卧蚕眉，喜穿绿锦战袍，骑黄骠马，使青龙大刀，必在曹操处。如见他，可教急来。"(《云长策马刺颜良》)

刘备告诉颜良他二弟关羽骑的是黄骠马，估计颜良是按照黄骠马的速度来掐算关羽来到面前的时间的。没想到，关羽把战马升级了，变成了顶级的赤兔马。

千里征骁马

千里征骁马是王双的战马：

大将军曹真出班奏曰："臣昨守陇西，功微罪大，不胜惶恐。今乞引大军往擒诸葛亮。臣近得一员大将，使六十斤大刀，骑千里征骁马，开两石铁胎弓，暗藏三个流星锤，百发百中，有万夫不当之勇，乃陇西狄道人，姓王，名双，字子全。臣保此人为先锋。"（第 97 回）

两汉以大宛马为良马，称天马，也称宛马。征骢，有征讨大宛所得战马之意，代指良马。元佚名《秦并六国平话》曰：“二将骤征骢，盘旋两阵前。”

赤毛牛

除了卷毛赤兔马，孟获还曾骑过赤毛牛：

孔明见孟获身穿犀皮甲，头顶朱红盔，左手挽牌，右手执刀，骑赤毛牛，口中辱骂……（第 89 回）

在神话故事里，常常有人骑牛，比如《西游记》中的太上老君，骑的是独角青牛；《封神演义》中的黄飞虎，骑的是五色神牛。独角青牛下界为妖让孙悟空吃尽了苦头，五色神牛可以托云走路，但孟获这头赤毛牛好像没什么特别的。它在之后的战斗里，带着孟获一头掉进了陷马坑，哦不，是陷牛坑。

白象

木鹿大王和兀突骨还曾骑过白象：

木鹿大王腰挂两把宝刀，手执蒂钟，身骑白象，从大旗中而出。（第 90 回）

至第十六日，魏延引败残兵，来与藤甲军对敌。兀突骨骑象当先，头戴日月狼须帽，身披金珠缨络，两肋下露出生鳞甲，眼目中微有光芒，手指魏延大骂。（第 90 回）

“象兵”或“战象”并不是《三国演义》的虚构，《吕氏春秋》载：“商人服象，为虐于东夷。”这说明最晚在商代，大象已经用于战争了。经过训练的大象，作战时冲锋陷阵，勇猛无敌，能破城门、毁营垒、拆武器、踏敌军、陷敌阵，常给敌方造成极大的杀伤，其作用相当于现代战争中的坦克。明代初年，灭蜀之战中蜀军就曾用大象抵挡明军，《明史》载：“寿等以象战。友德令强弩火器冲之，身中流矢不退，将士殊死战。象反走，躏藉死者甚众……”《三国演义》中诸葛亮击败木鹿大王与傅友德击败蜀军的方法非常像。罗贯中生活在元末明初，他写这段故事的灵感很可能就来自明代初年的灭蜀之战。

四轮车

诸葛亮上阵，不骑马而坐四轮车：

只见对阵中，一簇黄旗出。旗开处，推出一辆四轮车，车中端坐一人，头戴纶巾，身披鹤氅，手执羽扇……（第 52 回）

从“推出”二字可以看出，诸葛亮的四轮车并不是自动机械，而是人力车。还有一个问题，《三国演义》中的诸葛亮会骑马吗？还是会的，诸葛亮诈败时，常常弃掉四轮车换马。如擒张任时，“孔明弃了四轮车，上马退走过桥”。第一次北伐中姜维之计时，“孔明急上马，有关兴、张苞二将保护，杀出重围”。

木牛流马

木牛流马虽然算不上战马或坐骑，但毕竟有牛马之名，我们也顺便说一下。木牛和流马是两样东西，罗贯中根据《诸葛亮集》中的记载，分别描述了造木牛和流马之法。在《三国演义》中，木牛和流马是同时造完的。但是在《三国志》中，建兴九年（231 年），诸葛亮第四次北伐首先采用了木牛。建兴十二年（234 年），诸葛亮第五次北伐才采用流马。流马更像是木牛的升级版。

按照《三国演义》的描述，木牛流马是一种自动机械：

过了数日，木牛流马皆造完备，宛然如活者一般，上山下岭，各尽其便。众军见之，无不欣喜。孔明令右将军高翔，引一千兵驾着木牛流马，自剑阁直抵祁山大寨，往来搬运粮草，供给蜀兵之用。（第 102 回）

很多机械爱好者根据书中造木牛流马之法，热衷于复原木牛流马，制造出很多精巧的机械。甚至，根据运动方式的不同，研究者还分成了轮派和腿派两个阵营。轮派认为木牛流马靠轮前进，这样才能保证速度；腿派认为木牛流马靠腿走路，这样才能适应秦岭的山地。公说公有理婆说婆有理，谁也说服不了谁。

宋高承《事物纪原》卷八载：“蜀相诸葛亮之出征，始造木牛流马以运饷。盖巴蜀道阻，便于登陟故耳。木牛，即今小车之有前辕者；流马，即今独推者是，而民间谓之江州车子。”按照这个说法，木牛流马很可能都是小推车，并非什么自动机械。只是因其可以代替牛马托运，所以才叫木牛流马，并不一定外形像牛像马。拖拉机在我国曾经被叫作铁牛，也是这个道理。

根据姜维所作《蒲元别传》记载，木牛的设计者是蜀国的工匠蒲元。诸葛亮北伐时，蒲元写信将自己的想法告诉诸葛亮。诸葛亮很可能按照蒲元的设计制造出了木牛，并将木牛升级为流马。

战船

陆战骑马，水战乘船，三国时代的战船非常发达，《三国演义》中提到的战船主要有楼船、艨艟、斗舰、走舸、脚船五类。

楼船

时董袭、徐盛二将，在楼船上见五路军马来到，诸军各有惧色……董袭在船上，令众军擂鼓呐喊助威。忽然江上猛风大作，白浪掀天，波涛汹涌……须臾，风急船覆，董袭竟死于江口水中。（第 68 回）

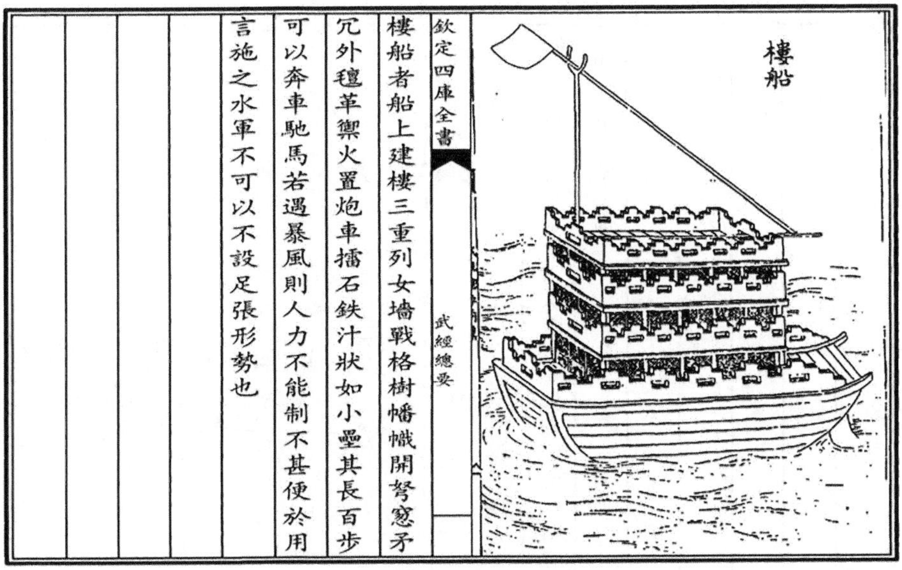

《武经总要》中的楼船

楼船是三国时期体型最大的战舰，因船上建有重楼而得名。楼船每层楼外设女墙，女墙上有箭孔，是水上的移动堡垒。楼船战斗时，可以远距离箭战，也可以近距离接舷战，甚至可以凭借自身的重量撞击敌舰。楼船楼层不一，董袭统率的楼船多达五层。因为楼层过多，重心高，稳定性较差，遇到风暴容易翻船。

“王濬楼船下益州，金陵王气黯然收”，灭吴时，王濬建造的楼船“方百二十步，受二千余人。以木为城，起楼橹，开四出门，其上皆得驰马来往”，相当于三国时代的航空母舰。

艨艟、斗舰

操曰：“战船多少？原是何人管领？”瑁曰：“斗舰艨艟、大小战船七千余只，原是瑁等二人管领。”操加蔡瑁为平南侯、水军大都督，张允为助顺侯、水军副都督。二人拜谢。（嘉靖本《刘玄德败走江陵》）

艨艟也作“蒙冲”，蒙指船背蒙盖生牛皮，冲指主要进攻方式是冲撞敌船。东汉刘熙《释名·释船》载：“外狭而长曰蒙冲，以冲突敌船也。”

斗舰与艨艟类似，但体型较大，更适合箭战与接舷战。北宋军事著作《武经总要》曰：“斗舰者，船舷上设女墙可蔽半身，墙下开掣棹空，船内五尺又建棚与女墙，其棚上又建女墙重列。战士上无覆背，前后左右树牙旗金鼓。”

赤壁之战，黄盖凭借艨艟斗舰火烧赤壁，击败了数量是己方数倍的曹军。

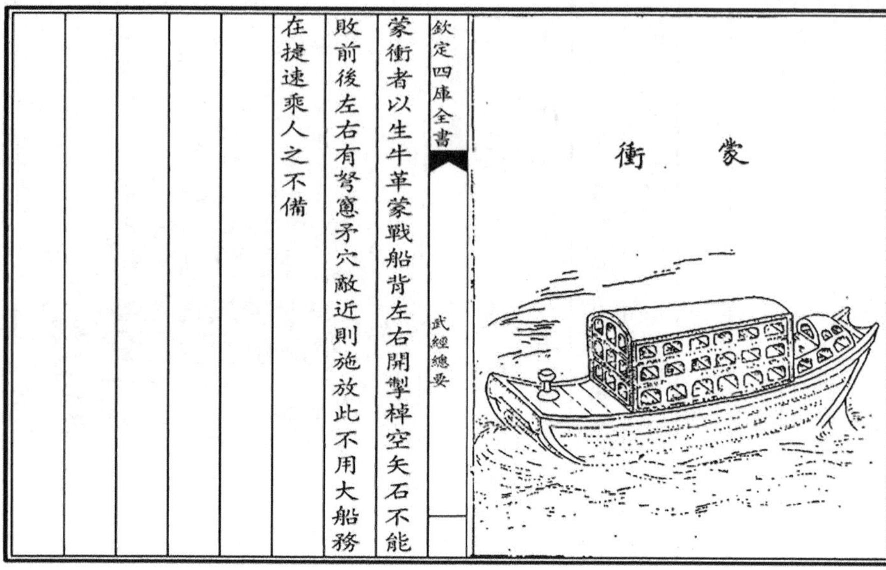
欽定四庫全書
武經總要
蒙衝者以生牛革蒙戰船背左右開掣棹空矢石不能
敗前後左右有弩窻矛穴敵近則施放此不用大船務
在捷速乘人之不備

《武经总要》中的艨艟

走舸

黄盖已自准备火船二十只，船头密布大钉，船内装载芦苇干柴，灌以鱼油，上铺硫黄、焰硝引火之物，各用青布油单遮盖，船头上插青龙牙旗，船尾各系走舸：在帐下听候，只等周瑜号令。（第 49 回）

走舸是一种轻快的小船，船上没有建筑物，只运输作战人员，因此走舸来去如飞，非常适合突袭。赤壁之战时，黄盖将走舸系在艨艟斗舰之后备用。

脚船

操见势急，方欲跳上岸，忽张辽驾一小脚船，扶操下得船时，那只大船已自着了。（第 49 回）

忽然江上猛风大作，白浪掀天，波涛汹涌。军士见大船将覆，争下脚舰逃命。（第 68 回）

脚船也叫脚舰，形状如脚，比走舸更小，类似于现代救生艇。

拖篷船

玄德登高望之，但见车马盖地而来，叹曰："连日奔走，人困马乏，追兵又到，死无地矣！"看看喊声渐近。正慌急间，忽见江岸边一字儿抛着拖篷船二十余只。（第55回）

对于拖篷船，嘉靖本有一个注释："此舡极快，两浙人呼'刬子舡'，淮南呼'艇船'。"

晋代崔豹的《古今注》还记载了孙权的一艘名船："孙权时名舸为赤马，言如马之走陆也。又以舟名驰马。"吕布的马叫赤兔，孙权的船却叫赤马。

正史中，东吴还曾制造具备远航能力的海船，派人前往夷州、澶州，甚至远到辽东。

第十章 《三国志》武将排名

小说《三国演义》源于正史《三国志》，《三国演义》中的人物和故事基本都可以在《三国志》中找到原型，因此有『七分实，三分虚』的说法。但就武将的武艺表现来看，恐怕《三国演义》连『三分实』都够不上。《三国志》中武将单挑的场面屈指可数，更没有几十甚至上百回合的大战。想给《三国志》中的武将排个名次，难度远高于《三国演义》。

排名方法

《三国志》简介

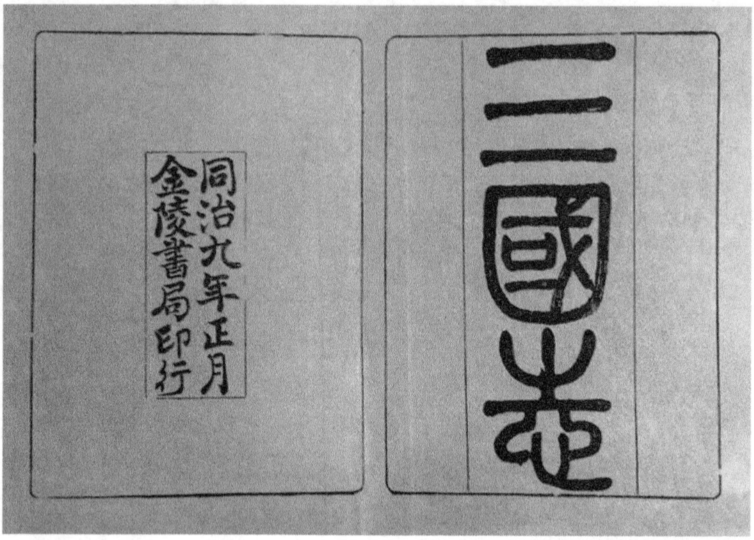

《三国志》

《三国志》是记录三国时代的正史，全面地反映了三国时代的历史大事和人物生平，是后人研究三国历史和三国人物的最重要依据。

《三国志》的作者是蜀汉人陈寿。陈寿（233—297），字承祚，巴西郡安汉县（今四川南充）人，其父为蜀汉将领。陈寿师从谯周，精通《史记》《汉书》，历任蜀汉东观秘书郎、散骑黄门侍郎等职，因不附宦官黄皓，屡遭贬黜。蜀汉灭亡后，陈寿被召入洛阳，举为孝廉，历任著作郎、巴西郡中正、治书侍御史等职，时人称其有良史之才。太康元年（280 年）开始，陈寿系统搜集魏蜀吴三国史料，经过十年之功，写成《三国志》。

《三国志》全书共六十五卷，其中《魏书》三十卷，《蜀书》十五卷，《吴书》二十卷，三书原本独立，后世才合为一书。《三国志》无表无志，只有纪和传，以曹魏为正统，曹魏的君主归入纪中，蜀汉和东吴的君主则归入传中。《三国志》治史公允，取材精审，文笔简洁。刊印时，夏侯渊的曾孙夏侯湛正在作《魏书》，看到《三国志》后自愧不如，不惜将自己的作品毁掉。

陈寿记事精简，这虽然使得《三国志》拥有言简意赅的优点，但也造成了历史细节的缺失。100 多年后，南朝宋文帝命史学家裴松之为《三国志》作注。

裴松之（372—451），字世期，河东郡闻喜县（今山西闻喜）人，在东晋时曾任殿中将军、尚书祠部郎，入宋后担任零陵内史、国子博士、中书侍郎、司冀二州大中正，封西乡侯。裴松之旁征博引，精心考辨，于元嘉六年（429 年）写成《三国志注》。裴松之的注释引用书籍多达二百余种，增入大量史料，极大地弥补了陈寿《三国志》的不足。

后世刊印陈寿的《三国志》时都会附上裴松之的注释，陈志和裴注已经形成了一个不可分割的整体。在本书中，《三国志》的概念即包括陈寿的《三国志》和裴松之的注释。

《三国志》中，武将们常常合为一传，比如曹魏“五子良将”《张乐于张徐传》、蜀汉“五虎上将”《关张马黄赵传》、东吴“十二虎臣”《程黄韩蒋周陈董甘凌徐潘丁传》。我们注意到，这些武将的传记本身就有一个排序，这个排序是按照武艺或地位的高低吗？并非如此。陈寿写人物合传时，为了避免时间上的交错，大体上会按照时间先后来安排人物顺序。《程黄韩蒋周陈董甘凌徐潘丁传》是最典型的例子，程普在黄巾起义时就跟随孙坚作战，而丁奉最初只是甘宁、潘璋手下的小将，直到孙权死后才开始崭露头角。从程普到丁奉，贯穿了整个东吴历史。

要给《三国志》中的武将排名，能否像《三国演义》那样依据单挑的结果呢？恐怕不行。

在《三国演义》中，武将单挑被写成了战争的主要方式，也是决定战争胜负的关键，赢得单挑几乎等同于赢得战争。《三国演义》中的普通士兵就像啦啦队员一样，唯一的作用就是为主将摇旗呐喊。历史小说《李自成》的作者姚雪垠曾写过一句诗调侃古典小说中的武将单挑：“阵前苦斗獬豸将，旗下旁观草木兵。”

历史上也是这样吗？当然不是。真实的战争中，冲锋陷阵的绝大多数是普通士兵和下级军官，主帅的主要职责是指挥战斗，而不是亲自杀敌。定军山一战夏侯渊被蜀军临阵斩杀，曹操事后发布军令，批评夏侯渊作为一军主帅不当亲战。

那么，《三国志》中有武将单挑吗？还是有的。

《三国志》中的武将单挑

《三国志》中，满打满算，单挑一共有七次，按照时间顺序排列如下：

吕布单挑郭汜

郭汜在城北。布开城门，将兵就汜，言“且却兵，但身决胜负”。汜、布乃独共对战，布以矛刺中汜，汜后骑遂前救汜，汜、布遂各两罢。（裴松之注《三国志·吕布传》）

阎行单挑马超

行尝刺超，矛折，因以折矛挝超项，几杀之。（裴松之注《三国志·张既传》）

曹性单挑郝萌

萌将曹性反萌，与对战，萌刺伤性，性斫萌一臂。（裴松之注《三国志·吕布传》）

孙策单挑太史慈

时独与一骑卒遇策。策从骑十三，皆韩当、宋谦、黄盖辈也。慈便前斗，正与策对。策刺慈马，而揽得慈项上手戟，慈亦得策兜鍪。会两家兵骑并各来赴，于是解散。（《三国志·太史慈传》）

关羽单挑颜良

绍遣大将颜良攻东郡太守刘延于白马，曹公使张辽及羽为先锋击之。羽望见良麾盖，策马刺良于万众之中，斩其首还，绍诸将莫能当者，遂解白马围。（《三国志·关羽传》）

凌统单挑甘宁

凌统怨宁杀其父操，宁常备统，不与相见。权亦命统不得仇之。尝于吕蒙舍会，酒酣，统乃以刀舞。宁起曰：“宁能双戟舞。”蒙曰：“宁虽能，未若蒙之巧也。”因操刀持楯，以身分之。（裴松之注《三国志·甘宁传》）

曹丕单挑邓展

尝与平虏将军刘勋、奋威将军邓展等共饮，宿闻展善有手臂，晓五兵，又称其能空手入白刃。余与论剑良久，谓言将军法非也，余顾尝好之，又得善术，因求与余对。时酒酣耳热，方食芊蔗，便以为杖，下殿数交，三中其臂，左右大笑。展意不平，求更为之。余言吾法急属，难相中面，故齐臂耳。展言愿复一交，余知其欲突以取交中也，因伪深进，展果寻前，余却脚鄛，正截其颡，坐中惊视。余还坐，笑曰：“昔阳庆使淳于意去其故方，更授以秘术，今余亦愿邓将军捐弃故伎，更受要道也。”一坐尽欢。（裴松之注《三国志·文帝纪》）

这几次单挑的性质也有差异。

曹丕与邓展用甘蔗单挑可以看作一次剑法切磋，估计邓展不敢对曹丕下狠手。

凌统与甘宁的单挑更像是同事间的一次酒后斗殴。

关羽策马刺颜良准确地说是一次致师行为，颜良并没有做好单挑的准备。

孙策与太史慈的单挑是唯一确定的骑兵单挑，但遗憾的是双方只打了一回合，只是个遭遇战。

曹性与郝萌、阎行与马超的两场单挑缺乏详细的过程描述，无法确定是事先约定的单挑还是临时发起的打斗。

《三国志》中，唯一一场明确的事先约定好的单挑只有吕布、郭汜之战，双方事先约定“且却兵，但身决胜负”，然后“共对战”，最终通过单挑分出胜负。不过，这次单挑的胜负并没有什么意义。几天后，李傕、郭汜还是攻破了长安，吕布把董卓的脑袋挂在赤兔马上逃走了。

排名方法

既然《三国志》中关于单挑的记载如此之少，我们还能给历史上的三国武将排出一个名次吗？能，办法总比困难多。

回头想一想，我们之所以通过单挑来给《三国演义》中的武将排名，是因为单挑是罗贯中表现武将武艺的主要方式。那么，《三国志》中，陈寿表现武将武艺的主要方式是什么呢？战绩。吕布营门射戟、典韦宛城死战、许褚逆曳牛尾、关羽策马刺良、张飞据水断桥、甘宁百骑劫营、丁奉短兵破敌……这些战绩都是武将武艺的具体体现。

《三国志》中武将的战绩主要包括单挑、冲阵、亲战、先登、断后、救主、守城、神箭、大力等。比如，吕布营门射戟属于神箭，典韦宛城死战属于救主，许褚逆曳牛尾属于大力，关羽策马刺良属于单挑，张飞据水断桥属于断后，甘宁百骑劫营属于亲战，丁奉短兵破敌属于先登。

《三国演义》中的武将按照单挑表现排名，《三国志》中的武将可以按照战绩排名，把武将的战绩作为加分项，武将有一次战绩，就获得一次加分。

但是，我们还发现了一个问题，对于同类战绩，不同武将的表现是不同的。拿单挑来说，太史慈与孙策只打了一回合，而吕布刺伤了郭汜，关羽斩杀了颜良，同样是单挑，吕布的表现好于太史慈、孙策，关羽又好于吕布。

为解决这个问题，我们借鉴奥运会跳水比赛的评分体系。一场跳水比赛中，运动员有多套跳水动作，每套动作的得分由动作分和完成分两部分构成。最终，根据运动员的总得分排出名次。与此类似，《三国志》中武将的总体表现由若干个战绩组成，每个战绩的得分可以分为战斗分和表现分。

如果《三国志》记载了单挑、先登、断后等战斗，对应的武将就可以获得1分的战斗分。如果在这次战斗中武将有非常优异的表现，如杀敌、斩将、以少胜多等，就可获得额外的表现分。表现分不设上限，根据实际表现打分。拿前面的例子来说，同样是单挑，太史慈和孙策只能拿到1分的战斗分而拿不到表现分，吕布刺伤郭汜则可以拿到1分战斗分和1分表现分，而关羽刺死颜良可以拿到1分战斗分和2分表现分。

除战绩外，同时代人以及陈寿对武将武艺的评价也很重要，我们会根据评价的数量和内容进行打分。

把武将的战绩分和评价分相加，就得到了武将的武艺总分，如此一来，我们就可以为《三国志》中的武将排名了。

曹魏武将

曹魏集团的武将众多，主要集中在《诸夏侯曹传》《张乐于张徐传》《二李臧文吕许典二庞阎传》三个合传中。

曹操：4分

才武绝人：1分

太祖尝私入中常侍张让室，让觉之；乃舞手戟于庭，逾垣而出。才武绝人，莫之能害。（裴松之注《三国志·武帝纪》）

点评：张让是十常侍之一，曹操带凶器进入张让家中很可能是为了刺杀张让。

手刃数人：1分

太祖以卓终必覆败，遂不就拜，逃归乡里。从数骑过故人成皋吕伯奢；伯奢不在，其子与宾客共劫太祖，取马及物，太祖手刃击杀数人。（裴松之注《三国志·武帝纪》）

太祖过伯奢。伯奢出行，五子皆在，备宾主礼。太祖自以背卓命，疑其图己，手剑夜杀八人而去。（裴松之注《三国志·武帝纪》）

太祖闻其食器声，以为图己，遂夜杀之。既而凄怆曰："宁我负人，毋人负我！"遂行。（裴松之注《三国志·武帝纪》）

点评：关于杀吕伯奢全家这件事，历史上存在多种记载，有正当防卫、防卫过当、冤枉好人三种说法，历史的真相究竟是什么不是我们研究的重点。可以确定的是，曹操亲手杀了吕伯奢家数人，表现出超过常人的武艺。

谯水击蛟：2分

年十岁，常浴于谯水，有蛟来逼，自水奋（击），蛟乃潜退。于是浴毕而还，弗之言也。后有人见大蛇，奔逐。太祖笑之曰："吾为蛟所击而未惧，斯畏蛇而恐邪？"众问乃知，咸惊异焉。(《三国志补注》)

点评：蛟即鳄鱼，十岁的曹操能击退鳄鱼吗？真实性值得怀疑。考虑到曹操的年龄，本来应该是3分，但真实性扣1分。

曹丕：2分

少年习武：1分

余时年五岁，上以世方扰乱，教余学射，六岁而知射，又教余骑马，八岁而能骑射矣。(裴松之注《三国志·文帝纪》)

点评：从这个记载可以看出，三国时代世家大族在很小的时候就开始接受军事教育。

甘蔗单挑：1分

尝与平虏将军刘勋、奋威将军邓展等共饮，宿闻展善有手臂，晓五兵，又称其能空手入白刃。余与论剑良久，谓言将军法非也，余顾尝好之，又得善术，因求与余对。时酒酣耳热，方食芊蔗，便以为杖，下殿数交，三中其臂，左右大笑。展意不平，求更为之。余言吾法急属，难相中面，故齐臂耳。展言愿复一交，余知其欲突以取交中也，因伪深进，展果寻前，余却脚鄛，正截其颡，坐中惊视。余还坐，笑曰："昔阳庆使淳于意去其故方，更授以秘术，今余亦愿邓将军捐弃故伎，更受要道也。"一坐尽欢。(裴松之注《三国志·文帝纪》)

点评：曹丕与邓展用甘蔗单挑，曹丕完胜。但这来自曹丕的自述，不排除有夸大的成分，而且邓展也不太敢对曹操的儿子下狠手。

曹彰：6分

手格猛兽：1分

少善射御，膂力过人，手格猛兽，不避险阻。(《三国志·曹彰传》)

点评：这里的猛兽应该是狼豹之类的动物，如果是老虎就会直接说明了。

亲自搏战：2分

彰北征，入涿郡界，叛胡数千骑卒至。时兵马未集，唯有步卒千人，骑数百匹。用田豫计，固守要隙，虏乃退散。彰追之，身自搏战，射胡骑，应弦而倒者前后相属。战过半日，彰铠中数箭，意气益厉，乘胜逐北，至于桑乾，去代二百余里。(《三国志·曹彰传》)

点评：亲自搏战1分，射中胡骑1分。

威慑鲜卑：1 分

时鲜卑大人轲比能将数万骑观望强弱，见彰力战，所向皆破，乃请服。北方悉平。(《三国志·曹彰传》)

点评：曹彰靠武艺征服了北方少数民族。

驰援汉中：1 分

太祖在汉中，而刘备栖于山头，使刘封下挑战。太祖骂曰："卖履舍儿，长使假子拒汝公乎！待呼我黄须来，令击之。"乃召彰。彰晨夜进道，西到长安而太祖已还，从汉中而归。彰须黄，故以呼之。(裴松之注《三国志·曹彰传》)

点评：如果真打起来，刘封不是曹彰的对手。

武艺评价：1 分

陈寿：任城武艺壮猛，有将领之气。(《三国志·任城陈萧王传》)

点评：武艺壮猛，1 分。

曹仁：3 分

解救牛金：3 分

从平荆州，以仁行征南将军，留屯江陵，拒吴将周瑜。瑜将数万众来攻，前锋数千人始至，仁登城望之，乃募得三百人，遣部曲将牛金逆与挑战。贼多，金众少，遂为所围。长史陈矫俱在城上，望见金等垂没，左右皆失色。仁意气奋怒甚，谓左右取马来，矫等共援持之。谓仁曰："贼众盛，不可当也。假使弃数百人何苦，而将军以身赴之！"仁不应，遂被甲上马，将其麾下壮士数十骑出城。去贼百余步，迫沟，矫等以为仁当住沟上，为金形势也，仁径渡沟直前，冲入贼围，金等乃得解。余众未尽出，仁复直还突之，拔出金兵，亡其数人，贼众乃退。矫等初见仁出，皆惧，及见仁还，乃叹曰："将军真天人也！"三军服其勇。太祖益壮之，转封安平亭侯。(《三国志·曹仁传》)

点评：救牛金 1 分，救士卒 1 分，陈矫的评价 1 分，共 3 分。

曹洪：1 分

荥阳救主：1 分

太祖起义兵讨董卓，至荥阳。为卓将徐荣所败。太祖失马，贼追甚急，洪下，以马授太祖，太祖辞让，洪曰："天下可无洪，不可无君。"遂步从到汴水，水深不得渡，洪循水得船，与太祖俱济，还奔谯。(《三国志·曹洪传》)

点评：救主，1 分。

曹真：2分

顾射猛虎：2分

常猎，为虎所逐，顾射虎，应声而倒。太祖壮其鸷勇，使将虎豹骑。（《三国志·曹真传》）

点评：射中移动中的老虎，2分。曹真曾射虎，正适合掌管虎豹骑。

夏侯惇：2分

十四杀人：2分

年十四，就师学，人有辱其师者，惇杀之，由是以烈气闻。（《三国志·夏侯惇传》）

点评：杀人1分，十四岁1分，共2分。

夏侯渊：1分

汉中殒命：1分

二十四年正月，备夜烧围鹿角。渊使张郃护东围，自将轻兵护南围。备挑郃战，郃军不利。渊分所将兵半助郃，为备所袭，渊遂战死。（《三国志·夏侯渊传》）

点评：亲战可以得1分。曹操得知夏侯渊被杀，发布了一道军令，批评夏侯渊的这种行为："渊本非能用兵也，军中呼为白地将军。为督帅尚不当亲战，况补鹿角乎？"白地指荒地，白地将军讽刺夏侯渊只能在偏远的地方带兵。裴松之在注《三国志·夏侯渊传》时还提到了夏侯渊的两个儿子，三子夏侯称和五子夏侯荣，皆颇有武艺。夏侯称曾一箭射倒猛虎，"年十六，渊与之田，见奔虎，称驱马逐之，禁之不可，一箭而倒。"夏侯荣跟随夏侯渊战死，"汉中之败，荣年十三，左右提之走，不肯，曰：'君亲在难，焉所逃死！'乃奋剑而战，遂没陈。"十三岁也是《三国志》中最年轻的上阵记录了。

张辽：9分

武力过人：1分

汉末，并州刺史丁原以辽武力过人，召为从事，使将兵诣京都。（《三国志·张辽传》）

点评：武力这个词在《三国演义》中没有出现，但《三国志》中有，指武艺和气力。

威震逍遥津：5分

于是辽夜募敢从之士，得八百人，椎牛飨将士，明日大战。平旦，辽被甲持戟，先登陷陈，杀数十人，斩二将，大呼自名，冲垒入，至权麾下。权大惊，众不知所为，走登高冢，以长戟自守。辽叱权下战，权不敢动，望见辽所将众少，乃聚围辽数重。辽左右麾围，直前急击，围开，辽将麾下数十人得出，余众号呼曰："将军弃我乎！"辽复还突围，拔出余众。权人马皆披靡，无敢当者。自旦战至日中，吴人夺气，还修守备，众心乃安，诸将咸服。(《三国志·张辽传》)

点评：张辽带着八百士卒，斩将杀敌，一战浇灭吴军气焰。考虑到斩将杀敌由张辽与麾下士卒共同完成，分数适当要打个折。先登1分，杀数十人1分，斩将1分，吓住孙权1分，突围救援1分，共5分。这一战，张辽有先登有斩将有杀敌有突围，表现出非常强的综合实力。

辽来辽来：1分

江东小儿啼，恐之曰："辽来，辽来！"无不止矣。(《太平御览》)

点评：江东小朋友的梦魇。

虽病不可当：1分

孙权复叛，帝遣辽乘舟，与曹休至海陵，临江。权甚惮焉，敕诸将："张辽虽病，不可当也，慎之！"(《三国志·张辽传》)

点评：张辽给孙权带来了心理阴影。

武艺评价：1分

曹操：武力既弘，计略周备，质忠性一，守执节义，每临战攻，常为督率，奋强突固，无坚不陷，自援枹鼓，手不知倦。(《三国志·乐进传》)

曹丕：合肥之役，辽、典以步卒八百，破贼十万，自古用兵，未之有也。使贼至今夺气，可谓国之爪牙矣。(《三国志·张辽传》)

点评：曹操与曹丕的评价更多是夸赞张辽的用兵，而非武力。

乐进：5分

胆烈闻名：1分

容貌短小，以胆烈从太祖，为帐下吏。遣还本郡募兵，得千余人，还为军假司马、陷陈都尉。(《三国志·乐进传》)

点评：乐进是三国时期的矮脚虎。

多次先登：2分

从击吕布于濮阳，张超于雍丘，桥蕤于苦，皆先登有功，封广昌亭侯。(《三国志·乐进传》)

点评：三次先登都缺乏细节，算作2分。乐进凭借先登从下级武官一步步实现封侯。

先登入城：1分

从围邺，邺定，从击袁谭于南皮，先登，入谭东门。(《三国志·乐进传》)

点评：最先攻入城门，1分。

武艺评价：1分

曹操：武力既弘，计略周备，质忠性一，守执节义，每临战攻，常为督率，奋强突固，无坚不陷，自援枹鼓，手不知倦。(《三国志·乐进传》)

陈寿：乐进以骁果显名。(《三国志·张乐于张徐传》)

点评：骁果，骁勇果敢。

于禁：2分

督守土山：1分

迁裨将军，后从还官渡。太祖与绍连营，起土山相对。绍射营中，士卒多死伤，军中惧。禁督守土山，力战，气益奋。绍破，迁偏将军。(《三国志·于禁传》)

点评：虽然不确定是否亲战，但勇气可嘉。

武艺评价：1分

曹操：武力既弘，计略周备，质忠性一，守执节义，每临战攻，常为督率，奋强突固，无坚不陷，自援枹鼓，手不知倦。(《三国志·乐进传》)

点评：与张辽、乐进获得相同的评价。

张郃：1分

中箭身亡：1分

诸葛亮复出祁山，诏郃督诸将西至略阳，亮还保祁山，郃追至木门，与亮军交战，飞矢中郃右膝，薨，谥曰壮侯。(《三国志·张郃传》)

点评：亲战，1分。

徐晃：2分

长驱直入：2分

晃扬声当攻围头屯，而密攻四冢。羽见四冢欲坏，自将步骑五千出战，晃击之，退走，遂追陷与俱入围，破之，或自投沔水死。太祖令曰："贼围堑鹿角十重，将军致战全胜，遂陷贼围，多斩首虏。吾用兵三十余年，及所闻古之善用兵者，未有长驱径入敌围者也。且樊、襄阳之在围，过于莒、即墨，将军之功，逾孙武、穰苴。"(《三国志·徐晃传》)

点评：长驱直入1分，曹操的评价1分，共2分。

典韦：15 分

膂力过人：1 分

形貌魁梧，旅力过人，有志节任侠。(《三国志·典韦传》)

点评：身大力不亏，1 分。

追者莫敢近：1 分

襄邑刘氏与睢阳李永为仇，韦为报之。永故富春长，备卫甚谨。韦乘车载鸡酒，伪为候者，门开，怀匕首入杀永，并杀其妻，徐出，取车上刀戟，步去。永居近市，一市尽骇。追者数百，莫敢近。行四五里，遇其伴，转战得脱。由是为豪杰所识。(《三国志·典韦传》)

点评：这个事件的重点不在于入室杀人，而在于数百人追赶典韦不敢靠近。

一手建旗：1 分

初平中，张邈举义兵，韦为士，属司马赵宠。牙门旗长大，人莫能胜，韦一手建之，宠异其才力。(《三国志·典韦传》)

点评：单手立旗，神力。

数次斩首：1 分

后属夏侯惇，数斩首有功，拜司马。(《三国志·典韦传》)

点评：缺乏细节，1 分。

五步退敌：3 分

太祖募陷陈，韦先占，将应募者数十人，皆重衣两铠，弃楯，但持长矛撩戟。时西面又急，韦进当之，贼弓弩乱发，矢至如雨，韦不视，谓等人曰："虏来十步，乃白之。"等人曰："十步矣。"又曰："五步乃白。"等人惧，疾言："虏至矣！"韦手持十余戟，大呼起，所抵无不应手倒者。布众退。会日暮，太祖乃得引去。(《三国志·典韦传》)

点评：先登 1 分，近距离搏杀敌兵 1 分，杀多人 1 分，共 3 分。《三国演义》中，典韦这里用的是短戟，攻击的方式是远程投掷，"飞戟刺之，一戟一人坠马，并无虚发"。而《三国志》中，典韦用的是长戟，攻击方式是近距离刺杀。前者多一些技巧，后者多一些勇猛，同样精彩。

每战先登：1 分

韦既壮武，其所将皆选卒，每战斗，常先登陷陈。(《三国志·典韦传》)

点评：先登，1 分。

双戟八十斤：1 分

性忠至谨重，常昼立侍终日，夜宿帐左右，稀归私寝。好酒食，饮啖兼人，每赐食于前，大饮长歠，左右相属，数人益乃供，太祖壮之。韦好持大

双戟与长刀等，军中为之语曰："帐下壮士有典君，提一双戟八十斤。"（《三国志·典韦传》）

点评：典韦擅长多种兵器，特别是双戟，重达八十斤，这也是《三国志》中唯一一次交代武将兵器的重量。

莫敢仰视：1分

太祖征荆州，至宛，张绣迎降。太祖甚悦，延绣及其将帅，置酒高会。太祖行酒，韦持大斧立后，刃径尺，太祖所至之前，韦辄举斧目之。竟酒，绣及其将帅莫敢仰视。（《三国志·典韦传》）

点评：气势逼人。

宛城救主：4分

后十余日，绣反，袭太祖营，太祖出战不利，轻骑引去。韦战于门中，贼不得入。兵遂散从他门并入。时韦校尚有十余人，皆殊死战，无不一当十。贼前后至稍多，韦以长戟左右击之，一叉入，辄十余矛摧。左右死伤者略尽。韦被数十创，短兵接战，贼前搏之。韦双挟两贼击杀之，余贼不敢前。韦复前突贼，杀数人，创重发，瞋目大骂而死。贼乃敢前，取其头，传观之，覆军就视其躯。太祖退住舞阴，闻韦死，为流涕，募间取其丧，亲自临哭之，遣归葬襄邑，拜子满为郎中。（《三国志·典韦传》）

点评：救主1分，表现分2分，敌军和曹操的表现为其加1分。《三国演义》中，宛城救主时，典韦的双戟被胡车儿偷走，典韦只能"双手提着两个军人迎敌"。《三国志》没有这么夸张，典韦并不是"提"人，而是"挟"人。

武艺评价：1分

陈寿：许褚、典韦折冲左右，抑亦汉之樊哙也。（《三国志·二李臧文吕许典二庞阎传》）

点评：折，折返；冲，冲车。折冲即击退敌方的战车，借指武将所向披靡。

许褚：13分

腰大十围：1分

长八尺余，腰大十围，容貌雄毅，勇力绝人。（《三国志·许褚传》

点评：十围，并不是指十个人围着那么粗。"围"指的是两拇指两食指相对形成的圈的周长。您可以量一量您的腰有几围。

飞石退贼：1分

汉末，聚少年及宗族数千家，共坚壁以御寇。时汝南葛陂贼万余人攻褚壁，褚众少不敌，力战疲极。兵矢尽，乃令壁中男女，聚治石如杅斗者置四隅。褚飞石掷之，所值皆摧碎。贼不敢进。（《三国志·许褚传》）

点评：《三国演义》中许褚的飞石是小石子，但正史中，“石如杅斗”，是大石块。

逆曳牛尾：1 分

粮乏，伪与贼和，以牛与贼易食，贼来取牛，牛辄奔还。褚乃出陈前，一手逆曳牛尾，行百余步。贼众惊，遂不敢取牛而走。（《三国志·许褚传》）

点评：牛的屁股一定很疼。

斩首万计：2 分

从征张绣，先登，斩首万计，迁校尉。（《三国志·许褚传》）

点评：先登 1 分，斩首 1 分，万计比较夸张，肯定不是亲斩。

击杀许他：1 分

从讨袁绍于官渡。时常从士徐他等谋为逆，以褚常侍左右，惮之不敢发。伺褚休下日，他等怀刀入。褚至下舍心动，即还侍。他等不知，入帐见褚，大惊愕。他色变，褚觉之，即击杀他等。（《三国志·许褚传》）

点评：从这个描述看，许褚的心思非常细腻。

夺船救主：2 分

从讨韩遂、马超于潼关。太祖将北渡，临济河，先渡兵，独与褚及虎士百余人留南岸断后。超将步骑万余人，来奔太祖军，矢下如雨。褚白太祖，贼来多，今兵渡已尽，宜去，乃扶太祖上船。贼战急，军争济，船重欲没。褚斩攀船者，左手举马鞍蔽太祖。船工为流矢所中死，褚右手并溯船，仅乃得渡。是日，微褚几危。（《三国志·许褚传》）

点评：救主 1 分，驾船 1 分，共 2 分。

吓住马超：2 分

其后太祖与遂、超等单马会语，左右皆不得从，唯将褚。超负其力，阴欲前突太祖，素闻褚勇，疑从骑是褚。乃问太祖曰：“公有虎侯者安在？”太祖顾指褚，褚瞋目盼之。超不敢动，乃各罢。（《三国志·许褚传》）

点评：威慑分 1 分，考虑到对手是马超，加 1 分，共 2 分。《三国演义》中许褚裸衣与马超大战二百多回合不分胜负，而历史上许褚用眼神就把马超吓跑了。

如虎而痴：2 分

后数日会战，大破超等，褚身斩首级，迁武卫中郎将。武卫之号，自此始也。军中以褚力如虎而痴，故号曰虎痴；是以超问虎侯，至今天下称焉，皆谓其姓名也。（《三国志·许褚传》）

点评：身斩首级，如虎而痴。

武艺评价：1 分

曹操：此吾樊哙也。（《三国志·许褚传》）

陈寿：许褚、典韦折冲左右，抑亦汉之樊哙也。（《三国志·二李臧文吕许典二庞阎传》）

点评：与典韦一样的评价。

庞德：10 分

亲斩援首：3 分

德随腾子超拒援、幹于平阳，德为军锋，进攻援、幹，大破之，亲斩援首。（《三国志·庞德传》）

德手斩一级，不知是援。战罢之后，众人皆言援死而不得其首。援，钟繇之甥。德晚后于鞬中出一头，繇见之而哭。德谢繇，繇曰："援虽我甥，乃国贼也。卿何谢之？"（裴松之注《三国志·庞德传》）

点评：亲战 1 分，斩杀敌首 2 分。

陷阵却敌：1 分

后张白骑叛于弘农，德复随腾征之，破白骑于两殽间。每战，常陷陈却敌，勇冠腾军。（《三国志·庞德传》）

点评：陷阵却敌，勇冠腾军。

射羽中额：3 分

德常曰："我受国恩，义在效死。我欲身自击羽。今年我不杀羽，羽当杀我。"后亲与羽交战，射羽中额。时德常乘白马，羽军谓之白马将军，皆惮之。（《三国志·庞德传》）

点评：射中关羽头颅 2 分，威震敌军 1 分。《三国演义》中庞德射中的是关羽左臂，而《三国志》中庞德射中的是关羽额头，更加致命。"今年我不杀羽，羽当杀我"也被罗贯中改编成庞德抬榇死战的情节。

冒死水战：3 分

仁使德屯樊北十里，会天霖雨十余日，汉水暴溢，樊下平地五六丈，德与诸将避水上堤。羽乘船攻之，以大船四面射堤上。德被甲持弓，箭不虚发。将军董衡、部曲将董超等欲降，德皆收斩之。自平旦力战至日过中，羽攻益急，矢尽，短兵接战。德谓督将成何曰："吾闻良将不怯死以苟免，烈士不毁节以求生，今日，我死日也。"战益怒，气愈壮，而水浸盛，吏士皆降。德与麾下将一人，五伯二人，弯弓傅矢，乘小船欲还仁营。水盛船覆，失弓矢，独抱船覆水中，为羽所得，立而不跪。羽谓曰："卿兄在汉中，我欲以卿为将，不早降何为？"德骂羽曰："竖子，何谓降也！魏王带甲百万，威振

天下。汝刘备庸才耳，岂能敌邪！我宁为国家鬼，不为贼将也。”遂为羽所杀。（《三国志·庞德传》）

点评：被甲持弓，箭不虚发，水盛船覆，宁死不降。

杜袭：1分

身执矢石：1分

会荆州出步骑万人来攻城，袭乃悉召县吏民任拒守者五十余人，与之要誓。其亲戚在外欲自营护者，恣听遣出；皆叩头愿致死。于是身执矢石，率与戮力。吏民感恩，咸为用命。临陈斩数百级，而袭众死者三十余人，其余十八人尽被创，贼得入城。袭帅伤痍吏民决围得出，死丧略尽，而无反背者。（《三国志·杜袭传》）

点评：杜袭率军亲战1分，以少胜多1分，本来应该是2分，但因缺乏与敌军格斗的记载，故扣1分。

曹魏武将武艺得分排名

排名	姓名	得分（分）
1	典韦	15
2	许褚	13
3	庞德	10
4	张辽	9
5	曹彰	6
6	乐进	5
7	曹操	4
8	曹仁	3
9	曹丕	2
9	夏侯惇	2
9	曹真	2
9	徐晃	2
9	于禁	2
10	曹洪	1

续表

排名	姓名	得分（分）
10	夏侯渊	1
10	张郃	1
10	杜袭	1

曹魏集团的武将中，为曹操折冲左右的典韦、许褚排名前二，这也符合二人护卫的身份。

庞德战斗中亲斩郭援首级，射中关羽头颅，水战宁死不降，凭借这三战也拿到了 9 分，总得分 10 分，排名第三。张辽、逍遥津一战拿到 5 分的高分，总得分 9 分，排名第四。

相比之下，《三国演义》中给人印象深刻的夏侯惇、夏侯渊、徐晃、张郃则并没有太好的表现。

整体看来，曹魏的优秀武将主要集中在三国前期，后期就逊色很多了，这可能也是曹魏政权最终旁落的原因之一。

蜀汉武将

蜀汉的武将，以关羽、张飞、马超、黄忠、赵云为首，也就是我们常说的“五虎上将”。虽然历史上并没有五虎上将（同样也没有四虎上将）的概念，但这五人的地位在蜀汉非常高，不仅是蜀汉的顶级武将，也是开国元勋。《三国志·蜀书》第一卷是刘焉、刘璋父子传，二三四卷分别是刘备、刘禅及二主妃子传，第五卷是诸葛亮传，第六卷就是关羽、张飞、马超、黄忠、赵云五人的合传，即《关张马黄赵传》，然后才是《庞统法正传》。这说明，这五人的地位仅次于诸葛亮。为了叙述方便，我们不妨把关、张、马、黄、赵仍然称为五虎上将。

前文我们讨论过，在《三国志》中，对于合传，为了叙述流畅，人物顺序通常按照时间先后，《蜀书》也是如此。拿我们刚提到的《庞统法正传》为例，法正的地位明显高于庞统，但由于庞统先于法正去世，所以庞统被放在了前面。就五虎上将来说，关、张、马、黄四人都卒于刘备一朝，只有赵云卒于刘禅一朝，所以赵云被放到了最后。这个顺序在元代的《三国志平话》和明代的嘉靖本《三国志通俗演义》中都得到了继承，直到清代，毛宗岗才将五虎上将的顺序改为关、张、赵、马、黄。

刘备：1分

遇贼佯死：1分

平原刘子平知备有武勇，时张纯反叛，青州被诏，遣从事将兵讨纯，过平原，子平荐备于从事，遂与相随，遇贼于野，备中创阳死，贼去后，故人以车载之，得免。（裴松之注《三国志·先主传》）

点评：刘备早年也曾亲自上阵厮杀，并靠装死躲过一劫，1分。

关羽：11分

策马刺良：5分

绍遣大将颜良攻东郡太守刘延于白马，曹公使张辽及羽为先锋击之。羽望见良麾盖，策马刺良于万众之中，斩其首还，绍诸将莫能当者，遂解白马围。（《三国志·关羽传》）

点评：单挑1分，斩杀敌军主将2分，袁绍诸将莫能当者1分，解白马围1分，共5分。关羽策马刺颜良，是三国时代唯一一次通过单挑的方式临阵斩将，而且还改变了战争的结果。唯一的瑕疵就是颜良并没有准备充分，这个瑕疵也影响到了《三国演义》中的武将排名。

刮骨去毒：1分

羽尝为流矢所中，贯其左臂，后创虽愈，每至阴雨，骨常疼痛，医曰："矢镞有毒，毒入于骨，当破臂作创，刮骨去毒，然后此患乃除耳。"羽便伸臂令医劈之。时羽适请诸将饮食相对，臂血流离，盈于盘器，而羽割炙引酒，言笑自若。（《三国志·关羽传》）

点评：负痛也是武将应该具备的能力，1分。《三国志》中，关羽刮骨去毒时"割炙引酒"，而在《三国演义》中，罗贯中写成了与马良对弈，多了分风雅，少了分豪情。

擒庞德：1分

仁使德屯樊北十里，会天霖雨十余日，汉水暴溢，樊下平地五六丈，德与诸将避水上堤。羽乘船攻之，以大船四面射堤上。德被甲持弓，箭不虚发。将军董衡、部曲将董超等欲降，德皆收斩之。自平旦力战至日过中，羽攻益急，

矢尽，短兵接战……水盛船覆，失弓矢，独抱船覆水中，为羽所得，立而不跪。(《三国志·庞德传》)

点评：在正史上，水淹七军只是一场气象灾害，远不如《三国演义》精彩，但关羽有亲战的表现，1分。

武艺评价：4分

程昱：关羽、张飞皆万人敌也。(《三国志·程昱传》)

郭嘉：张飞、关羽者，皆万人之敌也。(裴松之注《三国志·郭嘉传》)

刘晔：关羽、张飞勇冠三军而为将。(《三国志·刘晔传》)

魏群臣：蜀，小国耳，名将唯羽。羽死军破，国内忧惧，无缘复出。(《三国志·刘晔传》)

周瑜：关羽、张飞熊虎之将。(《三国志·周瑜传》)

吕蒙：关羽实熊虎也。(《三国志·吕蒙传》)

诸葛亮：孟起兼资文武，雄烈过人，一世之杰，黥、彭之徒，当与益德并驱争先，犹未及髯之绝伦逸群也。(《三国志·关羽传》)

陈寿：飞雄壮威猛，亚于关羽。(《三国志·张飞传》)

陈寿：关羽、张飞皆称万人之敌，为世虎臣。(《三国志·关张马黄赵传》)

点评：万人之敌，熊虎之将，为世虎臣，都是非常高的评价，2分；魏蜀吴三方都有评价，2分。共4分。

张飞：6分

据水断桥：3分

表卒，曹公入荆州，先主奔江南。曹公追之，一日一夜，及于当阳之长阪。先主闻曹公卒至，弃妻子走，使飞将二十骑拒后。飞据水断桥，瞋目横矛曰："身是张益德也，可来共决死！"敌皆无敢近者，故遂得免。(《三国志·张飞传》)

点评：断后1分，敌众我寡1分，敌人不敢近前1分，共3分。除了并未像《三国演义》中那样吓死夏侯杰外，张飞据水断桥喝退曹兵都是事实。

武艺评价：3分

程昱：关羽、张飞皆万人敌也。(《三国志·程昱传》)

郭嘉：张飞、关羽者，皆万人之敌也。(裴松之注《三国志·郭嘉传》)

刘晔：关羽、张飞勇冠三军而为将。(《三国志·刘晔传》)

周瑜：关羽、张飞熊虎之将。(《三国志·周瑜传》)

时歌曰：人中有张飞，马中有玉追。(《广博物志》)

陈寿：飞雄壮威猛，亚于关羽。(《三国志·张飞传》)

陈寿：关羽、张飞皆称万人之敌，为世虎臣。(《三国志·关张马黄赵传》)

点评：对张飞的评价非常高，既有与关羽一样的万人之敌，又有与吕布类似的“人中有张飞”，但整体上亚于关羽，3分。

马超：4分

囊足而战：2分

超后为司隶校尉督军从事，讨郭援，为飞矢所中，乃以囊囊其足而战，破斩援首。(裴松之注《三国志·马超传》)

点评：负痛亲战，大破敌军，2分。从《三国志·庞德传》可知，亲手斩杀郭援的是庞德，马超无法得到斩将分。

武艺评价：2分

诸葛亮：孟起兼资文武，雄烈过人，一世之杰，黥、彭之徒，当与益德并驱争先，犹未及髯之绝伦逸群也。(《三国志·关羽传》)

杨阜：超有信、布之勇，甚得羌、胡心，西州畏之。(《三国志·杨阜传》)

陈寿：马超阻戎负勇。(《三国志·关张马黄赵传》)

点评：诸葛亮将马超比作黥布、彭越，杨阜将马超比作韩信、黥布，2分。黥布即英布，因早年受过黥刑，故也称作黥布。黥布本是项羽手下大将，后归顺刘邦，这与马超有些相似。

黄忠：5分

勇冠三军：1分

先主南定诸郡，忠遂委质，随从入蜀。自葭萌受任，还攻刘璋，忠常先登陷陈，勇毅冠三军。(《三国志·黄忠传》)

点评：先登陷阵，勇冠三军，但没有具体事例，1分。

一战斩渊：3分

建安二十四年，于汉中定军山击夏侯渊。渊众甚精，忠推锋必进，劝率士卒，金鼓振天，欢声动谷，一战斩渊，渊军大败。迁征西将军。(《三国志·黄忠传》)

点评：从《三国志》的描述来看，历史上的夏侯渊更像是死于混战，并非像《三国演义》中那样被黄忠亲手斩杀。夏侯渊是三国时代被临阵斩杀的级别最高的将领，可酌情考虑加分。亲战1分，敌首死亡1分，夏侯渊的特殊身份加1分，共3分。

武艺评价：1分

陈寿：黄忠、赵云强挚壮猛，并作爪牙，其灌、滕之徒欤？(《三国志·关

张马黄赵传》）

点评： 灌指灌婴，陈寿将黄忠斩杀夏侯渊比作灌婴斩杀项羽，《史记》载：“婴以御史大夫受诏将车骑别追项籍至东城，破之。所将卒五人共斩项籍。”

赵云：10分

长坂救主：2分

及先主为曹公所追于当阳长阪（坂），弃妻子南走，云身抱弱子，即后主也，保护甘夫人，即后主母也，皆得免难。迁为牙门将军。（《三国志·赵云传》）

点评： 救出阿斗1分，救出甘夫人1分。历史上的长坂救主远不如小说精彩，但根据《三国志·曹纯传》的记载，刘备的两个女儿在这一战都被曹军擒获，因此长坂之战想必也是非常惨烈的。在这种情况下，赵云仍能救出阿斗和甘夫人二人，非常不容易，可惜缺乏细节描写。

截江救主：1分

权闻备西征，大遣舟船迎妹，而夫人内欲将后主还吴，云与张飞勒兵截江，乃得后主还。（裴松之注《三国志·赵云传》）

点评： 救主1分。这是赵云第二次救主，但并没有留下战斗的细节，只有“勒兵截江”四个字聊以想象。

汉水破敌：4分

夏侯渊败，曹公争汉中地，运米北山下，数千万囊。黄忠以为可取，云兵随忠取米。忠过期不还，云将数十骑轻行出围，迎视忠等。值曹公扬兵大出，云为公前锋所击，方战，其大众至，势逼，遂前突出陈，且斗且却。公军败，已复合，云陷敌，还趣围。将张著被创，云复驰马还营迎著。公军追至围，此时沔阳长张翼在云围内，翼欲闭门拒守，而云入营，更大开门，偃旗息鼓。公军疑云有伏兵，引去。云雷鼓震天，惟以戎弩于后射公军，公军惊骇，自相蹂践，堕汉水中死者甚多。（裴松之注《三国志·赵云传》）

点评： 救黄忠1分，突围1分，救张著1分，空营退敌击败曹操1分。赵云的空营计是诸葛亮空城计的源头，西晋人郭冲根据赵云的空营计杜撰了《条亮五事》中诸葛亮的空城计，罗贯中又根据郭冲的《条亮五事》创作了《三国演义》中的空城计。

箕谷断后：2分

亮曰：“街亭军退，兵将不复相录，箕谷军退，兵将初不相失，何故？”

芝答曰："云身自断后，军资什物，略无所弃，兵将无缘相失。"（裴松之注《三国志·赵云传》）

点评： 亲自断后，1分；军资无所弃，兵将无相失，1分。

武艺评价：1分

刘备：子龙一身都是胆也。（裴松之注《三国志·赵云传》）

刘禅：云昔从先帝，功绩既著。朕以幼冲，涉涂艰难，赖恃忠顺，济于危险。（裴松之注《三国志·赵云传》）

陈寿：黄忠、赵云强挚壮猛，并作爪牙，其灌、滕之徒欤？（《三国志·关张马黄赵传》）

点评： 与黄忠同样的评价，1分。滕指滕公夏侯婴，陈寿将赵云长坂救主比作夏侯婴救西汉孝惠帝刘盈，《史记》载："至彭城，项羽大破汉军。汉王败，不利，驰去。见孝惠、鲁元，载之"。

刘封：2分

气力过人：1分

及先主入蜀，自葭萌还攻刘璋，时封年二十余，有武艺，气力过人，将兵俱与诸葛亮、张飞等溯流西上，所在战克。益州既定，以封为副军中郎将。（《三国志·刘封传》）

点评： 有武艺，气力过人，1分。

挑战曹将：1分

太祖在汉中，而刘备栖于山头，使刘封下挑战。太祖骂曰："卖履舍儿，长使假子拒汝公乎！待呼我黄须来，令击之。"乃召彰。（裴松之注《三国志·曹彰传》）

点评： 刘备派刘封挑战，1分。

程畿：2分

执戟断后：2分

先主领益州牧，辟为从事祭酒。后随先主征吴，遇大军败绩，泝江而还，或告之曰："后追已至，解船轻去，乃可以免。"畿曰："吾在军，未曾为敌走，况从天子而见危哉！"追人遂及畿船，畿身执戟战，敌船有覆者。众大至，共击之，乃死。（《三国志·杨戏传》）

点评： 执戟断后1分，掀翻敌船1分，共2分。

邓芝：1分

射中猿猴：1分

《华阳国志》曰：芝征涪陵，见玄猿缘山。芝性好弩，手自射猿，中之。猿拔其箭，卷木叶塞其创。芝曰："嘻，吾违物之性，其将死矣！"一曰：芝见猿抱子在树上，引弩射之，中猿母，其子为拔箭，以木叶塞创。芝乃叹息，投弩水中，自知当死。（裴松之注《三国志·邓芝传》）

点评：邓芝的箭法的确不错，但射中猴妈妈有些残忍。

张嶷：3分

携负夫人：1分

先主定蜀之际，山寇攻县，县长捐家逃亡，嶷冒白刃，携负夫人，夫人得免。由是显名，州召为从事。(《三国志·张嶷传》)

点评：冒白刃救出县长夫人，1分。

常冠军首：1分

后南夷刘胄又反，以马忠为督庲降讨胄，嶷复属焉，战斗常冠军首，遂斩胄。（裴松之注《三国志·张嶷传》）

点评：刘胄不确定是张嶷亲手斩杀，1分。

临阵殒身：1分

魏狄道长李简密书请降，卫将军姜维率嶷等因简之资以出陇西。既到狄道，简悉率城中吏民出迎军。军前与魏将徐质交锋，嶷临陈陨身，然其所杀伤亦过倍。(《三国志·张嶷传》)

点评：虽然被杀，但所杀过倍，1分。

魏延：2分

勇猛过人：1分

延既善养士卒，勇猛过人，又性矜高，当时皆避下之……(《三国志·魏延传》)

点评：勇猛过人，1分。

延之骁勇：1分

亮深惜仪之才干，凭魏延之骁勇，常恨二人之不平，不忍有所偏废也。(《三国志·杨仪传》)

点评：骁勇，1分。

马岱：1分

追杀魏延：1分

延独与其子数人逃亡，奔汉中。仪遣马岱追斩之，致首于仪……（《三国志·魏延传》）

点评：追杀魏延，但不确定魏延是他亲手斩杀，1分。

姜维：2分

手杀五六人：2分

十八日日中，烈军兵与烈儿雷鼓出门，诸军兵不期皆鼓噪出，曾无督促之者，而争先赴城。时方给与姜维铠杖，白外有匈匈声，似失火，有顷，白兵走向城。会惊，谓维曰："兵来似欲作恶，当云何？"维曰："但当击之耳。"会遣兵悉杀所闭诸牙门郡守，内人共举机以柱门，兵斫门，不能破。斯须，门外倚梯登城，或烧城屋，蚁附乱进，矢下如雨，牙门、郡守各缘屋出，与其卒兵相得。姜维率会左右战，手杀五六人，众既格斩维，争赴杀会。（《三国志·钟会传》）

点评：手杀五六人，2分。

傅彤：1分

断后死战：1分

时又有义阳傅彤，先主退军，断后拒战，兵人死尽，吴将语彤令降，彤骂曰："吴狗！何有汉将军降者！"遂战死。（《三国志·杨戏传》）

点评：断后拒战，宁死不降，1分。

傅佥：1分

格斗守城：1分

蒋舒将出降，乃诡谓傅佥曰："今贼至不击而闭城自守，非良图也。"佥曰："受命保城，惟全为功，今违命出战，若丧师负国，死无益矣。"舒曰："子以保城获全为功，我以出战克敌为功，请各行其志。"遂率众出。佥谓其战也，至阴平，以降胡烈。烈乘虚袭城，佥格斗而死，魏人义之。（裴松之注《三国志·姜维传》）

点评：虎父无犬子，格斗而死，1分。

蜀汉武将武艺得分排名

排名	姓名	得分（分）
1	关羽	11
2	赵云	10
3	张飞	6
4	黄忠	5
5	马超	4
6	张嶷	3
7	姜维	2
7	魏延	2
7	程畿	2
7	刘封	2
8	刘备	1
8	马岱	1
8	邓芝	1
8	傅肜	1
8	傅佥	1

关羽的战绩虽然不多，但凭借策马刺良的逆天表现和万人之敌的超高评价，拿到 11 分，排名第一，与“蜀，小国耳，名将唯羽”的评价吻合。

赵云以 10 分排名第二，除了汉水之战拿到 4 分的高分外，还有另一个原因，就是赵云的记载比较丰富。关、张、马、黄、赵五人中，赵云的寿命最长，经历了先主、后主两朝，而且还有一部属于自己的《云别传》，战绩在数量上远多于其他四人。

排名三四五的分别是张飞、黄忠、马超。关羽策马刺良、张飞拒水断桥、黄忠一战斩渊、赵云汉水大战，都是顶级表现。相比之下，马超则表现平平，完全没有《三国演义》中前打许褚后打张飞的勇猛。

我们可以用大起大落形容蜀汉武将，除五虎上将外其他武将无论名气还是战绩都差得很远。五虎上将死后，蜀汉武将的星光一下子就暗淡了，蜀汉也失去了开疆拓土的能力，这与我们阅读《三国演义》的感受一致。

东吴武将

东吴的武将主要集中在《程黄韩蒋周陈董甘凌徐潘丁传》中，这十二人被陈寿称作十二虎臣，太史慈也是武将，但传记被放到了《刘繇传》之后。此外，孙坚、孙策、孙权三父子，周瑜、鲁肃、吕蒙三统帅也具备一定的武艺。

孙坚：5分

钱唐击贼：2分

年十七，与父共载船至钱唐，会海贼胡玉等从匏里上掠取贾人财物，方于岸上分之，行旅皆住，船不敢进。坚谓父曰："此贼可击，请讨之。"父曰："非尔所图也。"坚行操刀上岸，以手东西指麾，若分部人兵以罗遮贼状。贼望见，以为官兵捕之，即委财物散走。坚追，斩得一级以还；父大惊。由是显闻，府召署假尉。(《三国志·孙坚传》)

点评：斩贼1分，年龄小加1分，共2分。

登城先入：2分

坚又募诸商旅及淮、泗精兵，合千许人，与儁并力奋击，所向无前。汝、颍贼困迫，走保宛城。坚身当一面，登城先入，众乃蚁附，遂大破之。(《三国志·孙坚传》)

点评：所向无前，登城先入，2分。

武艺评价：1分

陈寿：勇挚刚毅，孤微发迹，导温戮卓，山陵杜塞，有忠壮之烈。(《三国志·孙破虏讨逆传》)

点评：勇挚刚毅，1分。

孙策：6分

投戟杀舆：1分

策自讨虎，虎高垒坚守，使其弟舆请和。许之。舆请独与策会面约。既会，策引白刃斫席，舆体动，策笑曰："闻卿能坐跃，剿捷不常，聊戏卿耳！"舆曰："我见刃乃然。"策知其无能也，乃以手戟投之，立死。舆有勇力，虎众以其死

也，甚惧。（裴松之注《三国志·孙策传》）

点评：投戟杀人，1分。

单挑太史慈：1分

时独与一骑卒遇策。策从骑十三，皆韩当、宋谦、黄盖辈也。慈便前斗，正与策对。策刺慈马，而揽得慈项上手戟，慈亦得策兜鍪。会两家兵骑并各来赴，于是解散。（《三国志·太史慈传》）

点评：《三国演义》中，孙策与太史慈单挑了一百多回合，但在真实的历史中，这场单挑只打了一回合。

讨伐黄祖：1分

臣讨黄祖，以十二月八日到祖所屯沙羡县。刘表遣将助祖，并来趣臣。臣以十一日平旦部所领江夏太守行建威中郎将周瑜、领桂阳太守行征虏中郎将吕范、领零陵太守行荡寇中郎将程普、行奉业校尉孙权、行先登校尉韩当、行武锋校尉黄盖等同时俱进。身跨马擽阵，手击急鼓，以齐战势。吏士奋激，踊跃百倍，心精意果，各竞用命。越渡重堑，迅疾若飞。火放上风，兵激烟下，弓弩并发，流矢雨集，日加辰时，祖乃溃烂。锋刃所截，猋火所焚，前无生寇，惟祖迸走。（裴松之注《三国志·孙策传》）

点评：亲战，1分。

射死刺客：1分

贡奴客潜民间，欲为贡报仇。猎日，卒有三人即贡客也。策问："尔等何人？"答云："是韩当兵，在此射鹿耳。"策曰："当兵吾皆识之，未尝见汝等。"因射一人，应弦而倒。余二人怖急，便举弓射策，中颊。后骑寻至，皆刺杀之。（裴松之注《三国志·孙策传》）

点评：在《三国志》中，孙策先射中刺客之一，然后再被其他刺客射中。在《三国演义》中，孙策先被射中，然后拔掉面颊上的箭反射刺客。

武艺评价：2分

曹操：猘儿难与争锋也。（裴松之注《三国志·孙策传》）

王朗：策勇冠一世，有俊才大志……谋而有成，所规不细，终为天下大贼，非徒狗盗而已。（裴松之注《三国志·王朗传》）

许贡：孙策骁雄，与项籍相似，宜加贵宠，召还京邑。若被诏不得不还，若放于外必作世患。（裴松之注《三国志·孙策传》）

陈寿：策英气杰济，猛锐冠世，览奇取异，志陵中夏。（《三国志·孙破虏讨逆传》）

点评：多方都给予孙策较高评价，许贡还称孙策与项羽相似，2分。

孙权：2分

亲射虎：1分

二十三年十月，权将如吴，亲乘马射虎于庱亭。马为虎所伤，权投以双戟，虎却废，常从张世击以戈，获之。(《三国志·吴主传》)

点评：亲射虎，1分。

武艺评价：1分

张辽：向有紫髯将军，长上短下，便马善射……(裴松之注《三国志·吴主传》)

点评：便马善射，1分。

太史慈：9分

射箭突围：3分

于是严行蓐食，须明，便带鞬摄弓上马，将两骑自随，各作一的持之，开门直出。外围下左右人并惊骇，兵马互出。慈引马至城下堑内，植所持的各一，出射之，射之毕，径入门。明晨复如此，围下人或起或卧，慈复植的，射之毕，复入门。明晨复出如此，无复起者，于是下鞭马直突围中驰去。比贼觉知，慈行已过，又射杀数人，皆应弦而倒，故无敢追者。(《三国志·太史慈传》)

点评：突围1分，神射1分，射杀数人加1分，共3分。

单挑孙策：1分

时独与一骑卒遇策。策从骑十三，皆韩当、宋谦、黄盖辈也。慈便前斗，正与策对。策刺慈马，而揽得慈项上手戟，慈亦得策兜鍪。会两家兵骑并各来赴，于是解散。(《三国志·太史慈传》)

点评：太史慈与孙策只打了一回合，只能得到1分。

猿臂善射：2分

慈长七尺七寸，美须髯，猿臂善射，弦不虚发。(《三国志·太史慈传》)

点评："猿臂善射，弦不虚发"，是《三国志》中形容武将箭法用字最多的一个评价了，2分。

矢贯敌手：3分

尝从策讨麻保贼，贼于屯里缘楼上行詈，以手持楼棼，慈引弓射之，矢贯手著棼，围外万人莫不称善。其妙如此。(《三国志·太史慈传》)

点评：手掌目标小，且由下至上射难度高，3分。

周瑜：1分

跨马擽陈：1分

瑜用吕蒙计，留凌统以守其后，身与蒙上救宁。宁围既解，乃渡屯北岸，克期大战。瑜亲跨马擽陈，会流矢中右胁，疮甚，便还。后仁闻瑜卧未起，勒兵就陈。瑜乃自兴，案行军营，激扬吏士，仁由是遂退。(《三国志·周瑜传》)

点评：跨马擽陈，1分。

鲁肃：3分

少有壮节：1分

肃体貌魁奇，少有壮节，好为奇计。天下将乱，乃学击剑骑射，招聚少年，给其衣食，往来南山中射猎，阴相部勒，讲武习兵。(裴松之注《三国志·鲁肃传》)

点评：年轻时期的鲁肃体貌魁奇，喜欢骑射，完全是一名武将的做派。

矢贯盾牌：2分

后雄杰并起，中州扰乱，肃乃命其属曰："中国失纲，寇贼横暴，淮、泗间非遗种之地，吾闻江东沃野万里，民富兵强，可以避害，宁肯相随俱至乐土，以观时变乎？"其属皆从命。乃使细弱在前，强壮在后，男女三百余人行。州追骑至，肃等徐行，勒兵持满，谓之曰："卿等丈夫，当解大数。今日天下兵乱，有功弗赏，不追无罚，何为相逼乎？"又自植盾，引弓射之，矢皆洞贯。骑既嘉肃言，且度不能制，乃相率还。(裴松之注《三国志·鲁肃传》)

点评：面对追兵，鲁肃射穿盾牌，准度1分，力度1分，共2分。

吕蒙：5分

引刀杀吏：2分

少南渡，依姊夫邓当。当为孙策将，数讨山越。蒙年十五六，窃随当击贼，当顾见大惊，呵叱不能禁止。归以告蒙母，母恚欲罚之，蒙曰："贫贱难可居，脱误有功，富贵可致。且不探虎穴，安得虎子？"母哀而舍之。时当职吏以蒙年小轻之，曰："彼竖子何能为？此欲以肉喂虎耳。"他日与蒙会，又蚩辱之。蒙大怒，引刀杀吏，出走，逃邑子郑长家。出因校尉袁雄自首，承间为言，策召见奇之，引置左右。(《三国志·吕蒙传》)

点评：十五六岁杀人，2分。

亲枭就首：2分

从征黄祖，祖令都督陈就逆以水军出战。蒙勒前锋，亲枭就首，将士乘胜，进攻其城。祖闻就死，委城走，兵追禽之。权曰："事之克，由陈就先

获也。”以蒙为横野中郎将，赐钱千万。(《三国志·吕蒙传》)

点评：先登1分，亲斩敌首1分，共2分。

以身解斗：1分

凌统怨宁杀其父操，宁常备统，不与相见。权亦命统不得仇之。尝于吕蒙舍会，酒酣，统乃以刀舞。宁起曰：“宁能双戟舞。”蒙曰：“宁虽能，未若蒙之巧也。”因操刀持楯，以身分之。(裴松之注《三国志·甘宁传》)

点评：东吴版一龙分二虎。

程普：3分

攻城野战：1分

从孙坚征伐，讨黄巾于宛、邓，破董卓于阳人，攻城野战，身被创夷。(《三国志·程普传》)

点评：从“身被创夷”来看，程普肯定亲战了。

突围救主：2分

策尝攻祖郎，大为所围，普与一骑共蔽捍策，驱马疾呼，以矛突贼，贼披，策因随出。(《三国志·程普传》)

点评：救主1分，突围1分，共2分。

黄盖：3分

擐甲蹈刃：1分

坚薨，盖随策及权，擐甲周旋，蹈刃屠城。(《三国志·黄盖传》)

点评：亲战，1分。

火烧赤壁：2分

至战日，盖先取轻利舰十舫，载燥荻枯柴积其中，灌以鱼膏，赤幔覆之，建旌旗龙幡于舰上。时东南风急，因以十舰最著前，中江举帆，盖举火白诸校，使众兵齐声大叫曰：“降焉！”操军人皆出营立观。去北军二里余，同时发火，火烈风猛，往船如箭，飞埃绝烂，烧尽北船，延及岸边营柴。(裴松之注《三国志·周瑜传》)

点评：身先士卒，烧败曹操，2分。根据《吴书》的记载，赤壁之战，黄盖还被流矢射中，落入水中，险些丧命。

韩当：2分

陷敌擒虏：2分

以便弓马，有膂力，幸于孙坚，从征伐周旋，数犯危难，陷敌擒虏，为别

部司马。(《三国志·韩当传》)

点评：便弓马，有膂力，1分；数犯危难，陷敌擒虏，1分。

蒋钦：1分

力战有功：1分

从征合肥，魏将张辽袭权于津北，钦力战有功，迁荡寇将军，领濡须督。(《三国志·蒋钦传》)

点评：有亲战的行为，1分。

周泰：4分

宣城救主：2分

策讨六县山贼，权住宣城，使士自卫，不能千人，意尚忽略，不治围落，而山贼数千人卒至。权始得上马，而贼锋刃已交于左右，或斫中马鞍，众莫能自定。惟泰奋激，投身卫权，胆气倍人，左右由泰并能就战。贼既解散，身被十二创，良久乃苏。是日无泰，权几危殆。(《三国志·周泰传》)

点评：救主1分，击退山贼1分，共2分。

解衣问创：1分

曹公出濡须，泰复赴击，曹公退，留督濡须，拜平虏将军。时朱然、徐盛等皆在所部，并不伏也，权特为案行至濡须坞，因会诸将，大为酣乐，权自行酒到泰前，命泰解衣，权手自指其创痕，问以所起。泰辄记昔战斗处以对，毕，使复服，欢宴极夜。其明日，遣使者授以御盖。于是盛等乃伏。(《三国志·周泰传》)

点评：裴松之注引《江表传》记载，周泰脱下衣服后"创数十"。此前的宣城之战，周泰"身被十二创"。从"十二"到"数十"，周泰肯定又经历了多次惨烈的战斗，可惜《三国志》并没有一一记载。

人物评价：1分

孙权：幼平，卿为孤兄弟战如熊虎，不惜躯命，被创数十，肤如刻画，孤亦何心不待卿以骨肉之恩，委卿以兵马之重乎。(裴松之注《三国志·周泰传》)

点评：战如熊虎，1分。

陈武：1分

奋命战死：1分

建安二十年，从击合肥，奋命战死。权哀之，自临其葬。(《三国志·陈武传》)

点评：《三国演义》根据这段记载创造了庞德击杀陈武的故事。

董袭：9分

武力过人：1分

长八尺，武力过人。(《三国志·董袭传》)

点评：八尺相当于193.6厘米。

身斩贼首：3分

时山阴宿贼黄龙罗、周勃聚党数千人，策自出讨，袭身斩罗、勃首，还拜别部司马，授兵数千，迁扬武都尉。(《三国志·董袭传》)

点评：亲战1分，斩杀黄龙罗1分，斩杀周勃1分，共3分。

沔口断绁：4分

建安十三年，权讨黄祖。祖横两蒙冲挟守沔口，以栟闾大绁系石为矴，上有千人，以弩交射，飞矢雨下，军不得前。袭与凌统俱为前部，各将敢死百人，人被两铠，乘大舸船，突入蒙冲里。袭身以刀断两绁，蒙冲乃横流，大兵遂进。祖便开门走，兵追斩之。明日大会，权举觞属袭曰："今日之会，断绁之功也。"(《三国志·董袭传》)

点评：先登1分，水战中断两绁2分，破敌1分，共4分。这是《三国志》中描写水战最详细的一次，也是武将水战的巅峰表现。

船败身死：1分

曹公出濡须，袭从权赴之，使袭督五楼船住濡须口。夜卒暴风，五楼船倾覆，左右散走舸，乞使袭出。袭怒曰："受将军任，在此备贼，何等委去也，敢复言此者斩。"于是莫敢干。其夜船败，袭死。权改服临殡，供给甚厚。(《三国志·董袭传》)

点评：船在人在，船败袭死。

甘宁：9分

少有气力：1分

少有气力，好游侠，招合轻薄少年，为之渠帅；群聚相随，挟持弓弩，负毦带铃，民闻铃声，即知是宁。(《三国志·甘宁传》)

点评：甘宁是三国时的江洋大盗。

射杀凌操：2分

祖军败奔走，追兵急，宁以善射，将兵在后，射杀校尉凌操。(裴松之注《三国志·甘宁传》)

点评：射杀敌将，2分。

持练缘城：2分

后从攻皖，为升城督。宁手持练，身缘城，为吏士先，卒破获朱光。计功，吕蒙为最，宁次之，拜折冲将军。(《三国志·甘宁传》)

点评：先登1分，手持练缘城破敌1分，共2分。这里的“练”似乎是绳子，而非《三国演义》中的铁链。

百骑劫营：3分

权密敕宁，使夜入魏军。宁乃选手下健儿百余人，径诣曹公营下，使拔鹿角，逾垒入营，斩得数十级。北军惊骇鼓噪，举火如星，宁已还入营，作鼓吹，称万岁。因夜见权，权喜曰：“足以惊骇老子否？聊以观卿胆耳。”即赐绢千匹，刀百口。权曰：“孟德有张辽，孤有兴霸，足相敌也。”停住月余，北军便退。(裴松之注《三国志·甘宁传》)

点评：亲战1分，获得大胜1分，孙权的评价1分，共3分。

单挑凌统：1分

凌统怨宁杀其父操，宁常备统，不与相见。权亦命统不得仇之。尝于吕蒙舍会，酒酣，统乃以刀舞。宁起曰：“宁能双戟舞。”蒙曰：“宁虽能，未若蒙之巧也。”因操刀持楯，以身分之。(裴松之注《三国志·甘宁传》)

点评：缺乏细节，不知道谁胜谁负。

凌统：8分

年少杀人：1分

先期，统与督陈勤会饮酒，勤刚勇任气，因督祭酒，陵轹一坐，举罚不以其道。统疾其侮慢，面折不为用。勤怒詈统，及其父操，统流涕不答，众因罢出。勤乘酒凶悖，又于道路辱统。统不忍，引刀斫勤，数日乃死。(《三国志·凌统传》)

点评：杀死“刚勇任气”的陈勤，1分。

身当矢石：1分

及当攻屯，统曰：“非死无以谢罪。”乃率厉士卒，身当矢石，所攻一面，应时披坏，诸将乘胜，遂大破之。(《三国志·凌统传》)

点评：先登，1分。

先锋斩将：1分

后权复征江夏，统为前锋，与所厚健儿数十人共乘一船，常去大兵数十里。行入右江，斩黄祖将张硕，尽获船人。还以白权，引军兼道，水陆并集。时吕蒙败其水军，而统先搏其城，于是大获。(《三国志·凌统传》)

点评：担任先锋，率军斩将，1分。

沔口先登：1分

建安十三年，权讨黄祖。祖横两蒙冲挟守沔口，以栟闾大绁系石为矴，上有千人，以弩交射，飞矢雨下，军不得前。袭与凌统俱为前部，各将敢死百人，人被两铠，乘大舸船，突入蒙冲里。(《三国志・董袭传》)

点评：表现不如董袭，但也有先登之功，1分。

救主死战：3分

从往合肥，为右部督。时权徹军，前部已发，魏将张辽等奄至津北。权使追还前兵，兵去已远，势不相及，统率亲近三百人陷围，扶捍权出。敌已毁桥，桥之属者两版，权策马驱驰，统复还战，左右尽死，身亦被创，所杀数十人，度权已免，乃还。桥败路绝，统被甲潜行。权既御船，见之惊喜。统痛亲近无反者，悲不自胜。权引袂拭之，谓曰："公绩，亡者已矣，苟使卿在，何患无人？"拜偏将军，倍给本兵。(《三国志・凌统传》)

点评：救主1分；战斗惨烈，左右死尽，仍能坚持，1分；重伤之下杀敌1分，共3分。"所杀数十人"不应是凌统一人所为。

单挑甘宁：1分

凌统怨宁杀其父操，宁常备统，不与相见。权亦命统不得仇之。尝于吕蒙舍会，酒酣，统乃以刀舞。宁起曰："宁能双戟舞。"蒙曰："宁虽能，未若蒙之巧也。"因操刀持楯，以身分之。(裴松之注《三国志・甘宁传》)

点评：正史中，凌统并未与甘宁和解。

徐盛：2分

以勇气闻：1分

遭乱，客居吴，以勇气闻。(《三国志・徐盛传》)

点评：以勇气闻，1分。

遇风斫敌：1分

曹公出濡须，从权御之。魏尝大出横江，盛与诸将俱赴讨。时乘蒙冲，遇迅风，船落敌岸下，诸将恐惧，未有出者，盛独将兵，上突斫敌，敌披退走，有所伤杀，风止便还，权大壮之。(《三国志・徐盛传》)

点评：徐盛风中破敌与丁奉雪中奋短兵有些类似，可惜未被写入《三国演义》。

潘璋：1分

横马斩兵：1分

合肥之役，张辽奄至，诸将不备，陈武斗死，宋谦、徐盛皆披走，璋身次

在后，便驰进，横马斩谦、盛兵走者二人，兵皆还战。权甚壮之，拜偏将军，遂领百校，屯半州。(《三国志·潘璋传》)

点评： 断后，1分。

丁奉：6分

斩将搴旗：1分

少以骁勇为小将，属甘宁、陆逊、潘璋等。数随征伐，战斗常冠军。每斩将搴旗，身被创夷。(《三国志·丁奉传》)

点评： 在正史中，丁奉最早只是甘宁等人的小将。《三国演义》将丁奉的出场提前了很久。

雪中奋短兵：2分

时北风，奉举帆二日至，遂据徐塘。天寒雪，敌诸将置酒高会，奉见其前部兵少，相谓曰："取封侯爵赏，正在今日！"乃使兵解铠着胄，持短兵。敌人从而笑焉，不为设备。奉纵兵斫之，大破敌前屯。会据等至，魏军遂溃。迁灭寇将军，进封都乡侯。(《三国志·丁奉传》)

点评： 亲战1分，雪中短兵破敌1分，共2分。

高亭突阵：2分

魏将文钦来降，以奉为虎威将军，从孙峻至寿春迎之，与敌追军战于高亭。奉跨马持矛，突入其陈中，斩首数百，获其军器。(《三国志·丁奉传》)

点评： 斩首数百不太可能是丁奉一个人的战果，突阵1分，斩首1分，共2分。

先登有功：1分

太平二年，魏大将军诸葛诞据寿春来降，魏人围之。遣朱异、唐咨等往救，复使奉与黎斐解围。奉为先登，屯于黎浆，力战有功，拜左将军。(《三国志·丁奉传》)

点评： 先登，1分。

留赞：3分

手斩贼帅：1分

少为郡吏，与黄巾贼帅吴桓战，手斩得桓。赞一足被创，遂屈不伸。(裴松之注《三国志·孙峻传》)

点评： 无法确定是否单挑，1分。

自割足筋：1分

有间，赞乃以刀自割其筋，血流滂沱，气绝良久。家人惊怖，亦以既尔，

遂引申其足。足申创愈，以得蹉步。凌统闻之，请与相见，甚奇之，乃表荐赞，遂被试用。（裴松之注《三国志·孙峻传》）

点评：东吴版刮骨疗毒，1分。

合战陷阵：1分

诸葛恪征东兴，赞为前部，合战先陷陈，大败魏师，迁左将军。（裴松之注《三国志·孙峻传》）

点评：先登，1分。

朱桓：2分

亲自断后：2分

嘉禾六年，魏庐江主簿吕习请大兵自迎，欲开门为应。桓与卫将军全琮俱以师迎。既至，事露，军当引还。城外有溪水，去城一里所，广三十余丈，深者八九尺，浅者半之，诸军勒兵渡去，桓自断后。时庐江太守李膺整严兵骑，欲须诸军半渡，因迫击之。及见桓节盖在后，卒不敢出，其见惮如此。（《三国志·朱桓传》）

点评：断后1分，敌军不敢追击1分。

东吴武将武艺得分排名

排名	姓名	得分（分）
1	太史慈	9
1	董袭	9
1	甘宁	9
2	凌统	8
3	孙策	6
3	丁奉	6
4	孙坚	5
4	吕蒙	5
5	周泰	4
6	鲁肃	3
6	程普	3
6	黄盖	3

续表

排名	姓名	得分（分）
6	留赞	3
7	孙权	2
7	韩当	2
7	徐盛	2
7	朱桓	2
8	蒋钦	1
8	陈武	1
8	潘璋	1
8	周瑜	1

东吴的武将群体有两个特点：一是人才众多，从孙坚到孙策再到孙权，一直有比较优秀的武将，甚至到孙皓时代，还有丁奉这种得分达到6分的武将；二是结构合理，虽然最高分只有9分，但从9分到1分武将分布相对比较均匀，没有大起大落。

细水长流是东吴武将的特点，这可能也是东吴在魏蜀吴三国中最后灭亡的一个原因。

其他势力武将

在魏蜀吴三家之外的武将中，最著名的就是吕布了。

吕布：14分

号为飞将：1分

布便弓马，膂力过人，号为飞将。（《三国志·吕布传》）

点评：在吕布之前，只有骁勇善战、威震匈奴的李广被称作“飞将军”。

拳捷避戟：1分

卓自以遇人无礼，恐人谋己，行止常以布自卫。然卓性刚而褊，忿不思难，尝小失意，拔手戟掷布。布拳捷避之，为卓顾谢，卓意亦解。（《三国志·吕布传》）

点评：担任董卓保镖期间避开董卓扔来的手戟，1分。拳，力也。

刺中郭汜：2分

郭汜在城北。布开城门，将兵就汜，言"且却兵，但身决胜负"。汜、布乃独共对战，布以矛刺中汜，汜后骑遂前救汜，汜、布遂各两罢。（裴松之注《三国志·吕布传》）

点评：这是《三国志》中，唯一一场明确的事先约定好的单挑，在单挑中吕布用矛刺伤了对方主将。单挑1分，表现1分，共2分。

驰突燕阵：2分

布常御良马，号曰赤菟，能驰城飞堑，与其健将成廉、魏越等数十骑驰突燕阵，一日或至三四，皆斩首而出。连战十余日，遂破燕军。（《后汉书·吕布传》）

点评：突阵1分，多日斩首而出1分，共2分。

莫敢逼近：1分

而求益兵众，将士钞掠，绍患忌之。布觉其意，从绍求去。绍恐还为己害，遣壮士夜掩杀布，不获。事露，布走河内，与张杨合。绍令众追之，皆畏布，莫敢逼近者。（《三国志·吕布传》）

点评：袁绍众将不敢追吕布，侧面反映出吕布武艺高强，1分。

身自搏战：1分

布有别屯在濮阳西四五十里，太祖夜袭，比明破之。未及还，会布救兵至，三面掉战。时布身自搏战，自旦至日昳数十合，相持急。（《三国志·典韦传》）

点评：亲战，1分。

营门射戟：3分

布令门候于营门中举一只戟，布言："诸君观布射戟小支，一发中者诸君当解去，不中可留决斗。"布举弓射戟，正中小支。诸将皆惊，言："将军天威也！"明日复欢会，然后各罢。（《三国志·吕布传》）

点评：射中小支难度太高，2分，阻止了一场战争1分，共3分。

武艺评价：3分

陈宫：吕布壮士，善战无前。（《三国志·吕布传》）

曹性：吕将军大将有神，不可击也。（裴松之注《三国志·吕布传》）

荀攸：布骁猛，又恃袁术，若纵横淮、泗间，豪杰必应之。（裴松之注《三国志·荀攸传》）

时人：人中有吕布，马中有赤兔。（裴松之注《三国志·吕布传》）

陈寿：吕布有虓虎之勇。（《三国志·吕布张邈臧洪传》）

点评：“人中有吕布”的评价非常高，2分；评价较多，1分。共3分。

董卓：1分

左右驰射：1分

卓有才武，旅力少比，双带两鞬，左右驰射。（《三国志·董卓传》）

点评：鞬，马上装弓箭的装置；左右驰射，能在马上左右手轮流射箭。看来那个胖得流油的董卓早年也是一员勇将。

曹性：1分

斫萌一臂：1分

萌将曹性反萌，与对战，萌刺伤性，性斫萌一臂。（裴松之注《三国志·吕布传》）

点评：与郝萌单挑，砍断郝萌手臂，自己也被刺伤，1分。

郝萌：1分

刺伤曹性：1分

萌将曹性反萌，与对战，萌刺伤性，性斫萌一臂。（裴松之注《三国志·吕布传》）

点评：与曹性单挑，刺伤曹性，自己被砍断手臂，1分。

颜良：1分

勇冠三军：1分

孔融：颜良、文丑，勇冠三军。（《三国志·荀彧传》）

点评：《三国演义》中大放异彩的颜良，在正史中并没有什么战绩，只留下这么一句正面评价。

文丑：1分

勇冠三军：1分

孔融：颜良、文丑，勇冠三军。（《三国志·荀彧传》）

点评：与颜良一样的评价，1 分。

公孙瓒：2 分

双刃突围：2 分

尝从数十骑出行塞，见鲜卑数百骑，瓒乃退入空亭中，约其从骑曰："今不冲之，则死尽矣。"瓒乃自持矛，两头施刃，驰出刺胡，杀伤数十人，亦亡其从骑半，遂得免。(《三国志 · 公孙瓒传》)

点评：冲阵 1 分，表现 1 分。在与北方少数民族的战斗中公孙瓒的表现非常神勇，以至于乌桓人把公孙瓒的画像当练习射箭的靶子解恨。

阎行：2 分

几杀马超：2 分

阎行，金城人也，后名艳，字彦明，少有健名，始为小将，随韩约。建安初，约与马腾相攻击。腾子超亦号为健。行尝刺超，矛折，因以折矛挝超项，几杀之。(裴松之注《三国志 · 张既传》)

点评：阎行与马超的这次战斗很可能是一场约定好的单挑，阎行刺中马超脖子，差点杀死马超，2 分。

文鸯：6 分

勇力绝人：1 分

钦中子俶，小名鸯。年尚幼，勇力绝人。(裴松之注《三国志 · 毌丘俭传》)

点评：文鸯先属魏，后降吴，复归魏，闻名天下于西晋，似乎算作哪个势力都不准确，我们姑且把文鸯归入其他武将。

七进七出：5 分

钦将引而东，鸯曰："不先折其势，不得去也。"乃与骁骑十余摧锋陷陈，所向皆披靡，遂引去。师使左长史司马班率骁骑八千翼而追之，鸯以匹马入数千骑中，辄杀伤百余人，乃出，如此者六七，追骑莫敢逼。(《资治通鉴 · 卷七十六》)

点评：按照《资治通鉴》的描述，文鸯可以拿到一个非常高的分数。"摧锋陷陈，所向皆披靡"，1 分；"匹马入数千骑"，2 分；"杀伤百余人"，2 分；"如此者六七"，2 分，共 7 分。裴松之所引《魏氏春秋》描述此事时仅说："俶率壮士先至，大呼大将军，军中震扰。"司马光的说法不知所本，匹马入数千骑、杀伤百余人过于夸张。文鸯七进七出的真实性值得怀疑，扣 2 分，5 分。

鲍出：3 分

杀贼救母：3 分

鲍出字文才，京兆新丰人也。少游侠。兴平中，三辅乱，出与老母兄弟五人家居本县，以饥饿，留其母守舍，相将行采蓬实，合得数升，使其二兄初、雅及其弟成持归，为母作食，独与小弟在后采蓬。初等到家，而啖人贼数十人已略其母，以绳贯其手掌，驱去。初等怖恐，不敢追逐。须臾，出从后到，知母为贼所略，欲追贼。兄弟皆云："贼众，当如何？"出怒曰："有母而使贼贯其手，将去煮啖之，用活何为？"乃攘臂结衽独追之，行数里及贼。贼望见出，乃共布列待之。出到，回从一头斫贼四五人。贼走，复合聚围出，出跳越围斫之，又杀十余人。时贼分布，驱出母前去。贼连击出，不胜，乃走与前辈合。出复追击之，还见其母与比舍妪同贯相连，出遂复奋击贼。贼问出曰："卿欲何得？"出责数贼，指其母以示之，贼乃解还出母。比舍妪独不解，遥望出求哀。出复斫贼，贼谓出曰："已还卿母，何为不止？"出又指求哀妪："此我嫂也。"贼复解还之。出得母还，遂相扶侍，客南阳。（裴松之注《三国志·二李臧文吕许典二庞阎传》）

点评：啖人贼指因饥荒以吃人为生的贼人。鲍出先杀贼四五人，敌人重新聚合后跳入重围又杀十余人，贼人释放其母后，又去杀贼要求放出其他老妇。两次杀贼各 1 分，敌人忌惮鲍出释放其他老妇 1 分，共 3 分。

赵娥：3 分

为父报仇：3 分

酒泉烈女庞娥亲者，表氏庞子夏之妻，禄福赵君安之女也。君安为同县李寿所杀，娥亲有男弟三人，皆欲报仇，寿深以为备。会遭灾疫，三人皆死。寿闻大喜，请会宗族，共相庆贺，云："赵氏强壮已尽，唯有女弱，何足复忧！"防备懈弛。娥亲子淯出行，闻寿此言，还以启娥亲。娥亲既素有报仇之心，及闻寿言，感激愈深，怆然陨涕曰："李寿，汝莫喜也，终不活汝！戴履天地，为吾门户，吾三子之羞也。焉知娥亲不手刃杀汝，而自侥幸邪？"阴市名刀，挟长持短，昼夜哀酸，志在杀寿。寿为人凶豪，闻娥亲之言，更乘马带刀，乡人皆畏惮之……至光和二年二月上旬，以白日清时，于都亭之前，与寿相遇，便下车扣寿马，叱之。寿惊愕，回马欲走。娥亲奋刀斫之，并伤其马。马惊，寿挤道边沟中。娥亲寻复就地斫之，探中树兰，折所持刀。寿被创未死，娥亲因前欲取寿所佩刀杀寿，寿护刀瞋目大呼，跳梁而起。娥亲乃挺身奋手，左抵其额，右椿其喉，反覆盘旋，应手而倒。遂拔其刀以截寿头，持诣都亭，归罪有司，徐步诣狱，辞颜不变。（裴松之注《三国志·庞淯传》）

点评：赵娥是三国时代武艺最高的女性。父亲被杀，三兄皆亡，赵娥一介女流，徒手勒死杀父仇人，巾帼不让须眉。杀人1分，徒手1分，身为女子加1分，共3分。

周处：3分

除三害：3分

周处，字子隐，义兴阳羡人也。父鲂，吴鄱阳太守。处少孤，未弱冠，膂力绝人，好驰骋田猎，不修细行，纵情肆欲，州曲患之。处自知为人所恶，乃慨然有改励之志，谓父老曰："今时和岁丰，何苦而不乐耶？"父老叹曰："三害未除，何乐之有！"处曰："何谓也？"答曰："南山白额猛兽，长桥下蛟，并子为三矣。"处曰："若此为患，吾能除之。"父老曰："子若除之，则一郡之大庆，非徒去害而已。"处乃入山射杀猛兽，因投水搏蛟，蛟或沉或浮，行数十里，而处与之俱，经三日三夜，人谓死，皆相庆贺。（《晋书·周处传》）

点评：周处是东吴人，他的父亲就是那位断发赚曹休的周鲂。周处出生在吴大帝孙权嘉禾五年（236年），他除三害的故事发生在三国时期，因此考察三国人物武艺不能忽略他。射杀南山白额猛兽2分，投水搏蛟2分，故事的真实性扣1分，共3分。

其他势力武将武艺得分排名

排名	姓名	得分（分）
1	吕布	14
2	文鸯	6
3	鲍出	3
3	赵娥	3
3	周处	3
4	公孙瓒	2
4	阎行	2
5	董卓	1
5	曹性	1
5	郝萌	1
5	颜良	1
5	文丑	1

其他武将，前看吕布，后看文鸯。

纵观吕布的战绩，有单挑，有冲阵，有亲战，有神射。凭借全能的表现，吕布拿到了14分的高分，不愧于“人中有吕布”的评价。

文鸯总得分不算高，但是仅凭七进七出一战就拿到5分的高分。而且，如果《资治通鉴》的描述是真实的，那么这一战将会是三国时代武将表现的巅峰之作。

鲍出杀贼救母，赵娥为父报仇，孝勇双全。周处除三害，颇具传奇。

武将排名

我们一共考察了曹魏武将17人，蜀汉武将15人，东吴武将21人，其他武将12人，共65人。其中，总得分排名前十的是：典韦15分、吕布14分、许褚13分、关羽11分、庞德10分、赵云10分、张辽9分、太史慈9分、甘宁9分、董袭9分。对于分数相同的武将，我们规定，谁的最佳战绩得分高谁排在前面。比如庞德与赵云都是10分，赵云的最高得分是4分，庞德的最高得分是3分，所以赵云排在前面；张辽、太史慈、甘宁与董袭都是9分，张辽的最佳战绩得分是5分，董袭的最高分是4分，太史慈和甘宁的最高分都是3分，但太史慈有两个3分的战绩，而甘宁只有1个，所以这几人的排序为张辽>董袭>太史慈>甘宁。按照这种方法，我们得到了《三国志》十大武将的排名。

《三国志》十大武将排名

排名	姓名
1	典韦
2	吕布
3	许褚
4	关羽
5	赵云
6	庞德

续表

排名	姓名
7	张辽
8	董袭
9	太史慈
10	甘宁

在我们考察的诸多战绩中，张辽威震逍遥津、关羽策马刺良、文鸯七进七出都拿到了5分的最高分。典韦宛城救主、赵云汉水破敌、董袭沔口断绁也拿到了4分的高分。这六个战绩也是《三国志》中武将的最佳表现。张辽威震逍遥津综合表现第一，关羽策马刺良单挑第一，文鸯七进七出冲阵第一，典韦宛城救主步战第一，赵云汉水破敌智勇第一，董袭沔口断绁水战第一。

我们还可以根据射箭的得分，为《三国志》中的神射手排个冠亚季军。太史慈有两次神射的表现，共获得6分，是当之无愧的三国第一神箭手。庞德射羽中额，吕布营门射戟都得到3分，相对而言，关羽是移动靶，难度更高，所以庞德第二，吕布第三。

第十一章　三国评书武将排名

评话和评书艺术与《三国演义》的演化息息相关，评话艺术丰富了三国故事情节，丰满了三国人物形象，为小说《三国演义》的诞生奠定了基础，而《三国演义》的刊行又促进了评书艺术的发展，使三国故事在民间广泛流传。在本章中，笔者将以《三国演义》前的《三国志平话》和《三国演义》后的评话《三国》为样本，考查评书艺术中的武将排名。

《三国志平话》武将排名

《三国志平话》简介

评书，是北方的叫法，江南叫评话，岭南叫讲古，是一种评讲通俗历史的传统曲艺形式，旧时称说话、说书。四大名著中，《三国演义》《西游记》《水浒传》最早都是以评书的形式流传的。

魏晋南北朝大分裂时代结束后，迎来了隋唐盛世，百姓生活趋于安定，各种民间艺术开始在市井萌芽，其中就包括评书，唐代称之为“说话”。三国因其故事情节精彩，人物形象鲜明，在评书艺术创立之初，就备受艺人青睐。唐代中后期，三国人物形象已经童孺皆知。诗人李商隐在《骄儿诗》中描述了爱子听“说话”之后模仿三国人物的生活趣事：“归来学客面，闒败秉爷笏。或谑张飞胡，或笑邓艾吃。”张飞莽撞，邓艾口吃，人物的性格与特征，已经形成。而且，从张飞到邓艾，几乎串联起整个三国历史。

《新全相三国志平话》

宋代，城市商品经济发达，市民阶层迅速崛起，百姓生活丰富多彩，说话艺术比唐代更加繁荣，细分为多个门类。其中，演说历代兴亡的讲史一门尤为发达，勾栏瓦肆中甚至出现了专门“说三分”的艺人霍四究，霍四究说三国“不以风雨寒暑。诸棚看人，日日如是”。这时，尊刘抑曹的倾向也已产生。苏东坡《东坡志林》载：“涂巷中小儿薄劣，其家所厌苦，辄与钱，令聚坐听说古话。至说三国事，闻刘玄德败，颦蹙，有出涕者；闻曹操败，即喜，唱快。”

元代，统治者取缔科举，读书人丧失了“一举成名天下知”的晋升机会，大量文人流落市井，成为书会才人，靠编撰戏剧或曲艺作品为生。三国故事也由口头进入纸面，出现了承前启后的话本《三国志平话》。

《三国志平话》刊刻于元英宗至治年间（1321—1323年），分上中下三卷，上图下文，约八万字，七十幅图，现藏于日本东京内阁文库。《三国志平话》叙事简略，文笔粗糙，应是说话艺人的简略提纲。《三国志平话》的内容以司马仲相阴间断狱为引子，起于孙学究得天书、黄巾起义，止于诸葛亮病故五丈原，已初具《三国演义》的主要轮廓。《三国志平话》拥刘反曹的倾向与《三国演义》相比更加强烈，全书共有69个回目，蜀汉占了54个，曹魏只占4个，东吴只占3个，其他势力占了8个。《三国志平话》许多情节不受史实约束，而据民间传说大胆虚构，如刘、关、张同往太行山落草，孔明杀曹使，庞统煽动四郡反刘备，曹操劝汉献帝让位与曹丕等，显然出自下层市民的想象。《三国志平话》艺术成就虽不高，但对《三国演义》的产生有抛砖引玉之功。

郑振铎先生在《三国志演义的演化》一文中总结了《三国志平话》的五个特点："第一，叙事略本史传，以荒诞无稽者居多；第二，人名、地名触处皆缪，往往以同音字与同形字来代替了原名；第三，在文辞上，作者也颇现着左支右绌，狼狈不堪之态；第四，这部《三国志平话》……文辞虽粗鄙不通，然其结构却是很宏伟的；第五，这部小说……写得最有生气、最可爱的人物却是张飞。"

日本天理图书馆还藏有另一种三国故事平话本《三分事略》，扉页上题"新全相三国志故□"，也分上中下三卷，上、中卷卷首题"至元新刊全相三分事略"，下卷卷首题"照元新刊全相三分事略"。《三分事略》的版式、内容与《三国志平话》相同，与《三国志平话》大概出自同一祖本。

《三国志平话》重点战例

《三国志平话》分上、中、下三卷，我们分卷列举一下书中的重点战例。

上卷

吕布无三合击败孙坚

至次日天晓，探事人告曰："吕布将三万军，下虎牢关搦战。"冀王问众官："谁与温侯决战？"言未尽，有长沙太守孙坚，引军出马，与吕布对阵。交马都无三合，孙坚大败。吕布赶入大林。吕布发箭射孙坚，孙坚使金蝉蜕壳计。孙坚却将袍甲挂于树上走了。

《三国志平话》中，并没有华雄这个人物，击败孙坚的人直接就是吕布。

三英战吕布

第三日，吕布又搦战，众诸侯出寨，与吕布对阵。张飞出马持枪。张飞与吕布交战二十合，不分胜败。关公忿怒，纵马轮刀，二将战吕布。先主不忍，使双股剑，三骑战吕布，大败走，西北上虎牢关。

同样是三英战吕布，《三国演义》要精彩得多。

张飞六十合击败吕布

次日，吕布下关，叫曰："大眼汉出马！"张飞大怒，出马，手持丈八神矛，睁双圆眼，直取吕布。二马相交，三十合，不分胜败。张飞平生好厮杀，撞着对手，又战三十合，杀吕布絣旗掩面。张飞如神，吕布心怯，拨马上关，坚闭不出。

张飞只用了六十回合就在单挑中战胜了吕布，既然如此，上一次关羽和刘备何必助战？

张飞醉酒战吕布

张飞大醉……有人报与张飞，言："曹豹勾引将吕布入城来！"张飞大惊，夫人仰面而哭。张飞上马与吕布交战，混斗到晚，张飞夺门而出。有南二百里地，见先主，具说其事。关公大怒张飞。

张飞与吕布的第二战，张飞因醉酒没能战胜吕布。

张飞再次击败吕布

至次日，张飞又引十八骑复出，与吕布交战。吕布曰："贼将反覆数遭，必求救军。"温侯当不住，张飞引十八骑撞出阵去。

张飞与吕布的第三战，张飞第二次战胜吕布。

夏侯惇击败吕布

夏侯惇出与吕布战，无数合，吕布诈败，夏侯惇急赶，吕布发箭，正中夏侯惇左眼。夏侯惇落马拔箭。夏侯："父精母血，不可弃之。"其目睛，一口啖之。上马再战。吕布言曰："此人非常人也。"吕布大败。

《三国志平话》中的吕布不仅打不过张飞，甚至连夏侯惇都打不过。"无数合"在平话中的意思是"没有几合"，而非"无数个回合"。

张飞三百余合平吕布

又三日，吕布又搦战。张飞与吕布约战到三百余合，不分胜败。

在虎牢关张飞六十合就击败了吕布，但在小沛三百余合却无法取胜，《三国志平话》的粗糙由此可见。

中卷

颜良连续击败夏侯惇、曹仁

曹操与颜良打话。颜良怒曰：“曹贼休走！”纵马持枪，直取曹公。夏侯惇出马相交，约战三十合，夏侯惇大败。各收军，天晚下寨。

次日，颜良又搦战。夏侯惇再出马，又败。曹仁出马与颜良战，曹仁败。颜良就势掩杀，曹军痛折太半。

《三国志平话》中，曹营最活跃的武将是夏侯惇。

颜良三十合击败夏侯惇

颜良出马搦战，夏侯惇亦出马。二人决战三十合，夏侯惇败归于本阵。

颜良再次三十合胜夏侯惇，不知道作者写这种重复的情节有何作用。

关羽斩颜良

关公出寨，掉刀上马，于高处观颜良麾盖，认的是颜良盖。见十万军围绕营寨，云长单马持刀奔寨，见颜良寨中，不做疑阻，一刀砍颜良头落地，用刀尖挑颜良头复出寨，却还本营，见曹公。

《三国志平话》中关羽斩颜良更接近《三国志》的情节，对于颜良有无准备并没有明确说明。

关羽诛文丑

文丑引军前行，与曹军对阵。文丑叫曰：“胡汉出马！”关公不打话，便取文丑。交战都无十合，文丑败，拨马走。关公怒曰：“焉能不战！”急追三十余里，至渡口，名曰官渡。至近，关公轮刀，关公诛文丑，觑文丑便砍，连肩卸膊，分为两段。文丑落马死。曹相引众军杀袁绍军，十死七八。

《三国志平话》中，关羽战文丑分两个阶段，第一阶段是无十合胜文丑，第二阶段是追杀文丑，这种设定在《三国演义》中得到了延续。这里，关羽追了三十余里才赶上文丑，看来平话中曹操并未把赤兔马赠给关羽。

《三国志》除张飞，第一条枪

赵云使一条枪名曰涯角枪，海角天涯无对，《三国志》除张飞，第一条枪。

《三国志平话》中，赵云的枪有个好听的名字，可惜《三国演义》中并没有沿用。

张飞六十合击败赵云

两阵相对。张飞曰：“甚人搦战？”赵云出马持枪。张飞大怒，使丈八钢矛，却取赵云。二马相交，两条枪来往如蟒，硬战三十合。张飞怒曰：“曾见使枪的这汉真个强！”又战三十合，赵云气力不加，败回马本阵里来。

与吕布一样，赵云在张飞面前也只走了六十合。

张飞击败夏侯惇

一人急速而告曰："败残直东而来，其军无三百人。"张飞问："何人也？"言乃夏侯惇也。张飞笑曰："军师真个强人！"言讫，张飞上马拦住夏侯惇，西壁相杀，夏侯惇大败。

张飞胜夏侯惇没有写具体回合，估计也在六十回合左右。

赵云单骑救主

却说曹操附高处望见，言："必是刘备手中官员！"使众官捉赵云。为首者关靖拦住，赵云挥刀交马，直冲阵而过，前至桥上，陷了马蹄，君臣头偎地上。背后关靖赶至近，赵云用硬弓，一箭射死关靖。赵云扶起太子，上马，又抱太子南走。至当阳长坂上数里，迎见张飞。

赵云单骑救主只用箭射死了一个虚构人物关靖，非常平淡。

张飞喝退曹兵

却说张飞北至当阳长坂。张飞令军卒将五十面旗，北于阜高处一字摆开。二十骑马军正觑南河。曹公三十万军至。"尊重何不躲？"张飞笑曰："吾不见众军，只见曹操。"众军马一发连声，便叫："吾乃燕人张翼德，谁敢共吾决死！"叫声如雷贯耳，桥梁皆断，曹军倒退三十余里。

《三国志》中张飞据水断桥，《三国志平话》改为喝断桥梁。这个不合常理的设定在《三国演义》中并没有得到延续，罗贯中将其改为喝死曹将。

张飞击败曹彰

吴将与曹璋（彰）对阵，交马多时，不见输赢。却说张飞言："吴将近后，我斩曹璋（彰）！"吴军不识翼德之威，叫一声出九霄之外。连战曹璋（彰），璋（彰）大败。

《三国志平话》中，赤壁之战结束后镇守江陵的不是曹仁，而是曹彰，这可真称得上南辕北辙了。

下卷

赵云射死赵范

军师呼赵云，将三千军奔长沙郡收赵范去。来日天晓，赵云上路。赵范袒臂牵羊，远迎赵云入衙，言四郡反皆庞统所说。筵会至晚，赵范带酒留数十个妇人，内中一妇人身着绛衣，体貌娇容，使捧酒对赵云言："此乃家嫂也，当与子龙为妻。"赵云叫："尔乃匹夫之辈！军师严令，岂以酒色为念！"言罢出衙。赵范带酒言："不仁者赵云！"引三千军围了馆驿，有意杀赵云，被子龙一箭射死。

《三国志平话》中，赵范成了长沙太守，被赵云一箭射死，都有悖于历史。

张飞斩杀蒋雄

蒋雄欲保桂阳，被张飞先取了，复来迎蒋雄，两军相接，二人交马，被张飞刺于马下，收了桂阳郡。

虚构人物蒋雄变成了桂阳太守。

魏延战平张飞

诸葛又使公子刘封交战韩国忠。国忠败，刘封赴一高坂，四面皆水。韩国忠乘船而去。刘封欲出，前面一将拦住，身长一丈，环眼髯长，使柄大刀，马上高叫言道："此计捉关、张二将，刘封成何以堪！"军听得，再问众官。张飞又与韩国忠对阵。"胡汉又出马！"张飞交马，约斗十合，不分胜败。前后三日，令人告军师引上来。张飞接军师入寨，正与军师言："倘得此人，愁甚汉天下不立！"

后文交代，这位"身长一丈，环眼髯长，使柄大刀"的"胡汉"是魏延。魏延与张飞先是约十合战平，后又三日不见输赢。

魏延斩杀韩国忠

后说庞统，当夜请名将，关西扶风人也，姓魏名延，字文长；与庞统坐，具说汉室来军，都上霸气，韩国忠不仁，事有决无断。又说玄德仁德之人也，不闻高鸟相林而栖，贤臣择主而佐。至来日，两军对阵，魏延斩了韩国忠于马下。

从描述来看，韩国忠的原型应该是韩玄。

黄忠连战魏延、张飞、关羽

庞统收了武陵郡，投了诸葛，引军正西到金陵郡。

太守金族（旋）引军出马，与孔明对阵。金族（旋）使一将出马。军师大惊。统曰："此鄂郡人也，姓黄名忠，字汉升。"军师使魏延相杀。二日不分胜败。使张飞对阵，与黄忠斗到十合，又不分胜败。黄忠言曰："吾只识云长，岂识张飞！"

魏延前后十日不能收金陵郡。军师言曰："黄忠乃将材也。皇叔不能降这汉？"使一人入荆州，令关将引五千军从荆州来。众官接入寨。

无三日，关将与黄忠斗中，不见输赢。

黄忠连战魏延、张飞、关羽，均不分胜负。金旋由武陵太守变成了金陵太守。

黄忠独战张飞、魏延、关羽

无三日，黄忠来报仇。庞统说黄忠，不肯纳降。黄忠言曰："我有一病，您误然杀我主公，我须报仇，岂有纳降者！”与张飞交马，斗到百合，不分胜败。又使魏延出马，二将合并黄忠。忠威武转加。军师言曰：“老贼忒逞不睹事，当斩黄忠！”四骑马交战，见一道血起，一将落马。

却说黄忠马失，轮刀步战三将。关公言曰：“此乃大丈夫也，世上皆无！”军师高叫：“三将停马！”武侯美言说黄忠，降了汉。

张飞先与黄忠大战百合不分胜负，后魏延加入，二将合战黄忠。诸葛亮说完一句话后，突然变成了“四骑马交战”，黄忠“轮刀步战三将”，让人莫名其妙。从后文关羽和诸葛亮的话推断，第四人应是关羽。这也就是说，黄忠独战张飞、魏延、关羽不败。

马超击败夏侯惇

马超出马，持枪搦战。曹操觑了大惊，见马超面如活蟹，目若朗星，身披重孝，高叫：“曹贼，杀我父母，有何冤仇！”夏侯惇出马，与马超战，都无数合，马超诈败，夏侯惇赶；回身便射夏侯一箭，几乎致命。

夏侯惇与马超大战，抢了许褚的戏份。马超用诈败方式获胜，有点胜之不武。

张益击败赵云，战平张飞

赵云不得紫乌城。张飞问军师为何。“城里有川将，自言铁臂将军张益，其锋不可当，败了赵云。”军师引军紫乌城，张益出马。军师着美言说张益，不从，与张飞交马战，三日不分胜败，约战千百余合。前后一月，不得紫乌城。

这个自称铁臂将军的张益竟然能战胜赵云，千百余合战平张飞！

黄忠无三合斩杀张任

又三日，武侯使众官至日引十万军，皆至升仙桥东，摆成阵。军师祭风，黄忠出马，有十员名将随黄忠一同上桥。响亮一声若雷，沙石四起，顺风者赢，逆风刮折松梢，跳楼坠水。黄忠用刀斫开门，众官夺门而入。有川将元帅张任，无三合，被黄忠斩于马下。川军退四十里。

《三国志平话》中，黄忠是刘备的王牌。

马超射中魏延

人告马超将三万军来也。武侯使魏延东迎马超。两军对阵，马超诈败，射魏延一箭。

《三国志平话》中，并没有张飞与马超的大战。

夏侯惇单挑刘封

来日晚，两军对阵。曹公又言：“刘备废了刘璋，只言别人反臣！”令夏侯惇出马。刘封交战。至晚，各自班军入寨。

回合不详，“至晚”二字似乎说二人打了一天。

黄忠无三合斩杀夏侯渊

说黄忠到定军山，夏侯渊只言知关、张二将，一万川军内中一老将，敢言夺定军山！遂引军下山，与黄忠交马。

夏侯渊无三合，大败走于山上。黄忠自言："大丈夫岂在人之下？不斩夏侯渊，不夺定军山，不为大丈夫！"赶上再战，斩夏侯渊于马下，夺了粮食、拒险之地。

正史中，黄忠从上而下神兵天降斩杀夏侯渊，而在《三国志平话》中，变成了上山逆袭，《三国演义》没有采用这一设定。

关羽斩杀庞德

曹操使一元帅庞德、佐贰官于禁，引十七万军，名曰七军，每一队二万五千。

关公斩庞德于马下，魏军大败。

关羽擒庞德变成了关羽斩庞德。

魏延生擒孟获

过江没百里下寨，人告孟获要战。来日对阵，军师令魏延出战。蛮将大败，捉了孟获。

《三国志平话》中，魏延是七擒孟获的主力。

姜维诈败司马懿

即时两军对阵。司马曰："吾惧者武侯，今死；可留下武侯之尸；若不留下，使片甲不回！"姜维大怒，纵马横刀，直取司马。二人交战，不数合，姜维败走，司马后赶。

《三国志平话》中，司马懿单挑姜维；《三国演义》中，司马懿单挑魏延。

《三国志平话》武将排名

综合上述战绩，我们排出的《三国志平话》十大武将如下：

第 1 名：黄忠

黄忠先是连战魏延、张飞、关羽，又独战这三人，即使被打下马仍然步战三人，关羽评价"此乃大丈夫也，世上皆无"，排名第 1。如果横向比较的话，《三国演义》中独战刘、关、张的吕布也不如《三国志平话》中的黄忠。

第 2 名：张飞

张飞六十回合杀得吕布絣旗掩面，六十回合战得赵云气力不加，又与黄忠大战一百回合不分胜负，排名第 2。

第 3 位：关羽

关羽一刀斩杀颜良，不十合击败文丑并追击三十余里将其诛杀，战平黄忠，可以排到第 3。

第 4 名：张益

铁臂将军张益是作者虚构的人物，却非常厉害。镇守紫乌城时，先是击败了赵云，又与张飞大战三日，前后千百余合不分胜负，刘备军一月之久都无法攻破紫乌城，排名第 4。张益投降刘备后，就再也没出现过了，来无影去无踪。

第 5 名：魏延

魏延先是战平张飞，又与黄忠大战二日不分胜负。张飞夸赞"倘得此人，愁甚汉天下不立"。但魏延并没有战胜高手的战例，只能排到第 5。

第 6 名：赵云

赵云六十回合败于张飞，还曾败于张益，但作者说赵云是"《三国志》除张飞，第一条枪"，因此力压用枪的颜良和马超，排名第 6。另外，赵云的箭法是全书第一，长坂坡射杀关靖，长沙射杀赵范。

第 7 名：颜良

颜良两次击败夏侯惇，打遍曹营无敌手，可以排在第 7 位。

第 8 名：马超

马超在《三国志平话》中也曾胜过夏侯惇，但是马超是靠诈败射箭取胜，表现不如颜良，排名第 8。

第 9 名：夏侯惇

夏侯惇无数合战平吕布，吕布诈败射中夏侯惇左眼，夏侯惇拔矢吞睛，吓走吕布。在《三国志平话》作者看来，这一战的结果是"吕布大败"，夏侯惇应该排在吕布之前，排名第 9。

第 10 名：吕布

吕布人见人欺，两负张飞，一负夏侯惇，完全没有"人中吕布"的风采，排名垫底。

《三国志平话》在艺术性上远不如《三国演义》，描写武将表现时也十分粗糙，经常出现含混不清、前后矛盾之处。而且，《三国志平话》尊刘抑曹的倾向比《三国演义》更加明显，排名前十的关羽、张飞、赵云、马超、黄忠、魏延，甚至不知名的铁臂将军张益均来自蜀汉。

曹魏这边，夏侯惇比较活跃，但也只是个陪衬人物。许褚只有一个"九牛"的外号聊以想象，典韦压根没有出现。

东吴更加可怜，武将整体哑火，在书中甚至连一次单挑都没有。

吕布在《三国志》和《三国演义》中都很强，但在平话中，勉强排名第 10。

评话《三国》武将排名

评话《三国》简介

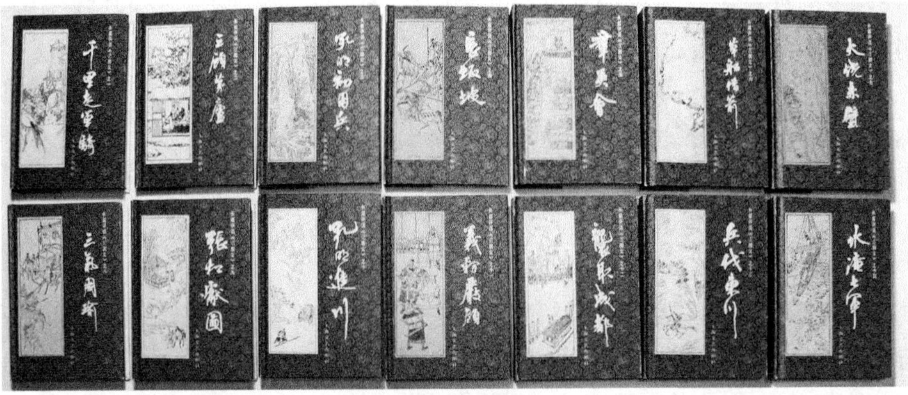

评话《三国》

从唐代开始，历代说书艺人不断对三国故事加工改造，使之完美贴合听众的审美观和价值观。经过一千余年的发展，三国故事趋于完美，基本定型。

听书在古代是高成本的娱乐方式，需要花费大量的时间和金钱，普通百姓无法承受。书商看到了这个商机，邀请文人将三国故事编纂成书，在民间贩卖。于是，元末明初之际，罗贯中所著《三国演义》应运而生，成为我国第一部长篇小说。为什么第一部长篇小说是《三国演义》，而不是《水浒传》或《西游记》？原因很简单，《三国演义》是最受欢迎的一部书，听众多，读者自然多，书商才有得赚。

与《三国志平话》相比，《三国演义》故事更加符合历史，人物更加典型，这恰恰弥补了民间艺人的不足。因此，《三国演义》反过来又推动了评书艺术的进一步发展，以至在明清之际达到巅峰，出现了柳敬亭这样的宗师级人物。清人刘禺生在《世载堂杂忆》中提道：

闻柳敬亭说书其传神奇异处，如说《当阳长坂坡》一回，说至张飞大吼一声，骇退曹军时，柳敬亭则右手挟矛，直指座客，大张巨口，良久不闭。座客问其故，柳曰：张飞一吼，曹操全军人马辟易奔退，如我出声学张飞一吼，诸君都要跌下座来。

《三国演义》作为一部大书，激发出很多专门说三国的说书艺人，这些说书艺人的风格流派也各有不同。按地域划分，形成了以北京、天津、辽宁为代表的北派三国和以苏州、扬州、杭州为代表的南派三国。北派三国说书人个人再创作的因素相对较少，情节安排上显得拘束、严谨，更倾向于"学者化"；南派三国说书人个人再创作的因素比较多，情节安排上显得天马行空、不受约束，更倾向于"平民化"。

就武将的表现来说，北派三国几乎完全遵循《三国演义》原著，反观南派三国则多有原创。为从不同角度考察三国故事中的武将排名，我们选择南派三国作为研究对象。

在南派三国中，苏州评话艺人张国良的艺术成就最高。传统评话只讲前三国，重点讲博望、新野、赤壁三把火。张国良之父张玉书在前人的基础上，穷毕生精力，苦心创作了苏州评话所特有的一百回西川书，又创作了东川书、荆州书、彝陵之战、七擒孟获、六出祁山、秋风五丈原等后三国故事，将评话《三国》拓展到三百六十回，可说整整一年。

张国良自幼随父习说评话《三国》，十三岁即登台演出。他擅长说表，书路清晰，语言生动，善于组织关子，安排开打，起角色，评点与衬托等艺术处理也能运用得当，青出于蓝而胜于蓝。从 1983 年起，张国良开始整理编写评话《三国》演出本，原计划写完二十卷，分《前三国》与《后三国》。《前三国》八卷，自"关羽降曹"始，至"卧龙吊丧"止；《后三国》十二卷，从"张松献图"起，到"五丈原孔明归天"终。但后来因为身体状况只出版了《千里走单骑》《三顾茅庐》《孔明初用兵》《长坂坡》《群英会》《草船借箭》《火烧赤壁》《三气周瑜》《张松献图》《孔明进川》《义释严颜》《袭取成都》《兵伐东川》《水淹七军》十四卷，约三百万字。

评话《三国》重点战例

评话《三国》共有十四册，我们采用分册的方式，对其中的重点战例加以点评。

《千里走单骑》

河北四庭柱一正梁

三国中刘备最能鉴貌辨色、随机应变，感到袁绍虽然独霸河北全省，统带七十万军马，手下名将众多，有四庭柱、一正梁：颜良、文丑、张郃、高览，以及一根正梁名叫韩琼。

张国良先生特别会为武将起外号，后面我们还会看到许多。

颜良称许褚是曹营中最勇猛之将

只见一面大旗飘出，上面是曹营“相前右护卫，痴虎上将”斗大一个“许”字。一看便知是许褚。颜良想，许褚是曹营中最勇猛之将，难道他与我交战吗？

此时典韦已死，许褚的确可以称得上曹营中最勇猛之将。

关羽刺颜良

颜良口中只喊出一个“刘……”字，“备有信”三字还在咽喉之中，云长已把刀钻向左面一收，就提起后面的龙刀，向颜良的右面颈项之中，反手砍去。

这一刀名谓“起手刀”，效学开弓养由基。这一刀的姿势，象列国中神箭手养由基开弓的姿势，劈中了颜良的颈项，由于用力过猛，将他的左臂一起砍了下来，砍去颜良一臂一颈，鲜血直冒。

评话《三国》中，关羽斩颜良延续了嘉靖本的设定，颜良准备将刘备书信交给关羽，并未做好单挑的准备，被关羽一刀斩杀。说书人也说：“真正二人交锋，云长要取胜，恐怕没有这么容易。”

曹操称关羽为天下第一名刀

再说云长回归旗门，营前掌声如雷。

曹操驰马迎了上来：“将军，真是马不停蹄，白马坡立斩颜良。将军刀法，可称‘绝伦超群’，才是真正的天下第一名刀。”

这是曹操第一次夸关羽是天下第一名刀，后来又夸过一次，猜猜是在哪里？

关羽拖刀诛文丑

关将军乘机便将龙刀向前使劲地一拖，这就名谓拖刀。只听得“唰——！”的一声，鲜血从文丑的左面颈项上，象喷泉一样地直滮出来。长枪落地，尸体从马上滚下，遛缰马惊慌地窜出了树林。

评话《三国》中，文丑力大，打得关羽无还手之力，关羽使出拖刀技，败中取胜，诛杀文丑。

关羽未尽全力平张飞

这时的太阳已渐渐将要当顶，弟兄二人交战了将近半天。关将军不知辩过了多少遍，三将军当作耳边之风。所说云长是个忠厚耿直的性格，他已经不想同兄弟再战下去了，以为今天只有一死才能弄清真相。

古城会兄弟交兵，张飞使尽全力，但关羽有所保留。

关羽斩杀蔡阳

早说蔡阳有着两路杀手，一路是“连三刀”，听说在滑州关上就被关公破去外甥的“连三刀”，那我今天不需再用了；所以决定用第二路杀手，名谓“偃月刀”……一代名将刀祖宗蔡阳，就这样被云长丧身于古城郊外。从此，云长的龙刀上增添了二字，方始称谓“青龙偃月刀”。

《三国演义》中的龙套蔡阳在评话《三国》中摇身一变成了刀祖宗，还与青龙偃月刀的命名发生了关联。

说书人称赵云为三国中第一条名枪

岂知这个马贩不是别人，便是《三国》中第一条名枪，此人河北常山人氏，姓赵名云，字子龙。

《三国志平话》中，赵云是除张飞外第一条枪，评话《三国》中，赵云变成了名副其实的第一条枪。

《三顾茅庐》

赵云擒张飞

赵云起自己的右膝在三将军的腰间用力一抵，张飞的两臂已经被子龙拖到了背后，方始用力紧紧抓住。这些动作，前后不满三分钟，一员勇猛的虎将，已被赵云生擒活捉了。正是强人自有强人手，再有强人在后头！

张飞不听将令，诸葛亮派赵云擒住张飞，赵云趁张飞不备将其生擒，算不上一次真正的单挑。

《孔明初用兵》

赵云打伤许褚

许褚想，今天这条性命拾到的，幸亏这小将没有睡醒，如果睡醒的话，我早就完了。刚刚想到这里，背后家伙已经来了。

赵云见他擦肩而过，甩起枪钻子对准了他后脑——“贼将招打！”说时，“啪”一钻子，许褚来不及招架，只得往旁边一偏，八角形的枪钻在他后脑上一锉，穿冠断发，一层皮锉掉，鲜血直流。

许褚吼叫连连：“哇呀……！”纵马亡命而逃，窜进新野。

赵云一伤许褚，用枪钻锉中许褚后脑。

张飞击败许褚

这时，张飞的长矛从四面八方向许褚刺来，杀得许褚手忙脚乱，气喘吁吁。仲康想，这样打下去我的性命危险。今天要逃命，看来只有丢下马走了。

书中交代，许褚是步将出身，所以选择下马逃走。但这个解释不太合理，难道许褚跑得比马快?

《长坂坡》

说书人称赵云是三国中数一数二的名将

但是在长坂坡中，再好的大将都不是赵云的对手。并非说书的故意把他说得好，子龙确实是三国中数一数二的名将，非但战法精通，武艺超群，而且聪明灵巧。

数一还是数二呢?后文有交代。

说书人称张绣打不过典韦

当时战宛城，枪王得悉自己婶娘与曹操勾搭成奸，屡次要去捉奸。可是曹操手下大将典韦一直护卫曹操，枪王又打不过他，因而捉奸未遂。

评话《三国》从关羽进曹营开始讲起，当时典韦已死，未能出场。好在张国良先生在这里追忆了一下宛城之战，给典韦的武艺做了一个定位。

赵云刺死张绣

赵云是我国古代的一员名将，他在枪法研究上确实卓有成就。他把枪当作蛇，把敌将看作鸟，从各种杀手枪中，提炼出七种杀手来。并且，每条蛇都有七种变化。因此，取其名为七探蛇盘枪，亦可称为蛇盘七探。

只听得“喀嚓”一声，一枪两个洞，然后抬枪，“啡”两爿面皮挂在枪上，鲜血淋漓。“嚓啷”金枪脱手，死尸从马背上滚下来。

在评话《三国》中，张绣号称北地枪王，是赵云长坂坡遇到的最强对手。赵云用七探蛇盘枪破了张绣的百鸟朝凤枪，书中七探蛇盘枪还有一个口诀：“草中窸窣有声喧，探出土灰蛇一盘。腾蛇展翅刺左右，白蟒翻身扑面蹿。蟮蛇有胆腰间刺，蝎蜴舞爪石缝钻。两头毒蛇双吐舌，斑斓赤练目光炫。”

说书人称三国用枪之人赵云第一

今日挑枪王，日后吓退枪祖宗，确有此佳谈。总之，三国中用枪的人，赵云首屈一指。

张先生第二次称赵云为三国第一枪。

赵云刺伤许褚

赵云想，没有这么便当，你要打就打，要走就走。就起手中枪钻，直往许褚背后一钻打去。只听见“当”的一声，不知打在他哪里……他的马在战场上跑了半个圈子，便兜回来，直往旗门而来。只觉得喉咙里一股酸溜溜的血腥气向外蹿。许褚明白，被赵云打出血来了。

赵云二伤许褚，用枪钻打中许褚后背。

赵云枪挑曹将五十四员

赵云从月半下半夜挑去高览开场，直到搠去钟家弟兄为止，前后共挑曹将五十四员！有人说，高览的“览”字，就是叫大家看一看；钟家弟兄的“钟”字，隐出了一个“终”局，表示结束。从三冲长坂坡开始，到这一昼夜过后，叫曹兵曹将看一看，百万营中谁为豪杰，哪个英雄？！直到枪挑剑搠钟家兄弟，赵云营救小主已告段落。

《三国演义》称赵云杀死曹营名将五十余员，评话《三国》精确到了五十四员。这五十四人大多有名有姓，但多为虚构人物。即使是《三国演义》原著中的人物，也存在移花接木的现象，比如赵云第一个杀死的高览，《三国演义》中早在汝南之战时就被赵云杀死了。

张飞喝退曹操百万兵

这时张飞自己倒发愣了！曹操这么好端端的百万大军为何要后退呢？张飞过去在战场之上从未这样吼叫过，今天难得这样喊叫一声，并不知道有多少作用。现在他却如梦初醒，恍然大悟，哦！原来曹兵是被我吓退的。以致能使曹操百万大军被吓退而混乱不堪！其实，又岂止吓退百万曹兵，就连那滚滚东流的长坂河水，被张飞这么一声喊，竟然喝住，朝西滚滚而去。从此有“喝水倒流”之说。

《三国志平话》中，张飞大喝一声桥梁皆断；评话《三国》中，张飞大喝一声，河水倒流，一个比一个夸张。

《群英会》

说书人称甘宁是江东水军第一

周瑜说：“帐上众位，手下报到曹兵渡江。本督欲命人长江抵敌。”他从令架上抽出将令一支，对着大将中喊道：“兴霸将军听令。”

甘宁甘兴霸乃是江东水军中第一员大将，他全身披挂从旁闪出：“末将在此。”

说书人称甘宁是江东水军第一大将，那么也是三国水军第一大将了。

《草船借箭》

说书人称甘宁是黄盖的门生

只见武将班中闪出一员大将，乃是黄盖的门生，水军先锋甘宁。

历史上，甘宁本是黄祖的部将，在赤壁之战前几年才投奔孙权。可能因为后文有甘宁协助黄盖诈降的故事，张国良先生干脆将甘宁设定为黄盖的学生。

《火烧赤壁》

一箭三老归天

到七十七岁时，刘备为了替兄弟报仇，大举伐吴，江东十分危急，大将死伤无数。黄盖实在按捺不住，再次披挂出战。在连营寨中有一回书，叫作“一箭三老归天”，即黄盖和黄忠、严颜这三位威震一时的著名老将，同时死在一支箭上。

一箭三老归天的设定非常巧妙，可惜这段故事没有流传下来。

说书人称太史慈是东吴第一将

在树林中的一片小小的空地上，一员大将身坐行军皮榻，浑身赤蜡焦黄的金盔金甲，连面色都是黄的。此将复姓太史，单名一个慈，字子义。今年三十二岁，武艺超群。早年曾与孙策大战过一场，“太史慈决战小霸王”，素有威名。现任江东陆军先锋，是东吴第一号大将。

孙策死后，太史慈的确可以称得上是东吴第一号大将。

赵云挑掉许褚头盔

子龙转手又向许褚面门上发一枪，大吼一声：“去吧！”

许褚到底是员久经沙场的大将，临场经验丰富，发觉子龙这一枪会致他于死命，连忙将身体向后一仰。好险哪！本来面门上中枪，性命休矣；现在仰得快，锋利的枪尖直刺入他的头盔。子龙用力向上一挑，爆断刘海带，挑起头盔。子龙单手执枪，一手接牢头盔。

许褚第三次遇到赵云，这次只被挑掉了头盔，没有受伤，还是有进步的。

说书人回顾三英战吕布

刘关张弟兄三战吕布，张飞矛挑紫金冠。由此张飞的威名大振。他们弟兄三人这才在天下英雄中颇有名声起来。

张飞枪挑吕布紫金冠的故事在民间流传深广，张国良也采用了这个说法。

曹操称关羽第一名刀

（曹操）忙又接着说道：“将军息怒，君侯休恼。曹某已将这班匹夫一个个辱骂：关将军本领高强，关君侯武艺超群，云长兄乃是天下第一名刀，尔等要是同关将军交战，真是不自量力，一个个都要死在龙刀之下，实是罪所应得！”

曹操第二次夸赞关羽是天下第一名刀。

《三气周瑜》

关羽战平黄忠

打到傍晚时分，城关上的韩玄也看得叫绝不止，眼见红日傍西，战场之上仍是战马如飞，刀光闪烁。心想，两员虎将已打了数百个回合，胜败难分。关云长得不到便宜，黄老将军也无法取胜。不过黄忠毕竟年事已高，如此拼力必定吃亏。

与《三国演义》一样，评话《三国》中关羽也与黄忠大战三场，第一战打平，第二战黄忠马失前蹄，第三战黄忠故意射中关羽盔缨。但张国良先生明确说黄忠年事已高，拼力吃亏，关羽略胜黄忠一筹。

关羽称黄忠为第一神箭

还未想完，只听头顶上“嗤”地一声，要想避过，又没看见箭从什么地方来，觉得头上一阵阴风掠过，飘飘然落下一朵红花来。关云长定睛一辨，哪是什么红花，却原是青巾上的红缨被他射了下来。暗暗吃惊：这红缨乃是用一根绝细的铜丝系在青巾上，看都看不出来，却被他射中，果然好眼力，箭法精湛！他在我的前面，未见他探弓搭箭，又未听得弓弦之声，不知他如何射来，当真是天下第一神箭了。

评话《三国》中，黄忠还有个外号，叫“黄一箭”，从来都是一箭解决战斗。

《张松献图》

说书人称曹彰是整个三国时代武艺最好的一员将才

“次子名彰，字子文，武艺超群，膂力过人；天生黄须，人皆呼黄须儿。”的确，曹操的第二个儿子曹彰，是整个三国时代武艺最好的一员将材。

在后文，我们将看到这句话并不夸张。

《孔明进川》

赵云学关羽刀法

在赤壁破曹以后，刘备取了荆襄九郡。在此二年多的时间里，赵云时常与关云长磋商刀枪之法，向他讨教刀法……学得怎样好呢？好有一比：除了人不是关云长，刀法一无两样。可见得赵云的刀法是十分正宗的。学会了刀法，赵云上了战场时而也要用刀与敌交战。到了孔明七擒孟获之后，便封枪不用了，每战必刀。如刀劈韩家五虎将，天水关大战姜维等，直至归天。提到赵云用刀之事，还有一段小小的插言。据说要是没有赵云，关家刀法很可能要失传的。道理何在呢？关云长兵败麦城，身遭不幸时，关兴和关索这两位公子还未得到关家刀法的亲传，虽然也都会使刀，却是平凡之极。他们的刀法就是从赵云手中学到的，所以能够一直传授下去，得以有《水浒》中大刀关胜的关家刀法。而赵云在这里面还起到了一个承上启下的作用！

张先生把关羽与关胜、三国与水浒都联系上了。

《义释严颜》

说书人称张苞是后三国的一员猛将

张飞和张苞相比，老子是老憨，儿子是小憨，但张飞从小读过一些书，前半世莽莽撞撞，一经诸葛亮点化，后半生竟然足智多谋，被人誉为“赛诸葛”。张苞到底目不识丁，见识又少，真正是个阿憨，拼着一身蛮力倒也立下不少功勋，成了后三国的一员猛将，逢战必是小憨代替老憨，风云一时。

评话《三国》中，赵云去世后，张苞很可能是蜀汉的第一武将，可惜我们看不到后面的内容了。

《袭取成都》

说书人将张任与马超对举

一部《三国》，用枪的大将不计其数，但力气又大，枪法又精，具备这两个条件的不外乎两个人，一个是张任，还有一个就是西凉马腾之子，飞将军锦马超。

前有刀祖宗蔡阳，后有枪祖宗张任。

赵云吓退张任

张任见这蛇盘枪果然神出鬼没，根本无法招架，大吃一惊，调转马头就走。一代枪祖宗在金雁桥被赵云吓退，从此成为佳话，长坂坡枪挑枪王，金雁桥吓退枪祖宗，成了名符其实的第一名枪。

吓退张任后，赵云正式成为三国第一名枪。

张飞击败张任

张飞一生快人快事，就是用的单手十八矛也速度惊人，这一点张任的确是料想不到的……

张任莫说三天未进粒米，就是睡足吃饱，使出他的看家本领百鸟枪来也远不及他快，他的速度比一般大将的快刀快枪至少要快二到三倍，张任凝神屏息，全力以赴，上护身体，下护马匹，勉力招架。

评话《三国》中，很多武将都有绝招，关羽是拖刀计，张飞是单手十八矛，赵云是七探蛇盘枪，马超是流星锤，黄忠是天下第一神箭。

说书人引用俗话“三国之中出吕布，吕布哪有马超好，马超不及子龙巧”

后人有这么一句俗话，“三国之中出吕布，吕布哪有马超好，马超不及子龙巧。”说明前后五十年的后汉，无数战将中这几位称得上是尽善尽美，良中魁首，但各有特色，非他人可及。

张国良先生给出了赵云、马超、吕布三人的官方排名。

说书人回述马超战许褚

说起许褚来，的确称得上是曹操手下首屈一指的大将，当年马超与他从马上战到地上，从长兵器到短兵相接，杀得天昏地暗，还是马超占了上风。

评话《三国》对潼关之战一笔带过，这里回述了一下这个故事，并明确说明马超占上风。

说书人认为赵云强于马超

但马超勇而无谋，不及赵云有智，故而天下第一名枪赵云当之无愧。

再次确认“马超不及子龙巧”。

马超打得张飞招架不住

张飞毕竟不及马超年轻力大，无多片刻已觉手软力乏，渐渐招架不住，头上的汗珠象黄豆般大小挂满了前额，嘴里大口大口地喘着粗气。

评话《三国》中，张飞与儿子张苞轮流战马超，但也无法取胜。

说书人称名将之中没有谁武艺最高

《三国》这部著作有这样一个特点，就是在各将之中没有绝对的是谁武艺最高，而只在某一时期和某一阶段这个范围内谁表现得最突出就是最勇猛，其他大将不论是劣将或名将都只能作陪衬……若问《三国》中哪个最勇，本人不敢专断，无可奉告。

张国良先生在很多地方对五虎上将进行过比较。

马超的绝招流星锤

马超的杀手在《三国》这部书中也不常见，乃是流星锤。流星锤只不过拳头般大小，滴溜滚圆，上系一根细索，百步之间取人如探囊之易，可说是锤无虚发，百发百中。一般的人用流星锤只会用一个，而马超用法更奇，非但可用双锤，还能连发三锤，三锤中必致人于死命。这就是绝招。

评话《三国》中，马超的祖先东汉伏波将军马援的绝招也是流星锤，马超算是继承了家学。

黄忠称关羽为天下第一名刀

黄忠也走出来凑趣道：“是啊，关君侯声高望重，不愧天下第一名刀。昔年老夫长沙时，也曾被君侯打下马来。老夫所敬者，关君侯也。”

倔老头黄忠从不轻易夸人，但也认可关羽是天下第一名刀。

《兵伐东川》

黄忠斩杀夏侯渊

黄忠旋风般地卷到他的马前，起金刀钻子在夏侯渊的脸上直戳上去。夏侯渊仍是单手执刀，还没凝聚起刚才分散的精力来，别说招架，连黄忠是怎样起手的也没看清，门户大开，本能地将身子向左面一偏，打算先让开这一刀，再起双手招架。待你身体一晃，黄忠舞刀疾速，又是刀钻在后，刀头在前，并且翻手一刀，金刀从左面劈向右面，从夏侯渊的右肩劈向左面，真是起手无情，只听得“咔嚓”一声，夏侯渊翻身落马，血染沙场。

此战是评话中黄忠的巅峰表现。

说书人回顾五虎将之间的交战

《三国》之中真是无奇不有，就说关、张、赵、马、黄这五员虎将，按说武艺都是绝顶高明的，可是他们无意之中几乎全都领略过他人的手法。“古城会”中，关云长与张飞弟兄拼杀；战长沙时，关羽又与黄忠一见高低；葭萌关外，张飞与马超挑灯夜战；三闯辕门时，赵云与张飞几次交手。

赵云与张飞的几次交手都是张先生原创的。

赵云战平黄忠

老将军大声赞道：“子龙不愧为常山名将，变化莫测。”

赵云亦然竖起了大拇指赞道：“老将军身手不凡，昔日威风尚在，赵云佩服！”

二将都有数十年的功底，经过这几回合的较量，已使双方倾慕不已。武艺高强的人并不是一定要比出个水落石出，而只消点到为止，就足见精湛妙极。

《三国演义》中，黄忠、赵云争先锋用的是拈阄的办法，在评话《三国》里变成了真刀真枪的较量。

说书人评价许褚魏军中无人可以与他较量

许褚的威名也可以与黄忠和赵云相比，他曾是曹操手下最凶狠的一员得力虎将，二十余年来一直是曹操贴身的护卫大将，号称痴虎大将军。如今年已六十，武艺明显不能同昔日相比，手中的这柄紫金刀百余斤，近年来也觉得份量重了，使起来不象以前那样得心应手，老想在象鼻上逐渐将九个铁环除去，可是一世的威名又使他不能这样做，唯恐人家说他人老无用，所以仍是九个环。再说，年轻时曾挨过赵云二次枪钻的敲击，如今时常要老伤复发，疼痛难忍，越加使他年老多病，体力不支。然而英雄毕竟是英雄，魏军中仍无人可以和他较量。

这段文字读起来有些酸楚。

赵云刺杀许褚

赵云早就发觉今天的痴虎将大不如以往，虽然上了点年纪，可武艺已大大地衰退了，开始见他神思恍惚，又见他刀法错乱，心想，想不到许褚还有这么一个绝招！便起鼠白烂银枪五指开阔的尖锋以迅雷不及掩耳之势刺进了他的咽喉。可怜一代名将捐躯沙场，尸体摇晃着跌落尘埃。魏军见许褚不幸阵亡，一哄而散，各自夺路逃命。

赵云刺杀许褚明显违背历史和演义，在我看来是一处败笔。

曹彰战十虎

曹彰好不恼怒，重整威风，目露凶光，要想与严颜拼死一战。

旗门下的孔明知道事态严重，恐严颜有失，迅速挥舞羽扇，传令所有虎将一起上前助阵。顷刻间，向宠、张飞、赵云、马超、黄忠和阳群、张苞、王平、马岱一起拥了上去，将曹彰团团围住在核心。连严颜在内，十虎将一个也不少，名谓“十虎大战黄须儿”。

曹彰在《三国演义》中武艺排不进前十，但在评话《三国》中成了第一武将，真让人大跌眼镜。

《水淹七军》

关羽胜庞德

两人一来一回，从太阳当顶战到夕阳西下，足足战了百余合，却都是精神倍增。但细论起来还是关羽占了些上风。云长的刀法一向是真功，根基深，经验足。初战时并不用大力，打了半天仍然是这般模样，力气上并不显出悬殊的差别来。而庞德年纪只有四十余岁，血气旺盛，力大无穷，前三十个回合，他略占了些上风。但蛮力不能持久，三十合一过，便不似初时那般勇力，关羽却依旧如初。青龙刀到处，红铜刀便应声而开，扭转了前三十合的弱势。第六十合一开始，关羽就发挥了关家春秋刀法的特点，稳中求快，快中求胜。迎面刀、砍一刀、盖顶刀、盘头刀、圈马刀、翻身刀、伏一刀、起手刀、翻手刀、单手刀、分心刀、出马刀、拦腰刀、兜胸刀、回马刀、合盘刀、上一刀、下一刀……一刀连一刀，只见青龙刀上寒光闪闪，打得庞德只有招架之功，而无还手之力。

《三国演义》中关羽与庞德大战一百余合不分胜负，评话《三国》改成了关羽占上风。

说书人称关羽是刀中之魁

关云长一世只杀十九个人，刀上十七个，剑上两个。这十九个是：扫黄巾刀劈程远志，战北海劈管亥，战虎牢温酒斩华雄，伐徐州枭车胄之首，小沛城下杀王忠、刘岱，过五关刀劈五将，剑刺卞熙，白马坡斩颜良、诛文丑，古城劈蔡阳，战长沙劈杨林，攻拔襄阳刀劈夏侯存，斩徐良是刀下最后一个。别的大将一世杀多少人恐怕在数以百计以上，根本无法记清了，只有关云长，一来从不多杀一个无辜兵卒，二来从不斩杀下马之将。因此他杀多少人记得清清楚楚，无一遗漏，连姓名和次序也不会搞错。这些死在关羽手下的大将，即使没有名声也会变成名流千古了，后人只要一提到关羽，也会联想到这些人来。在关羽刀下丧身的大将，除了文丑是用枪的，其余都是用刀之将，这些人中欲在刀上称王扬名的也不乏其人。因此，关云长称得上是刀中之魁，盖世无双的了。

前两次称关羽天下第一刀的都是曹操，这一次说书人也认可了。

评话《三国》中的武将排名

评话《三国》的缺点很明显，比如缺少“前三国”，无法明确判断吕布、典韦的武艺；又如尊刘抑曹甚至抑孙倾向明显，对曹魏和东吴的武将多有贬低之处；再如原创情节较多，出现了刀祖宗蔡阳、枪王张绣、枪祖宗张任等说法。

评话《三国》最大的问题是随意性较强，有时为了情节发展需要，武将的武艺会发生巨大变化，张国良先生在《兵伐东川》中也承认了这点：“《三国》这部书与别的书不同，其中人物分不出谁的本领最好，也不断定哪一个人的武艺最差，而是各有所长，在书情的需要下，安排某人在某个场面中表现得最为突出，然而都受到时间的限制，没有永久性的第一号人物。”

张国良先生也曾说过：“若问《三国》中哪个最勇，本人不敢专断，无可奉告。”但经过细读文本，我们还是可以为评话《三国》中的武将排出名次。

第 1 名：曹彰

《张松献图》中，张国良先生曾说“曹操的第二个儿子曹彰，是整个三国时代武艺最好的一员将材。”我相信很多读者读到这里肯定不服气。但是《兵伐东川》中曹彰一人独战严颜、张飞、赵云、马超、黄忠、向宠、阳群、张苞、王平、马岱十虎将，证明了他的确配得上这个说法。《三国演义》中跑龙套的曹彰一跃成为评话《三国》的头号武将了，这种改动是否合适，我们要打一个问号。

第 2 名：赵云

赵云是评话《三国》中的第一名枪，枪挑枪王张绣，吓退枪祖宗张任，三打许褚并最终将其杀死。《长坂坡》中张国良先生还曾说过：“子龙确实是三国中数一数二的名将。”但是，有独战十虎的曹彰在，赵云只能屈尊第 2。

第 3 名：马超

评话《三国》中，马超与许褚、张飞的单挑不再是平局，而都是马超获胜。“三国之中出吕布，吕布哪有马超好，马超不及子龙巧”，马超紧随赵云排在第 3。

第 4 名：吕布

评话《三国》的故事从《千里走单骑》开始，这时吕布已经殒命白门楼了，正式情节中并没有出现吕布。但张先生多次以回忆的方式提到了三英战吕布，在评话中，吕布虽不如赵云、马超，但强于关羽、张飞是没什么疑问的，排名第 4。

第 5 名：关羽

评话《三国》称关羽为刀中之魁，斩颜良，诛文丑，古城会留力战平张飞，长沙对刀略胜黄忠，关二爷可列第 5。

第 6 名：黄忠

战长沙时与关羽打成平手，只是力量上稍有差距，可以紧随关羽排在第 6。

第 7 名：张飞

评话《三国》中，张飞在虎牢关枪挑吕布的紫金冠，新野轻取许褚，金雁桥击败枪祖宗张任，展现了一定的实力。但古城会无法战胜留力的关羽，葭萌关父子车轮战不敌马超，只能排在五虎将的最后一名。

第 8 名：典韦

与吕布一样，典韦也是以回忆方式出现的，《长坂坡》中，张先生说典韦可以战胜赵云艰难取胜的张绣，应该排在张绣之前。

第 9 名：张绣

《三国演义》中张绣从未有过单挑经历。但在评话《三国》中，张绣凭借一招百鸟朝凤枪被称为北地枪王，连许褚也惧怕三分。赵云一生共使用过一次半七探蛇盘枪，其中的那一次，就用在了张绣身上。

第 10 名：庞德

在评话《三国》中，庞德与关羽打了一百余合，前三十合庞德占上风，三十合一过两人平手，六十合以后庞德处于劣势。整体上看，关羽略胜一筹，但并未击败庞德。庞德的表现强于颜良、文丑。

第十二章　三国游戏武将排名

《三国演义》知名度高、人物丰富，而且主题是战争，很容易被改编成游戏。不光是现在的电子游戏，早在清代，就已经出现了三国题材的传统游戏。

传统游戏中的武将排名

捉曹操令

捉曹操令是酒令的一种，所谓酒令，是一种宴席上助兴取乐的饮酒游戏，起源于西周，完备于隋唐。清代是酒令发展的巅峰时期，《红楼梦》中鸳鸯就曾说过："酒令大如军令"，捉曹操令即诞生于清代。

捉曹操令需十二人参与，酒令开始前每人抽取酒筹一枚，酒筹上写有三国人物的名字，其中蜀汉六人：诸葛亮、关羽、张飞、赵云、马超、黄忠；曹魏六人：曹操、许褚、典韦、张辽、夏侯惇、夏侯渊。这十二人每个人都有各自的特殊规则。

诸葛亮：游戏开始时先由诸葛亮点将捉曹操，如果点到曹将，则猜拳三次，继续点将。如果点到五虎将，则由该五虎将捉曹操，只要有人捉到曹操，诸葛亮都要同饮一杯庆功酒。如果恰巧点到曹操，则曹操罚酒五杯。

关羽：遇到张辽对饮，其余猜拳。

张飞：遇到夏侯惇加倍猜拳。

赵云：猜过桥拳。（以套杯排列，大者为桥顶，两头渐小，皆斟满酒。彼此猜拳，负者取饮。）

马超：遇到许褚加倍猜拳。

黄忠：遇到夏侯渊加倍猜拳。

许褚：猜十二拳。

典韦：猜九拳。

张辽：猜七拳。

夏侯惇：猜五拳。

夏侯渊：猜五拳。

曹操：第一次被捉到罚酒五杯，第二次被捉到罚酒四杯，第三次或以上被捉到皆罚酒三杯。

捉曹操令的设计基本符合《三国演义》的情节。关羽与张辽是知己，所以遇到对饮而不猜拳；许褚裸衣战马超，黄忠定军山大战夏侯渊，遇到要加倍猜拳；赵云救主过长坂桥，所以猜过桥拳；张飞遇到夏侯惇加倍猜拳缺乏依据，可能因为二人性格火暴，把夏侯惇改成张郃也许更好。

捉曹操令中，遇到的魏将不同猜拳数也不同。最高的是许褚十二拳，然后依次是典韦九拳、张辽七拳，两夏侯都是五拳。这反映了清代读者对武将武艺的简单认识。

三国烟牌

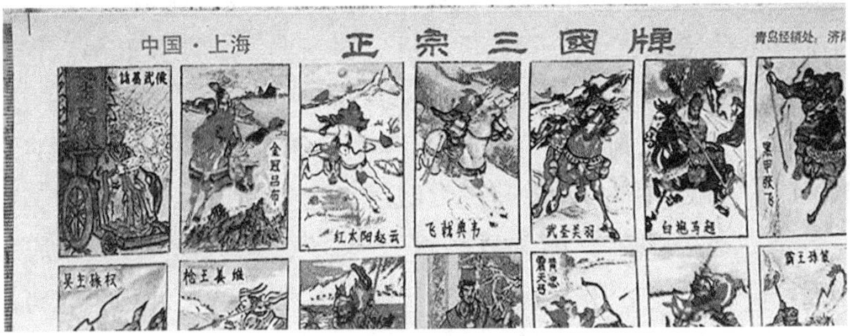

20 世纪 80 年代的三国烟牌

烟牌原指用香烟纸盒叠成的纸牌，是 20 世纪七八十年代孩子间的游戏。最初的玩法是把烟牌放到地上，两个孩子轮流或吹或拍或扇，使对方烟牌翻过来即获胜。这种玩法比较累，时间长嘴疼手疼胳膊疼，慢慢地，就演化成了比大小的游戏。根据烟盒牌子不同，形成了一套比大小的规则，比如白沙比普通的红塔山大，南京、人民大会堂也都比较大。

就像马季的相声《宇宙牌香烟》里说的一样，商家为了促销，喜欢在烟盒上绘制一些古典人物图片，激发烟民的收集癖。什么金陵十二钗啊，一百单八将啊，自然也少不了《三国演义》中的人物。所谓三国烟牌，指的就是带有三国人物的烟牌。用三国人物的强弱代替香烟品牌的贵贱，大大地增加了游戏的趣味性。

孩子们在“一吕二赵三典韦，四关五马六张飞”这个顺口溜的基础上，加入了其他武将，并制定了一套完备且平衡的游戏规则。吕布虽然扎所有武将，但是怕貂蝉。文官扎本方势力的武将，比如刘备可以扎赵云，曹操可以扎典韦。颜良、文丑虽然扎不了上面六员武将，但是能扎曹操、刘备，孩子们叫“颜良文丑扎百文”。所谓“扎”，是个游戏术语，就是胜的意思，这个游戏也被叫作扎烟牌。孩子们在游戏的同时，既学到了历史文化知识，又开动了脑筋。扎烟牌游戏风靡一时，相当于当时的“三国杀”。

一些精明的商家看到了商机，趁扎烟牌的火爆推出了专门的三国人物卡牌。一大张纸，上面有几十张牌，几乎包括了所有知名的三国武将。孩子们不用再可怜巴巴地等着大人抽完烟才能拿到烟牌了，只要花几毛钱，就可以买到一套三国武将卡牌，与小伙伴展开一场单挑。有时候，孩子还会“玩真的”，扎了对方的武将后就将卡牌归为己有。很多孩子输了一张牌后会像输了一场战斗一样懊恼。这种玩法多多少少带有赌博性质，在学校是明令禁止的。

此时，无论从玩法还是道具，三国烟牌已经完全脱离了香烟盒子，有些地方干脆管这个游戏叫对将，彻底变成了一个独立的三国卡牌游戏。

对三国武将排名来说，扎烟牌游戏把“一吕二赵三典韦，四关五马六张飞”作为游戏规则，说明这个顺口溜中的排名在当时是被普遍接受的。另一方面，扎烟牌的流行也让更多孩子知道了“一吕二赵三典韦，四关五马六张飞”这个顺口溜。

更重要的是，在规则不断完善的过程中，越来越多的武将被纳入了游戏中，获得了相应的武艺排名。在笔者收藏的一套“正宗三国牌”里，第一排的武将是“一吕二赵三典韦，四关五马六张飞”，之后还有姜维、颜良、黄忠、文丑、孙策、许褚等，这几乎包括了《三国演义》中的全部顶级武将。

电子游戏中的武将排名

1985 年，日本光荣株式会社推出了三国游戏《三国志》，这也是第一款三国电子游戏。从那以后，三国游戏如雨后春笋般纷纷出现，几乎涵盖了所有游戏类型，比如回合策略类的南梦宫《三国志》系列、街机类的卡普空《吞食天地》系列、即时战略类的奥汀科技《三国群英传》系列、动作类的光荣《真・三国无双》系列，等等。

在诸多三国电子游戏中，历史最长、玩家最多的当属日本光荣株式会社出品的三国志系列游戏。从 1985 年推出《三国志 1》到 2020 年推出《三国志 14》，长达 35 年的时间里光荣株式会社共出品了 14 代三国志游戏。

虽然游戏的名字叫三国志，但游戏中的人物和事件综合了《三国志》与《三国演义》。光荣《三国志》的专家团队对历史和演义进行了详细的考究，使光荣《三国志》兼具游戏性和知识性，可以看作是三国文化的一种传承和推广，而非一般打着三国旗号的快餐游戏。很多年轻人特别是外国人，正是因为玩了光荣《三国志》才了解甚至爱上三国的。因此，我们选择光荣《三国志》考察游戏中的武将排名。

光荣《三国志》中的武将单挑

光荣《三国志》是回合策略类游戏，每一代都有不同的侧重，一般分为君主扮演和武将扮演两种模式。玩家扮演三国时代的人物，通过种田经商、招贤纳士、练兵习武、攻城略地，最终实现统一天下的目标。

光荣《三国志》人物众多，最新一代《三国志 14》有多达 1000 位人物供玩家选择，游戏用两种方式区分人物，一是人物绘像，二是人物属性。

光荣《三国志》中人物绘像非常传神，在复古的同时兼顾现代人的审美，许多网络游戏、影视作品都大量引用光荣《三国志》中的人物绘像。人物属性值决定了人物在游戏中的能力。每一代游戏中的属性类别会有差异，出现最多的是统率、武力、智力、政治、魅力这五项。一般来说，统率决定战斗时部队的攻击力；武力决定单挑时武将的攻击力；智力决定战斗时计略的成功率；政治决定处理内政时的效果；魅力决定征兵的效果和登庸其他武将时的成功率。我们重点关注人物的武力值。

光荣《三国志》历代武力前十名的武将如下：

《三国志 1》武将排名

排名	武将名	武力值
1	吕布	100
2	赵云	99
2	关羽	99
2	张飞	99

续表

排名	武将名	武力值
3	孙策	98
3	马超	98
3	许褚	98
4	马腾	97
4	太史慈	97
4	张苞	97

《三国志2》武将排名

排名	武将名	武力值
1	吕布	100
2	赵云	99
2	关羽	99
2	张飞	99
3	马超	98
3	许褚	98
4	典韦	97
5	黄忠	96
6	马腾	95
6	太史慈	95

《三国志3》武将排名

排名	武将名	武力值
1	吕布	100
2	张飞	99
3	赵云	98
3	关羽	98
4	马超	97

续表

排名	武将名	武力值
4	许褚	97
5	典韦	96
6	黄忠	95
6	夏侯惇	95
7	太史慈	94
7	马腾	94
7	庞德	94

《三国志 4》武将排名

排名	武将名	武力值
1	吕布	100
2	马超	99
2	张飞	99
3	赵云	98
3	关羽	98
4	黄忠	97
4	许褚	97
4	典韦	97
5	夏侯惇	96
5	庞德	96
5	文丑	96

《三国志 5》武将排名

排名	武将名	武力值
1	吕布	100
2	关羽	99

续表

排名	武将名	武力值
2	张飞	99
3	赵云	98
3	马超	98
3	许褚	98
3	典韦	98
4	黄忠	97
4	文丑	97
4	庞德	97

《三国志 6》武将排名

排名	武将名	武力值
1	吕布	100
2	张飞	99
3	赵云	98
3	关羽	98
3	许褚	98
4	太史慈	97
4	马超	97
5	孙策	96
5	典韦	96
6	甘宁	95
6	孙坚	95

《三国志 7》武将排名

排名	武将名	武力值
1	吕布	98

续表

排名	武将名	武力值
2	张飞	96
3	关羽	95
3	马超	95
4	许褚	94
4	典韦	94
5	太史慈	93
6	曹操	92
6	孙策	92
6	甘宁	92

《三国志 8》武将排名

排名	武将名	武力值
1	吕布	100
2	张飞	98
3	关羽	97
3	马超	97
4	赵云	96
4	许褚	96
5	颜良	95
5	文丑	95
6	黄忠	94
7	典韦	93
7	华雄	93

《三国志 9》武将排名

排名	武将名	武力值
1	吕布	100
2	张飞	98
3	关羽	97
3	马超	97
4	赵云	96
4	许褚	96
5	颜良	95
5	文丑	95
6	庞德	94
6	甘宁	94

《三国志 10》武将排名

排名	武将名	武力值
1	吕布	100
2	张飞	98
3	关羽	97
4	赵云	96
4	马超	96
4	许褚	96
5	文丑	95
6	黄忠	94
6	颜良	94
6	典韦	94

《三国志11》武将排名

排名	武将名	武力值
1	吕布	100
2	张飞	98
3	关羽	97
3	马超	97
4	赵云	96
4	许褚	96
5	典韦	95
6	庞德	94
6	甘宁	94
6	文丑	94

《三国志12》武将排名

排名	武将名	武力值
1	吕布	100
2	张飞	98
3	关羽	97
3	马超	97
4	赵云	96
4	许褚	96
5	典韦	95
6	庞德	94
6	甘宁	94
6	颜良	94

《三国志 13》武将排名

排名	武将名	武力值
1	吕布	100
2	张飞	98
3	关羽	97
4	马超	96
4	赵云	96
4	许褚	96
5	黄忠	95
5	典韦	95
6	庞德	94
7	甘宁	93
7	文丑	93
7	太史慈	93

《三国志 14》武将排名

排名	武将名	武力值
1	吕布	100
2	张飞	98
3	关羽	97
4	马超	96
4	赵云	96
4	许褚	96
5	典韦	95
6	庞德	94
6	甘宁	94
6	文丑	94

怎么为光荣《三国志》中的武将排名呢？我们采用类似 F1 赛车比赛的排名方式，把每一代游戏看作一次分站赛。排名第一的武将获得 10 分，排名第

二的武将获得 9 分，以此类推，然后计算武将 14 代游戏的总积分。这样算下来，前十名分别为：吕布 140 分、张飞 126 分、关羽 115 分、马超 108 分、许褚 102 分、赵云 99 分、典韦 74 分、文丑 45 分、庞德 42 分、黄忠 41 分。由此，我们得到了光荣《三国志》游戏中的十大武将排名。

光荣《三国志》中十大武将排名

排名	武将名
1	吕布
2	张飞
3	关羽
4	马超
5	许褚
6	赵云
7	典韦
8	文丑
9	庞德
10	黄忠

第十三章 排名汇总

这是本书的最后一章，我们将把不同题材三国作品中的武将排名汇总，看看它们之间的差异。

在前几章，我们分别对小说《三国演义》、正史《三国志》、话本《三国志平话》、评话《三国》、游戏光荣《三国志》中的武将进行了排名，现在我们按作品产生的顺序把这些排名汇总到一起。

三国相关作品武将排名

排名	《三国志》	《三国志平话》	《三国演义》	评话《三国》	光荣《三国志》
1	典韦	黄忠	吕布	曹彰	吕布
2	吕布	张飞	赵云	赵云	张飞
3	许褚	关羽	马超	马超	关羽
4	关羽	张益	典韦	吕布	马超
5	赵云	魏延	张飞	关羽	许褚
6	庞德	赵云	关羽	黄忠	赵云
7	张辽	颜良	颜良	张飞	典韦
8	董袭	马超	许褚	典韦	文丑
9	太史慈	夏侯惇	黄忠	张绣	庞德
10	甘宁	吕布	庞德	庞德	黄忠

作品不同，排名的差别也很大。即使是吕布，也只是在《三国演义》和以《三国演义》为蓝本的光荣《三国志》游戏中排名第一。1800 年来，三国故事一直在不断演化，武将的排名也随之变化。我相信，在未来我们还可以看到更多形态的优秀三国故事，得到更多版本的三国武将排名。

最后，还要再强调一次，武将排名重要的不是结论，而是过程。在排名过程中，锻炼了思维，提高了能力，收获了快乐，这就足够了。我不奢求您认同我的排名，因为最合理的三国武将排名，就在您的心中。

参考文献

古籍类：

[1] 陈寿 . 三国志 [M]. 北京：中华书局，2006.

[2] 范晔 . 后汉书 [M]. 北京：中华书局，1965.

[3] 陶弘景 . 古今刀剑录 [M]. 长春：吉林大学出版社，1992.

[4] 房玄龄，等 . 晋书 [M]. 北京：中华书局，1974.

[5] 曾公亮，等 . 武经总要 [M]. 北京：商务印书馆，2017.

[6] 司马光 . 资治通鉴 [M]. 北京：中华书局，1956.

[7] 无名氏 . 三国志平话 [M]. 上海：上海古典文学出版社，1955.

[8] 罗贯中 . 三国志通俗演义 [M]. 上海：上海古籍出版社，1980.

[9] 罗贯中 . 三国演义 [M]. 北京：人民文学出版社，1993.

[10] 茅元仪 . 武备志 [M]. 海口：海南出版社，2001.

三国历史类：

[1] 张舜徽 . 三国志辞典 [M]. 济南：山东教育出版社，1992.

[2] 何兹全 . 三国史 [M]. 北京：人民出版社，2011.

[3] 马植杰 . 三国史 [M]. 北京：人民出版社，1993.

[4]［英］崔瑞德，鲁惟一 . 剑桥中国秦汉史 [M]. 北京：中国社会科学出版社，1992.

[5]［美］陆威仪 . 分裂的帝国：南北朝 [M]. 北京：中信出版社，2016.

[6] 柏杨 . 中国历史年表 [M]. 海口：海南出版社，2006.

[7] 余大吉 . 中国军事通史第七卷：三国军事史 [M]. 北京：军事科学出版社，1998.

[8] 武国卿 . 中国战争史（四）[M]. 北京：金城出版社，1992.

[9] 赵春阳 . 英雄的棋局：三国军事地理大势 [M]. 北京：台海出版社，2017.

[10] 赵春阳 . 完美武将：赵云 [M]. 南京：江苏凤凰文艺出版社，2019.

《三国演义》类：

[1] 沈伯俊，谭良啸 .《三国演义》大辞典 [M]. 北京：中华书局，2007.

[2] 朱一玄，刘毓忱 .《三国演义》资料汇编 [M]. 天津：南开大学出版社，2003.

[3] 沈伯俊 . 沈伯俊评点《三国演义》[M]. 上海：东方出版中心，2018.

[4] 沈伯俊 . 沈伯俊说三国 [M]. 北京：中华书局，2005.

[5] 关四平 . 三国演义源流研究 [M]. 哈尔滨：黑龙江教育出版社，2001.

[6] 许盘清，周文业 .《三国演义》《三国志》对照本 [M]. 南京：江苏古籍出版社，2002.

[7] 周文业，邓宏顺 . 三国志通俗演义（文史对照本）[M]. 郑州：中州古籍出版社，2013.

[8] 许盘清 . 三国风云地图说 [M]. 北京：地震出版社，2004.

[9] 张国良 . 评话《三国》[M]. 上海：上海文艺出版社，1984.

[10] 赵春阳 . 三国群英谱 [M]. 北京：中国财富出版社，2020.

附 录

一、《三国演义》单挑全记录

第 1 回

武将甲	武将乙	回合	结果	备注
张飞	邓茂	一合	邓茂被杀	
关羽	程远志	一合	程远志被杀	

第 2 回

武将甲	武将乙	回合	结果	备注
张飞	高升	不数合	高升被杀	
孙坚	赵弘	一合	赵弘被杀	孙坚城上跳楼

第 3 回

武将甲	武将乙	回合	结果	备注
吕布	丁原	一合	丁原被杀	步战

第 4 回

武将甲	武将乙	回合	结果	备注
董卓	伍孚	一合	未分胜负	步战
吕布	伍孚	一合	伍孚被擒	步战

第5回

武将甲	武将乙	回合	结果	备注
华雄	鲍忠	一合	鲍忠被杀	
程普	胡轸	不数合	胡轸被杀	
华雄	孙坚	不数合	未分胜负	
华雄	祖茂	一合	祖茂被杀	
华雄	俞涉	不三合	俞涉被杀	
华雄	潘凤	不详	潘凤被杀	
关羽	华雄	热酒尚温	华雄被杀	
吕布	方悦	无五合	方悦被杀	
吕布	穆顺	一合	穆顺被杀	
吕布	武安国	十余合	武安国负伤	
吕布	公孙瓒	不数合	公孙瓒败走	张飞救公孙瓒
吕布	张飞	五十余合	未分胜负	
吕布	关羽、张飞	三十合	战不倒吕布	
吕布	刘备、关羽、张飞	多时	吕布败走	

第6回

武将甲	武将乙	回合	结果	备注
吕布	夏侯惇	不详	夏侯惇败走	
夏侯惇	徐荣	数合	徐荣被杀	
黄盖	蔡瑁	数合	蔡瑁被击中	

第7回

武将甲	武将乙	回合	结果	备注
颜良	耿武	不详	耿武被杀	
文丑	关纯	不详	关纯被杀	
文丑	公孙瓒	不到十余合	公孙瓒败	

续表

武将甲	武将乙	回合	结果	备注
赵云	文丑	五六十合	未分胜负	赵云当时少年
鞠义	严纲	一合	严纲被杀	
赵云	鞠义	不数合	鞠义被杀	
韩当	张虎	三十余合	张虎被杀	张虎力怯
程普	蔡瑁	不到数合	蔡瑁败走	
孙坚	吕公	一合	吕公诈败	
黄盖	黄祖	不两合	黄祖被擒	
程普	吕公	不到数合	吕公被杀	

第 9 回

武将甲	武将乙	回合	结果	备注
吕布	董卓	一合	董卓被杀	步战

第 10 回

武将甲	武将乙	回合	结果	备注
马超	王方	不数合	王方被杀	马超十七岁
马超	李蒙	一合	李蒙被擒	马超十七岁
夏侯惇	曹豹	一合	未分胜负	

第 11 回

武将甲	武将乙	回合	结果	备注
管亥	宗宝	不数合	宗宝被杀	
关羽	管亥	数十合	管亥被杀	
张飞	于禁	数合	未分胜负	
乐进	臧霸	三十余合	不分胜负	
张辽	夏侯惇	不详	未分胜负	

续表

武将甲	武将乙	回合	结果	备注
吕布	于禁、乐进	不详	于禁、乐进败走	
张辽、臧霸	吕虔、曹洪	不详	吕虔、曹洪不利	
典韦	郝、曹、成、宋四将	不详	郝、曹、成、宋败走	

第 12 回

武将甲	武将乙	回合	结果	备注
典韦	侯成	不详	侯成败走	疑似诈败
典韦	高顺	不详	高顺败走	疑似诈败
典韦	高顺、侯成	不详	高顺、侯成败走	
典韦	何仪的副元帅	不三合	副元帅被杀	
曹洪	何曼	四五十合	何曼被杀	步战，曹洪拖刀
李典	黄劭	一合	黄劭被擒	
许褚	何仪	一合	何仪被擒	
典韦	许褚	一白天	未分胜负	
典韦	许褚	三十合	典韦诈败	
典韦	许褚	数合	典韦诈败	
许褚	李封	两合	李封被杀	
吕布	许褚	二十合	未分胜负	
吕布	典韦、许褚	不详	不详	
吕布	曹军六将	不详	吕布败走	

第 13 回

武将甲	武将乙	回合	结果	备注
李傕	郭汜	十合	未分胜负	
徐晃	崔勇	一合	崔勇被杀	

第 14 回

武将甲	武将乙	回合	结果	备注
徐晃	李乐	一合	李乐被杀	
许褚	李暹	一合	李暹被杀	
许褚	李别	一合	李别被杀	
许褚	徐晃	五十余合	未分胜负	
关羽	纪灵	三十合	未分胜负	纪灵提出少歇
关羽	荀正	一合	荀正被杀	
张飞	曹豹	三合	曹豹被杀	张飞醉酒

第 15 回

武将甲	武将乙	回合	结果	备注
黄盖	张英	不数合	未分胜负	
孙策	太史慈	一百余合	未分胜负	
太史慈	程普	三十合	未分胜负	
孙策	于糜	不三合	于糜被擒	于糜被挟死
孙策	樊能	未交手	樊能被吓死	孙策大喝
陈武	张英	一合	张英被杀	
孙策	严舆	一合	严舆被杀	步战，孙策飞剑
太史慈	王朗	不数合	未分胜负	
黄盖	周昕	不详	未分胜负	
孙策	周昕	一合	周昕被杀	

第 16 回

武将甲	武将乙	回合	结果	备注
吕布	张飞	一百余合	未分胜负	
张飞	宋宪、魏续	不详	宋、魏败	
关羽	张辽	不详	不详	

第 17 回

武将甲	武将乙	回合	结果	备注
吕布	李丰	不三合	李丰负伤	
夏侯惇	桥蕤	不三合	桥蕤被杀	
许褚	张先	三合	张先被杀	

第 18 回

武将甲	武将乙	回合	结果	备注
夏侯惇	高顺	四五十合	高顺败走	
夏侯惇	曹性	一合	曹性被杀	夏侯惇左眼被射伤

第 19 回

武将甲	武将乙	回合	结果	备注
许褚	泰山四寇	不详	泰山四寇败走	
张飞	高顺	不详	不详	
吕布	张飞	不详	不详	
吕布	关羽	不详	不详	
张飞	郝萌	一合	郝萌被擒	
宋宪、魏续	吕布	一合	吕布被擒	吕布睡觉

第 21 回

武将甲	武将乙	回合	结果	备注
张飞	纪灵	无十合	纪灵被杀	
关羽	车胄	未数合	车胄被杀	

第 22 回

武将甲	武将乙	回合	结果	备注
关羽	王忠	一合	王忠被擒	关羽诈败
张飞	刘岱	一合	刘岱被擒	

第 24 回

武将甲	武将乙	回合	结果	备注
张飞	徐晃	不详	未分胜负	

第 25 回

武将甲	武将乙	回合	结果	备注
关羽	夏侯惇	十余合	夏侯惇诈败	
关羽	许褚、徐晃	不详	许褚、徐晃败走	许、徐疑似诈败
关羽	夏侯惇	不详	不详	
颜良	宋宪	不三合	宋宪被杀	
颜良	魏续	一合	魏续被杀	
颜良	徐晃	二十合	徐晃败走	
关羽	颜良	一合	颜良被杀	关羽突袭

第 26 回

武将甲	武将乙	回合	结果	备注
文丑	徐晃	不详	徐晃败走	文丑军马齐到
关羽	文丑	不三合	文丑败走被杀	文丑心怯

第 27 回

武将甲	武将乙	回合	结果	备注
关羽	孔秀	一合	孔秀被杀	
关羽	孟坦	不三合	孟坦被杀	
关羽	韩福	一合	韩福被杀	关羽带伤
关羽	卞喜	一合	卞喜被杀	步战
关羽	王植	一合	王植被杀	
关羽	秦琪	一合	秦琪被杀	

第 28 回

武将甲	武将乙	回合	结果	备注
关羽	夏侯惇	不十合	未分胜负	
关羽	张飞	一合	未分胜负	
关羽	蔡阳	一通鼓未尽	蔡阳被杀	
赵云	裴元绍	一合	裴元绍被杀	
赵云	周仓	不详	周仓负伤	

第 29 回

武将甲	武将乙	回合	结果	备注
孙策	二许贡家客	不详	孙策受伤	孙策中箭

第 30 回

武将甲	武将乙	回合	结果	备注
张辽	张郃	四五十合	未分胜负	
许褚	高览	不详	不详	
徐晃	韩猛	不详	韩猛败走	
张辽	蒋奇	一合	蒋奇被杀	蒋奇措手不及

第 31 回

武将甲	武将乙	回合	结果	备注
袁尚	史涣	不三合	袁尚诈败	
赵云	许褚	三十合	未分胜负	
赵云	许褚	不详	不详	
高览	刘辟	不三合	刘辟被杀	
赵云	高览	一合	高览被杀	赵云疑似突袭
赵云	张郃	三十余合	张郃败走	
夏侯渊	龚都	不详	龚都被杀	

续表

武将甲	武将乙	回合	结果	备注
张飞	夏侯渊	不详	夏侯渊败走	
关羽	乐进	不详	乐进败走	

第 32 回

武将甲	武将乙	回合	结果	备注
张辽	袁尚	不三合	袁尚败走	
徐晃	汪昭	不数合	汪昭被杀	
袁尚	袁谭	不详	袁谭败走	
吕旷	岑壁	无数合	岑壁被杀	
许褚	尹楷	一合	尹楷被杀	尹楷措手不及
张辽	沮鹄	不三合	沮鹄败走	
徐晃	审配	不详	审配被擒	

第 33 回

武将甲	武将乙	回合	结果	备注
徐晃	彭安	不数合	彭安被杀	
曹洪	袁谭	不详	袁谭被杀	
张辽	蹋顿	不详	蹋顿被杀	

第 34 回

武将甲	武将乙	回合	结果	备注
赵云	张武	不三合	张武被杀	
张飞	陈孙	一合	陈孙被杀	

第 35 回

武将甲	武将乙	回合	结果	备注
赵云	吕旷	不数合	吕旷被杀	
张飞	吕翔	一合	吕翔被杀	吕翔措手不及

第 36 回

武将甲	武将乙	回合	结果	备注
赵云	李典	十数合	李典败走	

第 38 回

武将甲	武将乙	回合	结果	备注
边洪	孙翊	一合	孙翊被杀	步战
傅婴、孙高	妫览	两合	妫览被杀	步战
傅婴、孙高	戴员	不详	戴员被杀	步战
甘宁	邓龙	一合	邓龙被杀	船战
吕蒙	陈就	一合	陈就被杀	步战
潘璋	苏飞	不数合	苏飞被擒	

第 39 回

武将甲	武将乙	回合	结果	备注
甘宁	凌统	不详	不详	步战
赵云	夏侯惇	不数合	赵云诈败	
赵云	夏侯惇	不数合	赵云再次诈败	
张飞	夏侯兰、韩浩	不数合	夏侯兰被杀 韩浩夺路走脱	

第 41 回

武将甲	武将乙	回合	结果	备注
张飞	许褚	不详	许褚败走	曹军兵败

续表

武将甲	武将乙	回合	结果	备注
魏延	文聘	从巳至未	魏延兵尽逃走	
赵云	淳于导	一合	淳于导被杀	
赵云	夏侯恩	一合	夏侯恩被杀	
赵云	晏明	不三合	晏明被杀	
赵云	张郃	十余合	赵云夺路而走	赵云抱着阿斗
赵云	马、张、焦、张曹军四将	不详	马、张、焦、张败走	

第 42 回

武将甲	武将乙	回合	结果	备注
赵云	钟缙	不三合	钟缙被杀	
赵云	钟绅	一合	钟绅被杀	赵云用青釭剑
张飞	夏侯杰	未交手	夏侯杰被吓死	张飞大喝

第 48 回

武将甲	武将乙	回合	结果	备注
韩当	焦触	一合	焦触被杀	船战
周泰	张南	一合	张南被杀	船战
文聘	韩当、周泰	不详	文聘败走	船战

第 50 回

武将甲	武将乙	回合	结果	备注
吕蒙	张辽	不详	不详	曹军兵败
凌统	徐晃	不详	不详	曹军兵败
甘宁	马延	一合	马延被杀	
甘宁	张颉	一合	张颉被杀	
赵云	徐晃、张郃	不详	徐晃、张郃败走	曹军兵败

续表

武将甲	武将乙	回合	结果	备注
张飞	许褚	不详	不详	许褚战马无鞍
张飞	许褚、张辽、徐晃	不详	许、张、徐败走	曹军兵败

第 51 回

武将甲	武将乙	回合	结果	备注
丁奉	牛金	四五合	丁奉诈败	
曹仁	徐盛	不详	徐盛败走	
甘宁	曹洪	二十余合	曹洪诈败	
韩当	曹洪	三十余合	曹洪诈败	
周泰	曹仁	十余合	曹仁诈败	

第 52 回

武将甲	武将乙	回合	结果	备注
张飞	邢道荣	不数合	邢道荣败走	
赵云	邢道荣	一合	邢道荣被杀	
张飞	刘贤	不详	刘贤被擒	
赵云	陈应	四五合	陈应被擒	陈应飞叉
赵云	赵范	一合	赵范被击倒	赵云步战用拳

第 53 回

武将甲	武将乙	回合	结果	备注
张飞	金旋	未交手	金旋被吓败	张飞大喝
关羽	杨龄	不三合	杨龄被杀	
关羽	黄忠	一百余合	未分胜负	
关羽	黄忠	五六十合	黄忠败走	黄忠马失前蹄
关羽	黄忠	不到三十余合	黄忠诈败	

续表

武将甲	武将乙	回合	结果	备注
魏延	韩玄	一合	韩玄被杀	步战
太史慈	张辽	七八十合	未分胜负	
乐进	宋谦、贾华	不详	乐进回马	
张辽	程普	不详	不详	

第 56 回

武将甲	武将乙	回合	结果	备注
许褚	徐晃	不详	未分胜负	许褚无兵器

第 58 回

武将甲	武将乙	回合	结果	备注
马岱	钟繇	不一合	钟繇败走	
庞德	钟进	一合	钟进被杀	钟进措手不及
马超	于禁	八九合	于禁败走	
马超	张郃	二十合	张郃败走	
马超	李通	数合	李通被杀	
马超	曹洪	四五十合	曹洪刀乱力尽	
庞德	曹永	一合	曹永被杀	庞德步战
夏侯渊	成宜	不详	成宜被杀	

第 59 回

武将甲	武将乙	回合	结果	备注
马超	许褚	一百余合	未分胜负	
马超	许褚	又一百余合	未分胜负	
马超	许褚	三十余合	未分胜负	许褚裸衣
马超	夏侯渊	不详	不详	

续表

武将甲	武将乙	回合	结果	备注
马超	韩遂	一合	韩遂负伤	韩遂无兵器
马超	侯、李、梁、马、杨	不详	两死三逃	步战
马超	李堪	未交手	李堪败走	李堪不敢交锋
马超	于禁	未交手	于禁败走	于禁不敢交锋

第 61 回

武将甲	武将乙	回合	结果	备注
张飞	周善	一合	周善被杀	船战
许褚	韩当、周泰	三十合	许褚方回	

第 62 回

武将甲	武将乙	回合	结果	备注
刘封	杨怀	不详	杨怀被擒	
关平	高沛	不详	高沛被擒	
魏延	泠苞	三十合	未分胜负	
黄忠	泠苞	不详	泠苞败走	
黄忠	泠苞	不到十余合	未分胜负	

第 63 回

武将甲	武将乙	回合	结果	备注
魏延	泠苞	不数合	泠苞被擒	泠苞兵败
张飞	严颜	不十合	严颜被擒	严颜中计

第 64 回

武将甲	武将乙	回合	结果	备注
张飞	张任	十余合	未分胜负	

续表

武将甲	武将乙	回合	结果	备注
张飞	张任	不十余合	张任诈败	
赵云	吴懿	一合	吴懿被擒	
张翼	刘璝	不详	刘璝被杀	城战
马超	姜叙、杨阜	不详	姜叙、杨阜败走	
马超	杨阜等八人	不详	杨阜伤，七人死	

第 65 回

武将甲	武将乙	回合	结果	备注
黄忠	李严	四五十合	未分胜负	
黄忠	李严	不十合	黄忠诈败	
魏延	杨柏	不十合	杨柏败走	
马岱	魏延	不十合	马岱败走	疑似诈败
张飞	马岱	不十合	马岱败走	疑似诈败
张飞	马超	百余合	未分胜负	
张飞	马超	又百余合	未分胜负	张飞未戴头盔
张飞	马超	二十余合	未分胜负	夜战
马超	杨柏	一合	杨柏被杀	步战
赵云	刘晙、马汉	尚未安席	刘晙、马汉被杀	

第 67 回

武将甲	武将乙	回合	结果	备注
许褚	杨昂、杨任	不详	杨昂、杨任败走	
夏侯渊	昌奇	不三合	昌奇被杀	
夏侯渊	杨任	三十余合	杨任被杀	夏侯渊拖刀
庞德	张郃	数合	张郃诈败	
庞德	夏侯渊	数合	夏侯渊诈败	
庞德	徐晃	三五合	徐晃诈败	

续表

武将甲	武将乙	回合	结果	备注
庞德	许褚	五十余合	许褚诈败	
庞德	许褚	不详	许褚诈败	
许褚	张卫	不详	张卫被杀	
甘宁	朱光	一合	朱光被打倒	城战
甘宁	凌统	不详	不详	
甘宁	乐进	不数合	乐进诈败	

第 68 回

武将甲	武将乙	回合	结果	备注
张辽	凌统	五十合	未分胜负	吕蒙接应回营
乐进	凌统	五十合	未分胜负	
庞德	陈武	不详	陈武被杀	陈武袍袖挂树

第 69 回

武将甲	武将乙	回合	结果	备注
曹洪	任夔	三合	任夔被杀	

第 70 回

武将甲	武将乙	回合	结果	备注
张飞	张郃	二十余合	未分胜负	
张飞	张郃	三五十合	未分胜负	
张郃	雷铜	不数合	雷铜被杀	张郃诈败
张飞	张郃	十合	张郃诈败	
张郃	孟达	不详	孟达败走	
黄忠	张郃	二十余合	未分胜负	
黄忠	夏侯尚、韩浩	各斗十余合	黄忠诈败	

续表

武将甲	武将乙	回合	结果	备注
黄忠	夏侯尚、韩浩	数合	黄忠诈败	
黄忠	夏侯尚、韩浩	不详	黄忠诈败	
黄忠	韩浩	一合	韩浩被杀	
严颜	夏侯德	一合	夏侯德被杀	

第71回

武将甲	武将乙	回合	结果	备注
夏侯尚	陈式	不数合	夏侯尚诈败	
夏侯渊	陈式	不详	陈式被擒	
黄忠	夏侯尚	一合	夏侯尚被擒	
黄忠	夏侯渊	二十余合	未分胜负	
黄忠	夏侯渊	一合	夏侯渊被杀	黄忠突袭
赵云	慕容烈	一合	慕容烈被杀	
赵云	焦炳	一合	焦炳被杀	
赵云	徐晃、张郃	未交手	徐、张不敢迎敌	徐、张心惊胆战

第72回

武将甲	武将乙	回合	结果	备注
徐晃	刘封	不详	刘封败走	疑似诈败
张飞	许褚	不数合	许褚负伤	许褚酒醉
徐晃	刘封	未交手	刘封诈败	
曹彰	刘封	三合	刘封败走	
曹彰	吴兰	不数合	吴兰被杀	
庞德	魏延	不详	未分胜负	
庞德	魏延	不详	魏延败走	

第73回

武将甲	武将乙	回合	结果	备注
廖化	翟元	不多时	廖化诈败	
关羽	夏侯存	一合	夏侯存被杀	
关平	翟元	一合	翟元被杀	曹军兵败

第74回

武将甲	武将乙	回合	结果	备注
庞德	关平	三十合	未分胜负	
关羽	庞德	百余合	未分胜负	
关羽	庞德	五十余合	庞德诈败	
周仓	庞德	不详	庞德被擒	水战

第76回

武将甲	武将乙	回合	结果	备注
关平	徐商	三合	徐商败走	疑似诈败
关平	吕建	五六合	吕建败走	疑似诈败
徐晃	关平	不三四合	未分胜负	
徐晃	关羽	八十余合	关羽拨马回寨	关羽右臂少力
关羽	蒋钦	不三合	蒋钦败走	
关平	丁奉	不详	丁奉败走	

第77回

武将甲	武将乙	回合	结果	备注
关羽	潘璋	三合	潘璋败走	

第79回

武将甲	武将乙	回合	结果	备注
刘封	孟达	不三合	孟达败走	疑似诈败
徐晃	刘封	不详	刘封败走	

第 81 回

武将甲	武将乙	回合	结果	备注
范疆、张达	张飞	一合	张飞被杀	张飞睡觉

第 82 回

武将甲	武将乙	回合	结果	备注
张苞	谢旌	三十余合	谢旌败走	
张苞	李异	二十余合	未分胜负	
关兴	李异	一合	李异被杀	关兴突然出现
关兴	孙桓	三十余合	孙桓败走	
张苞	谢旌	不详	谢旌被杀	
关兴	谭雄	不详	谭雄被擒	
张苞	崔禹	一合	崔禹被擒	

第 83 回

武将甲	武将乙	回合	结果	备注
黄忠	史迹	不三合	史迹被杀	
黄忠	潘璋	数合	潘璋败走	
黄忠	潘璋	不数合	潘璋败走	疑似诈败
张苞	夏恂	一合	夏恂被杀	
关兴	周平	一合	周平被杀	
关兴、张苞	韩当、周泰	未交手	韩当、周泰败走	
关兴	潘璋	一合	潘璋被杀	潘璋受惊

第 84 回

武将甲	武将乙	回合	结果	备注
淳于丹	傅彤	不详	淳于丹败走	
淳于丹	赵融	不详	淳于丹败走	
淳于丹	沙摩柯	不详	淳于丹败走	

续表

武将甲	武将乙	回合	结果	备注
赵云	朱然	不一合	朱然被杀	
周泰	沙摩柯	二十余合	沙摩柯被杀	

第 85 回

武将甲	武将乙	回合	结果	备注
朱桓	常雕	不三合	常雕被杀	

第 87 回

武将甲	武将乙	回合	结果	备注
鄂焕	魏延	不数合	魏延诈败	
鄂焕	魏延、张翼、王平	不详	鄂焕被擒	
魏延	雍闿	不数合	雍闿败走	
鄂焕	雍闿	一合	雍闿被杀	雍闿措手不及
鄂焕	朱褒	一合	朱褒被杀	
赵云	金环三结	一合	金环三结被杀	
忙牙长	王平	不数合	王平诈败	
魏延	孟获	不详	孟获被擒	

第 88 回

武将甲	武将乙	回合	结果	备注
马岱	忙牙长	一合	忙牙长被杀	

第 90 回

武将甲	武将乙	回合	结果	备注
祝融夫人	张嶷	不数合	张嶷被擒	祝融夫人飞刀

续表

武将甲	武将乙	回合	结果	备注
祝融夫人	马忠	未交战	马忠被擒	马忠战马绊倒
祝融夫人	赵云	不数合	赵云诈败	
祝融夫人	魏延	不数合	魏延诈败	
祝融夫人	赵云	不数合	赵云诈败	
祝融夫人	魏延	不详	魏延诈败	
祝融夫人	马岱	不详	祝融夫人被擒	马岱埋伏
兀突骨	魏延	不数合	魏延诈败	
兀突骨	魏延	不数合	魏延诈败	
兀突骨	魏延	不三合	魏延诈败	
马岱	孟获	一合	孟获被擒	孟获措手不及

第92回

武将甲	武将乙	回合	结果	备注
赵云	韩瑛	不三合	韩瑛被杀	
赵云	韩瑶	不详	韩瑶抵敌不住	
赵云	韩瑶、韩琼	不详	不详	
赵云	韩瑶、韩琼、韩琪	少时	韩琪被杀	
赵云	韩瑶	一合	韩瑶被擒	
赵云	韩德	不三合	韩德被杀	
赵云	潘遂	不三合	潘遂诈败	
张苞	薛则	不详	薛则被杀	
关兴	董禧	一合	董禧被杀	
关兴	杨陵	一合	杨陵被杀	
张苞	崔谅	一合	崔谅被杀	
王平	夏侯楙	一合	夏侯楙被擒	

第 93 回

武将甲	武将乙	回合	结果	备注
赵云	姜维	不数合	未分胜负	
姜维	魏延	数合	魏延诈败	
姜维	张翼	不数合	未分胜负	
姜维	张翼、王平	不详	姜维败走	姜维力穷
姜维	张苞	不详	不详	
姜维	关兴	未交手	姜维败走	姜维人困马乏

第 94 回

武将甲	武将乙	回合	结果	备注
越吉	关兴	一合	关兴战马负伤	关兴胆寒
关兴	越吉	一合	越吉被杀	越吉兵败
马岱	雅丹	不详	雅丹被擒	
魏延	曹遵	不三合	曹遵被杀	
赵云	朱赞	一合	朱赞被杀	朱赞措手不及

第 95 回

武将甲	武将乙	回合	结果	备注
张郃	王平	数十余合	王平力穷败走	
马岱	陈造	不详	陈造被杀	
赵云	苏颙	一合	苏颙被杀	苏颙措手不及

第 96 回

武将甲	武将乙	回合	结果	备注
徐盛	张普	无数合	张普败走	
朱桓	张普	一合	张普被杀	普不知是吴兵

第 97 回

武将甲	武将乙	回合	结果	备注
王双	谢雄	不三合	谢雄被杀	
王双	龚起	三合	龚起被杀	
王双	张嶷	数合	张嶷负伤	王双诈败用流星锤
王双	王平、廖化	不详	不详	

第 98 回

武将甲	武将乙	回合	结果	备注
魏延	王双	一合	王双被杀	王双措手不及

第 100 回

武将甲	武将乙	回合	结果	备注
廖化	秦良	不详	秦良被杀	

第 101 回

武将甲	武将乙	回合	结果	备注
张郃	魏延	不十合	魏延诈败	
张郃	关兴	不十合	关兴诈败	
张郃	魏延	十余合	魏延诈败	
张郃	关兴	十合	关兴诈败	
张郃	魏延	不详	魏延诈败	
张郃	关兴	不详	关兴诈败	
张郃	魏延	不十合	魏延诈败	

第 102 回

武将甲	武将乙	回合	结果	备注
郑文	秦明	一合	秦明被杀	
王平	岑威	一合	岑威被杀	

第 103 回

武将甲	武将乙	回合	结果	备注
廖化	司马懿	一合	司马懿败走	
魏延	司马懿	不上三合	魏延诈败	

第 105 回

武将甲	武将乙	回合	结果	备注
魏延	何平（王平）	不数合	何平诈败	
马岱	魏延	一合	魏延被杀	马岱偷袭

第 106 回

武将甲	武将乙	回合	结果	备注
夏侯霸	卑衍	不数合	卑衍被杀	

第 107 回

武将甲	武将乙	回合	结果	备注
夏侯霸	郭淮	不十合	郭淮败走	疑似诈败
姜维	陈泰	不三合	陈泰败走	
姜维	司马师	三合	司马师败走	

第 108 回

武将甲	武将乙	回合	结果	备注
丁奉	韩综	一合	韩综被杀	步战

续表

武将甲	武将乙	回合	结果	备注
丁奉	桓嘉	一合	桓嘉被杀	步战，丁奉飞刀
孙峻	诸葛恪	一合	诸葛恪被杀	步战
孙峻	张约	一合	张约被杀	步战

第 109 回

武将甲	武将乙	回合	结果	备注
徐质	廖化	不数合	廖化败走	
徐质	张翼	不数合	张翼败走	
姜维	徐质	一合	徐质败下马	徐质人困马乏

第 110 回

武将甲	武将乙	回合	结果	备注
文鸯	邓艾	五十合	未分胜负	
邓艾	葛雍	不一合	葛雍被杀	
姜维	张、花、刘、朱四将	数合	姜维败走	

第 111 回

武将甲	武将乙	回合	结果	备注
诸葛诞	乐綝	一合	乐綝被杀	步战
王基	朱异	不三合	朱异败走	
王基	唐咨	不三合	唐咨败走	

第 112 回

武将甲	武将乙	回合	结果	备注
王基	于诠	三十余合	于诠为乱军杀	于诠人困马乏
傅佥	王真	不十合	王真被擒	

续表

武将甲	武将乙	回合	结果	备注
傅佥	李鹏	一合	李鹏被杀	
姜维	邓忠	三四十合	不分胜负	

第 113 回

武将甲	武将乙	回合	结果	备注
廖化	郑伦	一合	郑伦被杀	

第 114 回

武将甲	武将乙	回合	结果	备注
成济	焦伯	一合	焦伯被杀	

第 115 回

武将甲	武将乙	回合	结果	备注
姜维	邓艾	数十余合	未分胜负	

第 116 回

武将甲	武将乙	回合	结果	备注
姜维	王颀	不三合	王颀败走	
姜维	邓艾	十余合	未分胜负	
姜维	杨欣	一合	杨欣败走	

第 117 回

武将甲	武将乙	回合	结果	备注
诸葛尚	师纂、邓忠	不详	师纂、邓忠败走	

第 119 回

武将甲	武将乙	回合	结果	备注
田续	邓艾	一合	邓艾被杀	邓艾不做准备

第 120 回

武将甲	武将乙	回合	结果	备注
周旨	孙歆	一合	孙歆被杀	
张尚	陆景	不详	陆景被杀	船战
周旨	沈莹	不详	沈莹被杀	

二、《三国演义》射箭全记录

第 2 回

射手	目标	结果	备注
刘备	张宝	中其左臂	
刘备	孙仲	射死孙仲	

第 5 回

射手	目标	结果	备注
孙坚	华雄	华雄连躲两箭	

第 6 回

射手	目标	结果	备注
徐荣	曹操	射伤曹操	命中肩膊

第 7 回

射手	目标	结果	备注
孙策	陈生	射死陈生	命中面门

第 11 回

射手	目标	结果	备注
太史慈	管亥士卒	射死多人	

第 12 回

射手	目标	结果	备注
吕虔	薛兰	射死薛兰	
乐进	成廉	射死成廉	

第 15 回

射手	目标	结果	备注
蒋钦	陈横	射死陈横	
太史慈	敌将左手	射透手掌	钉在护梁

第 16 回

射手	目标	结果	备注
吕布	方天画戟小枝	命中	一百五十步外

第 18 回

射手	目标	结果	备注
曹性	夏侯惇	射伤夏侯惇	命中左目

第 20 回

射手	目标	结果	备注
刘备	兔子	命中	
汉献帝	大鹿	连射三箭不中	
曹操	大鹿	正中鹿背	

第 26 回

射手	目标	结果	备注
文丑	张辽	射中张辽盔缨	徐晃提醒
文丑	张辽	射中张辽战马	命中战马面额

第 27 回

射手	目标	结果	备注
韩福	关羽	射伤关羽	命中左臂

第 29 回

射手	目标	结果	备注
孙策	许贡家客	射死放箭之人	

第 31 回

射手	目标	结果	备注
袁尚	史涣	射死史涣	命中左目

第 32 回

射手	目标	结果	备注
张辽	沮鹄	射死沮鹄	

第 33 回

射手	目标	结果	备注
乐进	郭图	射死郭图	人马俱陷

第 38 回

射手	目标	结果	备注
甘宁	凌操	射死凌操	船战

第 39 回

射手	目标	结果	备注
甘宁	黄祖	射死黄祖	

第 45 回

射手	目标	结果	备注
甘宁	蔡瓛	射死蔡瓛	船战

第 49 回

射手	目标	结果	备注
赵云	徐盛船上篷索	篷堕落下水	船战，黑天风大
张辽	黄盖	射伤黄盖	船战，命中肩窝

第 53 回

射手	目标	结果	备注
巩志	金旋	射死金旋	命中面门
黄忠	关羽盔缨	命中	
李典	宋谦	射死宋谦	命中心窝

第 56 回

射手	目标	结果	备注
曹休	箭靶红心	命中	百步，奔驰三次
文聘	箭靶红心	命中	百步外纵马
曹洪	箭靶红心	命中	百步外解箭
张郃	箭靶红心	命中	百步外翻身背射
夏侯渊	四箭当中	射在四箭当中	百步外回身射
徐晃	柳条	射断柳条	百步外

第 58 回

射手	目标	结果	备注
马超	曹军士卒	射死多人	

第 59 回

射手	目标	结果	备注
于禁	马超	射死李堪	马超躲箭

第 62 回

射手	目标	结果	备注
黄忠	邓贤	射伤邓贤	邓贤倒撞下马

第 63 回

射手	目标	结果	备注
严颜	张飞	射中张飞头盔	

第 65 回

射手	目标	结果	备注
马岱	魏延	射伤魏延	命中左臂
张飞	马超	马超躲过	

第 68 回

射手	目标	结果	备注
曹休	凌统	射中凌统战马	
甘宁	乐进	射伤乐进	命中面门
许褚	左慈	未射中	

第 69 回

射手	目标	结果	备注
耿纪	王必	射伤王必	命中肩膊

第 71 回

射手	目标	结果	备注
黄忠	夏侯尚	射伤夏侯尚	命中后心

第 72 回

射手	目标	结果	备注
魏延	曹操	射伤曹操	命中门牙

第 74 回

射手	目标	结果	备注
庞德	关羽	射伤关羽	命中左臂
关羽	成何	射死成何	船战

第 81 回

射手	目标	结果	备注
张苞	旗上红心	连续命中三次	百步外
关兴	第三只大雁	射落大雁	

第 82 回

射手	目标	结果	备注
谭雄	张苞	射中张苞战马	战马负痛回阵

第 83 回

射手	目标	结果	备注
马忠	黄忠	射死黄忠	命中肩窝
沙摩柯	甘宁	射死甘宁	命中头颅

第 86 回

射手	目标	结果	备注
丁奉	张辽	射死张辽	命中腰部

第 91 回

射手	目标	结果	备注
曹丕	母鹿	射倒母鹿	

第 92 回

射手	目标	结果	备注
韩琼	赵云	被赵云连拨三箭	
赵云	韩琼	射死韩琼	命中面门

第 94 回

射手	目标	结果	备注
孟达	徐晃	射死徐晃	命中头颅

第 95 回

射手	目标	结果	备注
赵云	万政盔缨	命中	

第 109 回

射手	目标	结果	备注
郭淮	姜维	箭被姜维接住	
姜维	郭淮	射死郭淮	命中面门

第 112 回

射手	目标	结果	备注
姜维	邓忠	被邓忠躲过	

第 116 回

射手	目标	结果	备注
荀恺	卢逊	射死卢逊	
姜维	杨欣	连射三箭不中	

后　记

这本书是2016年那版《三国武将排名》的增订本。最初，我只想对老版做个简单的修订。但是，当我重读老版时，我感觉脊背发凉，写得实在太差了，愧对读者！于是，修订变成了增订。说增订可能也不准确，基本上，相当于重写了。

这几年来，我的学术研究重点完全转向了三国。大言不惭地说，还是有一些进步的，对三国武将排名的问题也有了更深刻的理解。体现在这本书上，主要有两方面的提高。

第一，文本挖掘更加细致。比如，对于《三国演义》中的"狙击手"，老版只写了13位，但这版写了37位；对于《三国演义》中的战马，老版只写了10种，而这版写了21种。另外，挖掘出了很多老版没有的内容，比如武将斩将榜、15位兵器达人（换过兵器的武将），等等。对于武将排名，老版只排了十大武将，但这版不仅排了十大武将、优秀武将，甚至对五关六将、韩家五将的强弱都进行了分析。

第二，排名方法更加理性。三国武将排名重要的是过程，而不是结论，制定合理的排名规则才是排名的关键。对于《三国演义》，我提出了排名三大定律和六个补充法则，《三国演义》中的武将排名都基于这三大定律和六个法则。对于《三国志》，我采取了量化积分的排名方法，由武将战绩的总分决定武将排名的高低。我希望用数据和逻辑代替阅读感受和个人好恶，给出更加客观公正的排名。

在写作的过程中，我深深地感觉到，三国武将排名是一项文理结合的思维游戏，既可以提高文化知识，又可以锻炼思维能力，我希望有更多年轻人参与其中。

最后也是最重要的，就是感谢了。

感谢孙勇进先生在百忙之中为本书作序。人生真的很奇妙，初中的时候，我读了您的大作《〈三国演义〉趣谈与索解》，由此爱上了三国。谁能想到，二十多年后，我也写出了一本三国书，而且能邀请您来作序。

感谢我的同事王会江、我的学生王来鹤、三国艺苑的站长袁光裕、喜马拉雅的主播张博然、我的朋友姜添，谢谢你们在本书的增订过程中提出的意见和建议。

感谢中国财富出版社有限公司的张彩霞女士，谢谢您能认可这本书稿，使这本书有机会与读者见面。

感谢正在阅读这本书的您，如果您对我的观点或结论有不同的看法，请您多多指教，我的邮箱是 122633995@qq.com。

赵春阳

2021 年 6 月 18 日